Allen, die mich nehmen, wie ich bin.

PREISWERT REISEN

Band 19

Island
und Färöer-, Shetland-, Orkney-Inseln

von

Hans Klüche

1986
Hayit Verlag, Köln

Kartenliste

CIP-Kurztitelaufnahme der Deutschen Bibliothek
Klüche, Hans:
Island / von Hans Klüche. – : Hayit,
1986.
(Preiswert reisen; Bd. 19)
ISBN 3-922145-81-7
NE: GT

1. Auflage 1986
ISBN 3-922145-81-7

Satz: Hayit Verlag, Köln
Druck: Druckerei Reimann, Hamm/Westf.
Umschlag: Uwe Turek, Köln
Karten: Margit Dolezalek-Molsich

Inhalt

Vorwort

Du hältst einen Reiseführer in den Händen, der vier Zielgebiete behandelt, die zu drei Staaten gehören. Eine Kombination, die mir einiges Kopfzerbrechen bereitet hat, als ich den Stoff gliedern mußte.
Schwerpunkt ist natürlich Island, das Traumziel aller Nordlandfans, die Insel aus Feuer und Eis, die Saga-Insel und was den Fremdenverkehrswerbern noch so alles eingefallen ist. Island ist ein teures Reiseland. Ich möchte deshalb Informationen geben, wie man trotzdem dort relativ preiswert reisen kann.
Zwischen Island und Schottland liegen die Färöer-Inseln, ein teilautonomes Gebiet im Königreich Dänemark (nicht ein Teil von Dänemark). Die Färöer sind Zwischenstation für diejenigen, die den Seeweg nach Island wählen. Die Inseln sind in den vergangenen Jahren aber auch als eigenständiges Reiseziel immer beliebter geworden. *Abenteuer Nordatlantik* überschreiben die örtlichen Touristikleute die Prospekte über ihr Land. In diesem Buch finden sowohl die, die dort nur einen kurzen *Stop-Over* machen, als auch die, die dort länger herumreisen wollen, Tips, das Abenteuer Färöer richtig und preiswert zu erleben.
Die britischen Orkney- und Shetland-Inseln haben mit den beiden skandinavischen Zielen viele Gemeinsamkeiten. Die ersten Nordatlantik-Touristen – irische Mönche und Wikinger – reisten vor über tausend Jahren schon fleißig zwischen den vier Gebieten hin und her, die später lange unter einer Krone vereint waren. Heute verbindet ein modernes Fährschiff Island, die Färöer und die schottischen Inseln
Dieser Reiseführer gibt in einem speziellen Teil allgemeine Informationen für das Reisen auf dem Nordatlantik und seinen Inseln. Es ist ja egal, ob man sein Zelt auf Mykines, der westlichsten Insel der Färöer, in Buðir, am Fuße des Snæfells-Gletschers in Island oder bei Skara Brae, dem prähistorischen Dorf an der Westküste der Orkney-Inseln aufschlägt. Es muß einen kräftigen Sturm aushalten können und das überall. Und es muß regendicht sein. Was man auf Mykines, rund um Buðir oder bei Skara Brae sehen und erleben kann, das findest du dann im Reiseteil. Der ist nach Zielgebieten geordnet und jeweils mit praktischen Informationen gespickt, die für das spezielle Gebiet interessant sind.
Zwischen den allgemeinen Informationen für die Reisevorbereitungen und dem detaillierten Reiseteil für die Zeit vor Ort, findest du noch ein Kapitel mit Informationen über Länder und Leute, die du besuchst. Da steht dann Wissenswertes über Geschichte, Politik, Wirtschaft, Natur.

Ich hoffe, du erlebst den Nordatlantik mit diesem Führer so, daß dir deine Reise viel bringt. Wäre ich jetzt vermessen, würde ich sagen: Geht vorsichtig mit dem Buch um, es könnte eine Anschaffung fürs Leben sein. Es gibt nämlich nur zwei Möglichkeiten: Das Meer und seine Inseln pakken dich oder sie lassen dich kalt. Wen es packt, der kommt immer wieder. Mich hat es 1975 erwischt, als ich – eigentlich durch Zufall – am Ende einer Inter-Rail-Fahrt auf die Orkney-Inseln kam. Seitdem steht Jahr für Jahr der Nordatlantik auf meinem Reiseplan.

Ein kritischer Gedanke im Vorwort

Du findest in diesem Buch viele Informationen über Öffnungszeiten, Adressen und Preise. Es ist umstritten, ob solche Angaben nützlich sind oder nicht. In diesem Buch – das erschwert die Sache noch – sind Ziele behandelt, die den Tourismus gerade ausbauen. Da kommt in jedem Jahr viel hinzu und anderes, das sich nicht bewährt hat, wird gestrichen. Alle Angaben in diesem Buch sind aber auf jeden Fall Orientierungshilfen. Ich habe an einigen Stellen auch Hinweise auf die jüngste Vergangenheit hinzugesetzt, so daß man Entwicklungen erkennen kann.

Es ist ja auch wohl klar, daß man die Flug- und Fährverbindungen im Reisebüro abcheckt, selbst wenn man nicht sofort buchen will. Das ist aber auf jeden Fall leichter, wenn man wenigstens weiß, was angeboten wird, bzw. wo und wann es Ermäßigungen gibt.

Ich habe in diesem Führer die Erfahrungen meiner eigenen Reisen, unzählige Gespräche mit Leuten, die ich unterwegs getroffen habe, und viele Interviews mit Mitarbeitern örtlicher Touristenbüros verarbeitet. Trotzdem – siehe oben – ändert sich einiges, oder ich habe etwas vergessen oder – was unverzeihlich, aber nicht unmöglich wäre – ich habe etwas falsch gemacht. Recherchiert habe ich intensiv für dieses Buch in den Jahren 1984 und '85, bis zum letzten Tag vor Redaktionsschluß habe ich Vorabinformationen für das Jahr 1986 verarbeitet. Die 86er Angaben können natürlich durch Inflation, Konkurse, neue Angebote, Katastrophen und Gesetzesänderungen verändert werden. Damit dieser Führer bei einer Neuauflage auf dem neuesten Stand bleibt, kannst du helfen, indem du Tips und Anregungen beisteuerst.

Schicke sie an: Hans Klüche, c/o Hayit Verlag, Hansaring 84-86, 5000 Köln 1.

Jetzt wünsche ich dir noch eine schöne Reise, nicht zuviel Regen und Sturm.

Kopenhagen, Dezember 1985 — Hans Klüche

Reisevorbereitungen

Adressen

Botschaften

Die Botschaften der Zielländer können Auskünfte erteilen, wenn du Fragen zu Einreisebestimmungen, Aufenthaltsgenehmigungen oder Arbeitserlaubnis hast:

Dänemark (vertritt die Färöer-Inseln):
in der BR Deutschland: Pfälzer Straße 14, 5300 Bonn
in Österreich: Fürchgasse 6, 1015 Wien
in der Schweiz: Thunstraße 55, 3006 Bern

Großbritannien:
in der BR Deutschland: Friedrich-Ebert-Allee 77, 5300 Bonn
in Österreich: Reisnerstraße 40, 1030 Wien
in der Schweiz: Thunstraße 50, 3006 Bern

Island:
in der BR Deutschland (auch für Österreich und die Schweiz): Kronprinzenstraße 6, 5300 Bonn

Informationsämter

Britische Zentrale für Fremdenverkehr:
in der BR Deutschland: Neue Mainzer Straße 22, 6000 Frankfurt/Main
in der Schweiz: 78/v Limmatquai, 8000 Zürich

Dänischer Fremdenverkehrsrat:
in der BR Deutschland: Glockengießerwall 2, 2000 Hamburg 1; Immermannstr. 56, 4000 Düsseldorf; Sonnenstr. 27, 8000 München
in Österreich: c/o Kongressbetriebe der Stadt Salzburg, Auerspergstraße 7, 5020 Salzburg
in der Schweiz: Verkehrsbüro für Dänemark und Island, Münsterhof 14, 8001 Zürich

Isländischer Fremdenverkehrsrat (Ferdamálarád Islands):
in der BRD: Raboisen 5, 2000 Hamburg 1
in der Schweiz: siehe oben unter Dänemark

Genauere Informationen bekommst du über die **regionalen Touristen-Büros:**
auf den Färöer-Inseln: Touristen Information, Postbox 139, DK-3800 Tórshavn

auf den Orkney-Inseln: Orkney Tourist Board, Kirkwall, Orkney Islands, KW15 INX
auf den Shetland-Inseln: Shetland Tourist Organisation, Lerwick, Shetland Islands, ZE1 OLU

Transport
British Airways siehe Britische Zentrale für Fremdenverkehr
DFDS (Schiffsanreise Färöer): Jessenstraße 4, 2000 Hamburg 50
Eagle Air (Flug Island): Lyoner Straße 44-48, 6000 Frankfurt 71; Apollolaan 7, NL-1077 AA Amsterdam
Icelandair (Flug Island): Rossmarkt 10, 6000 Frankfurt/Main; Opernring 1, 7. Stock, Riege R, 1010 Wien 1; Stampfenbachstraße 117, 8035 Zürich; Vester Farimagsgade 1, DK-1606 Kopenhagen K
P & O (Fähren Orkney und Shetland) siehe unter Smyril Line
SAS (Flug Färöer): Spitalerstraße 16, 1. Stock, 2000 Hamburg; Am Hauptbahnhof 2, 6000 Frankfurt; Weihborggasse 15, 1010 Wien; Lintheschergasse 15, 8000 Zürich
Smyril Line (Nordatlantik Linie): J.A. Reinecke, Hohe Bleichen 11, 2000 Hamburg; Universal Reisen, Schubertring 9, 1015 Wien; Saga Reisen, Bärenstutz, CH-3507 Biglem
Von folgenden **Reiseveranstaltern,** die Reisen nach Island anbieten, habe ich gehört und gelesen. Die Angaben erheben keinen Anspruch auf Vollständigkeit:
Airtours International, Adalbertstraße 44-48, 6000 Frankfurt 90.
Alt & Jung Reisen, Schadowstr. 86, 4000 Düsseldorf 1
Athena Reisen GMBH, Adenauerallee 10, 2000 Hamburg 1
Bayerisches Pilgerbüro, Dachauer Straße 9, 8000 München 2
Bornheimer Brücke-Reisen, Eichwaldstraße 26, 6000 Frankfurt 60
Büro für Länder- und Völkerkunde, Karawane Studienreisen, Friedrichstraße 167, 7140 Ludwigsburg
City-Reisebüro (Lundi Tours), Hauptstraße 81, 6718 Grünstadt
Evangelischer Reisedienst e.V., Schützenbühlstraße 81, 7000 Stuttgart 40
Fahrtenring, Unterer Seeweg 3, 8130 Starnberg
Fahrtenring des Katholischen Bildungswerks Essen e.V., Kettwiger Straße 2-10, 4300 Essen 1
Fast Reisen, Alstertor 21, 2000 Hamburg 1
GeBeCo-Reisen, Eckernförder Straße 93, 2300 Kiel 1
Hetzel-Reisen, Kranstraße 8, 7000 Stuttgart 31
Ikarus Expeditionen GmbH, Fasanenweg 1, 6240 Königstein
Inter Air-Voss Reisen, Triftstraße 28-30, 6000 Frankfurt 71
Islandreisebüro Schehle, Memminger Straße 75, 8960 Kempten
Kahn Tours, Steinweg 40, 3300 Braunschweig
Kontakt Reisen – Kath. Ferienwerk Wuppertal e.V., Laurentiusstraße 7, 5600 Wuppertal 1
Kosmos Reisen Cottin & Co KG, Rathenauplatz 2-8, 6000 Frankfurt 1
Neubauer Reisen GmbH, Große Straße 4, 2390 Flensburg

Pegasus Reisen, Gründgensstraße 6, 2000 Hamburg 60
Reisebüro Norden, Ost-West-Straße 70, 2000 Hamburg 11
Rotel Tours, 8391 Tittling
SAB-Tours – Natur und Reisen, Kaiser-Josef-Platz 2, A-4600 Wels
SHR-Reisen, Studenten- und Hochschul-Reisedienst GmbH, Mozartstraße 5, 7800 Freiburg
S.O.T. Reisen, Seven Ocean Tours GmbH, Tizianstraße 3, 8200 Rosenheim
STR-Reisen GmbH, Bahnhofstraße 1, 7030 Böblingen
Studiosus Reisen, Luisenstraße 43, 8000 München 2
Touristik Service Specht KG, Steinstraße 4, 3522 Bad Karlshafen 2
Wikinger Reisen GmbH, Buddinghardt 9, 5800 Hagen 7
Wolters Reisen, Bremer Straße 48, 2805 Stuhr 1

Du findest noch mehr Adressen von Veranstaltern unter „Adressen in Island A–Z“, und zwar die isländischen Büros, die Touren in ihrem Land anbieten.

Arbeiten

In Großbritannien darfst du arbeiten, was der EG zu verdanken ist. Nur wirst du sicher nicht leicht eine Arbeit finden, was wiederum der hohen Arbeitslosigkeit zu verdanken ist.
Die Färöer-Inseln sind zwar Teil des dänischen Königreichs, aber die Färinger blieben nach einer Volksabstimmung im Gegensatz zum Mutterland der EG fern. Mit der Freizügigkeit des Arbeitsplatzes ist es also auf den Inseln nicht weit her, es sei denn, du bist Bürger eines der nordeuropäischen Staaten. Arbeit gibt es während der winterlichen Fischsaison, aber im Sommer sieht es schlecht aus. Dann kommen viele färöische Studenten während der langen Semesterferien von Dänemark nach Hause und drängen auf dieselben Arbeitsplätze.
Island bietet schon wegen seiner Größe die meisten Arbeitsplätze, aber für Nicht-Nordeuropäer ist es schwer, einen zu bekommen. Erst einmal hat ein Isländer das Recht auf einen Arbeitsplatz und dann erst ein Ausländer. Legal Arbeit zu bekommen, ist ein langwieriges und bürokratisches Unterfangen. Am besten bereitet man einen Arbeitsaufenthalt schon lange vor der Abreise vor, damit man die notwendige Arbeitserlaubnis und die Aufenthaltsgenehmigung rechtzeitig bekommt. Wenn du eine Arbeitsstelle hast, ist es für deinen Arbeitgeber leicht, vor Ort die Arbeitsgenehmigung zu erhalten. Ohne Arbeitsstelle ist der Antrag auf die Erlaubnis erfahrungsgemäß zwecklos. Arbeitsstellen vermitteln: Landwirtschaft = Upplýsingaþjónusta landbúnaþarins, Bœndahöllinni, P.O. Box 7040, 121 Reykjavik; Fischindustrie = Sölumiðstöð hraðfrystihúsan-

na, Adalstrœti 6, Reykjavik; Samband islanskra samvinnufélaga, Sölhólsgötu 4, Reykjavik.
Du solltest dir darüber im klaren sein, daß in Island bei geringen Löhnen sehr viel und hart gearbeitet wird. Die besten Zeiten, eine Arbeitsstelle zu finden, sind in der Landwirtschaft im Sommer, besonders wenn das Heu eingebracht wird, und in der Fischindustrie im Winter, während der Fangperiode von Oktober bis Mai. Die besten Verdienstmöglichkeiten gibt es auf den Fischerbooten, nur ist ein Anheuern dort ohne ein Seemansbuch aussichtslos.
Daß neben der legalen Arbeit, also mit Arbeitserlaubnis, auch illegal gearbeitet wird, ist eine Tatsache. Es besteht dabei immer das Risiko, daß man von der Fremdenpolizei ausfindig gemacht wird und das Land verlassen muß. Ein zweites Problem bei der Arbeit ohne Arbeitserlaubnis ist, daß man seinen Arbeitgebern ziemlich hilflos ausgeliefert ist, was die Bezahlung angeht.

Ausrüstung

Ich werde jetzt keinen Packplan für einen Rucksack zusammenstellen. Jeder, der sich für eine Reise auf den Nordatlantik entschieden hat, wird ja hoffentlich wissen, daß es dort in der Regel etwas kühler und feuchter als im Süden ist und sicher auch noch feuchter als in weiten Teilen Skandinaviens. Neben dem Sommerstandard Jeans und T-Shirt – es kann ja mal schön warm werden – solltest du also auch Pullover, Regenzeug und feste Schuhe mitnehmen. Du hast aber auch die Möglichkeit, diese Sachen während der Reise zu kaufen, was bei Pullovern zum Beispiel nicht abwegig ist.
Ein Wort noch an die Survival-, Hochgebirgs-, Gletschertouren- und sonstige Spezialitäten-Fans: Wie die Ausrüstung auszusehen hat, sollte aus Fachbüchern entnommen werden.
Bei allen Ausrüstungsgegenständen ist zu beachten, daß sie regenfest, windsicher und strapazierfähig sind. Ein paar wichtige Teile im Detail:

Kocher

Der Kocher muß standfest und windsicher sein. Die Gaskocher mit Kartuschen sind es in den Standardausführungen nicht. Da sollte man im Zweifelsfall immer einen Windschutz und einen Standfuß dazu kaufen. Gaskartuschen sind in allen Reiseländern problemlos zu bekommen und auch nicht übermäßig teuer. Denke daran, daß die Mitnahme von Gaskartuschen in Flugzeugen verboten ist. Wer sich für einen Spirituskocher entscheidet, sollte wissen, daß Brennspiritus nur auf den britischen Inseln preiswert bzw. problemlos zu bekommen ist. Auf Island ist er wahnsinnig teuer (1/2 Liter kostete 1984 zwischen 10 und 12 DM), und auf den Färöer-Inseln erfordert es außerdem noch einige Behördengänge, bis man welchen kaufen darf. Die Einfuhr von Spiritus unterliegt den allgemeinen Zollbestimmungen, wonach fast in allen Ländern brennbare Flüssigkeiten in der Regel nicht eingeführt werden dürfen. Schwammig formuliert? Finde ich auch, aber es ist nun mal so. Trotz aller Nachfragen habe ich nie eine befriedigende Antwort bekommen auf die Frage, wieviel Brennspiritus man denn nach Island und auf die Färöer-Inseln einführen darf und ob die Menge Brennspiritus auf die Alkoholfreimenge angerechnet wird und und und ... Die Antworten – auch offizieller Stellen – waren so, wie ich es eben formuliert habe: schwammig und unbestimmt. Also, die ideale Lösung ist ein Spirituskocher nicht. Problemloser ist es, Benzin und Petroleum für entsprechende Kocher zu beschaffen.

Regenkleidung

Billige Regenjacken und -hosen nützen bei hoher Luftfeuchtigkeit nur dann etwas, wenn man sich nicht bewegt, also nicht ins Schwitzen kommt. Andernfalls ist man von innen bald so naß wie von außen. Atmungsaktive Regenkleidung ist sehr teuer, für Jacke und Hose muß man zusammen einige Hunderter ausgeben, wenn es gute Qualität sein soll. Regencapes haben Vor- und Nachteile: Man schwitzt auch bei preiswerteren Capes nicht sofort, weil mehr Platz zwischen der eigenen und der künstlichen Haut ist. Dafür kann der Wind aber besser unter die Regenhaut gelangen. Sehr weite und tief hängende Capes verschleißen bei Wanderungen in isländischen Lavagebieten schnell an den unteren Rändern.

Schuhwerk

Wer wandern will, der braucht natürlich mehr als nur Turnschuhe, und selbst wer nur einen Bus- oder Autotrip macht, kommt damit auf spitzem Lavagestein oder in nassen Wiesen nicht weit. Wanderschuhe sollte man auf jeden Fall einpacken, und wer es sich platz- und gewichtsmäßig leisten kann, der sollte auch Gummistiefel mitnehmen.

Die Bodenbeschaffenheit auf allen Inseln beansprucht das Schuhwerk sehr. Für Lederschuhe sollte ausreichend Fett mitgenommen werden. Seit einigen Jahren gibt es auch Kunststoffwanderschuhe, die eine gewisse Ähnlichkeit mit Skistiefeln nicht leugnen können. Ich habe sie persönlich nie benutzt, aber Leute getroffen, die damit sehr zufrieden waren. Gummstiefel sind unter gewissen Umständen Wanderstiefeln überlegen. Ich würde sie aber auf keinen Fall als einziges festes Schuhwerk mitnehmen – höchstens bei einer Reise ausschließlich auf die Färöer-Inseln. In Island sind Gummistiefel kaum zu gebrauchen, denn auf scharfem Lavagestein halten sie nicht lange, und bei Flußüberquerungen reichen sie in der Regel nicht aus. Ich habe in Island Gummistiefel nur dann vermißt, wenn ich mit meinen Lederschuhen durch nasse Wiesen laufen mußte.

Schlafsäcke

Daune oder Kunstfaser – über diese Frage gibt es seit Jahren einen Streit. Es gibt eine große Gruppe, die voll auf Daunen schwört, obwohl ein Test der Stiftung Warentest (Mai '84) Unterschiede bei der Wärmeisolierung, beim Packvolumen und beim Gewicht nur in Extremwerten festgestellt hat. Nur im Preis gab es deutliche Unterschiede: Die Daunenschlafsäcke waren in der Regel deutlich teurer. Und noch einen Mythos zerstörte der Test: Die Produkte einiger nordeuropäischer Tourenausstatter, bei denen der Name schon Ideologiecharakter hat und eigentlich immer für Qualität bürgen sollte, waren nicht besser als die der Konkurrenten, sondern zum Teil sogar schlechter.

Ein Argument in der Schlafsackdiskussion will ich aber nicht vergessen: Für Daunenschlafsäcke sollte das Klima nicht zu feucht sein. – Trocken kann man das Wetter auf den Atlantikinseln nun gerade nicht nennen!

Unterlagen

Unterlagen hat die Stiftung Warentest zusammen mit den Schlafsäcken untersucht (Mai '84). Im Verhältnis Preis-Leistung kamen die normalen Schaumstoff-Iso-Matten noch am besten weg. Neuere Produkte, die sich selbst aufblasen, bieten zwar prima Liegekomfort, waren bei dem Test aber als sehr schwer und sehr teuer aufgefallen. Auf dem Gebiet der Iso-Matten kommt seit einiger Zeit dauernd Neues auf den Markt, so daß ich nicht wage, etwas besonders zu empfehlen. Ein Tip: Da besonders in Island der Boden selten ohne Steine ist, sollte eine Isomatte neben der unbedingt erforderlichen Wärmeisolierung ein Mindestmaß an Polsterung bieten.

Zelte

Wer beim Zelt spart, dem ist nicht zu helfen. Überall auf den Nordatlantikinseln ist ein wasserdichtes, windfestes Zelt notwendig. Die stärksten

Anforderungen an die Zelte werden in Meeresnähe gestellt, da wo der Seewind ungehindert reinfegen kann. Ich persönlich habe auch bei einem starken Sturm gute Erfahrungen mit einem Doppeldachzelt gemacht, dessen Oberdach an allen Seiten bis auf den Boden reicht und unter dem man auch die Rucksäcke verstauen kann. Ob First- oder Kuppelzelt, das ist eigentlich keine Frage mehr, nur die Qualität sollte zählen.
Hat ein Kuppelzelt zu flexibles Gestänge, läßt es sich nicht an den Seiten abspannen, oder hat es Seiten ohne Doppelbedachung, kann kann es bei einem mittelprächtigen Sturm plus Regen schnell zu einer Naßzelle werden. Je umfassender das Oberdach ist, desto besser.
Für das Zelt sind natürlich auch Befestigungen notwendig. Nun gibt es leider auf den Inseln im Nordatlantik keinen Standardboden. Auf den Färöer-Inseln sind Heringe ideal, weil der Boden meist weich ist. Auf den Shetlands finden sich eigentlich auch immer weiche Stellen. Nur auf Island muß man mit steinigem Untergrund rechnen, bei dem Heringe schnell zu kleinen Kunstwerken verformt werden. Zeltnägel sind hier besser. Hinzu kommt das Problem, daß die Heringe, die leicht sind, am schnellsten verbiegen. Ich hab in den vergangenen Jahren bei jeder Islandfahrt fast einen kompletten Satz Leichtgewichtheringe verbraucht.

Einreise

Jedes Land, das in diesem Reiseführer angesprochen wird, hat natürlich seine eigenen Einreisebestimmungen. Es gilt aber generell: EG-Bürger kommen mit einem Personalausweis überall rein, ein Reisepaß reicht dann natürlich immer.
Die Mitnahme von Tieren ist überall verboten. Bei Lebensmitteln gilt grundsätzlich, daß Konserven innerhalb der Freimengen (Island maximal 10 Kilogramm!) nicht beanstandet werden. Bei allen anderen Dingen muß mit einer Beschlagnahme gerechnet werden. Es mag sich verrückt anhören, aber Großbritannien verbietet zum Beispiel die Einfuhr von Pflanzen, Zwiebeln, Früchten, Gemüse und sogar von Kartoffeln. Island untersagt die Einfuhr von Butter, Eiern und Frischmilch. Fleisch kann nirgendwo eingeführt werden. Und wer am Abend gerne ein Döschen Bier trinkt, sollte nicht versuchen, damit auf den Färöer-Inseln einzureisen. Aus Umweltschutzgründen ist die Einfuhr von Getränken in Dosen dort untersagt. Verboten ist auch die Einfuhr aller Arten von Drogen, wozu

die jeweiligen Länder auch Cannabisprodukte zählen. Die Preise für Cannabisprodukte liegen in allen Regionen des Nordatlantik sehr hoch, und der Genuß ist illegal. Waffen solltest du auf jeden Fall zu Hause lassen, dazu gehören auch Klappmesser.
Was die zollfreien Waren aus den Duty Free Shops angeht, so ist die Regel: 1 Liter scharfe Alkoholika (in Island nicht über 47 %), 250 Gramm Tabak oder 100 Zigarillos oder 50 Zigarren oder 200 Zigaretten. (Nach Großbritannien dürfen aus einem EG-Land versteuert höhere Mengen eingeführt werden.) Unterschiedlich ist die Behandlung von Alkoholika mit niedrigen Prozenten (weniger als 22 %). Genaue Informationen über die unterschiedlichen Einfuhrregeln bekommt man dort, wo zollfrei verkauft wird.
Du mußt in allen Ländern damit rechnen, bei der Einreise nach deinen Geldbeständen gefragt zu werden, und in Island will man in der Regel von Jugendlichen oder Leuten, die so aussehen, auch ein bezahltes Rückreiseticket sehen.

Fahrzeuge

Man kann nicht für alle Länder eine generelle Vorbereitung für Fahrzeuge empfehlen. In den Kapiteln „Fortbewegung" bei den einzelnen Ländern findest du aber Hinweise. Wer mit einem Fahrzeug nach Island will, der sollte da auf jeden Fall jetzt nachlesen!

Fotografieren

Eine Regel läßt sich für das Fotografieren bei einer Nordatlantik-Reise bestimmt aufstellen: Du wirst mehr Fotos machen als vorher erwartet. Nimm also lieber ein paar Filme mehr mit, als du zu brauchen glaubst. Filme sind nämlich überall teurer als in der BR Deutschland. Über die isländischen Filmepreise stöhnten schon Heerscharen von Hobbyfotografen: Sie liegen beim 4–5fachen deutscher Billig-Foto-Ladenpreise. Wem es nicht so sehr auf die Qualität ankommt und wer zu Hause schon mal auf einen Billigfilm zurückgreift, dem fehlen diese preiswerten Alternativen in Island. Es werden nur Markenfilme angeboten. Solltest du doch in die Verlegenheit kommen, während der Reise noch Filme nachkaufen zu müssen, dann achte bei Diafilmen darauf, daß du einen Film ohne

Entwicklung bekommst. Die Entwicklungsbeutel der internationalen Filmmarken sind zwar überall gültig, unabhängig vom Kaufland, aber sie sind in der Bundesrepublik viel billiger. Kaufe sie dann später zu Hause. Wenn du nicht viel fotografierst, nimm dein normales Filmmaterial mit, also Filme um die 20 DIN Lichtempfindlichkeit (64-125 ASA). Es kann schon nichts schiefgehen, denn Motive gibt es genug.
Wenn du zu den Vielfotografierern gehörst, hier ein paar Hinweise: Es kann sehr starke Lichtschwankungen geben, je nach der Wetterlage. Zu den Standardfilmen sollte man also ruhig ein paar mit extremeren Lichtempfindlichkeiten einpacken. 200 ASA-Filme für Schlechtwetterperioden und 25 ASA-Filme für die Kombination Eis/Sonne. Da es überall viel Wasser gibt, ist ein entspiegelnder Filter ganz nützlich (Polfilter). Du wirst sehr viel mit Naturfarben zu tun haben, viele Grün- und Erdtöne. Knallige Farben gibt es dagegen seltener. Stell dich also beim Kauf des Filmmaterials darauf ein. Ein Filmfabrikat, das zum Beispiel für Grünstichigkeit bekannt ist, würde ich meiden, wenn ich auf den Färöer-Inseln bin, die schon grün genug sind. Blaustichiges Material macht dafür an Gletscherlagunen alles noch blauer.

Island – Eisland

Geld

Eine Vorbemerkung

In diesem Buch werden viele Preisangaben gemacht, dabei werden verschiedene Währungen genannt. Als Abkürzungen sind die traditionell bekannten benutzt. In Nordeuropa setzten sich in den letzten Jahren aber auch immer mehr die neuen Währungsabkürzungen durch, die die International Standart Organisation (ISO) festgelegt hat. Dir werden bestimmt bei einer Nordatlantikreise diese neuen, dreibuchstabigen Kodes begegnen. Zu deiner Orientierung hier die wichtigsten Währungen mit den herkömmlichen und den neuen Abkürzungen.
Dänische/Färöische Kronen = DKr, dkr/FKr, fkr – DKK*
Deutsche Mark = DM – DEM
Englische/Schottische Pfund = £/schott-£ – GBP/SKL*
Isländische Kronen = IsKr, isKr – ISK
Norwegische Kronen = NKr, nKr – NOK
Österreichische Schilling = öS, ÖSch – ATS
Schweizer Franken = sfrs, SFR – CHF
US-Dollar: $, US-$ – USD
(* Zum Umtauschwert von Färöischen Kronen und Schottischen Pfund siehe bitte im folgenden Kapitel.)

Währungen

Dieser Reiseführer erfaßt drei Staaten mit ihren Währungen. In diesen Ländern gibt es aber nicht, wie zu erwarten wäre, drei Währungen, sondern fünf und sogar noch mehr verschiedene Banknotensorten.
Auf den schottischen Inseln sind neben den englischen Pfund-Noten auch schottische gültiges Zahlungsmittel – und das in drei Ausführungen: Die Royal Bank of Scotland, die Bank of Scotland und die Clydesdale Bank geben eigene Noten heraus. Ein SKL ist in Großbritannien immer gleich einem GBP. Ich empfehle aber, SKL-Noten noch in Schottland auszugeben oder dort umzutauschen, da sie in anderen Teilen Großbritanniens nicht überall als Zahlungsmittel akzeptiert werden, also in Banken gewechselt werden müssen. Bei einem Umtausch außerhalb Großbritanniens bekommt man in der Regel für ein SKL weniger als für ein GBP.
Ein Tip: Ich bevorzuge bei Aufenthalten in Großbritannien Pfund-Travellers-Cheques. Du zahlst dafür bei deiner Bank zu Hause nur eine geringe Gebühr, bekommst sie zu dem günstigeren Devisenkurs und kannst sie überall in Großbritannien wie Bargeld benutzen. So bist du nicht auf

Banken angewiesen, wodurch auch die Wechselgebühren dort entfallen. (Bei Umtausch ausländischer Zahlungsmittel nahmen britische Banken in der Regel 50 Pence = ca. 2 DM pro Umtauschaktion.) Travellers Cheques sind bei Verlust versichert!
Achtung: Bedenke bei deiner Reisevorbereitung, daß es bei Redaktionsschluß dieses Buches noch kein Postamt auf den Orkney- und den Shetland-Inseln gibt, wo man Geld vom Sparbuch der deutschen Bundespost abheben könnte! Nächstes Postamt dafür: Aberdeen!
Auf den Färöer-Inseln gibt es färöische Banknoten (nur Noten), die neben dänischen Noten und Münzen gültige Zahlungsmittel sind. Die Färöer Kronen haben zu den Dänen Kronen immer einen Kurs 1 : 1. Trotzdem solltest du die Färöer-Inseln ohne färöische Banknoten verlassen. Zwar sind sie nach einem Gesetz auch in Dänemark überall gültiges Zahlungsmittel, nur erklär das mal einem Tankwart oder Pommesbudenbesitzer, wenn du auf der Rückreise in Dänemark noch etwas bezahlen mußt. Beim Umtausch im Ausland habe ich es auch erlebt, daß es für färöische Noten einen schlechteren Kurs gab als für dänische. Deutsche Banken verweigern in der Regel sogar die Annahme, so heißt es auf Anfrage bei der Westdeutschen Landesbank.
Geldumtausch vom Postsparbuch der Deutschen Bundespost ist auf den Färöer-Inseln bisher nur in der Hauptstadt Tórshavn möglich.

Was Island betrifft, so könnte man ein Buch allein über die isländische Krone schreiben. Der Kurs der isKr zu anderen Währungen war in den vergangenen Jahren sehr instabil. Bis 1983 war die Krone auf einer Schußfahrt. Island hatte eine Inflation von etwa 130 %. Diese rasanten Preissteigerungen wurden von ebenso rasanten Abwertungen der IsKr begleitet. Für Touristen was das also egal: Zwar zahlten die Besucher im Land immer höhere Kronenpreise, bekamen dafür aber auch beim Umtausch immer mehr Kronen für ihr Geld. 1983 bekam Island eine neue Regierung, und die schaffte es, bis zum Sommer 84 die Inflation auf 15 % zu senken – ein seit langem unbekannter Wert auf der Insel. Gleichzeitig stabilisierte sich die isKr entsprechend. Da setzte – zum Verdruß der Touristen aus Europa – der Dollar zu einem Höhenflug an. Und wenn der Dollar abhebt, dann hängt die isKr immer etwas im Schlepptau. Im Klartext: Ein starker Dollar macht deinen Islandurlaub teuer, ein schwacher entsprechend billiger.
Im Herbst 1984 zerstreikten die Isländer die Antiinflationsbemühungen ihrer Regierung, das Land war wochenlang lahmgelegt. Die Situation in der Reisesaison 1985 glich dann eher der von '83 als von '84. Beim Geldumtausch gab es zwar rund 30 % mehr Kronen als im Jahr zuvor,

aber die Inflation fraß diesen Kursgewinn locker wieder auf. Die letzte Information über die Situation in Island vor Redaktionsschluß dieses Buches: Stewardessen legten am 24.10.1985 den Luftverkehr zwischen Island und dem Rest der Welt lahm. Sie wollen 140 % Lohnerhöhung.
Das Problem, das sich für mich beim Schreiben dieses Buches daraus ergibt: Was soll ich als Preisinformation geben? Bei meiner letzten Reise auf Island, als ich für dieses Buch recherchiert habe, wollte mir dort niemand etwas über die Preise des kommenden Jahres sagen, nicht einmal über die Preise des nächsten Monats. Ich gebe deshalb, soweit wie möglich, Preise in DM oder US-$ an, wie es die Isländer übrigens auch gerne machen. Die Angaben sollen nur eine Orientierungshilfe sein – nach den Erfahrungen werden es die unsichersten im ganzen Buch sein.
Noch einige Tips für Deine Vorbereitung: Isländische Kronen sollte man auf keinen Fall außerhalb Islands tauschen. Sowohl im Flughafen Keflavík wie in Seydisfjördur kann man bei der Ein- und Ausreise immer Geld wechseln und das zu einem bedeutend besseren Kurs als außerhalb Islands.
Die Ein- und Ausfuhr isländischer Kronen ist in Island gesetzlich eingeschränkt: zur Zeit bis 2.100 isKr in Noten von maximal 100,– isKr! Es gibt 500,– isKr-Noten, die nicht ein- und ausgeführt werden dürfen und die du außerhalb Islands auch nicht loswirst!
Vom Postsparbuch der Deutschen Bundespost erhältst du auf allen Postämtern Islands Geld zum jeweils gültigen Bankkurs ohne Wechselgebühren (auf Banken ca. 2,– bis 3,– DM!).
Eurocheques sollen nach Angaben der deutschen Banken in Island in DM ausgestellt werden, doch verlangt man dort oft ein Ausschreiben in isKr. Die Verrechnung auf dem Konto zu Hause erfolgt dann zum Devisenkurs, was dem Umtauschkurs in Island nahekommt.

Reisezeit(en)

Die Zeiten für einen schönen Urlaub auf dem Nordatlantik sind vom Wetter und von den Verkehrsbedingungen abhängig. Ideal sind die Monate Juli und August, vielleicht noch ein paar Tage in den September hinein. In dieser Zeit ist alles zugänglich, auch das isländische Hochland. Der September kann überall noch wettermäßig schön sein, aber es wird schon merklich kälter, und die Verkehrsverbindungen sind eingeschränkt. Eine frühe Reise, z.B. im Mai, ist immer mit dem Risiko verbun-

den, daß es noch sehr kalt ist, in Teilen Islands liegen dann die Temperaturen um den Gefrierpunkt. Natürlich kannst du auch Glück haben und erwischst einen frühen Frühling. Über die Orkneys hinaus nach Norden sollte man sich aber erst Ende des Monats wagen. Im Juni wird es sowohl wetter- als auch verkehrsmäßig schon sommerlich, nur für das isländische Hochland ist es noch zu früh. Dort ist mit hohen Wasserständen in den Flüssen zu rechnen, und in den Höhenlagen kann noch Schnee liegen. Viele Hochlandpisten werden erst Ende Juni/Anfang Juli geöffnet.
Bei den Angaben zu Reisemöglichkeiten in diesem Buch habe ich mich nach der Hauptsaison orientiert, also Mitte Juni bis Anfang September. Über die genauen Verkehrszeiten geben die Fahrpläne Auskunft. Besonders in Island ist der öffentliche Landverkehr – sprich die Busse – außerhalb der Hochsaison sehr eingeschränkt.
Eine Wintersaison gibt es nur in Island, sie ist aber mehr von lokaler Bedeutung. Skigebiete gibt es unter anderem nordöstlich von Reykjavik, oberhalb von Akureyri und bei Isafjördur.

Telefonieren allgemein

Aus allen Gebieten, die dieser Reiseführer behandelt, bestehen Möglichkeiten zur Direktwahl ins Ausland. Internationale Telefongespräche sind wie folgt zu wählen.
1.) Kennzahl für das internationale Netz – in Island: 90-, auf Färöer: 009-, in Großbritannien: 010-
2.) Vorwahl des Landes, das du anrufen willst – BR Deutschland: -49-, Österreich: -43-, Schweiz: -41-
3.) Ortsnetzkennzahl ohne die Anfangs-0.
4.) Nummer des Teilnehmers.
Beispiel: Die Nummer 12 34 56 in Hamburg (0 40) ist wie folgt anzuwählen: in Island 90 49 40 12 34 56, auf den Färöer: 009 49 40 12 34 56, in Großbritannien: 010 49 40 12 34 56.

Versicherungen

Meist passiert nichts, und man ärgert sich über die bezahlten Prämien. Ich habe aber nie eine Rückfahrt von Island mit dem Schiff erlebt, ohne

NORDATLANTIK

FÄHRVERBINDUNGEN

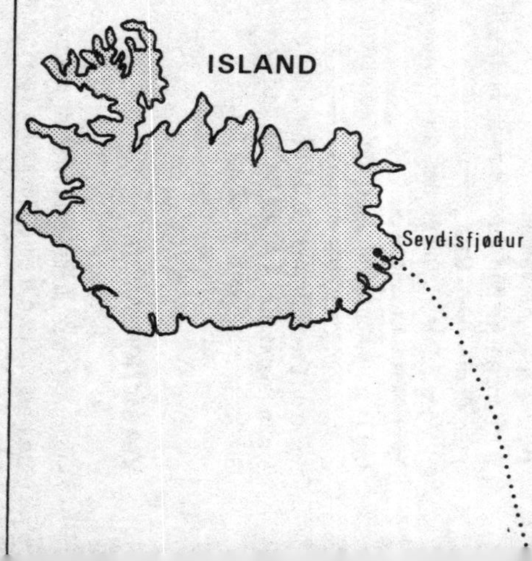

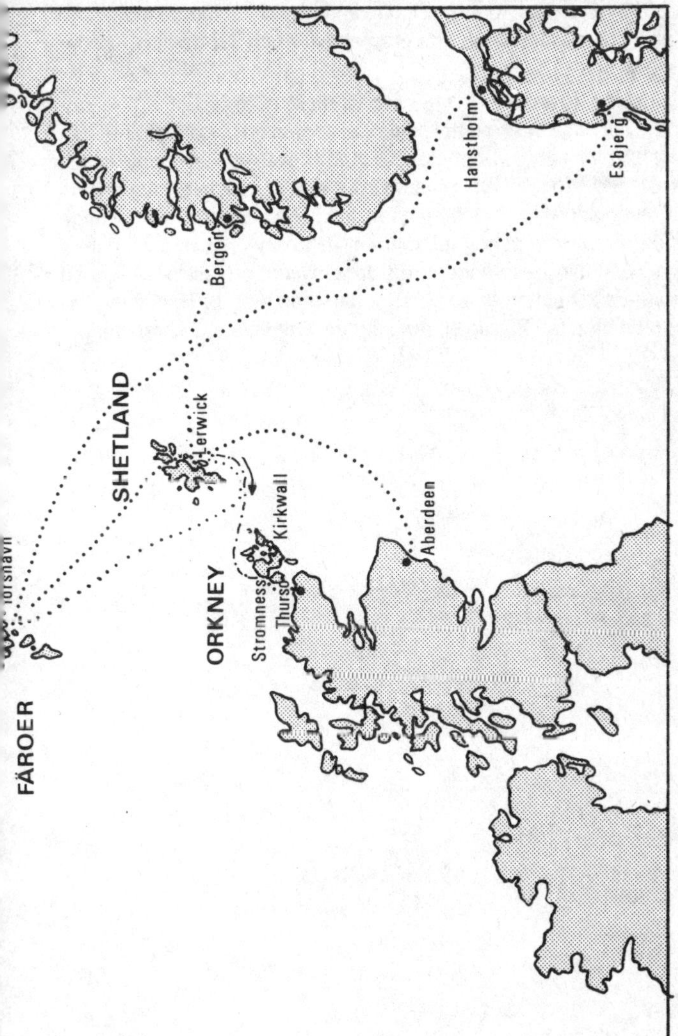
FÄROER
SHETLAND
Lerwick
ORKNEY
Stromness
Thurso
Kirkwall
Aberdeen
Bergen
Hanstholm
Esbjerg

daß nicht einige lädierte Fahrzeuge an Bord waren. Eine Versicherung, die einen PKW-Rücktransport und ein eventuelles Abschleppen in Island deckt, kann ich jedem Selbstfahrer empfehlen. Auch Schrott muß wieder ausgeführt werden.

Eine zusätzliche Krankenversicherung ist nicht notwendig. In Großbritannien und Island werden Notfallpatienten kostenlos behandelt. Auf den Färöer-Inseln ist es etwas unübersichtlich. Dort werden, so konnte ich es einer Broschüre entnehmen, Staatsbürger der nordischen Länder und aus Großbritannien kostenlos behandelt. Ich habe dann, um eine richtige Information für andere geben zu können, mehrmals mit verschiedenen Stellen in Tórshavn gesprochen und dabei widersprüchliche Angaben bekommen. Es scheint aber so zu sein, daß man erst die Rechnung begleichen muß und den Betrag später von der Krankenkasse erstattet bekommt.

Der Nordatlantik – allgemein

Auf oder *in* – eine Frage des Selbstbewußtseins

Du reist *auf* einer Insel, aber *in* einem Land herum. Bei den Färöer-, Orkney- und Shetland-Inseln ergibt sich daraus kein Problem, wohl aber wenn es um Island geht. Geographischer und politischer Name sind gleich, was soll man also sagen: Ich habe in diesem Sommer *auf* Island oder *in* Island Urlaub gemacht? Die Isländer selbst sagen á, was man mit *auf*, aber auch mit *in* übersetzen kann. Entscheidungsschwach wie ich bin, habe ich die isländische Botschaft angerufen: Man hört es dort lieber „*in* Island“, weil das Land eben ein richtiger Staat ist und nicht nur eine Insel im Nordatlantik.

Geschichte, Wirtschaft, Politik

Ein Rundumschlag über mehr als 5000 Jahre

Die Etappen zwischen den vier Zielen, die dieser Reiseführer beschreibt, sind nicht mehr sehr groß. In einer knappen halben Stunde fliegen die Maschinen der British Airways von den Orkneys zu den Shetlands, in 13 Stunden rollt die Norröna von dort zu den Färöer-Inseln und in weiteren 15 Stunden bis Seyðisfjörður – was nicht einmal Islands Südspitze ist. Ein Flug von den Färöer-Inseln ins isländische Egilstaðir dauert 40 Minuten. Die Welt ist klein geworden – geworden, aber es war natürlich nicht immer so.
Von der Zeit, für die man heute die ersten Siedlungsspuren auf den Orkney-Inseln nachweisen kann – ca. 3500 v.Chr. – bis zur ersten, vage vermuteten Berührung mit Island durch irische Mönche im Jahre 795 vergingen über 4000 Jahre. Die Wikinger etablierten ihre Reiserouten auf dem Atlantik auch nicht von einem Tag auf den anderen. Sie brauchten von der ersten Besiedlung der Shetlands (ca. 620 n.Chr.) bis zu der Erkenntnis, daß es auch weiter nördlich noch Land gab, über 200 Jahre.

Und diese Erkenntnis, so meint man heute, kam mehr durch Zufall. Kräftige Stürme brachten die Wikinger damals von den gewohnten Routen ab und ließen sie Neuland betreten. Wo die Norröna heute mit 22 Knoten Geschwindigkeit und mit Hilfe von Satellitennavigation ihren Kurs auf Island steuert, da ging Mann früher an die Grenzen der bekannten Welt. Der Atlantik wurde erst nach und nach für den Menschen erlebbar. Aber alles der Reihe nach:

Solide Bauherren – die Steinzeitler

Zuerst kam der Mensch – der Steinzeitmensch – wohl von Süden, aber wer will das heute noch genau feststellen. Auf jeden Fall baute er eifrig und haltbar, was auf den Orkney-Inseln unübersehbar ist. Knap of Howar (Papa Westray) und Skara Brae (Orkney, West Mainland) sind deutliche, anschauliche Beispiele dieser Siedlungstätigkeit.

Warum siedelten die Steinzeitler auf den Inseln, warum nicht auf dem schottischen Festland? Vielleicht bedeutete Abgeschiedenheit damals Sicherheit, vielleicht waren die Orkneys schon damals, was sie heute noch sind: reiches Farmland. Nun ja, die Leute waren auf jeden Fall da und haben gelebt, sind gestorben und begraben worden. Begraben in recht ansehnlichen, solide gemauerten Kammergräbern, die heute so manche Touristen und damit so manches zusätzliche Pfund Sterling auf die Orkneys locken. Solide bauen – für die Zukunft investieren! Es wäre aber auch anzunehmen, daß die solide Bauweise nicht der volkswirtschaftlichen Weitsicht zu verdanken ist, sondern eher den natürlichen Gegebenheiten, nämlich dem reichen Vorkommen geeigneter und leicht zugänglicher Steine.

Die Gräber der Orkneys sind nichts Einmaliges für den Norden Europas. Solche Ruhestätten gibt es zum Beispiel auf dem schottischen Festland, auf den Hebriden und in Irland. Nur gehören die auf den Orkneys sicherlich zu den eindrucksvollsten ihrer Art. Das Kammergrab von Maeshowe gab einer ganzen Baureihe gleichen Typs den Namen: Maeshowe-Typ. Gut für das Selbstbewußtsein der Orkneyleute heute ist die Tatsache, daß ihre Vorfahren schon mit Stein bauten, als man andernorts in Europa noch die Höhle oder ähnlich Primitives zum Wohnen bevorzugte. Und hier, abseits der Mittelmeerkulturen, entwarfen vor über 5000 Jahren Innenausstatter komplette Möbeleinrichtungen aus Stein.

Im frühen 3. Jahrtausend v.Chr., als die Ägypter des alten Reiches noch an den ersten Pyramiden konstruierten, bauten die Steinzeitler auf den Orkneys ihr Open-Air Kultgelände aus, die Stones of Stennes entstanden. Es ist wohl anzunehmen, daß auf diesem Gelände nicht nur die Be-

Steinzeitler entwarfen komplette Inneneinrichtungen – Skara Brae (Orkney-Inseln)

wohner des nahen Skara Brae feierten, sondern es wird das Festivalgelände einer größeren Gemeinschaft gewesen sein. Vielleicht ein zentraler Platz für die Bewohner aller Inseln. Wann genau die Stones of Stennes und der sicherlich später entstandene Ring of Brogar mehr als nur steinerne Zeugen einer lebendigen Steinzeitkultur waren, ist nicht bekannt.

Auf die Zeit zwischen 2000 und 1500 v.Chr. werden die ältesten Teile des Jarlshof-Komplexes (Shetland, Süd Mainland) datiert. Und dieser Jarlshof hat es in sich, auf jeden Fall in seinem Grund. Nirgendwo kann man das Neben- und Übereinander der nun folgenden 3000 Jahre so deutlich sehen wie hier. Die ersten Jarlshof-Siedler sind noch der Steinzeit zuzuordnen, dann wohnten Bronzezeitler auf dem Gelände, und über deren Häuser machten sich später Eisenzeitler breit. Anschließend siedelten hier noch Pikten und Wikinger.

Zeichen der Zeitenwende: Mensch baut Bunker

Irgendwann um die Zeitenwende, als im Süden Britanniens die Römer herrschten, begannen die Menschen in den nördlicheren Regionen Türme zu bauen, sogenannte Brochs. Wer waren die Brochbauer? Vielleicht Pikten? Waren sie herumziehende Mittelmeerbewohner? Waren sie kriegerische Stämme? Fragen gibt es viele – sichere Antworten wenige. Pikten werden die Stämme genannt, die auf den britischen Inseln nördlich der römischen Gebiete lebten. Daß die Pikten aus dem Mittelmeerraum stammten, wird manchmal angenommen, weil bei Ausgrabungen Gegenstände gefunden wurden, die von dort kamen. Aber ein paar hundert Kilometer weiter im Süden lagen die Römer, konnte da nicht Handel diese Sachen bis zu den Orkneys gebracht haben?

Ein Archäologe machte mir das mal klar: *„Stell Dir vor, der große Knall kommt, und all die Raketen mit den menschenvernichtenden, aber materialschonenden Sprengköpfen entleiben uns. 2000 Jahre später machen die grünen Männchen dann eine Expedition hierher und finden neben deinen Knochen – wenn davon noch was übrig ist – deinen Fotoapparat und deine Digital-Uhr. Jetzt haben die schon auf einer Insel, die auf der anderen Seite der Weltkugel liegt, in der Asche rumgestochert, und sie wissen, daß Fotoapparat und Uhr dort gebaut wurden. Jetzt müßten die ja daraus schließen, daß die Knochen, die da liegen, zu einem Japaner gehören – oder?*

Kriegerisch scheinen die Stämme, die die Türme gebaut haben, doch gewesen zu sein, denn wofür sonst hätten sie diese massiven Bauwerke errichten sollen, wenn nicht zur Verteidigung? Brochs entstanden zu

Hunderten im Norden der britischen Inseln, also auch auf den Orkneys und den Shetlands. Auf letzteren ist der Mousa-Broch zu finden (Mousa s. Kap. „Shetland/Süd Mainland“), der am besten erhaltene dieser Turmbunker. Die Verhältnisse müssen sich aber bis zum Auftauchen der Wikinger wieder beruhigt haben, denn im späten ersten Jahrtausend n. Chr. dienten viele der Brochs als Steinbrüche für Siedler, die sich in ihrer Nähe niederließen. Viel weiß man über diese Zeiten und diese Kulturen nicht, man kann nur Schlüsse aus den Fundsachen ziehen.

Dank Dicuil endlich mal was Schriftliches

Schriftliches über den Nordatlantik taucht erst ab dem 9. Jahrhundert auf. Der Gedanke, daß ein gewisser Pytheas, der in Schriften erwähnt wird, schon um 325 v. Chr. Island entdeckt hat und mit dem von ihm beschriebenen Thule diese Nordatlantikinsel meint, ist nach dem Stand der Wissenschaft nicht mehr haltbar.

Ein wenig Licht in dieses nordische Dunkel bringen die Aufzeichnungen eines irischen Mönches namens Dicuil. Er wird gern zitiert, wenn irgendwo etwas über die Entdeckung der Färöer und Islands geschrieben wird. Wohl deshalb, weil er das Monopol der Berichterstattung über die ersten Reisen in diese Gegend hat: „Die Lust auf das Einsiedlerleben hat schon vor hundert Jahren ein paar irische Mönche zu den vielen Inseln im nördlichen Teil des britischen Meeres geführt, die man bei günstigem Wind in zwei Tagen von den britischen Inseln erreichen kann. Die seit der Erschaffung der Welt unbewohnten und namenlosen Inseln sind nur als Folge des Auftauchens nordischer Seeräuber von den Einsiedlern wieder verlassen.“ Was hatten die ruhesuchenden, gottesfürchtigen Iren da wohl entdeckt? Island? Die Färöer? Mit ihren Fellbooten werden sie wohl kaum in zwei Tagen vom Norden Großbritanniens bis nach Island gekommen sein und doch wohl weiter – Dicuil schreibt ja von günstigen Winden – als bis zu den Shetlands. Wenn wir in der heutigen Zeit nichts übersehen haben, bleiben nur die Färöer – oder?

Dicuils Schriften lassen an anderer Stelle dann aber auch den Schluß zu, daß die Iren auf ihrem Einsamkeitstrip später doch Island besuchten und dort sogar – immer weiter strebend – auf die nördlich gelegene Insel Grimsey kamen und noch weiter zogen, eine Tagesreise nordwärts, bis sie das Meer zugefroren fanden. Die Aufzeichnungen des Dicuil werden aus anderer Quelle bestätigt. Im Islendingabók, dem Buch der Isländer, das etwa 300 Jahre nach der beschriebenen Zeit entstanden ist, schreibt der Verfasser, daß die nach Island kommenden Wikinger christliche Männer vorfanden, die sie Papen nannten. Diese zogen es aber vor, das

Weite zu suchen (wohl besser: Sie mußten gezwungenermaßen das Weite suchen), weil mit den norwegischen Neusiedlern kein ruhiges Zusammenleben möglich war.

Die Wikinger segeln in die Geschichte

Warum sind die Nordmänner überhaupt auf dem Nordatlantik aufgetaucht? Auf den Shetlands ist das ja noch zu verstehen. Die liegen den Norwegern vor der Haustür, eine Tagesreise vielleicht in damaligen Zeiten. Die Shetlands gehörten faktisch zu ihrer natürlichen Einflußsphäre. Historische Orts- und Farmnamen belegen die Verbindung zwischen Shetlandinseln und einem eingrenzbaren Gebiet an der norwegischen Westküste. Daß die Nordmänner dann zwangsläufig auch zu den Orkneys kamen, ist verständlich. (Bei gutem Wetter kann man heute wie damals Fair Isle, das zwischen Orkney und Shetland liegt, von beiden Inselgruppen aus sehen.)

Auf diesen ersten beiden Inselgruppen siedelten die Leute aus Norwegen wohl noch friedlich. Sie lebten zeitweilig neben den Pikten, so meinen Forscher heute sagen zu können. Man nimmt an, daß die ersten Aussiedler Norwegen verlassen hatten, weil das Land die Bewohner nicht mehr ernähren konnte.

Am Ende des 8. Jahrhunderts begannen die Wikinger mit dem, was sie berühmt und berüchtigt gemacht hat: Sie zogen erobernd weiter nach Süden. Mit den Brückenköpfen Shetland und Orkney im Rücken war es ein leichtes, auf das schottische Festland (aus der Sicht der Wikinger das Südland, heute noch Sutherland), die Hebriden und von dort bis Irland zu gelangen. Mit der Plünderung des Klosters Lindisfarne auf Holy Island vor der nordenglischen Küste im Jahre 973 wurden aus den friedlichen Siedlern endgültig gefürchtete Eroberer.

Über die Shetland- und Orkney-Inseln rollte der Nachschub für die Eroberungszüge. Die britischen Inseln blieben immer unter starkem Einfluß der Mächtigen in Norwegen, während die Färöer und besonders Island gerade von denen besiedelt wurden, die diesem Einfluß entgehen wollten.

Harald Schönhaar vereinte im 9. Jahrhundert mit Gewalt Norwegen zu einem Königreich, naturgemäß bei solchen Vereinigern unter seiner Herrschaft. Dies trieb so manchen Edlen aus der Heimat zu neuen Ufern. Da kam es gerade recht, daß von den unfreiwilligen Reisen zweier Männer erzählt wurde. Seit 800 waren die Färöer-Inseln in der Wikingerwelt bekannt, und dorthin war der Norweger Naddodur unterwegs, als ihn kräftige Winde verwehten. Den Schweden Svavarsson ereilte das gleiche Schicksal bei einer Fahrt zu den Hebriden. Wer nun von beiden die Nr. 1 auf der neuen Insel war, läßt sich nicht mehr feststellen. Lange hielten sie es in dem unbekannten Land aber nicht aus, brachten es jedoch nach ihrer Rückkehr ins Gerede. Den beiden unfreiwilligen Besuchen folgt bald ein gezielter: Der Norwegen Flóki Vigerđarson siedelt sich im Nordwesten an, am heutigen Breiđafjörđur. So ganz klappt es mit dieser Ansiedlung aber nicht. Nach zwei Wintern gibt er auf, nicht ohne der Insel den endgültigen Namen zu geben: Island – Eisland. Flóki hat schlechte Erfahrungen gemacht, denn Eisland ist nicht gerade ein werbewirksamer Name, verglichen mit späteren Wikingerwortschöpfungen für andere Siedlungsziele: Grünland (Grønland) und Weinland (Vinland, für das heutige Westkanada).

Island – Eisland? – Neuland!

Der abschreckende Name hatte keine solche Wirkung: 874 – so ist es im Landnámabók, dem Buch der Landnahme, beschrieben, ziehen es zwei Norweger vor, ihr Land zu verlassen. Ingolf und Leif, wie Brüder aufgewachsen, sind in eine unangenehme Sache verwickelt. Leif hat wegen einer Liebesgeschichte die Söhne des Edlen Atli getötet, und das nimmt ihm dieser sehr übel. Eine Stippvisite auf der neuen Insel überzeugt Ingolf und Leif, daß es sich lohnen könnte, dort zu siedeln. Im Frühjahr 874 ist es soweit. Ingolf, der friedlichere der beiden, segelt direkt, Leif macht noch einen Abstecher ins heutige Irland. Er sucht – und findet – dort Landarbeiter, die er kurzerhand mitnimmt.

Ingolf siedelt zuerst an einem Platz im Süden, der heute Ingólfshöfđi heißt. (Südlich von Skaftafell kann man von der Ringstraße aus die Stelle über die Sander hinausragen sehen.) Später zieht er an die Bucht, an der es raucht – Reykjavik. Wenn alle alten Geschichten stimmen, dann hat Ingolf bei seiner Anreise zwei beschnitzte Baumstämme vor Island ins Meer geworfen, und in dieser Rauchbucht wurden sie angespült.

Leif, der Mann, der schnell mit dem Schwert bei der Hand ist, läßt sich unterhalb des Myrdalsjökull nieder, an einem Ort, der heute Hjörleifshöfđi heißt (Hjör = Schwert; Schwert-Leifs-Hof, östlich von Vik). Leif hat aber nicht lange was von der neuen Heimat. Die Landarbeiter, die er aus dem Westen geholt hat, erschlagen ihn und flüchten auf die Inseln vor der Küste. Die haben natürlich gleich ihren Namen weg: Inseln der Männer aus dem Westen – Vestmannaeyjar.

Nach dem Landnahmebuch folgt der ersten dauerhaften Besiedlung durch Ingolf bald eine Besiedlung der ganzen Insel durch einen wahren Strom von Einwanderern. In zwei Generationen ist die Landnahme praktisch abgeschlossen, das verfügbare Land aufgeteilt. Neue politische Strukturen entstehen: auf lokaler Ebene die Godentümer, später, als das zur Regelung des Gemeinwesens nicht mehr ausreicht, regionale Thingversammlungen (ab etwa 900) und schließlich, im Jahre 930, das Althing. Das Althing kommt an einem zentral gelegenen und gut geeigneten Ort zusammen, einem Tal, das heute seinen Namen von dieser Versammlung hat: þingvellir – Thingtal.

Ähnliche Thingversammlungen entstehen natürlich auch auf den anderen von Wikingern besiedelten Inseln: Auf den Färöer-Inseln trifft man sich auf der Halbinsel Tinganes (im Hafen von Tórshavn), und auf den Shetlands (damals noch Hjaltaland) soll der Versammlungsplatz in der Nähe des heutigen Flugfeldes von Lerwick gewesen sein, dort heißt es jetzt Tingwall. Wo sich nun zuerst die Männer zum Thing trafen, darüber streiten sich die Nordländer, besonders Isländer und Färinger. Jeder beansprucht heute für sich, daß Parlament mit der ältesten Tradition in Europa zu haben.

Das Althing der Isländer war aber sicher das bedeutendste im Nordmeerbereich, nimmt es doch lange eine Sonderstellung ein. Es ist ein Parlament freier Männer. Das Land und seine Bewohner konnten sich der Macht der norwegischen Könige weitgehend entziehen. Auf den Shetland- und Orkney-Inseln war diese Macht dagegen nie gebrochen. Schon Harald Schönhaar ließ es sich nicht nehmen, seine Fürstentümer regelmäßig zu besuchen. Diese Besuche waren mehr als unbeliebt, aber nicht zu verhindern. Mit dem Fürstentum Orkney, Shetland und Caithness verbinden sich im Laufe der Jahre große Namen, z.B. Earl Magnus, 1115 auf Eday ermordet und bald darauf als Heiliger im ganzen Norden verehrt. Innerhalb des norwegischen Reiches war es ein mächtiges Fürstentum, aber auch nicht mehr. Bis 1231 waren Norweger die Earls, danach Schotten. Sie blieben aber dem norwegischen König treu.

Bei den Färingern ist nach der Entdeckung um 800 die Welt noch eine Zeit in Ordnung, bis sie beginnen, sich untereinander zu bekämpfen. Und wenn zwei sich streiten, ist der Dritte, der sich dann sprichwörtlich freuen darf, nicht weit. Die Färinger haben sich gerade mit gewalttätigen Auseinandersetzungen in der Religionsfrage geeinigt (auf das Christentum), da nimmt der norwegische König 1035 das Heft in die Hand.

Schon bald nach der Christianisierung um 1000 gewinnt die Kirche überall an Einfluß. Bischofssitze entstehen: Birsay, später Kirkwall auf den Orkneys; Kirkjuböur auf den Färöer-Inseln; Hólar und Skálholt in Island.

Die Tage des alten Freistaates sind gezählt

In Island fangen nach wenigen fetten Jahren in Frieden und Wohlstand die Streitereien zwischen den Siedlern ebenfalls an. Die norwegischen Könige werden anfänglich gern als Schlichter gesehen und lassen sich später nicht mehr nach Hause schicken. Es gibt sogar böse Zungen, die behaupten, die Norweger hätten die Streitereien gar noch ein bißchen angeheizt, um weiter an Einfluß zu gewinnen. Unter Hákon Hákonarson ist es soweit: 1258 gelingt es ihm, einen ihm ergebenen Verwalter in Island einzusetzen, vier Jahre später leisten ihm die Isländer den Treueeid. Der Staat der freien Männer ist am Ende – einer herrscht jetzt allein über das Nordmeer, der König der Norweger. 207 Jahre hält diese Herrschaft an. Auf dem norwegischen Thron sitzt ab 1380 ein Däne, nachdem die beiden Königreiche vereint worden sind.

Die Fremdherrschaft brachte nur eine kurze Zeit Vorteile für die Inselbewohner. Ein paar Jahre gab es Frieden zwischen den Mächtigen im Land, und der Handel kam in Schwung. Nach weniger als zehn Jahren war es aber mit der kleinen Konjunktur wieder vorbei. Islands Handel war von fremden Schiffen abhängig geworden, die Ex-Wikinger hatten die eigene Seefahrt vernachlässigt. Die Fremden kamen meist nur, wenn es ihnen paßte, wenn der zu erwartende Profit hoch war.

Ab 1302 ließ der norwegische König den Islandhandel nur noch durch Norweger zu, später gab er den Kaufleuten aus der Stadt Bergen das Handelsmonopol. Mit den Isländern geht es vulkanab. Sie bekommen schlechte Preise für ihre Waren und schlechte Waren für ihr Geld. Nachdem dänische Könige die norwegische Krone tragen, geht es zeitweilig wieder etwas aufwärts, weil diese das Handelsmonopol lockern.

Die Entwicklung auf den Färoer-Inseln verläuft ähnlich: Dort entsteht zwar 1298 in einer wirtschaftlich guten Phase noch ein färöisches Landrecht, der Seydabrœvid (Schafbrief), aber den immer größer werdenden Einfluß der Kirche und einiger norwegischer Familien verhindert das nicht. Der bescheidene Handel wird von Bergen aus kontrolliert, später von Kopenhagen.

Anders sieht die Geschichte auf den Orkney- und Shetland-Inseln aus: Nach dem letzten Earl norwegischer Herkunft – wahrscheinlich Earl John, der 1231 in Thurso ermordet wurde – besaßen Schotten den Titel und gewannen mehr und mehr an Einfluß. Der norwegische Besitz im Norden Großbritanniens schrumpfte 1266 auf die beiden Inselgruppen zusammen. Nun, da sie nicht mehr Brückenköpfe zu anderen Besitzungen sind, schwindet deren Bedeutung.

Das kurzlebige Großreich

Nach der Übernahme der norwegischen Krone durch die Dänen 1380 besteht das nordatlantische Großreich Dänemark-Norwegen-Island-Färöer-Shetland-Orkney nur 92 Jahre. Der Dänenkönig Christian I. kann die Mitgift nicht zahlen, als er 1468 sein Töchterchen Margarete vermählen will. Der Auserwählte ist der Schottenkönig James III. Christian verpfändet an ihn zuerst die Orkneys, und als er ein Jahr später die fällige Rate nicht zahlen kann, die Shetlands. Christian kommt finanziell nicht mehr auf den grünen Zweig und James 1472 so an zwei Inselgruppen. Den Menschen auf den Orkney- und Shetland-Inseln geht es trotz anderer Entwicklung nicht viel besser als den Isländern und Färingern. Die jetzt vom schottischen Thron abhängigen Landesfürsten leben auf Kosten der Bevölkerung ein schönes Leben. Sie lassen Burgen und Schlösser bauen – das Volk schuftet dafür. Muness Castle (Unst) und Scalloway Castle (Zentral Mainland) auf den Shetlands sowie die beiden Earl's Palace in Birsay und Kirkwall auf den Orkneys sind Zeugnisse dieser Zeit. Patrick Stewart, der schlimmste dieser Horror-Earls, treibt es so, daß er später verurteilt und hingerichtet wird. Er ließ seine Untertanen schuften und hungern. Den unter seiner Herrschaft entstandenen Earl's Palace in Kirkwall muß man heute als den schönsten der Orkney-Paläste bezeichnen.

Katastrophenstimmung

In Island und auf den Färöer-Inseln spitzt sich die Lage immer mehr zu. Die Dänen haben den Monopolhandel wieder eingeführt, erklären zeitweilig den Nordatlantik zu ihrem Staatsgebiet, wollen keine anderen Schiffe dort zulassen. Das ist zwar schwer zu überwachen, aber die Folgen für die Inseln sind katastrophal. 1602 wird den Isländern unter Strafandrohung verboten, mit Dritten Handel zu treiben. Die Bevölkerung ist ganz und gar von der Gnade der königlichen Monopolisten abhängig, und die sind alles andere als gnädig. Die Isländer verarmen. In dieser Zeit bringt der Isländer Arni Magnússon, der sich mit den Dänen arrangiert hat, die meisten der Handschriften in Sicherheit, auf denen die historische isländische Literatur überliefert ist. Arni Magnússon bringt sie im wahrsten Sinne des Wortes in Sicherheit, denn bei der verarmenden Bevölkerung werden die Häute, auf denen die Schriften stehen, zu allem möglichen genutzt, nur nicht mehr zum Lesen. Die Schriften gelangen nach Kopenhagen (von dort ab 1971 wieder zurück). Diese Epoche bildet den Hintergrund für den Laxness-Roman „Islandglocke“ (siehe auch unter „Literatur“).

Earl's Palace in Kirkwall – kostete den gräflichen Kopf

In Tórshavn auf den Färöer-Inseln brennen 1673 die Handelshäuser des Monopolisten Gabel nieder, kurz bevor eine Kommission dort eintrifft, die die Verhältnisse untersuchen soll. Alle Beweise gegen die wie Feudalherren herrschenden Monopolhändler liegen in Schutt und Asche. Das Monopol bleibt.

In Island scheint sich auch noch die Natur gegen die Bewohner zu wenden. Seuchen, die mal Mensch, mal Tier treffen, Hungersnöte, schwere Winter und der nicht zur Ruhe kommende Vulkanismus fordern regelmäßig Opfer. Höhepunkt der Naturkatastrophen wird der Ausbruch der Lakispalte 1783/84.

Bei diesem Ausbruch – die Isländer nennen ihn auch Skaftáreldar oder Siðueldar (Skaftár und Siðu stehen für die betroffenen Regionen, eldar = Feuer) – ist nicht nur die weltweit größte zusammenhängende Lavafläche in historischer Zeit entstanden, die Eldhraun (560 qkm groß), sondern es haben auch schlimme Gasausbrüche stattgefunden. Zeitzeugen schreiben von Schwefelwolken, die in die Atmosphäre gelangten und sich über die ganze Insel ausbreiteten. Die Isländer nennen diese Zeit Móðuharðindi (Móða = Dunst, harðindi = schlechte Zeiten; also etwa: die schlechten Zeiten mit dem Dunst). In der Folge dieses Ausbruchs starben über 9.000 Menschen, und die Masse des Viehbestandes ging ein. In Kopenhagen denkt man derweil über die Evakuierung der Überlebenden nach. 910 Jahre nach der Besiedlung soll Island wieder menschenleer werden. Viele hätte man nicht umquartieren müssen, denn zu keiner anderen Zeit nach Abschluß der Landnahme lebten so wenige Menschen in Island wie nach dieser Naturkatastrophe. Man läßt die Überlebenden aber letztendlich doch, wo sie sind, und entschließt sich, den preiswerteren Weg zu gehen: Die Dänen lockern das Handelsmonopol 1786.

Langsam kommt wieder Leben ins Land – wirtschaftlich. Politisch bleiben die kommenden Jahre düster. Die Abhängigkeit von der Zentralregierung in Kopenhagen wird größer. 1798 tritt das fast bedeutungslose Althing zum letzten Treffen zusammen, 1800 wird es aufgelöst.
Auf den Färöer-Inseln kommt es derweil zu Protesten gegen das dortige Monopol. Páll von der Insel Nólsoy (Nólsoyar Páll) baut 1804 illegal ein geschlossenes, hochseetüchtiges Boot und versucht, mit dem Ausland Handel zu treiben. Es kommt zu Verhandlungen mit Kopenhagen, die aber nicht abgeschlossen werden. Der siebenjährige Krieg tobt über Europa, die Dänen sind darin verwickelt – wie sich später herausstellt auf der falschen Seite. Die nordatlantischen Besitzungen leiden erstmal wie-

der, weil die Engländer die Meere beherrschen und die Versorgung empfindlich stören.

Dänemarks Macht schwindet

Der dänische König verliert bei Kriegsende 1814 die Herrschaft über Norwegen. Das Nordatlantikreich ist am Ende, aber Island und die Färöer bleiben im dänischen Reich. 1816 wird das färöische Parlament abgeschafft – der letzte Funken Selbständigkeit. Doch bald entstehen neue Bewegungen. Der junge Jón Sigurdsson (geb. 1811) führt den isländischen Freiheitskampf an.

1845 dreht sich die Entwicklung. Das Althing der Isländer nimmt seine Arbeit wieder auf, sieben Jahre später auch das Lágting der Färinger. In der Zwischenzeit ist in Dänemark relativ ruhig die absolute Monarchie zu Grabe getragen worden (1848/49). So wie das dänische Volk bekommen auch Isländer und Färinger mehr Rechte. 1855 fällt das Handelsmonopol in Island, 1856 auf den Färöer-Inseln. Der Weg von und nach Europa führt nicht mehr zwangsweise über Dänemark.

1874 bekommt das isländische Althing gesetzgebende Gewalt. Staatsoberhaupt aber bleibt der dänische König. Der setzt einen Gouverneur ein, der wiederum einem Islandministerium in Kopenhagen verantwortlich ist. In den Augen der Isländer sind das natürlich nur halbe Sachen. 1904 bekommen sie ein Häppchen mehr: Das Islandministerium in Kopenhagen wird aufgelöst. In Reykjavik wird ein neuer, dem Althing verantwortlicher Apparat aufgebaut. Ab 1915 weht über Island eine neue, eigene Flagge. 1918 wird Island in einem Unionsvertrag selbständiges Königreich – in Personalunion mit Dänemark.

Auf den Färöer-Inseln geht alles nicht so schnell wie in Island. Es entwikkelt sich eine nationale Bewegung, die zur Wiederbelebung der fast ausgestorbenen färöischen Sprache führt. Parteien werden gegründet; das Lágting soll mehr Rechte bekommen, fordern diese sofort. Die Wirtschaft entwickelt sich – man hat die Fischerei entdeckt – und stärkt das Selbstbewußtsein, den Willen zur Selbständigkeit.

Über die Shetland- und Orkney-Inseln ist zwischen dem 17. und dem frühen 20. Jahrhundert politisch wenig zu sagen. Wirtschaftlich erleben sie extreme Hochkonjunkturen, wenn die Heringsflotten aus Mitteleuropa kommen – aber die kommen eben nicht immer. Depressionen folgen oft den wirtschaftlichen Höhenflügen. Auf den Shetlands entvölkern während dieser Depressionen ganze Siedlungen. Auf den Orkneys, wo gutes Farmland Lebensgrundlage genug bietet, hält sich das Auswandern in Grenzen.

Von großen und kleinen germanischen Völkern

Im April 1940 fallen deutsche Truppen in Dänemark und Norwegen ein. Britische Soldaten besetzen daraufhin Island und die Färöer, um den Deutschen zuvorzukommen. Ob die Wehrmacht Island wirklich überfallen hätte, ist nicht bewiesen (sie hatte sich schon an Norwegen etwas übernommen), aber wahrscheinlich. Auf jeden Fall sind die Verbindungen zu Dänemark abgerissen. Für die Inselbewohner beginnt eine kleine Wirtschaftswunderzeit, da sie von kriegerischen Handlungen weitgehend verschont bleiben, gleichzeitig aber England mit Fisch versorgen. In dieser Zeit benutzen färöische Schiffe zum ersten Mal eine eigene Flagge – sie bleibt später erhalten.

In Island übernehmen 1941, mit Zustimmung der Regierung in Reykjavik, Amerikaner die Besatzung der Engländer. 1943 läuft der mit Dänemark geschlossene Unionsvertrag von 1918 aus, er war auf 25 Jahre befristet. Die Isländer verlängern ihn nicht, sondern lösen ihn einseitig auf – sie haben auch das Recht dazu.

Am 17. Juni 1944, dem 133. Geburtstag von Jón Sigurdsson, jenem Mann, der als Begründer der isländischen Freiheitsbewegung gilt, wird an historischer Stelle, in þingvellir, die Republik ausgerufen. 682 Jahre nach der Machtübernahme durch Hákon Hákonarson hat Island seine volle Souveränität zurück – aber die Freiheit?

Bis heute stehen fremde – amerikanische – Soldaten im Land. Sie haben nach 1951 Keflavik zu einem großen Stützpunkt ausgebaut und sind, formal abgesichert durch ein Verteidigungsabkommen, für Islands Landesverteidigung zuständig. Island ist seit 1949 in der NATO, ohne eigene Streitkräfte zu haben. Sein Beitrag für das Bündnis: die strategische Lage. Ob Island die Freiheit hätte, sich aus dem westlichen Lager zu lösen? Der Streit über die Frage: Amerikaner – ja oder nein? und: Keflavik – ja oder nein? hat lange die politische Diskussion im Nachkriegsisland bestimmt, ist aber heute nicht mehr so bedeutungsvoll. Die Isländer haben sich arrangiert, und die Amerikaner fallen im täglichen Leben kaum noch auf.

Die Trennung vom Mutterland während des Krieges bleibt auch auf den Färöer-Inseln nicht bedeutungslos. Es existieren Fakten, die es unmöglich machen, nach Kriegsende einfach wieder zur Tagesordnung überzugehen. 1946 gibt es mehrere Abstimmungen zur Unabhängigkeitsfrage. Die Mehrheit bei einer Volksabstimmung sagt ja zur endgültigen Trennung von Dänemark. Wegen der geringen Abstimmungsbeteiligung ist diese Mehrheit aber keine absolute unter den Wahlberechtigten. Die Dänen akzeptieren das Ergebnis nicht. Im Lágting wechselt in der entscheidenden Abstimmung über das Mit-oder-Ohne-Dänemark ein Abgeordneter die Fronten. Überraschend verlangt das Inselparlament die Trennung. Der dänische König löst daraufhin das Parlament auf. Es kriselt. Neuwahlen werden durchgeführt. Die Pro-Dänen siegen. 1947/48 erreichen die Färinger in Verhandlungen dennoch ein Selbstverwaltungsgesetz. Sie haben seither in inneren Angelegenheiten weitgehende Entscheidungsfreiheit, während für Polizei, Gerichtsbarkeit, Verteidigung und Außenpolitik der dänische Staat zuständig ist. 1973 bleiben die Färöer im Gegensatz zu Dänemark der Europäischen Gemeinschaft fern – sie wollen über ihre Fischgründe in Tórshavn entscheiden und nicht in Brüssel verhandeln. Ein kluger Entschluß, wie die Fischereipolitik der EG in den vergangenen Jahren immer wieder bewiesen hat.

Auf den Orkney- und Shetland-Inseln sind während beider Weltkriege Stützpunkte der britischen Marine und Luftwaffe (z.B. Scapa Flow/Orkney). Von den Shetlands aus wird der Widerstand im Nazi-besetzten Norwegen organisiert. Der sogenannte Shetland-Bus operiert erst von Lunna aus, später von Scalloway.

Dann treten die Shetlands erst wieder zu Beginn der siebziger Jahre ins Rampenlicht der Welt. Auf dieser Welt suchte man fieberhaft neue Ölvorkommen, um alte Abhängigkeiten loszuwerden. Und Öl wurde ausgerechnet in der ungemütlichen Nordsee zwischen den Shetlands und Norwegen gefunden. Die Bauperiode (siehe auch Shetland Mainland) verändert das Gesicht der Inseln. Den Orkneys ergeht es wenig später nicht viel besser, aber dort, auf der Insel Flotta, verläuft die Bauperiode etwas ruhiger, man konnte ja aus den Erfahrungen der Shetlander lernen.

Wichtig für beide Inselgruppen ist es jetzt, für die Zukunft zu sorgen, solange das Öl Geld in die Kassen bringt. Es wird nicht ewig fließen, das weiß man schon, und dann müssen neue Erwerbszweige vorhanden sein, um die Bevölkerung zu versorgen.

Island und Färöer – leben vom Fisch allein?

Islands Nachkriegspolitik, soweit sie sich nicht mit der Präsenz der Amerikaner beschäftigt, ist Fischereipolitik. Sogar Fischereikriege entstehen im Laufe der Jahre: Noch von den Dänen war 1901 eine 3-Meilen-Zone um Island zum Hoheitsgebiet erklärt worden. 1952 dehnt das jetzt souveräne Island diese Zone auf 4 Seemeilen aus. Großbritannien reagiert sofort und sperrt seine Häfen für isländische Fischer. Die Isländer bleiben stur und gewinnen.

Die zweite Runde wird auf der UN-Seerechtskonferenz in Genf 1958 eingeläutet. Dort können sich die Teilnehmer nicht auf neue Fischerei-

schutzzonen einigen. Island dehnt seine daraufhin einseitig auf 12 Seemeilen aus. Großbritannien reagiert sofort und läßt seine Trawler unter dem Schutz von Kanonenbooten Raubzüge in die Gewässer des NATO-Partners unternehmen. Die Isländer bleiben stur und gewinnen.
Die dritte Runde beginnt am 15. Februar 1972 im Althing. Dort wird beschlossen, zum 1. September die Fischereischutzzone auf 50 Seemeilen auszudehnen. Großbritannien reagiert sofort, und wieder erzwingen britische Kanonen den Zugang von Trawlern in isländische Gewässer. Die Isländer bleiben stur und gewinnen.
Die vierte Runde schließt sich sofort an. Noch vor Ablauf der Übergangsvereinbarungen zur 50-Meilen-Zone dehnt Island am 15. Oktober 1975 seine Fischereizone auf 200 Seemeilen aus. Großbritannien reagiert sofort. Kanonenboote, Seegeplänkel, Abbruch der diplomatischen Beziehungen usw. Der dritte Kabeljaukrieg dauert fast ein Jahr. Die Isländer bleiben stur und gewinnen.
Sie sind Sieger nach Punkten, mehr aber auch nicht. Der Fisch, den die Isländer da so vehement verteidigt haben, der ist auch das Problem der isländischen Wirtschaftspolitik. Die Wirtschaft ist zu sehr auf dieses eine Produkt ausgerichtet und damit zu sehr von dessen Weltmarktpreis abhängig. Ist ein gutes Fangjahr, und die Preise sind noch anständig, dann kommt plötzlich sehr viel Geld ins Land. Die Konjunktur wird angeheizt. Und in schlechten Jahren? Ja, da liegt eines der Probleme: Die Isländer haben sich nämlich angewöhnt, auch in den schlechten Jahren so weiter zu leben wie in den guten. Die Folge: eine traumhafte Inflation, aber auch eine sehr geringe Arbeitslosenzahl. Ende 1983 lag die Inflationsrate bei etwa 130 %, die Arbeitslosenquote pendelt dagegen seit Jahren um die 1 %.
Bei Redaktionsschluß dieser Auflage regierte in Island eine Koalitionsregierung unter dem liberalkonservativen Ministerpräsidenten Steingrimur Hermannsson. In der Koalition sind die beiden stärksten Parteien des Althing die Unabhängigkeitspartei (1983 bekam sie 23 von 60 Mandaten) und die Fortschrittspartei (14 Mandate). In der Opposition sind vier Parteien, darunter zwei sozialdemokratische und eine Frauenpartei (3 Fraudate).
Mit einer Wirtschaftspolitik à la Thatcher – also radikaler Lohn- und Preisstop ohne Rücksicht auf die Bevölkerung – versucht die Regierung Hermannsson die Inflation zu bekämpfen, was bis zum Sommer 84 auch gelingt, als man bei etwa 15 % ist. Albert Guđmundsson, Finanzminister und schillerndste Figur im Kabinett, ist der Star der Regierung, bis im Herbst die Gewerkschaften in einem chaotischen Streik zu neuen

Lohnufern aufbrechen. Der Streik legt das Inselleben über Wochen weitgehend lahm. Es soll angeblich weder Toilettenpapier noch Zigaretten noch Schnaps geben. Zeitungen erscheinen nicht mehr, der offizielle Rundfunk verstummt. Piratensender übernehmen die Information der Bevölkerung. Zeitweise sind alle Zufahrtswege zum internationalen Flughafen Keflavik durch Blockaden gesperrt. Icelandair bringt die Passagiere für die internationalen Flüge über eine Luftbrücke vom Stadtflughafen in Reykjavik nach Keflavik.
Eine Prognose: Neben der Inflationsbekämpfung wird die Frage des Industrieausbaus in naher Zukunft von großer Bedeutung sein. Zum Industrieausbau gehört auch immer die Frage der kommerziellen Nutzung der natürlichen Energiereserven des Landes. Weitgehend räumt man da noch der Natur Vorrang ein. Wie weit man heute aber schon zu gehen bereit ist, sieht man, wenn man über die Straße 32 an der Þjórsá und der Tungnaá vorbeifährt.
Die neuere Politik der Färöer-Inseln ist wie die alte von der wichtigen Frage bestimmt: Wie halten wir's mit den Dänen? Je nach der Koalition, die im Lágting gerade die Mehrheit hat, ob Pro- oder Kontra-Dänen, werden Bereiche des öffentlichen Lebens in färöische Hände übernommen, oder der erreichte Zustand wird bewahrt. Auch bei Pro-Dänemark-Koalitionen ist noch nie eine Sache, die nach dem Selbstverwaltungsgesetz in eigene Hände übernommen worden ist, an die Dänen zurückgegangen.
Die Färöer-Inseln ziehen bei den Fischereischutzzonenausweitungen der Isländer immer fleißig nach. In der Regel dann, wenn sich bei dem nördlichen Nachbarn der Rauch der Kabeljaukriege wieder gelegt hat. Seit Anfang 1977 haben die Färöer eine Fischereischutzzone von 200 Seemeilen. Über 95 % des färöischen Exports sind Fischprodukte, also auch hier eine nicht zu übersehende Abhängigkeit von einem wirtschaftlichen Standbein. Diese Abhängigkeit hat in den vergangenen Jahren oft die Wahlkämpfe zum Lágting bestimmt. Eine andere Erwerbsmöglichkeit liegt wahrscheinlich in dem Landsockel um die Insel: Öl.
Die Felder, die Norweger und Briten in der Nordsee ausbeuten, werden wohl kaum an den Grenzen der färöischen Hoheitsgewässer enden. Aber wem würde das Öl gehören? Das altbekannte Generalthema der färöischen Politik kann neu gespielt werden: Gehört der Boden mit seinen Schätzen dem dänischen Reich oder dem färöischen Volk? Und sollte er dem dänischen Reich gehören, wie soll man dann den Abbau regeln? Und – auch diese Frage ist von Bedeutung – wenn den Dänen die Bodenschätze gehören, gehört ihnen dann auch der Meeresgrund,

also die Schale, durch die gebohrt werden müßte? Da stehen wichtige Entscheidungen an, Entscheidungen, die das Gesicht der Färöer verändern könnten (Beispiel Shetland).
Seit Januar 1985 führt der Sozialdemokrat Atli Dam eine Koalitionsregierung im färöischen Lágting. Atli Dam ist zu den Pro-Dänen zu rechnen, aber ohne einige Kontra-Dänen kann er nicht regieren. Und die Verhältnisse im Lágting sind alles andere als stabil, man könnte sie mit denen in einem bundesdeutschen Studentenparlament vergleichen: Atli Dams Sozialdemokraten haben 8 Mandate, zwei andere Parteien je 7, eine 6 und zwei kleinere je 2. Und die politische Spanne ist dabei breit: Ganz links steht eine der wenigen Frauen im Parlament, Karin Kjølbro, der man schon nachsagte, sie sei Kommunistin. Auf der anderen Seite steht Oli Breckmann, der Chefredakteur seiner Parteizeitung. Ihm unterstellt man faschistoide Tendenzen. Was an diesen Einschätzungen wahr ist oder nicht, mag ein Außenstehender kaum wirklich sagen können. Sie sind aber wichtig für das Verständnis eines Beispiels aus der aktuellen färöischen Politik: Als die rote Karin einen Antrag stellt, doch in Zukunft Gesetze nur in färöischer Sprache zu beschließen und auf die Übersetzung ins Dänische zu verzichten, da bekommt sie aus dem bürgerlichen Lager nur von einem Unterstützung – vom schwarzen Oli. Wenn's für oder gegen die Dänen geht, gibt es auf den Färöer-Inseln keine ideologischen Berührungsängste.

Transport auf dem Nordatlantik

Die Reise der Norröna

Sie rollt und rollt und rollt, leider nicht auf Rädern, sondern auf Wellen. Bis 1982 fuhr die kleine *Smyril* den Törn nach Island, und die war etwa ein Drittel so groß wie die *Norröna.* Auf der Smyril, die heute im Binnenverkehr zwischen den Färöer-Inseln im Einsatz ist, hat so mancher Island-Urlaub jahrmarktmäßig angefangen. Es wurde Achterbahn gefahren, und das stundenlang. Die Smyril fuhr ab 1975. Zuvor verkehrte bis Anfang der 70er ein alter Passagierdampfer von Kopenhagen nach Reykjavik, die *Gulfoss,* ein Mehrklassen-Schiff. Die Grenzen waren deutlich gezogen. Der Versuch, die alten Gulfoss-Zeiten unter isländischer Regie wieder aufleben zu lassen, scheiterte 1983. Die *Edda* fuhr nur eine Saison zwischen Bremerhaven und Reykjavik.

1983 wurde auf der Route Hanstholm – Bergen – Färöer – Schottland – Island die kleine Smyril von der Norröna abgelöst. Die Smyril war mit ihrer geringen Kapazität auf den langen Strecken einfach zu teuer. Sie mußte vom Staat bezuschußt werden, und der sagte 1982: Es reicht. Man wollte nicht mehr mit färöischen Steuergeldern Touristen nach Island schippern. Fuhr die Smyril noch für eine staatliche Reederei, so waren es dann Privatleute, die die Initiative ergriffen und Geld zusammenbrachten, mit dem sie ein Schiff kauften, die alte *Gustav Vasa* der Saga-Linie. Manchem ist sie vielleicht noch aus alten Tagen von der Strecke Travemünde – Malmö bekannt.

Im ersten Jahr wurde noch etwas an der Route experimentiert, aber seit 1984 hat sich nichts mehr geändert – Zeichen einer gewissen Stabilität auch für die nahe Zukunft. Von Hanstholm fährt die Norröna direkt nach Tórshavn auf den Färöer-Inseln, ein sehr stark ausgelasteter Abschnitt. Von dort macht das Schiff dann eine Tour südwärts über die Shetlands nach Bergen in Norwegen und zurück. Damit können in Bergen zum zweiten Mal Passagiere vom Kontinent zusteigen, oder als dritte Möglichkeit mit Umweg über Großbritannien, auch in Lerwick auf den Shetlands. In Tórshavn können dann die, die zweieinhalb Tage zuvor aus Hanstholm angekommen sind, wieder zusteigen, und es geht weiter nach Island. Auf der Rückfahrt müssen die Passagiere, die nach Großbritannien und Norwegen wollen, auf den Färöer-Inseln aussteigen und drei Tage warten, bis das Schiff von Hanstholm zurückkommt.

Diese Zick-Zack-Route mag auf den ersten Blick verwirrend sein, aber sie ist leicht zu erklären: Die Norröna hat zwei Funktionen. Sie ist ein Touristenschiff nach Island und ein Schiff für die Färöer-Inseln. Würde sie nur einmal vom Kontinent mit Stop auf den Färöer-Inseln nach Island fahren, wäre sie ab Tórshavn immer halb leer, deshalb also der zweite Törn zum Kontinent und nach Großbritannien. Wieder können neue Gäste für beide Ziele zusteigen, und aus beiden Touren sind dann genug Leute zusammen, die eine Fahrt zwischen Tórshavn und Seyðisfjörður in Ostisland füllen. Und der Vorteil dieser Routenführung ist, daß man immer noch über einen Umweg nach Island kommen kann, wenn der direkte Weg einmal ausgebucht ist.

Anreise nach Hanstholm

Mit dem Auto fährst du am besten von Hamburg über die Autobahn E3 an Flensburg vorbei nach Dänemark. Von Vejle fährst du dann über die Straße 18 durch Herning nach Holstebro, von dort über die Straße 11

nach Thisted und schließlich über die 26 nach Hanstholm. Möglich, aber anstrengender zu fahren, ist die autobahnlose Route von Hamburg an der Nordseeküste entlang, auf der Straße 11 über Tønder, Ribe, Varde, Holstebro und dann wie oben. Neben Zeltplätzen, die überall an der Küste zu finden sind, gibt es preiswerte Übernachtungsmöglichkeiten in Jugendherbergen entlang der Strecken: Åbenrå (E3), Haderslev (E3), Kolding (E3), Vejle (E3/18), Brande (18), Tønder (11), Ribe (11), Holstebro (11/18), Struer (11), Thisted (11/26). Je nach Standard kostet eine Übernachtung in dänischen Jugendherbergen um 10 DM. Auf dänischer Seite der Grenze mußt du 275 (ab Tønder) oder 292 Kilometer (ab Autobahngrenzübergang) fahren. Da die Norröna 1986 erst um 20 Uhr in Hanstholm abfährt, ist eine Übernachtung nicht unbedingt nötig. Aber besonders im Hochsommer ist auf dänischen Straßen in Küstennähe mit starkem Urlaubsverkehr zu rechnen.
Die Anreise mit der Bahn von Deutschland erfolgt über Fredericia und von dort nach Thisted. Zwischen Thisted und Hanstholm besteht Busverkehr. Eine reguläre Eisenbahnfahrkarte Hamburg-Thisted kostet rund 85 DM, eine verbilligte Jugendkarte 57 DM.
Achtung: Die An- und Abreise mit öffentlichen Verkehrsmitteln über Thisted nach Hanstholm ist recht umständlich. Zum und vom Schiff gibt es preiswerte Sonderbusse ab Kopenhagen und einigen Städten an der Ostküste Jütlands. Platzbestellungen für die Busse über die Agenten der Smyril-Line (siehe Adressen). Guten Bahnanschluß gibt es bis Fredericia, ab dort Sonderbus! Bei der Rückfahrt finden unmotorisierte Leute erfahrungsgemäß fast immer eine Mitfahrgelegenheit nach Süden – auf der Überfahrt ist ja Zeit genug zum Suchen. Kaufe also nicht schon bei der Anreise eine Hin- und Rückfahrkarte.

Anreise nach Bergen

Die Anreise nach Bergen ist natürlich anstrengender als nach Hanstholm. Es muß mindestens noch eine Fährüberfahrt erfolgen, und die Fahrt innerhalb Norwegens ist auch nicht einfach. Ich möchte hier nur die Route mit den kürzesten Autofahrstrecken angeben: Du fährst, wie oben beschrieben, nach Hanstholm und setzt von dort über nach Kristiansand (Fahrpreis ab 240 DM für einen PKW mit bis zu sechs Personen pro Weg). Von Kristiansand erreichst du über die Straßen 12/10/47/7 Bergen. Die Fahrstrecke beträgt allein in Norwegen über 500 Kilometer. Die Anreise mit kürzeren und billigeren Fährüberfahrten, aber längeren Autofahrstrecken ist auch über Schweden möglich oder über andere dänische Häfen. Die Bahnfahrt erfolgt über Kopenhagen und Oslo. Sie kostet z.B. ab Hamburg rund 285 DM regulär und mit einem Jugendtikket 218 DM.

Zur Anreise nach Bergen kommen sicher auch Übernachtungen. Jugendherbergen findest du, neben den oben schon beschriebenen dänischen auf der Strecke nach Hanstholm, auf norwegischer Seite in: Kristiansand (Fähranleger/12), Hovden (12), Grungebru (10/12), Odda (647), Øystese (7), Kvamskogen (7) und in Bergen (Fähranleger/7). Bergen ist als Endpunkt einer Eisenbahnstrecke im Sommer auch ein beliebtes Interrailer-Ziel, und die preiswerten Unterkünfte sind oft ausgebucht. Die Preise für Übernachtungen schwanken in norwegischen Jugendherbergen sehr stark. In Bergen kostet eine Übernachtung umgerechnet etwa 22 DM, was aber glücklicherweise an der oberen Preisgrenze liegt, so daß es in den anderen Herbergen billiger ist.

(Zur **Anreise nach Aberdeen** siehe bitte im Kapitel über die Shetland-Inseln unter „Anreise" nach.)

Die Preise, die du für die Passagen auf der Norröna zahlen mußt, rechtfertigen die längere Anreise nach Bergen oder auf die Shetland-Inseln nicht. Im Verhältnis sind längere Strecken nämlich billiger als kürzere. Du kannst für jede mögliche Strecke ein Ticket buchen, ein Unterbrechen ist möglich. Es ist auf jeden Fall billiger, einen langen Abschnitt zu buchen, als das gleiche Stücke mit zwei Einzeltickets zu befahren. Preisbeispiele (1986):

Strecke	Liege	einfache Kabine	PKW (bis 5 m)	extra m	Fahrzeit
Hanstholm–Island	497 DM	525 DM	375 DM	72 DM	ca. 50 Std.
Bergen–Island	433 DM	461 DM	303 DM	58 DM	42 Std.
Shetland–Island	381 DM	411 DM	275 DM	56 DM	30 Std.
Färöer–Island	275 DM	294 DM	169 DM	33 DM	17 Std.
Hanstholm–Färöer	303 DM	325 DM	236 DM	50 DM	ca. 33 Std.
Bergen–Färöer	236 DM	256 DM	164 DM	31 DM	25 Std.
Shetland–Färöer	217 DM	233 DM	133 DM	25 DM	13 Std.
Hanstholm–Shetland	342 DM	361 DM	278 DM	67 DM	ca. 47 Std.
Bergen–Shetland	217 DM	233 DM	133 DM	25 DM	12 Std.

Diese Preisangaben beziehen sich auf die Hauptsaison (1986 = 21.6. – 8.8.). In der Nebensaison zahlt man nur 75 % der oben genannten Preise. Die Norröna verkehrt in der Regel von Anfang Juni bis Anfang September (1986 = 31.5. – 5.9.). Für Kinder gibt es je nach Alter unterschiedliche Rabatte, Studenten (bis max. 28 Jahre und nur für Liege oder einfache Kabine, nicht aber PKW) erhalten 25 % Rabatt.

Ein Tip: Wer von Hanstholm die Färöer-Inseln besuchen will, bekommt für nur wenig mehr (s.o.) auch ein Ticket Hanstholm–Shetland. Da man die Fahrten unterbrechen kann, also etwa auf der Fahrt Shetland–Hanstholm auf den Färöern bleiben kann, sollte man sich diesen Abstecher ruhig überlegen, selbst wenn man nur 24 Stunden auf den Shetlands bleibt. Der Fahrplan läßt einen solchen 24-Stunden-Stop zu, oder eine Woche + 24 Stunden, 2 Wochen + 24 Stunden usw.
Die Fahrtroute der Norröna erfordert bei einigen Verbindungen Zwangsübernachtungen auf den Färöer-Inseln, die auf Kosten des Reisenden gehen. Und zwar nach dem 1985er Fahrplan: Hanstholm–Island zwei Übernachtungen, Shetland–Hanstholm zwei Übernachtungen, Island–-Shetland/Bergen drei Übernachtungen. Das gilt nur in den aufgeführten Richtungen.

Seekrankheit
Eine Seefahrt, die ist lustig, eine Seefahrt, die ist schön – aber nicht immer. Ich habe bei Fahrten über den Nordatlantik schon alles erlebt, von praller Sonne bis zum übelsten Sturm, übel in allen Bedeutungen des Wortes. Wenn es soweit ist, hilft nichts mehr, nur ein kurzer, freier Weg zur Reeling oder auf die nächste Toilette. Man kann sich aber auf eine Seefahrt vorbereiten und die Folgen einer unruhigen Überfahrt in Grenzen halten. Wer von sich weiß, daß er leicht seekrank wird, sollte rechtzeitig Reisetabletten nehmen, nicht erst, wenn die Folgen in der Speiseröhre spürbar werden. Wer von der Seekrankheit während der Fahrt überrascht wird, sollte sich an einem Ort hinlegen, wo die Luft einigermaßen erträglich ist. Wenn dann alles wieder beruhigt ist, sollte man regelmäßig etwas essen, damit der Magen beschäftigt ist und nicht auf dumme Gedanken kommt. Nichts essen ist das Schlimmste, was man machen kann. Es fällt manchmal schwer, gegen die Übelkeit anzuessen, es hilft aber.

Vögel

Vögel sind in allen vier Reisezielen, die dieser Führer behandelt, unübersehbar und oft auch unüberhörbar. Es ist natürlich schön, wenn man weiß, was da fliegt oder schreit. Nun ist es einem Buch wie diesem nicht möglich, die Aufgabe eines Bestimmungsbuches zu erfüllen. Wenn du also während deiner Reise mehr über die Vögel wissen willst, die dir

über den Weg geflogen kommen, dann nimm ein Bestimmungsbuch mit. Achte beim Kauf darauf, daß die Vögel Nordeuropas berücksichtigt sind und daß Seevögel nicht vernachlässigt werden.
Du findest überall viele verschiedene Vogelarten. Fair Isle, die Insel, die zwischen den Shetlands und Orkneys liegt, scheint alle Artenrekorde zu brechen. Vielleicht aber nur, weil auf der Insel eine Vogelstation die ständige Beobachtung garantiert. Über 300 Vogelarten will man dort beobachtet haben. Für die Orkneys wird die Zahl mit 280 angegeben, für die Färöer mit 250 und für Island mit 230. Island nimmt dabei noch eine Sonderstellung ein, weil die Insel der westlichste Posten der europäischen Artenwelt ist und der östlichste der amerikanischen. Deshalb findet man auf Island Vogelarten, die es sonst nirgendwo in Europa gibt.
Eine Schwierigkeit gibt es oft, wenn man sich mit Menschen verschiedener Nationalitäten über Vögel unterhalten will. Wie heißt welcher in welcher Sprache. Selbst die englischen Vogelnamen lernt man selten in der Schule, im Wörterbuch findet man sie kaum. Ich habe über den Umweg der lateinischen Namen eine nordatlantische Vogelnamenliste zusammengestellt, die du im Anhang dieses Reiseführers findest.

Zeiten

Du wirst bei einer Nordatlantik-Reise deine Uhr ständig umstellen müssen, wenn du „mit der Zeit gehen willst". Im Sommer (Sommerzeiten berücksichtigt) ist es im gleichen Augenblick in Island 10 Uhr, auf den Shetland-, Orkney- und Färöer-Inseln 11 Uhr und in Mitteleuropa 12 Uhr. Oder anders gesagt: Wenn du aus Mitteleuropa nach Island kommst, muß du deine Uhr zwei Stunden zurückstellen, und wenn du auf eine der Inselgruppen kommst, reicht eine Stunde. Natürlich mußt du dauernd an der Uhr rumdrehen, wenn du mit der Norröna fährst; Hanstholm und Bergen haben die Mitteleuropäische Sommerzeit, Tórshavn und Lerwick die Westeuropäische Sommerzeit (= – 1 Std.) und Seyðisfjörður die Westeuropäische Normalzeit (= – 2 Std.).
In allen Fahrplänen, die dir bei deiner Reise in die Finger fallen, auch bei solchen, die über die Zeitgrenzen reichen, entsprechen die Zeitangaben immer der Ortszeit.

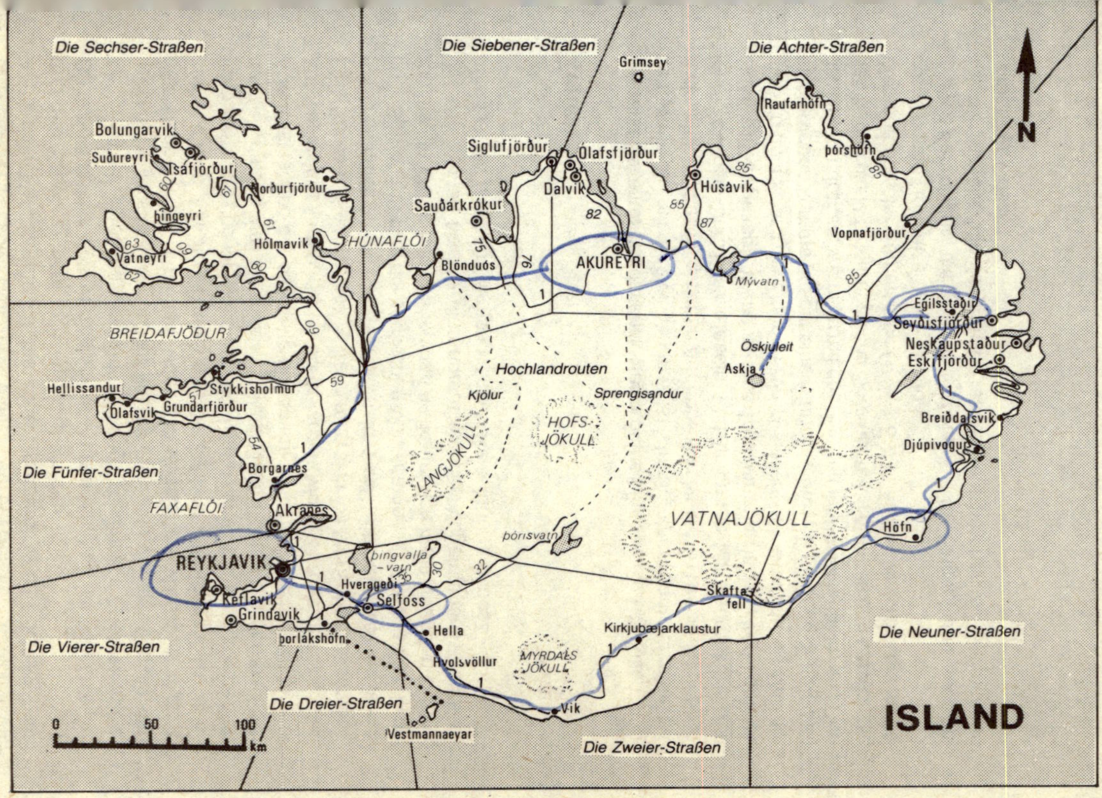

ISLAND
Die Sechser-Straßen
Die Siebener-Straßen
Die Achter-Straßen
Die Fünfer-Straßen
Die Vierer-Straßen
Die Dreier-Straßen
Die Zweier-Straßen
Die Neuner-Straßen
Grimsey
Raufarhöfn
þórshöfn
Bolungarvik
Suðureyri
Ísafjörður
Norðurfjörður
þingeyri
Hólmavik
Vatneyri
HÚNAFLÓI
Siglufjörður
Ólafsfjörður
Dalvik
Húsavik
Sauðárkrókur
Blönduós
AKUREYRI
Mývatn
Vopnafjörður
Egilsstaðir
Seyðisfjörður
Neskaupstaður
Eskifjörður
BREIDAFJÖÐUR
Hochlandrouten
Öskjuleit
Askja
Hellissandur
Stykkisholmur
Ólafsvik
Grundarfjörður
Kjölur
Sprengisandur
HOFSJÖKULL
Breiðdalsvik
Djúpivogur
LANGJÖKULL
Borgarnes
FAXAFLÓI
Akranes
VATNAJÖKULL
Höfn
þórisvatn
REYKJAVIK
þingvalla-vatn
Hveragerði
Keflavik
Selfoss
Skafta-fell
Grindavik
Hella
Kirkjubæjarklaustur
þorlákshöfn
Hvolsvöllur
MYRDALS JÖKULL
Vik
Vestmannaeyar
0
50
100
km
N

Island (Lýdveldid Ísland) statistisch

Island ist 103.000 Quadratkilometer groß. Von dem Gebiet gilt nur etwa ein Prozent als kultiviert, 20 Prozent sind Grasland, elf Prozent sind Lavafelder, zwölf Prozent sind vergletschert, zwei Prozent sind Seen, und rund 50 Prozent sind ungenutzte Ödflächen.
Der nördlichste Landpunkt Islands ist die unbewohnte Insel Kolbeinsey (67°09′ Nord), der südlichste seit 1963 die Vulkaninsel Surtsey (63°17′30″ Nord), der westlichste Kap Bjartanga am Latrabjarg im Westfjordland (24°32′ West), und der östlichste ist die unbewohnte Schäre Hvalbakur (13°17′ West). Das Nord- und Westextrem liegen soweit vom Schuß, daß man sie vergeblich auf den meisten Islandkarten suchen wird.
Am 1. Dezember 1983 lebten in Island 237.894 Menschen, woraus mein Taschenrechner den Schluß zieht, daß jedem davon rund 0,43 Quadratkilometer Island zur Verfügung stünde, oder, was Statistiker ja lieber feststellen, daß jeweils 2,31 Bewohner sich einen Quadratmeter ihres Landes teilen müssen. Trotzdem zogen es an dem obengenannten Stichtag 87.106 vor, in der Enge der Stadt Reykjavik zu wohnen (und von dem ihnen zur Verfügung stehenden Platz nur an Wochenenden Gebrauch zu machen).
Haupterwerbszweig in Island ist die Fischerei, rund 75 Prozent der Gesamtausfuhren des Landes stammen aus dem Bereich. 20 Prozent der Isländer arbeiten in der Fischerei oder der damit verbundenen Verarbeitungsindustrie. Die etwa 35 Prozent, die im Handel und Service ihren Lebensunterhalt verdienen, und die 30 Prozent, die in Industrie und Handwerk arbeiten, wären ohne die Fischereiwirtschaft wahrscheinlich brotlos. Energieverarbeitende Industrie hat erst einen geringen Einfluß in der isländischen Wirtschaft verglichen mit der Fischerei.
Island ist seit 1944 eine Republik (am 17. Juni des Jahres ausgerufen). Staatsoberhauptin ist die Präsidentin Vigdis Finnbogadottir. Das Parlament, das auf eine über tausendjährige Geschichte zurückblicken kann, hat 60 Mitglieder, die alle vier Jahre – wenn nicht vorgezogene Neuwahlen dazwischenkommen – gewählt werden. Das Parlament wählt einen Ministerpräsidenten, der einer Regierung vorsteht.

Island von A – Z

Adressen

Die **Botschaften und Konsulate,** die hier angeführt sind, helfen in Notfällen. In Island haben die Vertretungen aber manchmal Probleme mit Leuten, die sich mit den Reisekosten verschätzt haben und dann völlig abgebrannt bei der Botschaft oder einem Konsulat ankommen und um Hilfe bitten. Solche materielle Hilfe bekommt aber nur, wer im Heimatland einen Bürgen nachweisen kann, der eine Rückzahlung garantiert.
In Island sind folgende Vertretungen:
BR Deutschland: Botschaft, Túngata 18, 101 Reykjavik, Tel. 1 95 35; Konsulate: Akureyri, Adalstrœti 16, Tel. 96/ 2 45 10; Hella, þudvangur, 8, Tel. 99/ 58 56; Isafjördur, Seljalandsvegur 68, Tel. 94/ 33 45; Patreksfjördur, Urdargata 15, Tel. 94/ 12 15; Seydisfjördur, Túngata 12, Tel. 97/ 22 12. Die Konsuln sind Isländer, und nicht alle sprechen Deutsch.
Österreich: Konsulat: Austurstrœti 17, 101 Reykjavik, Tel. 2 40 16.
Schweiz: Konsulat: Austurstrœti 6, 101 Reykjavik, Tel. 2 42 09.

Reiseveranstalter, die Touren in Island anbieten:

BSI-Travel, v/Hringbraut, 101 Reykjavik (Buszentrale)
FIB-Travel, Borgartún 33, 105 Reykjavik (Automobilclub)
Gudmundur Jónasson Travel, Borgartún 34, 105 Reykjavik (Bustouren)
Hördur Erlingsson Travel, Tryggvagata 8, 101 Reykjavik (Wandertouren)
Iceland Tourist Bureau, Skógarhlid, 101 Reykjavik (Touren/Hotels)
Icelandair Travel Service, Reykjavik Airport, 101 Reykjavik (Flüge)
Sagaland Travel, Laufásvegur 2, 101 Reykjavik (Touren)
Samvinn Travel, Austurstrœti 12, 101 Reykjavik (alles)
Student Travel Service, Uni v/Hringbraut, 101 Reykjavik (ISTC-Büro)
Ulfar Jacobsen Safari, Austurstrœti 9, 101 Reykjavik (Bustouren)
Urval Travel, Pósthússtrœti 9, 101 Reykjavik (alles)
Utsyn Travel, Austurstrœti 17, 101 Reykjavik (alles/Gletscher-Touren)

Die Reisebüros außerhalb Reykjaviks haben ein bißchen die Funktion von lokalen Touristeninformationen, sind aber eigentlich Reisebüros und wollen etwas verkaufen:

Ferdaskrifstofa Akureyrar, Rádhústorg 3, 600 Akureyri
Ferdaskrifstofa Austurlands, Kaupvangi 6, 700 Egilstadir
Ferdaskrifstofa Vestfjarda, Hafnarstrœti 4, 400 Isafjördur.

Aktivitäten

Angeln

„The biggest trout of your life may be waiting for you in Iceland", so steht es auf einem Prospekt, in dem Angeltouren angeboten werden. Da die Preiswert-Reisen-Bücher von den Rockefellers, US-Vizepräsidenten, britischen Königskindern, Sheraton-Generaldirektoren und wer sich das Angeln auf Salmoniden in Island sonst noch leisten kann, selten gelesen werden, kann ich mir über das Lachs-Angeln eigentlich nähere Details ersparen. Lizenzen sind sehr teuer und nur in geringer Zahl zu bekommen. Um auf Lachs zu angeln, liegen die Wartezeiten der obengenannten Klientel bei rund zwei Jahren. Und auch wenn es nicht Lachs sein soll, sind Angellizenzen in Island unverschämt teuer. An guten Stellen werden mehrere hundert Mark pro Halbtag verlangt, und selbst am Meeresufer, im Mündungsbereich fischreicher Flüsse, kosten die Lizenzen noch pro Halbtag ab etwa zwanzig Mark aufwärts.
Wo kein Fluß in der Nähe ist, kann man kostenlos seine Angel ins Meer werfen. Sonst heißt es immer: Angelerlaubnis bei der zuständigen Stelle kaufen. Das ist in der Regel ein nahegelegener Hof, ein Hotel oder eine Tankstelle. Schwarzangeln kann sehr teuer werden, besonders die Flüsse werden ständig überwacht, zum Teil aus der Luft. Die Zahl der erlaubten Ruten ist begrenzt, so daß ein Angler mehr am Ufer schnell auffällt. Wer mehr wissen will, der kann sich an die Vereinigung der Eigner von Fischereirechten wenden, Bolholt 5 in Reykjavik, Tel. 91/ 1 55 28.

Berg- und Gletscherbesteigungen

Wer auf schwierige Gipfel oder auf's ewige Eis will, der hat in Island viele Möglichkeiten dazu, nur sollte er auch Ahnung von der Kraxelei haben. Die Berge in Island sind nicht sehr haltbar, eine manchmal tödliche Tatsache. Da ich Flachlandmensch bin, fühle ich mich nicht kompetent, Ratschläge zu geben. Ich möchte nur vor Übersetzungsfehlern warnen. Eine isländische Touristenführerin sagte mir im Sommer 84 einmal: „It's possible to walk to the top of the Herðubreið in a few hours." Wenn du den Herðubreið, den schönsten Berg Islands, siehst, verstehst du, wo der Übersetzungsfehler der Isländerin liegt: Man kann nicht einfach auf ihn walken (gehen), man muß ihn schon richtig climben (besteigen). Der Herðubreið hat an seinen Hängen sehr viel poröses Gestein, abbrechende Überhänge sind dort keine Seltenheit und davon erschlagene Touristen leider auch nicht.

Was Gletscher angeht, so habe ich extra für dieses Kapitel einen antarktiserfahrenen Gletscherkundler befragt, wie weit man als Laie am Gletscher gehen dürfe. Seine Antwort: „Alleine würde ich gerade ein paar Meter auf das Eis gehen. Bis zur ersten Spalte, aber nicht weiter. Selbst an den Rändern der Zungen ist es tückisch. In einigen Spalten steht hüfthoch eiskaltes Wasser. Fällst du dort rein, erfrierst du schnell. Und in anderen Spalten, solchen, die nach unten sehr schmal werden, da taust du dir dann mit deiner Körperwärme dein eigenes Grab. Du schmilzt mit deiner Wärme an den Seiten etwas Eis ab, rutschst tiefer und wirst immer mehr eingeklemmt. Ich würde nur gesichert mit mehreren auf's Eis gehen, auch im Skaftafell Park."
Für organisierte Touren auf die Gletscher kannst du Anfragen an die isländischen Touring-Clubs richten (Adressen siehe unter „Wandern").

Island-Pferde

Bevor sie die Flugzeuge bekamen und die vierrädrigen, stinkenden Metallkästen, da lag das Leben der Isländer noch auf dem Rücken der Pferde. Die kleinen Pferde auf der Insel sind als genügsam, ausdauernd und trittsicher bekannt, also auch für den Pferdelaien pflegeleicht. Und sie sind als Nahrungslieferanten nach wie vor beliebt. Die Tiere haben eine Angewohnheit: Sie fressen, wann immer sich die Möglichkeit bietet, alles in sich rein. Deshalb müssen die Pferde regelmäßig bewegt werden, und wer außerhalb der Städte an Abenden und Wochenenden mal die Augen offenhält, der sieht viele Isländer mit ihren Tieren bei diesen Bewegungsübungen. Natürlich hat dieses Bewegen der Tiere auch einen Trainingseffekt für die langen Reittouren zu den Pferdefestivals, die im Sommer an verschiedenen Orten stattfinden (Informationen dazu kann man in dem betreffenden Jahr über die isländische Touristeninformation einholen).
Pferdenarren wollen aber sicher nicht nur Pferde sehen, sondern auch gerne reiten. Die Chance gibt es. Die Isländer haben zwar Fremde nicht unbedingt gern auf dem Rücken ihrer Pferde, aber Geschäft ist Geschäft. Auf vielen Höfen werden Pferde vermietet, und verschiedentlich werden organisierte Reittouren angeboten.
Bekannt für die organisierte Touristenreiterei ist das Gebiet am Laurgarvatn, aber Pferdeverleiher gibt es landesweit. Informationen dazu bekommt man von der zentralen isländischen Touristeninformation oder – fast noch besser – über die lokalen Fremdenverkehrsbüros (siehe unter Adressen). Wer am Reiten interessiert ist, sollte auch die Broschüre „Farm Holiday in Iceland" anfordern. Dort sind die Höfe aufgeführt, die

Längere Reittouren werden u.a. angeboten von:
Islenskar hestaferdir sf., Hlidarvegur 38, 200 Kópavogur, Tel. 91/ 4 34 20, und im Sommer: Middalur, 840 Laugarvatn, Tel. 91/ 61 69.
Arinbjörn Jóhannsson, Freamnesvegur 20 B, 101 Reykjavik, Tel. 91/ 2 64 82, und ab Mitte Mai: Brekkalœkur, V-Hún, 531 Hvammstangi, Tel. 95/ 19 77.
Heklu Hestar, Austvadsholti Landmannahreppi, 801 Selfoss, Tel. 9/ 55 98.
Ferdamidstöd Austurlands, 700 Egilstadir, Tel.: 97/ 15 10.
Die Preise: einstündige Tour ca. 30 DM; Tagestour ca. 180 DM; längere Touren (6 – 14 Tage) incl. Unterbringung und Verpflegung, je nach Ausstattung der Übernachtungsstätten 945 DM bis über 3000 DM.
Reitferien in Island kann man auch als Pauschalreise ab der BR Deutschland buchen. Ein Vergleich zwischen zwei 85er Angeboten: Die Pauschalreise Frankfurt – Reykjavik, 2 Tage Reykjavik und achttägige Reittour über die Kjölur kostet 3245 DM (Reisebüro Norden). Die Reittour, die in diesem Pauschalangebot enthalten ist, kostet, in Island gebucht, 596 US-$.

Kanufahren

Gewässer gibt es in Island genug, nur gehören die nicht zu den ruhigsten. Das Land ist geologisch ja sehr jung, und die Flüsse arbeiten noch kräftig an der Gestaltung ihrer Betten. Kanufahren ist bisher in Island eine Angelegenheit für Abenteurer und Spezialisten. Es gibt, soweit mir bekannt, keine genauen Beschreibungen für die isländischen Flüsse. Einige Autoren im Abenteuer-Almanach aus dem Umschau Verlag (Abenteuer Almanach Island, Grönland, Färöer) befassen sich aber mit dem Thema. Wer also besonders interessiert ist, sollte sich die Erfahrungsberichte dort ansehen.

Schwimmen

Die Badesachen sollte man nicht vergessen, denn in vielen Orten gibt es beheizte Schwimmbäder. Für die schönen Wassertemperaturen sorgt das unruhige Erdinnere. Der Eintritt ist in den Badeanstalten gering, soweit ich es überblicken konnte, überall unter fünf Mark. Dazu gibt es dann oft Saunas und fast überall Warmwasser-Massage-Becken.

Segeln, Surfen und so weiter

Möglich ist natürlich alles, und Wasser gibt es genug rund um Island und natürlich auch in den Binnenseen. Wind dazu natürlich auch, oft sogar mehr als genug. Ich bezweifle aber, ob es sich lohnt, ein Surfbrett mit nach Island zu nehmen. Denn für einen Surfurlaub ist die Anreise doch sehr teuer und lang. Ich weiß nicht, ob das Erlebnis, vielleicht auf einem Gletschersee zwischen Eisbergen zu kreuzen, den Aufwand rechtfertigt. Was das Segeln betrifft, wird ja wohl kaum einer ein Boot hinter das Auto hängen wollen und damit nach Island fahren. Planst du, mit einer hochseetüchtigen Yacht selbst über den Atlantik zu schippern, dann erkundige dich vor der weiteren Planung nach den Versicherungskosten. Die sind für das Seegebiet, das über die Färöer hinausgeht, nämlich sehr hoch.

Wandern

Das Wandern in der Einsamkeit des isländischen Landesinneren ist für viele zur Ideologie des Zivilisationsausbruchs geworden. Die verrücktesten Touren werden in Angriff genommen, je abgelegener und wilder, desto besser. Jedes Jahr gibt es mehrere Tote entlang der Trampelpfade – dann war die Tour eine Nummer zu groß für die Zivilisationsmenschen.

Achtung: Wer Wandertouren von der Askja zur Sprengisandur, oder – was auch schon passiert sein soll – von Seyđisfjörđur nach Reykjavik unternimmt, sollte Geländeerfahrung haben, mit Karte und Kompaß lau-

Ein Bad in Landmannalaugar

fen können und muß auch Ausrüstung und Lebensmittel in genügender Menge, also auch ausreichende Reserve-Rationen, tragen können. Wer dies nicht kann, sollte sich allein nicht ins Hochland trauen.
Es gibt in Island nur wenige Wanderwege, die mit denen Nordskandinaviens vergleichbar sind. Wer ein paar Touren in Lappland gelaufen ist, der ist noch lange nicht islandsicher. Brückenlose Flußüberquerungen sind die Regel, nicht die Ausnahme. Langsam durch das eisige, oft undurchsichtige und meist reißende Wasser waten, das wird zwangsweise zur Routine. In Island fehlen leider die kleinen Hängebrücken oder die Baumstämme, die Flußüberquerungen bei so mancher Wanderung in Lappland angenehm machen.
Berge rauf und runter, das ist man überall beim Wandern gewöhnt. Gewöhnt ist man vielleicht aber nicht, daß oben auf diesen Bergen das ganze Jahr hindurch mit Kälteeinbrüchen, Schnee oder Nebel zu rechnen ist. Kälte und Schnee kann man natürlich durch entsprechende Ausrüstung erträglich machen, das ist eine Geldfrage. Der Nebel aber erfordert mehr als gute Ausrüstung. Er kann auf den wenigen gekennzeichneten Pfaden den nächsten Markierungspflock in unsichtbare Ferne rükken. Wer also nicht in der Lage ist, mit Kompaß und Karte einen einmal verlorenen Weg wiederzufinden, der sollte Islands Berge meiden – auch auf den gekennzeichneten Pfaden. Nur unwesentlich einfacher für Laien wird es, wenn sich mehrere zusammentun. Dann kann man eventuell einen Weg leichter finden (einer bleibt an der letzten Wegmarkierung stehen, bis ein anderer die nächste gefunden hat). Was nützt aber die Zahl derer, die eine Markierung suchen, wenn sie weg ist – ein alltägliches Problem in den Bergen. Es gibt – und wer das Gegenteil behauptet, redet Unsinn – keine gefahrlosen Hochlandwanderungen in Island.
Was ist im Normalfall also zu beachten:

Flüsse:

- Flüsse sind abseits der Straßen am besten im Oberlauf nahe der Quellen zu durchqueren.
- Gletscherflüsse ändern oft ihren Lauf. Wo im vergangenen Sommer ein Durchqueren noch möglich war, kann es im kommenden tödlich sein.
- Je schöner das Wetter, desto voller die Flüsse, und je schlechter das Wetter, desto voller ebenfalls die Flüsse! Wie das? Bei Sonne läßt Schmelz- und bei Regen Regenwasser die Flüsse anschwellen.
- Morgenstund hat in Island nicht nur Gold im Mund, sondern auch wenig Wasser in den Flüssen. Die Sonne hat am frühen Morgen noch nicht an den Gletschern herumgeschmolzen.

- Und noch ein Tip am Rande: Moses und Christopherus waren nicht dumm, einen Stab bei ihren Wasserdurchwanderungen mitzunehmen. Jeder wird das einsehen, wenn er mit einem Stab im trüben Wasser eines Gletscherflusses den Grund auslotet, es gibt dort nämlich manche unangenehme Kante oder Vertiefung. Da es gerade im Hochland aber an Wäldern mangelt, muß man sich einen Wanderstab von zu Hause mitbringen oder irgendwo in einer Stadt in Island kaufen. Besenstiele sind nicht teuer.
- Eine Möglichkeit, unliebsame Begegnungen mit Flüssen zu vermeiden, wäre, auf ein Auto oder auf einen Bus zu warten.

Rund um die Vulkane:

- Auf Lavafeldern zu wandern, ist so unangenehm, daß man am besten darauf verzichtet. Ist das nicht möglich, sollte man den kürzesten Weg wählen. Nimm dann ruhig einen Umweg an einem Lavafeld entlang in Kauf, wenn du dadurch die Strecke auf der Lava verkürzen kannst. Eine Notlösung sind die Fahrspuren, an denen man entlang gehen kann.
- Da wo sich der Dreck aus dem Erdinnern zu Schutthalden gehäuft hat, ist besondere Vorsicht geboten. Es gibt zwar Schuttberge, die sind gut begehbar, weil das Gerümpel so ineinander verhakt ist, daß es sich nur in geringem Umfang verschiebt. Wie das Gestein reagiert, muß man selbst testen – vorsichtig eben. Je weniger loses Geröll über festem, felsigen Grund liegt, desto eher ist es rutschig.
- An Berghängen immer Rücksicht und Vorsicht gegenüber anderen: Steinschlag von einem höher am Hang Gehenden kann tödlich sein, eine Staubfahne ist auf jeden Fall unangenehm.
- Auch wenn es in Island oft regnet, so ist das noch lange keine Garantie, daß es auch überall Wasser gibt. Regenwasser versickert in den Lavawüsten sofort. Im Nordosten ist der Boden fast schon trocken, bevor es überhaupt aufgehört hat zu regnen. In solchen Gebieten ist es natürlich ratsam, bei Wandertouren Wasser mitzunehmen.

Ich hoffe, ich habe das Individualwandern nicht zu schlecht gemacht. Es ist aber wirklich so, daß es viele Unfälle durch Selbstüberschätzung gibt, und bei den Recherchen für dieses Buch bin ich oft gebeten worden, auf dieses Problem hinzuweisen. Wegen einer Reihe tödlicher Unfälle im Sommer 84 gab es im darauffolgenden Winter in Island sogar eine Diskussion, eine Meldepflicht für Hochlandwanderungen einzuführen.
Bei folgenden Organisationen und Veranstaltern kann man an organisierten Wanderungen teilnehmen:

Ferdafélag Islands, Öldugötu 3, Reykjavik, Tel.: 91/ 1 95 33 und 91/ 1 17 89. Dieser isländische Touren-Club bietet ganzjährig ein reichhaltiges Programm von ein- und mehrtägigen Touren. Oft wird in den Hütten, die der Club im ganzen Land unterhält, übernachtet. Unter den Teilnehmern bei den Wanderungen sind viele Isländer. Regionale Abteilungen des Clubs bieten eigene Programme, die alle in einer Broschüre zusammengefaßt sind.
Noch etwas naturverbundener sind die Touren des zweiten großen Wander-Clubs Útivist (Draußen), Lœkjargata 6a, Reykjavik, Tel.: 91/ 1 46 06. Auch dieser Club bietet ganzjährig ein- und mehrtägige Touren an.
Neben den beiden großen Clubs bieten die regionalen Reisebüros (siehe unter Adressen) und z.B. der Jugendherbergsverband Wandertouren an.
Deutsche Reiseveranstalter (siehe unter Adressen) bieten Pauschalreisen mit Flug und Wanderungen oder mit Flug und Bustouren + Schwerpunkt Wandern.
Ein Original unter den Touren-Anbietern ist der Engländer Dick Phillips, der in fast 25 Jahren eine kleine Organisation aufgebaut hat und der auch für die Jugendherberge Fljótsdalur zuständig ist. Anfragen zu Wandertouren des Engländers: Dick Phillips, Whitehall House, Nenthead, GB-Cumbria.

Alkohol

Die Länder Nordeuropas sind ja für ihre strengen, manchmal unverständlichen Alkoholgesetze bekannt – und ebenso für den Erfindungsreichtum ihrer Bewohner, wenn es gilt, Trinkbares zu beschaffen. Island macht da keine Ausnahme.
Die Gesetze des Landes (Stand Herbst 85 – Änderungsvorschläge liegen dem Althing vor) erlauben den Genuß alkoholischer Getränke mit einer Ausnahme: Es gibt kein Bier auf Island! – offiziell wenigstens nicht. Was verboten ist, ist begehrt, und so hatten die Isländer schon immer dunkle oder halbdunkle Quellen, aus denen Bier floß. Wenn du mit dem Flugzeug in Keflavík ankommst, wirst du vom Duty-Free-Shop für ankommende Gäste überrascht sein. Dort sieht es vor den Kassen aus wie in einer kontinentalen Biergroßhandlung. Auch von der Norröna und von vielen kleinen Fischkuttern und Frachtern kommt Bier ins Land. Diese Ware kann natürlich nicht in Gaststätten und Restaurants serviert werden.

Nun waren die Isländer immer traurig, weil sie keine Kneipen hatten, in denen Bierstimmung – was immer das sein mag – aufkommen konnte. Da hatte dann ein Barkeeper in Reykjavík die sprudelnde Idee: Ein fast alkoholfreies Leichtbier und scharfe Schnäpse sind ja legal und Cocktails ebenso. Wenn er also Leichtbier und Wodka oder Brennivin mischt, entsteht ein legaler Biercocktail, der wie Bier aussieht und – wenn man nichts anderes gewöhnt ist – auch wie Bier schmecken soll (so die Isländer!). Neben dem Geschmack dürfte auch der Preis für einen Mitteleuropäer erst Gewöhnungssache sein: für 0,5 Liter rund 12 DM.
Bars und Hotelrestaurants mit Alkoholausschank gibt es nur in geringem Maße in Reykjavík und in einigen Touristenorten. Alkoholverkauf in Geschäften gibt es nicht, nur in Verkaufsstellen der staatlichen Alkohol- und Tabak-Verwaltung.
Wer es nicht lassen will, der kann Alkohol in 12 Verkaufsstellen in ganz Island erwerben, für Preise etwa bei dem Dreifachen der bundesdeutschen. Verkaufsstellen: Reykjavík: Snorrabraut 56, Lindargata 46, Laugarásvegur 1; Akranes: Þóðvegur 11; Akureyri: Hólabraut 16; Ísafjörður: Aðalstrœti 22; Keflavík: Hafnargata 88; Sauðarkrókur: Smáragrund 2; Selfoss: Vallholt 19; Seyðisfjörður: Hafnargata 11; Siglufjörður: Eyrargata 25; Vestmannœyjar: Strandagata 50.

Anreise

Du kannst Island auf dem Seeweg mit der Norröna erreichen, deren Reiseweg im Teil „Nordatlantik allgemein“ beschrieben ist.
Wer zur Anreise das schnellere Flugzeug der Fähre vorzieht, aber in Island auf ein eigenes Fahrzeug – Auto oder Motorrad – nicht verzichten will, der kann das über die Reederei Eimsskipafélag Íslands ab Hamburg verschiffen lassen. Die Reederei wird in der BR Deutschland durch den Agenten Eimbcke, Raboisen 5, 2000 Hamburg 1 vertreten. (Das ist zwar die gleiche Adresse wie die des Isländischen Fremdenverkehrsamtes, aber nicht das gleiche Büro!)
Per Flug erreichst du Island mit zwei Gesellschaften: Icelandair fliegt täglich ab Luxemburg und zweimal pro Woche ab Frankfurt. Die Luxemburg-Flüge sind seit Jahren günstige Angebote, und dazu gehört ein kostenloser Buszubringer ab Düsseldorf, Wuppertal, Köln, Frankfurt, Mannheim und Stuttgart. Reisende aus der Schweiz können mit der Flugkarte eine kostenlose Bahnfahrt von jedem Schweizer Bahnhof 2. Klasse nach Luxemburg bekommen. Der Flugpreis ab Luxemburg zum

Flieg-und-Spar-Tarif: 999 DM und ab Frankfurt: 1065 DM; hinzu kommt eine Flughafensteuer (in Höhe von 24 DM), die bei der Ausreise in Keflavík zu zahlen ist.
Ab Österreich wird einmal pro Woche ab Salzburg geflogen.
Eagle Air macht seit einigen Jahren der Icelandair im internationalen Geschäft Konkurrenz. Die kleine Gesellschaft fliegt je einmal wöchentlich Düsseldorf und Zürich sowie bis zu fünfmal wöchentlich Amsterdam im Linienverkehr an und einmal pro Woche Salzburg im Charterverkehr für SAB-Tours – Natur und Reisen, Kaiser-Josef-Platz 2, A-4600 Wels, Tel. 0 72 42/ 2 20 13. Der billigste APEX-Tarif liegt für die Flüge ab Düsseldorf bei 1029 DM, ab Zürich bei 876 sfrs und ab Amsterdam bei 970 hfl. Für Inhaber von Studentenausweisen werden stark verbilligte Flüge ab Amsterdam angeboten. Das Risiko dabei: Die Platzbuchung ist erst frühestens zwei Wochen vor Abflug möglich. Bei Reiseterminen, die stark nachgefragt werden, eine oft zu kurze Frist. Die Flüge gibt es bisher nur in Reisebüros, die das RDS-Programm verkaufen, also Studentenreisebüros.
Für Norddeutsche sind eventuell auch Flüge ab Kopenhagen interessant. Täglich fliegt da Icelandair, teilweise in Zusammenarbeit mit SAS. Das preiswerteste Ticket liegt bei etwa umgerechnet 800 DM und heißt rød APEX (Rotes Ticket). Man muß mindestens 14 Tage vor Abflug buchen und zahlen, kann nicht umbuchen und darf nur donnerstags fliegen. 1120 DM kostet etwa ein grøn APEX, mit dem man an jedem Tag fliegen kann. Ein Jugend-Stand-By wird ebenfalls ab Kopenhagen angeboten, wenn man unter 26 Jahre alt ist und frühestens am Tag vor der Abreise bucht; der Preis liegt dann für einen einfachen Flug bei 385 DM. Bei diesem Jugend-Stand-By ab Kopenhagen mußt du beachten, daß der isländische Zoll bei Nichtskandinaviern oft ein Rückflugticket sehen will, bevor man einreisen darf. Du mußt also den Rückflug schon Open-Date (ohne Buchung) mitkaufen und dich dann in Island frühestens einen Tag vor Abflug um einen Platz kümmern.
(Angaben Stand: Preise 1985/Termine 1986)

Ausweise

Keinen Ausweis brauchen die Staatsangehörigen der Länder, die im Nordischen Rat zusammengeschlossen sind. Mindestens einen gültigen Personalausweis brauchen Österreicher, Belgier, Franzosen, Holländer, Italiener, Liechtensteiner, Luxemburger, Schweizer und Deutsche aus der Bundesrepublik. Bewohner aus den anderen westeuropäischen Ländern brauchen nur einen Paß, aus sonstigen Staaten in der Regel auch ein Visum.

Wer in Island ein Auto fahren will, braucht natürlich einen Führerschein. Für das Fahrzeug ist bei der Einreise eine grüne Versicherungskarte vorzulegen, die bei den Haftpflichtversicherungen auf Anfrage ausgestellt wird. Fahrzeugschein nicht vergessen! Bei der Einreise ist auch eine „Erklärung für die zeitlich begrenzte Einfuhr eines Kraftfahrzeuges“ auszufüllen. Verlier' den Durchschlag, den du davon bekommst, aber nicht, der Zoll will ihn bei der Ausreise zurückhaben. Die Formblätter für die Erklärung gibt es meist schon an Bord der Fähre, da ist Zeit, alles auszufüllen.

Nützlich – weil sie Geld sparen helfen – sind der ISTC Studentenausweis, der internationale Herbergsausweis und der internationale Campingausweis. Notwendig ist aber keiner davon. Du kannst auch ohne Herbergsausweis in Jugendherbergen auf den Färöer-Inseln und in Island übernachten und ohne den Campingausweis auf Campingplätze gehen. Es gibt aber Rabatte für Ausweisinhaber.

Ein Ausweis ist für die Einreise sehr wichtig, nämlich der **Fahrausweis für die Rückreise.** Er wird bei Einreise in der Regel von den Grenzbehörden gefordert! Mehr zur Einreise im Teil „Reisevorbereitungen“.

Einkaufen

Lebensmittel

Du kannst in jeder Siedlung mit einem Geschäft rechnen, in dem du Proviant bekommst. Die Preise unterscheiden sich natürlich. Je kleiner der Laden, je abgelegener er liegt, desto teurer wird es. Ich habe kurz vor Abschluß dieses Manuskriptes noch aktuelle Preise für einige Grundnahrungsmittel aus Island bekommen. Danach kostet (zu gerade gültige isKr/DM-Kurs umgerechnet): ein Paket Brot vom billigsten ca. 1 DM, ein normales Brot ca. 2,50 bis 3 DM, ein Liter Milch ca. 2,50 DM, ein Ei ca. 0,60 – 0,70 DM, 100 Gramm Schweinehackfleisch ab 2,50 DM, 100 Gramm Lammkoteletts ab 2,40 DM. Über Gemüse habe ich keine aktuellen Preise, kann mich aber erinnern, daß bei einer preiswerten Reise allenfalls mal eine Schlangengurke finanziell zu verkraften ist. Die werden in großen Mengen in eigenen Gewächshäuern produziert und brauchen also nicht importiert werden. Ansonsten sei an dieser Stelle auf die preiswerten Vitamintabletten hingewiesen.

Die extrem hohen Preise sind nur zu umgehen, indem man von zu Hause Lebensmittel mitbringt. Achte aber auf die Einfuhrbeschränkungen (max. 10 kg, kein Fleisch, keine Eier). Für Rucksackreisende kann ich dehydratisierte Lebensmittel empfehlen, zum Beispiel getrocknetes Sojafleisch. Was sich nicht mitzubringen lohnt, sind Trockensuppen. Sie kosten in Island etwa das gleiche wie in anderen Ländern. Eine Möglichkeit, etwas preiswertere frische Lebensmittel einzukaufen, besteht für die Schiffreisenden (die mit der ‚Norröna' kommen) bei dem Stop-Over in Tórshavn auf den Färöer-Inseln. Zwar ist da auch alles etwas teurer als in Deutschland, aber billiger als in Island. Achte auf die Einfuhrbeschränkungen.
Erträglich sind noch die Preise für Fischprodukte. In Geschäften bekommt man frischen Fisch aber nur in größeren Orten, sonst ist er tiefgefroren, was seiner Qualität aber nicht sehr viel schadet. Sehr billig sind Fischklöße. Sie gehören bei einer normalen isländischen Familie zur Standardkost. Am besten macht man sich keine Gedanken über den Inhalt – höchstens über den niedrigen Preis. Fischklöße gibt es in Dosen in jedem Laden, und mit einer ebenfalls relativ preiswerten Instantsoße kann man sich daraus ein erträgliches Essen bereiten.

Souvenirs

Wolle kann man preiswert überall in Geschäften kaufen. Dort wo Touristen das Land verlassen, also in Reykjavik oder in Seyđisfjörđur (nebst dem an der Straße vorgelagerten Egilstađir) gibt es spezielle Wollgeschäfte mit reicher Auswahl. Es lohnt sich aber bestimmt, in den Supermärkten anderer Orte auf die Wollregale zu achten. Dort ist die Auswahl an Naturwolle zwar geringer, aber sie ist dafür nicht mit dem Touristenaufschlag belegt. Wollpullover, die berühmten Isländer, gibt es natürlich auch überall. Die Preise liegen ab 90 DM aufwärts. Ein Tip fehlt in fast keinem Buch über Island, also soll er auch hier stehen: Nimm keinen Pullover von zu Hause mit, man kauft sich doch einen!
Es gibt aber auch noch andere Souvenirs außer den Wollprodukten: Silberschmiedearbeiten, Lavakeramik und Felle.

Essen

Es mag traurig klingen, ist aber wahr: Wer in Island billig Urlaub machen will, der wird über die kulinarischen Genüsse der Imbißkultur amerikanischer Prägung nicht hinauskommen. Neben Hamburgern und Hot-dogs ist manchmal auch Bratfisch preiswert zu haben. Isländische Spezialitäten, im Restaurant genossen, reißen tiefe Lücken in die Reisekasse. Aber es lohnt sich, ein Festmahl zusammenzusparen. Fisch und Lamm werden in den großen Restaurants in Reykjavik und Akureyri auf viele verschiedene Arten hergerichtet. Die Lachsgerichte sind dabei etwas, was man in Deutschland lange suchen muß. Wer einen Rundumschlag durch die isländische Küche machen will, der sollte an einem Büffet in einem der großen Hotelrestaurants teilnehmen. Beliebt ist das Büffet im Hotel Loftleiðir in Reykjavik.

Spezialitäten der isländischen Küche sind:

– **Fisch** aller Art wird in verschiedenen Zubereitungsformen gegessen. Für mitteleuropäische Mägen sind zwei Spezialitäten vielleicht ungewöhnlich: Trockenfisch (harðfiskur) und Hai (Hákarl). Beides sind zähe Gerichte und für Menschen mit empfindlicher Nase nicht zu empfehlen. Ich bekam Trockenfisch – verschiedene Fischsorten werden dafür benutzt – mit dünnen Walspeckscheiben serviert. Um den trockenen Fisch runterzukriegen, braucht man den Speck zum Schmieren der Speiseröhre. Der Hai ist zwar nicht so trocken, aber auch er hat einen Reifeprozeß im Freien hinter sich, bevor er auf den Tisch kommt. Er wird einige Wochen im warmen Kies vergraben. Ein Gourmet wird vielleicht das Odeur des Hais rühmen, weniger ausgebildete Esser werden von dem strengen Geruch eher abgeschreckt. Die größte Klippe beim Hai-Essen ist die Zähigkeit des Fleisches. Mit scharfem Messer muß erstmal ein mundgerechtes Stück abgeschnitten werden, das dann stilecht mit einem Schnaps Marke ‚Schwarzer Tod' runtergespült wird. Hinter diesem ‚Schwarzen Tod' verbirgt sich isländischer Branntwein, dessen schwarzes Flaschenetikett für den makabren Namen verantwortlich ist.

– **Lammfleisch** wird ebenfalls in vielerlei Form serviert, aber im normalen isländischen Haushalt nicht so oft, denn Fleisch ist teuer. Einige isländische Schafspezialitäten sind sehr ausgefallen: Blutwurst (Bloðmör), Leberwurst (Lifrarpylsa), halbe Schafköpfe (Svið) und scharf geräuchertes Lammfleisch (Hangikjöt). Die beiden Wurstsorten sind Schlachtabfallprodukte, die traditionell in saurer Molke gelagert werden. Mir waren diese Würste zu fett, als ich sie einmal angeboten bekam, aber das ist eine Frage der Zubereitung. Die halben Schafköpfe sind für manchen Touristenmagen schon eine optische Hürde. Ich wüßte nur nicht, wie man einen abgezogenen, gekochten und anschließend im Backofen gebräunten halben Schafkopf anders aussehen lassen könnte. Wir haben uns ja in unseren Breiten an den Anblick halber Hähnchen gewöhnt, die ihre Flügel von sich strecken. Der Schafkopf zeigt Zähne und die Augen sehen den Esser mehr oder minder traurig vom Teller aus an. Ich habe mich überwunden und Svið gegessen. Das Fleisch hat geschmeckt. Die Backen sind das beste, während die Mundpartien von einer etwas zu weichen Konsistenz waren. Bei den Augen – es gibt Gerüchte, daß die Isländer traurig sind, weil Schafe davon nur zwei haben – habe ich gepaßt, kann mir also kein Urteil erlauben. Aus der Sicht eines Mitteleuropäers ist das geräucherte Lammfleisch direkt harmlos. Das Hangikjöt schmeckt aber oft so scharf nach Rauch, daß es mir persönlich manchmal schon zu viel wird. Zum Räuchern, und da unterscheidet sich Hangikjöt sicher vom westfälischen Landschinken, wird traditionell getrockneter Schafmist genommen.

– **Gebratene oder gekochte Papageitaucher** (Lundi) sind nicht jedermanns Sache. Aber es ist sicher nicht der Geschmack oder das Aussehen auf dem Teller, was die Probleme bereitet, sondern eher das putzige Aussehen der Vögel in lebendem Zustand. Papageitaucher haben festes, aber zartes Fleisch, vergleichbar mit Wild in unseren Breiten. Auf keinen Fall schmecken die Vögel nach ihrer Hauptmahlzeit, nach Fisch. An einem Papageitaucher ist nicht viel Eßbares zu finden, weshalb in der Regel mehrere Tiere pro Person zubereitet werden. Wer meint, durch das Fangen der Papageitaucher sei deren Bestand gefährdet, der ist falsch informiert und braucht eigentlich nur einen Blick auf die Vogelfelsen der Westmänner-Inseln zu werfen, von wo die meisten Vögel ihren Weg in die Pfannen und Kochtöpfe antreten. In den größeren Städten findet man Papageitaucher manchmal in den Kühltruhen der Supermärkte. Ein Rezept zur Zubereitung von den Färöer-Inseln: Mit einem einfachen Sandkuchenteig und Rosinen gefüllte Papageitaucher werden eineinhalb Stunden gekocht.

– **Skyr und Súrmjólk** sind zwei Molkereiprodukte, die einem nichtisländischen Esser keinerlei Probleme bereiten sollten – weder optisch noch geschmacklich. Skyr ist ein quarkähnliches Produkt, und man kann es getrost als das Nationaldessert der Isländer bezeichnen. Es wird am liebsten mit Milch verdünnt und mit braunem Zucker versüßt. Man kann Skyr überall in Lebensmittelgeschäften kaufen. Es wird in zweierlei Verpackung angeboten: haltbarer und transportfähiger ist es in Plastikbechern, frischer in einfachem Papier eingeschlagen. Man findet es auch mit Früchten zubereitet in den Geschäften, dann wird es aber gleich merklich teurer. Súrmjólk ist Sauermilch, die es, wie normale Milch verpackt, in jedem Lebensmittelladen gibt und die man pur oder mit braunem Zucker gesüßt essen kann.

Feiertage

In Island werden gefeiert: am 1. Januar Neujahr; der erste Sommertag Mitte April; Ostern; der 1. Mai; Himmelfahrt; Pfingsten; Seemannstag Anfang Juni; am 17. Juni die Gründung der Republik und gleichzeitig der Geburtstag des Freiheitskämpfers Jón Sigurdsson – der Nationalfeiertag; der Tag der Handelsleute am Montag nach dem ersten Augustwochenende – ein verlängertes also; Weihnachten; Neujahrsabend. In die Hauptreisezeit fallen also nur der Nationalfeiertag am 17. Juni und das verlängerte Wochenende Anfang August. An dem Augustwochenende gibt es überall in Island Feste, wenn möglich irgendwo außerhalb der Städte. Bekannt ist das sehr volkstümliche Fest in Heimaey auf Westmannaeyar und das Rockfestival in Átlavik am See Lögurinn im Osten.

FKK

Man sollte meinen, auf ein Kapitel FKK könne man in einem Island-Reiseführer verzichten. Dem ist aber nicht so, denn warme Quellen bieten überall Badegelegenheiten, und dort kann man auch nackt baden. Nun sind die Deutschen als Nacktbader in freier Natur ja bekannt, so daß einer mehr oder weniger nicht auffällt. Man sollte aber daran denken, daß das Nacktbaden bei Isländern nicht so bekannt ist, und ich weiß aus Gesprächen, daß sie sich auch daran stören. Achte mal in einem der Badeplätze, zum Beispiel in Landmannalaugar, wie sich die Isländer verhalten, und daran sollte man sich – so meine ich – orientieren.

Fortbewegung

Autofahren

Wer sein Auto liebt und wem Schlaglöcher und Steinschläge ein blutendes Herz verursachen, der sollte sein Auto zu Hause lassen. Islands Straßen sind nicht im besten Zustand, mit mitteleuropäischen Standards nicht zu beschreiben. Nur etwa zehn Prozent des Straßennetzes sind geteert, der Rest bsteht aus mehr oder minder schlechten Schotter-, Sand-, Schlamm- und Lavapisten. Die Ringstraße und die Straßen mit zweistelligen Nummern sind in der Regel problemlos zu befahren, nur mußt du immer auf Schlaglöcher oder grobe Steine achten.

Schlaglöcher treten auf den Hauptstraßen besonders nach Regenperioden auf, und eigentlich immer an Stellen, wo der Straßenbelag wechselt, also an Übergängen Schotter/Teer oder Schotter/Beton. Letzteres ist kennzeichnend für Brücken, vor denen man immer vorsichtig und langsam fahren sollte. Begegnungen mit entgegenkommenden Fahrzeugen können problematisch werden, weil die Fahrbahnränder nicht besonders befestigt sind. Bei Begegnungen und Überholmanövern fliegen oft Steine herum. Eine Not-Windschutz-Scheibe kann ich jedem Autofahrer empfehlen.
Nach meiner Erfahrung sollte die wichtigste Eigenschaft eines PKWs in Island die Bodenfreiheit sein. Packe also nicht zuviel ein. In den Schotterpisten – und dazu gehören auch lange Strecken der Ringstraße 1 – sind tiefe Spurrillen. Mit einem tiefliegenden Wagen fährst du darauf nur mit ständiger Bodenberührung – weder Material noch Nerven schonend. Natürlich lassen sich in Island nicht alle Straßen mit jedem Fahrzeug befahren, eine Tatsache, die Touristen manchmal erst begreifen, wenn es zu spät ist. Während wir aus Mitteleuropa gewöhnt sind, daß Verkehrsschilder manchmal etwas übertreiben, so ist von Island das Gegenteil zu behaupten. Wenn an einer Hochlandroute auf einem alten Holzschild steht: ‚Four Wheel Drive Cars Only', so solltest du diese Warnung ernst nehmen. Und mit diesen ‚Four Wheel Drive Cars' sind dann in der Regel auch wirkliche Geländewagen gemeint und nicht die Mode-Allrad-Autos, wie sie seit einigen Jahren überall angeboten werden. Strecken wie z.B. zur Askja und nach Þorsmörk sind mit einem normalen PKW auf keinen Fall zu schaffen. Wer es dennoch versucht, dem ist nicht zu helfen. Leider versuchen es immer noch zuviele.
Was ist beim Autofahren noch wichtig:
– Alkohol sollte sich höchstens in Konzentrationen von 0,5 Promille im Blut befinden, sonst gibt es hohe Strafen.
– Geschwindigkeitsbegrenzungen: in Städten 45 km/h und außerhalb 70 km/h. Auf den gut ausgebauten Ausfallstraßen rund um Reykjavik mußt du immer mit Radarkontrollen rechnen, außerhalb sind sie seltener, aber nicht unbekannt.
– Sicherheitsgurte müssen angelegt werden.
– Tiere sind überall zu erwarten. Besonders Schafe haben die Angewohnheit, auf den Straßen herumzulaufen. Wer ein Tier tötet, ist zum Schadenersatz verpflichtet.
Was beim Geländefahren wichtig ist:
– Fahren abseits der gekennzeichneten bzw. erkennbaren Pisten ist verboten. Wer es dennoch macht, ist ein Umweltverschmutzer übelster Sor-

te. Islands Natur leidet sehr unter Bodenerosion, und jede Fahrspur in unberührtem Gelände bietet eine neue Angriffsfläche für den Wind.
– Durchqueren von Flüssen sollte man nie auf die leichte Schulter nehmen. Abseits von Pisten sind Flüsse auf keinen Fall zu durchqueren (siehe auch oben). Dennoch geben Fahrspuren, die zum Ufer führen, nie die absolute Sicherheit, daß eine Durchquerung dort möglich ist. Flüsse ändern oft ihren Lauf und ihre Bodenbeschaffenheit. Man sollte Flußdurchquerungen vermeiden, wenn man mit einem Fahrzeug allein ist, und lieber warten, bis ein zweiter Wagen dabei ist.
Wer es doch allein versuchen will, prüfe vorher den Fluß, indem man gesichert hindurchgeht. Laß dich nicht durch Einheimische, die ihre Flüsse und die Furten kennen, zu waghalsigen Flußdurchquerungen verleiten. Ein Tip dabei: Isländer fahren bei allradangetriebenen Wagen meist nur mit halber Kraft in die Flüsse hinein. Sie schalten den Vierradantrieb nur im Notfall zu – die Reserve ist dann Sicherheit.
Informationen zur Befahrbarkeit der Hochlandstraßen gibt es beim isländischen Automobilclub: F.I.B. (Félag Islenskra Bifreidaeigenda), Borgatún 33, Tel. 2 99 99. Geöffnet Mo. – Fr. 9.00 – 17.00 Uhr.

Busfahren
Ein Busnetz umspannt Island. Es ist im Umkreis von Reykjavik am besten entwickelt, je weiter du von der Hauptstadt wegkommst, desto dünner wird das Netz. In vielen Gegenden, besonders auf den langen Routen im Osten, Norden und in den Westfjorden ist höchstens ein Bus am Tag unterwegs – das ist dann d e r Bus.
Auf der Ringstraße 1 gibt es folgende Verbindungen (alle Angaben zu Zeiten und Häufigkeit beziehen sich auf die Reisemonate im Sommer, also ab Mitte Juni bis August, teilweise (Hochland) nur auf Juli und August. Genaue Betriebsperioden mußt du den örtlichen Fahrplänen entnehmen.) Hier die wichtigsten Routen:
Reykjavik–Akureyri: einmal täglich ein Bus in jede Richtung; 9 Stunden/463 km; Preis ca. 80 DM; freitags gibt es einen zusätzlichen Abendbus ab Reykjavik; auf den Abschnitten zwischen Reykjavik und den Abzweigern in die Westfjorde sowie nach Snaefellsnes gibt es mehrmals wöchentlich noch andere Busse.
Akureyri–Egilstadir (über Myvatn): Mo. – Sa. einmal in jede Richtung; 5 1/2 Stunden/275 km; Preis ca. 56 DM; auf dem Abschnitt zwischen Akureyri und Myvatn täglich zusätzliche Busse; eine längere und teurere Alternative ist die Fahrt von Akureyri über Husavik und an der Nord- Ost-Küste entlang, Fahrzeit ca. 12 Stunden/583 km; täglich eine Verbindung

Akureyri–Husavik und zurück und 3mal wöchentlich zwischen Husavik und Egilstadir ein Bus.

Egilstadir–Höfn: Mo. – Sa. einmal in jede Richtung; Fahrzeit 5 1/2 Stunden/266 km; Preis ca. 55 DM.

Höfn–Reykjavik: täglich ein Bus in jede Richtung; Fahrzeit 10 Stunden/476 km; Preis ca. 85 DM; auf den Abschnitten Reykjavik–Selfoss–Hella–Hvolsvöllur mehrmals täglich weitere Busse auf anderen Routen.

Wer die Krankheit der Interrailer hat – viele Kilometer in möglichst kurzer Zeit – der kann am Freitag um 18.00 Uhr mit dem Abendbus von Reykjavik nach Akureyri fahren, wo er am nächsten Morgen Anschluß nach Egilstadir hat. Dort besteht direkter Übergang zum Bus nach Höfn (der fährt samstags dann sogar die längere Tour ‚Um die Südfjorde'). In Höfn ist eine Übernachtung nicht zu vermeiden, aber am nächsten Morgen, das wäre dann der Sonntag, geht es um 9.00 Uhr weiter nach Reykjavik, Ankunft 19.00 Uhr. Das sind total 49 Stunden für eine Islandumrundung.

Von Reykjavik aus gibt es noch andere Routen. Der **Südwesten** hat das dichteste Busnetz. Dort werden mehrmals täglich unter anderen **Selfoss, Gullfoss, Geysir, Laugarvatn, þingvellir, Hella und Hvolsvöllur** angefahren. In Verbindung mit den Fähren zu den Westmänner-Inseln verkehren täglich Busse zwischen Reykjavik und **þorlákshöfn.** Täglich mindestens einmal fährt ein Bus auf die **Halbinsel Snaefellsnes** (Olafsvik/Hellisandur und Stykkisholmur), und mehrmals wöchentlich auf unterschiedlichen Routen fährt ein Bus nach **Isafjördur** in die **Westfjorde.**

Im Sommer werden regelmäßig zwei Hochlandrouten befahren: **Reykjavik–Sprengisandur–Myvatn/Akureyri** und **Reykjavik–Kjölur–Akureyri.**

Reykjavik–Myvatn über Spregnisandur: Mi. u. Sa. ab Reykjavik, Do. u. So. ab Myvatn; 11–12 Stunden Fahrzeit; Preis 160 DM für eine einfache Fahrt, 280 DM für ein verbilligtes Retour-Ticket.

Reykjavik–Akureyri: ab Reykjavik Mo. u. Do. über die Sprengisandur (a) und Sa. über die Kjölur (b), ab Akureyri Mo. über (a) und Mi. und Sa. über (b); 14–15 Stunden Fahrzeit; Preis für die einfache Fahrt ca. 185 DM. Bei den Hochlandfahrten ist Verpflegung eingeschlossen, und teilweise werden die Fahrten von Reiseleitern betreut.

Weitere Buslinien, die ins Landesinnere führen, verkehren auf der Strecken **‚Hinter den Bergen' (Fjallabak)** von **Reykjavik** nach **Kirkjubœjarklaustur** über Landmannalaugar/Eldgja (Fahrzeit 10 Stunden; ab Reykjavik Mo., Mi., Sa., ab Kirkjubaejarklaustur Di., Do., So.; Preis ca. 90 DM für die einfache Fahrt) und von **Reykjavik** nach **þorsmörk** (täglich in beide Richtungen; 4 1/2 Stunden Fahrzeit; 90 DM hin und zurück; Freitagabend Sondertouren). Bei Zustieg in Reykjavik oder Selfoss ist es manchmal verwirrend, daß man für diese Inlandfahrten bei geringer Mitfahrerzahl erst im Linienbus nach Höfn untergebracht wird. Das Problem für Fremde ist dabei, daß die Isländer es für selbstverständlich halten und erwarten, daß man selbst drauf kommt.

Neben den o.a. Busrouten, die wirklich noch Linienbuscharakter haben, gibt es auch eine Reihe von Verbindungen ins Landesinnere, die eher Rundfahrtcharakter haben. Es sind aber Rundfahrten, die du anders nutzen kannst, als du es in normalen Touristenregionen wahrscheinlich erlebt hast. Du kannst dich an bestimmten Stellen von dem Reiseleiter abmelden und ihm bestellen, daß du bei der nächsten Fahrt oder eine Woche später wieder mitfahren willst. Dann werden an dem gewünschten Termin Plätze für dich frei gehalten. Dieser Service ergibt sich notwendigerweise aus den Interessen der Reisenden, denen die Busunternehmen nachgegeben haben.

Touren dieser Art gibt es zum Beispiel zur **Askja** (Grand Lunar Tour ab Akureyri oder Myvatn/Luna Tour ab Myvatn; angeboten werden eintägige Fahrten für ca. 125 DM oder mehrtägige Fahrten für 190 DM ab Myvatn bzw. 265 DM ab Akureyri) und zum **Kverkfjöll** (Feuer- und Eis-Fahrt ab Husavik oder Egilstadir; 3 Tage 310 DM; Möglichkeit, die Tour in Husavik zu beginnen und in Egilstadir zu beenden oder umgekehrt, dann 380 DM/Stand 1986).

Bei den längeren Touren besteht die Möglichkeit zum Kauf von Eßpaketen. Du kommst aber besser und billiger davon, wenn du selbst Verpflegung mitnimmst und bei Bedarf auch einen eigenen Kocher.

Du kannst diese Touren vor Ort buchen und bezahlen – die DM-Preise sind dann von Währungsschwankungen und der Inflation abhängig. Diese Veränderungen sind zu umgehen, wenn Fahrten schon zu Hause gebucht werden, mit dem Risiko, daß die DM im Kurs plötzlich sehr steigt. Das Reisebüro Norden (siehe Adressen) verkauft alle Fahrten „open date", also ohne feste Datumsangabe. Man muß dann vor Ort nur rechtzeitig den Busunternehmer von seinem Auftauchen unterrichten. Das Angebot vom Reisebüro Norden ist über jedes Reisebüro zu buchen.

Timamidi und Hringmidi – die Netzkarten für Islands Busse

Timamidi ist eine zeitgebundene (1, 2, 3 oder 4 Wochen) Buskarte, die auf allen regulären Linien gültig ist und die auf den oben beschriebenen Fahrten ins Landesinnere sowie bei anderen Gelegenheiten Rabatte bringt. Der Buspaß Timamidi kostet (Preise nach einer Vorabinformation für 1986) 1 Woche 300 DM, 2 Wochen 360 DM, 3 Wochen 460 DM und 4 Wochen 510 DM. Der Zeit-Buspaß macht dich unabhängig von dem Gedanken, das Geld für den nächsten Streckenabschnitt parat haben zu müssen. Er lohnt sich auch sicher für Vielfahrer. Aber andererseits, wer hätte die Ruhe, mit einer Karte für 360 DM (2 Wochen) in der Tasche, eine Woche am Myvatn zuzubringen?

Ähnliches gilt für den Hringmiði (1986 mit 245 DM angekündigt) „Rundfahrpaß". Mit diesem Ticket kann man Island einmal in *einer* Richtung auf der Ringstraße umrunden. Der Hringmiði ist zeitlich nicht beschränkt, läßt dir aber wenige Alternativen für andere Routen. Wer dann noch ein längeres Stück bei einer Islandumrundung mit einem anderen Verkehrsmittel zurücklegt – zum Beispiel trampt – der spart mit dem Hringmiði kaum Geld. Alle Bußpaß-Inhaber bekommen eine Reihe von Sonderrabatten. Diese Rabatte sind aber oft nur Augenwischerei: Bei Rundfahrten oder bei den Hochland-Linienbussen wird meist nur als Rabatt gewährt, was der Streckenabschnitt kostet, den der Sonderbus auf dem Liniennetz der Busse fährt, für die der Paß sowieso gültig ist. Da wo eine Sonderfahrt alternativ zu einer Linienbusstrecke benutzt werden kann, besteht der Sonderrabatt meist nur aus dem Preis, den das Linienbusstück kostet. Den „Rabatt" hat man also eigentlich längst bezahlt. Ermäßigungen bei Rundfahrten werden in einigen Gegenden nur auf Zeitpässe gewährt. Die Regel ist etwa: Wo der Rundfahrpaß nicht gültig ist, also überall abseits der Ringstraße, da bringt er keine Vorteile. Die Preisermäßigungen bei Übernachtungsstätten, die Bußpaß-Inhaber bekommen, gibt es auch auf andere Ausweise, zum Beispiel Jugendherbergs-, Camping- oder Studententausweis.

Zur Orientierung hier eine Übersicht der Vorteile, die Buspässe bringen (sollen):

- Linienbusfahrten durchs Landesinnere: unterschiedliche Rabatte.
- Busrundfahrten: unterschiedliche Rabatte. Wo viel auf dem Streckennetz der Linienbusse gefahren wird, ist der Rabatt relativ hoch. Er liegt aber in der Regel nicht unter 10 % da, wo wenig auf dem Liniennetz gefahren wird.
- auf innerisländischen Fährlinien 10 % Rabatt;
- auf Campingplätzen 10 %;
- in Schlafsackunterkünften manchmal 10 %.
- In Jugendherbergen werden in der Regel Buspaß-Inhaber wie Herbergsausweis-Inhaber behandelt.
- Spezialangebote bei ‚Rent a Tent' (Zeltverleih);
- Rabatte von 10 % bei Fahrten der isländischen Wander- und Tourenvereine Ferðafelág Islands und Utivist.

Alle Informationen über Verbindungen, Preise, Verkehrszeiten von Linien- und Rundfahrtbussen bekommt man über den isländischen Fremdenverkehrsverband (siehe Adressen) oder über die Zentrale der isländischen Busunternehmer im Busbahnhof in Reykjavik: BSI (Bifreiðastöð Islands hf), Umferðarmiðstöðinni, v/Vatnmýrarveg 10, 101 Reykjavik, Tel. 91/ 2 23 00.
Der Busbahnhof liegt an Reykjaviks Ringstraße – Hringbraut – an der Seite des städtischen Flughafens.

Fliegen

Die Isländer haben das Eisenbahn- und Autozeitalter übersprungen – sie sind direkt vom Pferd auf's Flugzeug gekommen. So lautet ein Spruch, mit dem eine isländische Fluggesellschaft Kunden wirbt. Tatsächlich sind neben den Bussen Flugzeuge gebräuchliche Transportmittel. Angeblich gibt es über 60 Flugplätze und -pisten in Island, mehr als die Hälfte davon wird regelmäßig angeflogen. Fünf Fluggesellschaften teilen sich den Binnenmarkt in Island. Hinzu kommen noch einige Flug-Taxi-Unternehmen.
Von Reykjavik aus operieren zwei Gesellschaften mit Linienflügen: Flugleiðir (das ist der isländische Name von Icelandair) fliegt landesweit ‚zentral' gelegene Orten an. Flugleiðir gibt an Studenten unter 26 Jahren bei Vorlage eines Internationalen Studentenausweises 25 % Rabatt auf Inlandflügen. Tickets bekommt man in Reisebüros und im Reykjavik-City-Airport (Tel.: 91/ 2 66 22).
Arnaflug (das ist der isländische Name von Eagle Air) ist auf den Westen Islands spezialisiert und fliegt dort zehn Orte regelmäßig an. Tickets bekommt man in Reisebüros, bei den örtlichen Agenturen, im Reykjavik-City-Airport (Tel. 91/ 2 95 77) und im Reykjavik Stadtbüro, Lágmúla 7, Tel. 91/ 2 95 11.
Von Akureyri aus operiert Flugfélag Norðurlands und fliegt von dort Orte in der Nordhälfte Islands sowie Reykjavik an. Informationen: Akureyri Flugplatz, Tel. 96/ 2 18 24.
Zentralflugplatz für die Gesellschaft Flugfélag Austurlands ist Egilstaðir. Von dort werden Orte in den Ostfjorden, Höfn und Reykjavik angeflogen. Informationen: Egilstaðir Flugplatz, Tel. 97/ 11 22.
In Isafjörður (Westfjorde) ist Flugfelagið Ernir zu Hause (Tel. 94/ 42 00) und fliegt von dort zu Orten in den Westfjorden. Flugpläne und Preise erhält man von den Gesellschaften, örtlichen Reisebüros oder der isländischen Touristeninformation.

Wer Spaß an der Fliegerei hat, sollte sich nach Sonderangeboten erkundigen. Die kleinen Gesellschaften nehmen zu Schleuderpreisen Passagiere auf freigebliebenen Plätzen zu Rundflügen mit. Du zahlst dann zum Beispiel nur den einfachen Flugpreis bei Hin- und Rückflug mit der gleichen Maschine.

Touristen-Angebote hat die Gesellschaft Flugleidir im Programm und zwar:

- Das Air Rover Ticket für den schnellen Jet Set. Damit kannst du rund um Island fliegen und in Isafjördur, Akureyri, Egilstadir, Höfn und natürlich Reykjavik Station machen. Das Ticket ist einen Monat gültig und kostet 148 US-$/427 DM.
- Wer noch weniger Zeit hat, kann eines der Triangel Tickets lösen. Damit kannst du je drei verschiedene Flugplätze (siehe Air Rover Ticket) anfliegen. Preis 104 US-$/300 DM.
- Ein wirklich interessantes Angebot, auch für eine schmale Brieftasche, ist das Air-Bus Rover Ticket. Damit kannst du von Reykjavik nach Isafjördur, Akureyri, Egilstadir und Höfn und von dort zurückkommen. Eine Strecke geht's per Flugzeug und eine mit dem Bus, wobei die Busstrecke auch unterbrochen werden kann (muß bei der Buchung angegeben werden). Für die Busstrecken stehen dann viele Routen zur Auswahl. Das billigste und das teuerste Ticket als Beispiele: Reykjavik–Akureyri mit dem Bus über die Landstraße 60 US-$/173 DM; Reykjavik–Egilstadir via Akureyri und eine der Hochlandstrecken 131 US-$/378 DM. Diese Tickets sind 30 Tage gültig. Die Preise entstammen aus verschiedenen Broschüren, und ich habe sowohl die US-$ wie auch die DM-Preise angegeben. Icelandair schreibt in einem Prospekt für 1985, aus dem die DM-Preise entnommen sind: „Unseren DM-Preisen liegt ein US-$-Wechselkurs von DM 2,88 zu Grunde. Kursschwankungen können Preisänderungen bewirken!“

Platzbestellungen sind bei Inlandflügen nicht unbedingt notwendig, in den Sommermonaten und besonders an den Wochenenden aber empfehlenswert.

Ab Reykjavik gibt es eine Vielzahl von Tourenangeboten, bei denen Flug und Busrundfahrten kombiniert werden. Wer viel Geld, aber wenig Zeit hat, sollte sich aus dem Angebot der im Adressenteil genannten Reiseanbieter informieren. Ein Beispiel: Flug Reykjavik–Akureyri mit Bustour zum Myvatn (15 Stunden/1986 ca. 335 DM).

Wer bei einem Island-Urlaub auch noch eben Grönland mitnehmen will, hat die Chance. Sonderflüge ab Reykjavik gibt es an Grönlands einsame Ostküste nach Kulusuk (1 Tag/1986 ca. 730 DM) und Ammassalik (ab 4

Tage/ 1986 ca. 1.460 DM). Narsarsuaq (Südgrönland/Westküste) wird im Liniendienst angeflogen, Pauschaltrips ab Reykjavik sind möglich, aber teuer (ca. 2.100 DM).

Leihwagen

Es gibt etwa 30 Autoverleihfirmen in Island, 18 davon in Reykjavik und Umgebung. Bei allen Firmen – mit einer Ausnahme – muß der Wagen an den Ausleihort zurückgebracht werden. Die Ausnahme sind Einwegfahrten zwischen Reykjavik und Akureyri mit einigen Modelltypen bei Bilaleiga Akureyrar – Interrent.

Das Modellangebot ist reichhaltig. Vom Fiat Uno bis zum zwölfsitzigen Geländewagen kann man alles ausleihen. Die Preise liegen bei allen Firmen etwa gleich. 1986 soll z.B. ein VW Golf pro Tag 29 US-$ kosten + 0,29 US-$ /km, ein Camping-Bus (VW oder Mitsubishi) 40 US-$ + 0,40 US-$/km und ein siebensitziger Land Rover Diesel 46 US-$ + 0,46 US-$/km. In diesen Preisen ist Benzin (ca. 2,40 DM/l Normal oder 0,95 DM/l Diesel) und die 25 %ige Mehrwertsteuer nicht enthalten. Es gibt auch Alles-Inclusive-Vermietungen: z.B. 6 Tage + 600 km für VW Golf 375 US-$, Land Rover Diesel 7 Sitzer 635 US-$. Einige Reisebüros bieten auch Leihwagen auf dem deutschen Markt in DM-Preisen an, teilweise als Pauschalangebot inklusive Flug. Wenn dir das günstiger erscheint, frag' vor dem Buchen, ob der Veranstalter seine Preise auch hält, wenn der $-Kurs schwankt. (Adressen von **Verleihfirmen** siehe im Anhang.)

Eine Zusatzversicherung, die die sehr hohe Selbstbeteiligung bei Unfällen ausschließt, kostet ca. 7 US-$ für PKWs und 9 US-$ für Geländewagen.

Tip: Wenn du einen Islandaufenthalt mit dem Leihwagen verbringen willst, solltest du diesen schon zu Hause buchen. Es sind auf dem freien Markt in der Hochsaison nur noch wenige Wagen zu bekommen, und das sind in der Regel nicht die besten. Außerdem bist du bei einer Festpreisbuchung in DM nicht von einem weiteren Dollarhöhenflug abhängig. Zwischen 1984 und 1985 sind die Mietpreise hauptsächlietwa 15 bis 20 % gestiegen.

Motorradfahren

Ich habe keine eigene Erfahrung zu diesem Thema. Aus Gesprächen mit Motorradfahrern habe ich gehört, daß Geländemaschinen vierrädrigen Fahrzeugen im Landesinnern überlegen sein sollen. Motorradfahren erfordert aber auf jeden Fall höchste Konzentration, denn die schlechte Bodenbeschaffenheit macht Zweiradfahrern mehr Kummer als Vierradfahrern. Bei Flußdurchquerungen im Landesinneren sind die Vorsichtsmaßregeln für die Autofahrer noch stärker anzuwenden (siehe unter „Autofahren"). Und nebenbei bemerkt: eine Motorradspur in unberührter Natur ist genauso häßlich wie eine Autospur, und der Wind kann daran ebenso gut arbeiten.

Pannen

Bei Pannen gilt folgende Regel: Isländer können mit einfachsten Mitteln viel reparieren und dabei auch gut improvisieren. Reifenflicken kann fast jede Tankstelle, weil das alltäglich ist. Reifen leiden auf Islands Straßen viel. Schweißen – genauso alltäglich, daß durch die ständige Rüttelei etwas bricht – kann man auch in jeder größeren Siedlung. Nur wenn Ersatzteile notwendig werden, wird es kompliziert und teuer. Die Teile müssen erstmal beschafft werden, und man hat Glück, wenn sie in Island vorrätig sind. Oft müssen Sachen aber eingeflogen werden, was lange dauert. Läßt du Ersatzteile auf deine Rechnung einfliegen, also zum Eigeneinbau, mußt du sie natürlich auch verzollen.

Bei Fahrrädern sind nicht soviele markenspezifische Ersatzteile notwendig, also halten sich die Probleme in Grenzen. Aber – Vorsicht bei der Bereifung. Von einem Bekannten weiß ich, daß er für sein Rad keine Decken in Island kaufen konnte, als er durch einen dummen Zufall einen Satz kaputt hatte. Ersatz mußte aus Deutschland kommen.

Für Motorräder sieht es mit Ersatzteilen sehr schlecht aus, da sie in Island kaum verbreitet sind.

Für PKW kann man keine generelle Regel aufstellen. Zwar sind alle großen Automarken – die osteuropäischen eingeschlossen – auf dem isländischen Markt vertreten, aber nicht mit allen Modellen und somit auch nicht mit allen Ersatzteilen. Außerhalb von Reykjavík ist fast immer mit einer Wartezeit bis zum Eintreffen von Ersatzteilen zu rechnen.

Es gibt eigentlich nur wenige Tips:

- Wenn dein Fahrzeug sehr reparaturanfällig ist, laß es zu Hause.
- Wenn das Fahrzeug Macken hat, die du kennst, nimm die notwendigen Ersatzteile mit, wenn sie nicht zuviel wiegen.
- Ein zusätzlicher Reservereifen ist zwar nicht unbedingt notwendig, aber im Hochland bestimmt sinnvoll.
- Schließe eine anständige Rückhol- und Pannenhilfeversicherung ab. (Bei der Versicherung nachfragen, ob auch Ersatzteiltransportkosten getragen werden.)
- Nimm auf jeden Fall eine Ersatzwindschutzscheibe mit, die gibt es aus Plastik für wenig Geld in jedem Autoshop.

Radfahren

Radfahren kann man in Island – wie überall auf der Welt – nur lange nicht so gut, wie man es vielleicht aus Mitteleuropa gewöhnt ist. Auf die Witterung mag man sich noch einstellen können, indem man bei der Auswahl der Regenschutzkleidung und der Packtaschen auf absolute Wasserdichtheit achtet. Gegen den Wind, pfeift er kräftig von vorne, kann man schon weniger machen, allenfalls absteigen und schieben.

Das schwerwiegendste Problem ist der Zustand der Straßen. Die steinigen Schotterpisten erfordern höchste Konzentration. Du bist bei einer Radtour mehr mit der Straße beschäftigt als mit der Umgebung, so lautet das Fazit, das ich aus vielen Gesprächen mit Radfahrern ziehen konnte.

Wer eine Radtour antritt, der sollte, wenn es zu schwer wird, den Mut haben, dem Beispiel zweier Hamburger zu folgen, die ich auf einer Rückreise traf: Die beiden hatten vier Tage auf dem Sattel ausgehalten und dann ihre Räder in einem Dorf abgestellt. Wenn sie nicht verrostet sind, dann stehen sie noch heute da – die Fahrräder natürlich. Die beiden Hamburger sind auf Bus bzw. auf's Trampen umgestiegen. Sie hätten wohl nichts vom Urlaub gehabt, wären sie mit ihren Rädern weitergefahren, so sagten sie mir.

Man kann aber mit entsprechender Ausrüstung wohl in Island radfahren. Wer sich dafür interessiert, findet im Anhang ein Interview, das ich mit einem Island-Radfahrer gemacht habe.

Fahrradverleih: Leihräder bietet der isländische Jugendherbergsverband an. Die Räder haben Vier-Gang-Schaltung. Adresse: Bandafelag Íslenskra Farfugla, Laufásvegur 41, 101 Reykjavik, Island, Tel. 91/2 49 50. Preis (1985): 7 US-$ für den ersten Tag, 3,50 US-$ für jeden weiteren!

In einigen Touristen-Regionen (z.B. Myvatn) bieten auch lokale Fahrradhändler oder Tankstellen Räder zum Verleih an.

Rundfahrten

Island ist ein Land, das noch viele Überraschungen bieten kann, auch unangenehmer Art. Es stellt hohe Anforderungen an Besucher und deren Ausrüstung. Da ist es verständlich, wenn viele Urlauber sich lieber einer Gruppe anschließen. Im Adressenteil sind viele Reiseveranstalter aufgeführt, die Island im Programm haben. Es gibt eine Reihe von nichtkommerziellen Organisationen, die in jedem Jahr eine oder mehrere Islandfahrten anbieten, und es gibt die Rundreiseprofis, die eine ganze Palette von Angeboten haben, aus denen man auswählen kann. Die Rundfahrten mit 6/12/19 Tagen Dauer kosten etwa 110 DM pro Tag mit

Übernachtung in Zelten und rund 200 DM mit Hotelübernachtungen. Bei den meisten Touranbietern werden die Fahrten von deutschsprechenden Reiseleitern betreut.
Bei deutschen Reiseveranstaltern gebucht, kommt zum Rundreisepreis noch der Flugpreis mit rund 1000 DM für Hin- und Rückflug. Bei fast allen Touren sind bei der An- und Abreise Übernachtungen in Reykjavik notwendig, die in den Reisepreisen nur dann enthalten sind, wenn eine Pauschalreise ab Deutschland gebucht ist.

Schiffsverkehr
Es gibt einige Fährverbindungen in Island. Die wichtigste (weil sie zu einem beliebten Ziel führt und unumgänglich ist, wenn man nicht fliegen will) ist die Linie þorlakshöfn–Vestmannaeyjar. Das Schiff Herjolfur verkehrt in der Regel einmal am Tag, freitags zweimal. Busanschluß besteht mit Reykjavik und an einigen Tagen auch mit Selfoss. Der Preis pro Fahrt etwa 35 DM.
Ebenfalls für Nichtflieger unumgänglich sind die Verbindungen von Akureyri nach Grimsey (2x pro Woche) und von Litla Árskógsströnd nach Hrisey (bis zu 4x täglich/ liegt nördlich von Akureyri im Eyarfjördur).
Umgänglich sind dagegen die Fähren von Reykjavik nach Akranes und von Stykkisholmur nach Brjanslœkur. Diese Linien kürzen lange, unangenehme Fahrstrecken über die Straßen ab. Die Fähre von Stykkisholmur hält auf der Fahrt noch auf der Insel Flatey – dorthin besteht keine andere Verbindung.
Seitdem das Busnetz immer dichter wird, ist eine Reisemöglichkeit fast in Vergessenheit geraten: Fahrten mit den Küstendampfern rund um Island. Darüber kann man sich bei der staatlichen isländischen Reederei informieren, die ihre Hauptstelle im Hafnarhus in Reykjavik hat und überall in den Häfen Agenturen unterhält.

Tanken
Es gibt rund um die Insel ein dichtes Netz von Tankstellen, an denen Normalbenzin (isl.: Bensín), Diesel (Dísil) und Petroleum (Steinolia/zur Dieselverdünnung bei Frost) verkauft werden. Super gibt es nicht. Der Preis für einen Liter Normalbenzin lag 1985 bei ca. 2,40 DM, der für einen Liter Diesel bei 0,95 DM. Wer jetzt meint, er könne ja ein paar Zusatztanks mitbringen und dadurch vielleicht etwas Geld sparen, den muß ich enttäuschen und warnen: Nach den Zollbestimmungen ist es verboten, brennbare Flüssigkeiten außerhalb der normalen Fahrzeugtanks einzuführen. Es werden vom isländischen Zoll immer wieder Zusatz-

tanks beschlagnahmt. Und eine Beschlagnahmung bedeutet, daß es den Sprit bei der Ausreise nicht zurückgibt.

Zusatztanks braucht man auch kaum. Nur wer mit einem Spritschlucker unterwegs ist und eine längere Hochlandtour fahren will, der braucht welche. Keine Tankstelle gibt es an der Sprengisandur (F28) auf 220 Kilometer, an der Kjöllur (F37) auf 180 Kilometer und an der Strecke Grimstaðir–Askja–Gœsavatnleið (F88/auf manchen Karten auch F92 und F98).) –Tómasarhagi–Þorisvatn (F28) auf 340 Kilometer. Denke aber daran, daß Fahrzeuge in dem schwierigen Gelände des Hochlands einen viel höheren Spritverbrauch haben.

Tankstellen sind in der Regel von 7.30 bis 21.15 Uhr geöffnet. In Reykjavik an der zentralen Busstation ist ein Tank-Nacht-Dienst werktags bis 1.00 Uhr, an Wochenenden bis 3.00 Uhr geöffnet. Auf dem Lande, besonders an Touristenrouten, sind die Öffnungszeiten unterschiedlich.

Trampen

Du kannst in Island überall trampen. Es ist nur die Frage, ob du damit sehr weit kommst. Wenn du mit Gepäck unterwegs bist, scheiden schon mal alle Urlauberwagen – isländische wie fremde – aus. Es bleiben Einheimische, Geschäftsleute usw. Die fahren aber meist nicht weit und eben nur in den dichter besiedelten Gebieten. Meiner Erfahrung nach sind die touristenvollen , aber sonst dünnbesiedelten Gebiete im Nordosten und im Südosten sehr schlechte Gegenden für's Trampen. Ausgesprochen schlimm habe ich die Streckenabschnitte Godafoss – Myvatn – Egilstaðir und Hvolsvöllur – Vik – Höfn in Erinnerung. Das sind beides sehr lange Strecken, auf denen der normale, nicht-touristische Verkehr sehr gering ist. Wer aber Zeit hat, der hat vielleicht auch Glück. Im Notfall, besonders wenn der tägliche Linienbus schon weg ist, nehmen auch Touristenbusse Tramper mit. Es ist natürlich fast überflüssig zu erwähnen, daß man an den Tank- und Eßstationen entlang der Straßen gut warten kann, um dort Leute anzusprechen.

Optimisten versuchen auch manchmal, über die Hochlandrouten zu trampen. Es soll sogar schon einigen geglückt sein. Aber auf den Strekken trifft noch verstärkt zu, was ich oben schon erwähnt habe: Viele Touristenautos mit wenig Platz sind dort unterwegs.

Fotografieren

Zwei Verweise auf andere Kapitel in diesem Buch:
- über die gesetzlichen Einschränkungen beim Fotografieren geschützter Vogelarten siehe im Kapitel „Natur- und Umweltschutz";
- über das Fotografieren, das Material und was sonst dazugehört, siehe „Reisevorbereitungen".

Geologie – (Is-)Land aus Feuer und Eis

Islands Geologie bietet Stoff für ein ganzes Buch oder gar mehrere – mit diesem oder einem ähnlichen Satz hat das Geologie-Kapitel in einem Island-Reiseführer offensichtlich anzufangen. Über Geologie sind auch schon genügend Bücher geschrieben worden. Zwei Beispiele: Der Schweizer Hobby-Geologe Werner Schutzbach hat wohl das für Laien verständlichste und dabei umfassend über Island informierende Buch zu dem Thema geschrieben (Werner Schutzbach: „Island – Feuerinsel am Polarkreis", Dümmler Verlag Bonn, ca. 90 DM). Schön zu lesen, aber nur an einzelnen Beispielen Phänomene aufzeigend, ist Martin Schwarzbachs „Geologenfahrten in Island", Karawane Verlag Ludwigsburg.

Feuer

Island ist ein junges Land – erdgeschichtlich gesehen. Da gibt es die Theorie der Kontinentaldrift. Danach hat es vor 200.000.000 Jahren einen Urkontinent gegeben, der aus mehreren Platten bestand, und die bewegen sich seitdem voneinander weg. An den Plattenrändern ist es geologisch unruhig. Eine Plattengrenze verläuft mitten durch den Atlantik, und an der bricht die Erdkruste immer mal auf, Magma strömt aus und drängt die Platten weiter auseinander. Der sogenannte Mittelaltlantische Rücken ist das Resultat und Islands Vulkanismus dessen sichtbarstes Zeichen.
Für die ältesten Teile des jungen Island nimmt man ein Alter von 16.000.000 Jahren an. Island hat also im Jungterziär, genauer im Miozän, das Licht der Welt erblickt. Aus der Pubertät ist die Insel aber immer noch nicht herausgekommen.
Zuerst entstanden Basalte. Weite Teile des Landes sind daraus geformt. Eine andere landschaftsprägende Gesteinsart gibt es über ganz Island

verteilt an einzelnen Stellen: Liparit oder auch Rhyolit genannt. Das größte zusammenhängende Gebiet davon findet man bei Landmannalaugar. Liparit ist ein älteres Ergußgestein, das in vielen Farbschattierungen vorkommt, meist in hellen. Es ist chemisch mit dem in Mitteleuropa bekannten Granit verwandt, hat aber eine ganz andere Struktur. Für das Wann und Wie der Entstehung gibt es noch keine endgültige Erklärung. Die Plattengrenze, die ich oben schon erwähnt habe, zieht sich mitten durch Island. Im Süden zweigeteilt, erstreckt sich eine Spannungszone von der Halbinsel Reykjanes über Reykjavik und þingvellir bis zum Nordrand des Langjökull und die andere – wohl die Hauptzone – von den Westmännerinseln nordostwärts über den Myrdalsjökull und Teile des Vatnajökull zu dessen Nordrand. Von dort ist es dann nur noch eine Spannungszone, die in Nord-Süd-Richtung über den Myvatn bis zur Nordspitze des isländischen Festlandes verläuft. Entlang dieser Zonen liegen fast alle Vulkane, die seit der letzten Eiszeit tätig waren. Ausnahmen sind auf der Halbinsel Snœfellsness und der Örœfajökull am Südrand des Vatnajökull. An und auf diesen Spannungszonen prägen jüngere Ergußgesteine das Oberflächenbild. Geologen unterscheiden bei diesen Jungerdmassen zwischen solchen, die während der letzten Eiszeit unter den Gletschern, und solchen, die danach entstanden sind. Die sehr verbreiteten Palagonitformationen sind die Folge subglazialer (unter Eis) Ausbrüche. Lavafelder, die nach der letzten Eiszeit entstanden, bedecken etwa zehn Prozent der Landoberfläche – und ständig kommt was dazu. 30 Vulkane oder Spalten sind seit der Landnahme 874 tätig gewesen und das über 150 Male.

In Island sind eine Menge verschiedener Zeichen vulkanischer Tätigkeiten zu beobachten. Im Reiseteil habe ich auf einige Phänomene hingewiesen und versucht, auch ein paar Informationen über die Hintergründe zu geben. Hier einiges in Stichworten:

Vulkane zeigen sich in allen bekannten Formen:

- Kegelvulkane (auch Schicht- oder Stratovulkane genannt) sind die hohen, bei mehreren Ausbrüchen aufgeschichteten Vulkane, wie die vereisten Snœfells-, Eyarfjalla- und Örœfajokull. Auch die Hekla ist ursprünglich wohl ein Schichtvulkan gewesen.
- Schildvulkane, wie der Skjaldbreið nördlich von þingvellir, sind bei einem langanhaltenden Ausbruch dünnflüssiger, gasarmer Lava entstanden. Sie haben sehr flache Hänge und sind gleichmäßig geformt.
- Horstvulkane, wie der Herðbreið entstanden unter Gletschern, hatten sich aber einen Platz an der Sonne erschmolzen. Das weiche Tuffmaterial, aus dem der Bergsockel besteht, wird zusammengehalten von

einem Basaltdeckel, der nach dem Durchbrechen der Eisdecke entstand.

- Explosionskrater, wie der Viti an der Krafla, der Viti an der Askja oder auch der Hverfjall am Myvatn, entstanden – wie der Name andeutet – bei einem „großen Knall", d.h. explosionsartigen Ausbruch.
- Spalteneruptionen kann man wohl nirgendwo sonst auf der Erde so schön sehen wie auf Island. Die dünne Erdkruste (wahrscheinlich nur rund 10 km) reißt bei Verschiebungen der Kontinentalplatten (siehe oben) auf, und es kommt zu Ausbrüchen. Der letzte große Ausbruch auf Heimaey (Vestmannaeyjar) war eine Spalteneruption, über den eigentlichen Schichtvulkan Hekla zieht sich eine Kraterreihe, und nicht zu vergessen sind die Kraterketten östlich des Myvatn oder die Lakireihe mit 115 Vulkankegeln und -kegelchen nordwestlich von Kirkjubœjarklaustur. Die Lakagigar waren für den verheerendsten Ausbruch der isländischen Geschichte verantwortlich (siehe Kapitel „Geschichte").
- Gletschervulkane wie Grimsvötn unter dem Vatnajökull und die gefürchtete Katla unter dem Myrdalsjökull hat noch kein Mensch gesehen, nur die Folgen, die Gletscherläufe, kennt man.
- Pseudovulkane (auch Scheinvulkane genannt), wie am Myvatn, sind Folgen von sekundären Eruptionen. Fließt Lava über feuchtes Gelände, bilden sich darunter Gase, und es entstehen große Löcher, die wie kleine Vulkankegel aussehen.

Ausgeflossene Lava kommt ebenfalls in verschiedenen Formen vor, mit denen sich besonders Wanderer auseinandersetzen müssen.

- Fladenlava (isl. helluhraun) ist großflächig erkaltete, dünnflüssige Lava.
- Stricklava ist eine Variante davon, wenn Fladenlava etwas zusammengedrückt wird, was dann wie zusammengelegte Taue oder Stricke aussieht.
- Blocklava (isl. alpahraun) ist schnell erstarrende Lava, die durch nachdrängende in Blöcke zerbrochen und zu wirren Flächen zusammengeschoben wird.

Ganz junge Lava verschiedener Arten kann man an den 80er-Jahre-Ausbruchstellen nordöstlich des Myvatn sehen.

Eine Begleiterscheinung des Vulkanismus sind heiße Wasser- und Schwefelquellen.

- Heißwasser-Quellen – Thermen – sind fast überall in Island zu finden, außer im Osten. Sie werden gern als billige Energiequellen genutzt. Die bekanntesten heißen Quellen sind die, die auch noch springen, wie der große Geysir – früher – und sein Nachbar Strokkur. Über das Wie des Sprungs sind sich Wissenschaftler noch nicht einig. Robert W. Bunsen hat schon im vergangenen Jahrhundert eine Erklärung parat gehabt, die aber als etwas zu simpel gilt: Danach steht in einer Röhre heißes Wasser, das unten erhitzt wird. Der Wasserdruck hält den Siedepunkt im unteren Teil der Röhre auf weit über 100 Grad. Kommt es dort unten dann zum Kochen, gelangt das Wasser weiter nach oben, wo der Siedepunkt tiefer ist, was das Ganze dann nur noch intensiviert. Es wird aber wohl etwas verzwickter im Inneren der Springquellen zugehen, nur verhindert deren Natur, daß allzu neugierige Menschen dort hineinsehen.

– Schlamm-, Dampf- und Schwefelquellen sind auf die Gegenden mit relativ jungem Vulkanismus beschränkt. Bekannt sind zum Beispiel die geothermischen Felder östlich des Myvatn, mit dem am Námafjall als größtem. Die Dampfquellen heißen Fumarole, und sind sie schwefelwasserstoffhaltig, spricht man von Solfataren. Durch chemische Reaktionen kommt es in Solfatarengebieten zu vielen Farb- und Gestaltungsformen. Gelber Schwefel lagert sich ab, Säuren zersetzen andere Gesteine. Die bleigrauen Schlammlöcher, in denen es brodelt und blubbert, sind von eisenhaltigen Verbindungen so gefärbt.

Eis – soweit das Auge reicht

Eis

Über die Gletscher ist nicht ganz soviel zu schreiben wie über die Vulkane. Etwa 12 Prozent der isländischen Landfläche sind vereist. Die Zahlenangaben über die genauen Größen schwanken. Es werden etwas über 12.000 Quadratkilometer Eisfläche sein, wovon der Vatnajökull mit über 8.000 Quadratkilometern Fläche und bis zu 1.000 Metern Dicke den größten Teil ausmacht. Er ist mehr als doppelt so groß wie alle Alpengletscher zusammen. In diesem Jahrhundert ist ein kleiner Eisrückgang festzustellen. Ein gut sichtbares Zeichen dafür: Westlich vom Skaftafell Nationalpark hatten die Gletscherzungen Skaftafellsjökull und Svinafellsjökull bis in die 40er Jahre dieses Jahrhunderts noch eine Verbindung im Tal. Sie sind heute deutlich getrennt.

Es ist aber nicht alles Gletscher, was auf Islands Bergen weiß scheint. Bei dem kleinen Snœfellsjökull ist es schon fraglich, ob er noch ein Gletscher im herkömmlichen Sinne ist oder nur eine ständige Firnkappe, also eine feste Schneedecke, hat.

Karten

Es gibt eine Vielzahl von Karten, unter denen du auswählen kannst. Vom isländischen Landvermessungsamt (Landmœlingar Islands) existieren Karten in den Maßstäben 1:15.000 bis 1:1.000.000, die alle eine Gemeinsamkeit haben, sie sind sehr teuer.

Im Maßstab 1:15.000 gibt es einen Stadtplan von Reykjavik und Umgebung. Warum sollte man den kaufen, wo es doch verschiedene Gratispläne bei der Touristeninformation und in den Hotels gibt, die zur Orientierung in Reykjavik völlig ausreichen.

Im Maßstab 1:25.000, 1:50.000 und 1:100.000 gibt es Sonderkarten der beliebtesten Ziele in Island: þingvellir, Hekla, Vestmännerinseln, Skaftafell, Myvatn, Myvatn-Husavik-Jökulsargljufur, Hornstrandir, þorsmörk-Landmannalaugar. Wer sich länger in einem dieser Gebiete aufhalten will, der sollte sich ruhig die entsprechende Karte zulegen.

Über das ganze Land erstrecken sich einige Kartenserien. Im Maßstab 1:50.000 ist eine im Entstehen, die mit Ausschnitten im Süd-Westen begonnen hat. Im Maßstab 1:100.000 ist ganz Island verkartet. Das ergibt 87 Blätter (Atlasblöð – zum Preis von etwa 16 DM pro Blatt).

Jedes Blatt erfaßt ein Gebiet von 40 x 45 km. Sowohl die 1:50.000 Serie, wie die heute noch gebräuchlichere 1:100.000 sind wohl für den notwendig, der in unerschlossenem Gebiet wandern will.

Die Generalkarten im Maßstab 1:250.000 (Aðalkort) gibt es in 9 Blättern und zwei Serien: eine Serie mit 9 Einzelblättern (Preis je Blatt zwischen 20 und 30 DM) und eine zweite Serie, in der je eine Karte auf Vorder- und Rückseite gedruckt ist (pro Blatt über 30 DM). In der letztgenannten Serie ist das Hochland weiterhin nur auf einem Einzelblatt erhältlich, da auch in Island 9 nicht durch 2 teilbar ist. Zusammengedruckt sind Westisland (Blatt 1+2 der 1:250.000 Serie), Südisland (3+6), Ostisland (8+9) und Nordisland (4+7). Diese 1:250.000 Serie eignet sich für die, die ein größeres Gebiet länger besuchen wollen. Wanderer sind mit der Qualität nicht immer zufrieden.
Die Autokarte (Ferðakort – zwischen 20 und 30 DM) im Maßstab 1:500.000 ist für eine Autofahrt ausreichend. Sie reicht natürlich auch für den, der mit einem Busticket Island umrundet. Alle Straßen und viele Zusatzinformationen touristischer Art sind auf der Karte eingezeichnet. Die Karte ist beidseitig bedruckt – Westen/Osten. Alle Straßennummern sind angegeben.
Dann gibt es eine amtliche Touristenkarte im Maßstab 1:750.000, die aber nach Preisangaben in Deutschland teurer ist als die 1:500.000 Karte (42 DM).
Für einen Kurztrip oder eine organisierte Fahrt reicht schließlich die Karte 1:1.000.000 (Litla Ferðakort – zum Preis ab etwa 13 DM) oder, was natürlich viel günstiger ist, die ‚Welcome to Iceland, Free Visitors Map', die im gleichen Maßstab ist und überall verteilt wird. Die käufliche Karte hat neben einer topographischen (wie in der Free Map) auch eine reine Straßenkarte. Wenn du für deine Orientierung selbst sorgen mußt, reichen die 1:1.000.000 Karten kaum aus.
In Island sind die Preise von Laden zu Laden unterschiedlich und liegen nicht immer unter den Preisen im Ausland.

Klima

Ein Fachmann würde sagen: Island hat ein kaltgemäßigtes Seeklima. Was bedeutet das? Der Golfstrom gelangt mit einem Abzweiger nach Island und umspült, von Südwesten kommend, mit seinen warmen Fluten die wilden Küsten. Von Norden kommt ein Abzweiger des kalten Ostgrönlandstroms, der Ostislandstrom. Der läßt sich zwar meist vom Golfstrom unterkriegen, aber manchmal bleibt er Sieger, und du kannst mitten im Sommer Treibeis in den Nordfjorden erleben. Soweit das Wasser.

Dann zum Wind: Der weht oft feuchtwarm von Südwesten nach Island hinein. An den Bergen kühlt sich die Luft dann kräftig ab, und es regnet – unten – oder es schneit – oben. Ein Blick auf die Karte zeigt die Folgen: Gletscher im Süden und Südwesten. Der Vatnajökull ist Europas größter Gletscher. Er wächst und gedeiht aufgrund der Feuchtigkeit, die die Südwestwinde an seinen Hängen und auf seinen Gipfeln lassen. Glücklich sind dann die Gebiete, die in seinem Regenschatten liegen (Nordosten). Der Myvatn, in diesem Regenschattengebiet gelegen, gilt als Islands Schönwettergebiet. Aber eine generelle Regel, gar eine Sonnengarantie, gibt es beim Wetter nirgendwo.
Regen kommt und geht – im Süden und Westen häufiger als im Norden und Osten. Im Gegensatz zum Myvatn (siehe oben) gilt Vik und der Landstrich vor dem Myrdalsjökull als die Naßzelle Islands. Aber egal wo und wann – meist hat man sowieso das Falsche angezogen. Ich habe mir angewöhnt, in Island grundsätzlich Regenzeug einzupacken, wenn ich mich mehr als fünfhundert Meter von einer Unterkunft entferne. Langschläfer haben in Island mehr vom Tage. Ich habe es oft erlebt, daß es bis zum Mittag nach einem miesen Tag aussah. Am Nachmittag klärte es dann auf, und ich habe Wanderungen bis spät in die Nacht hinein gemacht. Möglich ist das, denn so hoch im Norden ist es lange genug hell.
Fakten mit vielen Durchschnittswerten gibt es natürlich auch (aus ‚Basic Statistics of Iceland 1984‘):

Durchschnittliche Temperaturen und Niederschläge

	Ø Temperatur		Niederschläge in mm	
	Jahr	Juli	Jahr	Juli
Reykjavik	5.0	11.2	805	48
Stykkisholmur	4.2	10.4	758	36
Akureyri	3.9	10.9	474	35
Vik i Myrdal	5.7	11.3	2256	169
Vestmannaeyjar	5.4	10.3	1402	84

Literatur

Gisli, der Held der gleichnamigen Saga, ist umzingelt von Eyjolf und 14 anderen Männern. Gisli zieht sich mit den Frauen Aud und Gudrid auf eine Felsengruppe zurück, von der herab er sich verteidigt. Helgi Spürnase greift als erster an, dort wo er eine Chance sieht, doch Gisli reagiert sofort, springt dem Angreifer entgegen, *hebt das Schwert und treibt es ihm in die Lenden, so daß es den Mann mittendurch schnitt und beide Teile fielen hinab vor die Klippen.* Eyjolf, der Oberbösewicht kriegt von Aud mit dem Knüppel eins auf die Finger, *so daß alle Kraft daraus wich und er rückwärts hinabstürzte.* Da sieht Gisli erstmal, was er an seinen Frauen hat: *„Das wußte ich schon lange, daß ich gut beweibt war, aber das wußte ich doch nicht, daß ich so gut beweibt war, wie ich's bin!"* Der Feind erkennt das auch und zwei der Angreifer halten vorerst die Frauen fest, während sich der Rest – immerhin noch zwölf Männer – über den armen Gisli hermacht. Der aber wehrt sich tapfer und erschlägt mal hier einen, mal dort einen; *sie bekommen es dick von ihm mit Felsbrocken und schweren Schlägen, daß keiner unverwundet bleibt, der ihn angreift.* Wie das Schicksal es will, so wird schließlich auch Gisli verwundet. *Sie stechen mit Speeren nach ihm, so daß die Eingeweide heraustreten, aber er zieht die Eingeweide mit dem Hemd an den Leib und bindet unten den Strick darum.* Gisli sieht später ein, daß es kein Mensch lange aushält, so rumzulaufen und läßt noch einen markigen Spruch los ...

„Beißt mich auch die blanke Klinge,
bin ich guten Muts doch.
Seinen Sohn mein Vater
Solche Härte lehrte"

und läßt sich damit auf seine Widersacher fallen, nicht ohne dabei *Eyjolfs Verwandten Thord das Schwert in den Schädel sausen* zu lassen. Dann ist es mit Gisli vorbei.

Naturgemäß erholen sich auch die Bösewichter nur schwer von dem Kampf. Sie ziehen nach Hause, *aber am Seeufer starb dann der sechste Mann ... und es starb noch in der selben Nacht der siebte Mann, der achte lag zwölf Wochen an seinen Wunden und starb daran.*

Das war nicht das Drehbuch für den Showdown eines Horror-Videos, sondern ein kurzes Stück aus einer der etwa 40–50 erhaltenen Sagas. *Die Zitate* sind aus der Übersetzung der *Saga von Gisli Sursson* (Textausgabe Reclam, 1976, Bestell-Nr. 9836). Wer eine Sage preiswert kennenlernen will, der sollte sich diese Reclam Textausgabe anschaffen, die nur ein paar Mark und fünfzig kostet. Wer groß einsteigen will, der kann seinen Buchhändler nach der Sammlung Thule vom Verlag Diederich fragen, die in verschiedenen Ausgaben erschienen ist.

Die Sagas sind neben der Edda die klassischen Beispiele der alten isländischen Literatur. Die Edda, in Versform geschrieben, stellt allgemein germanisches Heldentum dar, hat also mit Island nur insoweit zu tun, als sie dort aufgezeichnet worden ist. Die Sagas berichten in Prosaform von der Zeit der Landnahme in Island und den darauf folgenden Jahren auf der Insel. Die Zeit von 874 bis zum Beginn des 11. Jahrhunderts wird beschrieben. Die Sagas – und es gibt wohl nur noch wenige ernsthafte Wissenschaftler, die anderes behaupten – sind literarische Werke, keine historischen Quellen. Sie sind auch erst viele Jahre nach der Zeit entstanden, die sie beschreiben. Nicht ganz einig sind sich die Wissenschaftler, ob die Sagas als mündliche Erzählungen entstanden sind und später aufgezeichnet wurden oder ob die Schreiber auch die Verfasser waren. Vielleicht kann man die Sagas der alten Isländer mit den historischen Romanen vergleichen, die seit Mitte des 19. Jahrhunderts populär sind. Und vielleicht sind sie die Ur-Ur-Ur-Ur-Großeltern der Sagas unserer heutigen Medien: Dallas, Denver Clan, Krieg der Sterne, Rambo. Die Saga von Gisli Sursson ist übrigens auch verfilmt und wird in Reykjavik im Sommer für die Touristen in englischer Version gezeigt. Der Titel der Filmversion: Outlaws.

Im *Merian Heft Island* setzt sich Halldór Laxness mit der Bedeutung der Literatur seiner Vorfahren auseinander: *„Die Faszination des geschriebenen Wortes"* heißt sein Essay, den ich jedem empfehle, der das Heft mal in die Hand bekommt.

Halldór Kiljan Laxness, 1902 geboren, ist Islands neuzeitlicher Literatur-Exportschlager Nr. 1. Als junger Mann Stalinpreisträger, wurde er 1955 Nobel-ausgezeichnet, eine ungewöhnliche Kombination von Ehrungen. Laxness ist im Laufe seines langen Lebens sehr vielseitig gewesen, sowohl was seine Geisteshaltung als auch was seine Stilmittel angeht. Er hatte viel Zeit zu schreiben, man sollte sich also Zeit nehmen, ihn zu lesen. Viele seiner Werke sind ins Deutsche übersetzt, und eine ganze Reihe davon sind in preiswerten Taschenbuchausgaben bei verschiedenen Verlagen erschienen. Wer jetzt in die isländische Literatur einsteigen will und zu Laxness greift, bekommt vielleicht schwerverdauliches zu lesen. Die *Islandglocke* oder die *Seelsorge am Gletscher* sind zum Beispiel zwei Bücher, die nicht jedermanns Sache sind, aber Laxness war eben sehr vielseitig, und es findet sich bestimmt etwas anderes. Einige Laxness-Werke sind verfilmt, teils als Fernsehfilme in deutsch-isländischer Co-Produktion, teils rein isländisch produziert, wie 1984 der Roman *„Atomstation"*. Damit ist Laxness vielen seiner Landsleute voraus, deren Werke außerhalb Nordeuropas einer breiten Masse nicht zugänglich sind. Einen kleinen Einblick in die moderne isländische Literatur, die es neben Laxness noch gibt, kann man sich in dem Island-Band aus der Reihe *Moderne Erzähler der Welt* (Erdmann-Verlag, 1974, ca.

30 DM) verschaffen. Ein traditionell gutes Angebot ins Deutsche übersetzter isländischer Literatur gibt es in der DDR.

Wem Laxness zu literarisch ist, die Sagas zu alt, aber wer dann trotzdem nicht ohne Buch mit Islandbezug im Flugzeug oder auf dem Schiff sitzen will, dem sei der Spionageroman *„Blindlings“* von dem Engländer Desmond Bagley empfohlen. Der Roman ist im Bastei Lübbe Verlag erschienen, kostet 6,80 DM und belastet mit einem Gewicht von 185 Gramm das Reisegepäck nur unwesentlich. Es ist phantastisch, im Zelt unter den Birken der Schlucht von Ásbyrgi zu liegen und beim Schein einer Taschenlampe zu lesen: *„Pscht – mach schnell – zieh dich an!“ Ich drehte mich um und starrte zu den Bäumen rüber, die im Dämmerlicht nur undeutlich zu sehen waren. Nichts rührte sich, auch zu hören war nichts. Die nächtliche Stille war unverändert. Der schmale Zugang zu Ásbyrgi war knapp anderthalb Kilometer entfernt. Es war anzunehmen, daß das Fahrzeug dort halten würde. Das wäre jedenfalls das Nächstliegende, um jemandem den Fluchtweg abzuschneiden – so wie man einen Korken in den Flaschenhals steckt.*

Natürlich hat der Held recht. Es ist jemand gekommen und hat den Korken in den Flaschenhals Ásbyrgi gesteckt und noch einen zweiten Bösewicht in die Flasche hineingeschickt. Und dieser zweite ist naturgemäß bewaffnet – mit einem Gewehr. *Ob er wohl ahnt, was geschehen würde, wenn er in Ásbyrgi dieses Gewehr abfeuerte? Wenn nicht, würde er eine Überraschung erleben.* Und wie es kommen muß, der Bösewicht drückt ab, der Schuß geht ins Leere aber bleibt nicht ohne Wirkung. *Es klang, als ob eine Schlacht ausgebrochen sei, als ob eine Infanteriekompanie eine Gewehrsalve abgegeben hätte. Der Schuß hallte von den Felsen Ásbyrgis wider, und die Wände gaben das immer schwächer werdende Echo zurück, das allmählich in der Ferne verebbte. Dieses unerwartete Resultat schien den Mann vorübergehend zu verwirren, so daß er sein Gewehr einer Prüfung unterzog.* Das war natürlich ein Fehler. Unser guter Held schlägt zu, oder genauer, er wirft zu, mit einem Messerchen nämlich, lautlos, wie es zwischen den Felsen von Ásbyrgi angebracht ist. Was man in Ásbyrgi mit einer Leiche macht? Der Blindlings-Held weiß naturgemäß eine Lösung. *„Zum Dettifoss“*, sagt er, *„Oder vielleicht zum Sellfoss.“ Wenn es uns gelang, die Leiche in zwei der größten Wasserfälle Europas purzeln zu lassen, dann wäre sie anschließend bis zur Unkenntlichkeit entstellt, und mit etwas Glück würde auch niemand mehr feststellen können, daß der Tote erstochen worden war. Man würde annehmen, daß es sich um einen Touristen handelt, der einen tödlichen Unfall gehabt hatte.*

Namen

Immer wieder sind Fremde über Islands Namensgebungspraxis überrascht. Das Wichtigste ist der Vorname. Dazu nimmt der Mann den Vornamen des Vaters und hängt ein -son an, und die Frau nimmt ebenfalls den Vornamen des Vaters und dazu ein -dottir. Nur in ganz seltenen Fällen wird der Name der Mutter zur Namensbildung herangezogen, oder eine Frau nimmt nach der Heirat den Namen des Mannes an. Der Name bleibt also in der Regel lebenslänglich, ob verheiratet oder nicht. Bei einigen Einwanderer-Familien findet man auch Familiennamen im herkömmlichen Sinne, aber nach einigen Generationen ist der dann oft auch den -son oder -dottir gewichen.
Daß Island die weltweit höchste Geburtenrate unehelicher Kinder hat, fällt bei dieser Praxis kaum auf, da der Vatername auch in diesen Fällen benutzt wird. Daß man auf den Hansson kommt, wenn der Vater nicht bekannt ist (Hansson = Sohn von ihm), ist wohl mehr Gerücht als heute noch oft gebräuchliche Praxis.
Kein Gerücht, sondern Tatsache ist, daß es in Island ein landesweites Telefonbuch gibt, in dem alle Teilnehmer nach Vornamen geordnet sind.

Natur- und Umweltschutz

Islands Probleme mit der Umweltverschmutzung durch die Industrie sind noch gering. Das Aluminiumwerk bei Hafnarfjördur (siehe „Vierer-Straßen") ist noch der größte Verschmutzer, aber weitgehend allein auf weiter Flur. Was in der Zukunft die Lage verändern könnte, wäre ein radikaler Ausbau der energieveredelnden Industrien. Energie gibt es in Island genug, nur nutzt man sie bisher noch nicht rücksichtslos aus. Es gibt Kräfte in der Wirtschaftspolitik Islands, die gerne ein neues ökonomisches Standbein neben dem altersschwachen der Fischerei aufbauen wollen. Wer wird sich durchsetzen?
Ein großes Naturschutzproblem hat Island aber, nämlich die Empfindlichkeit der Natur an der Erdoberfläche. Daraus ergeben sich auch Schwierigkeiten mit dem Tourismus. Es kommen Menschen nach Island, die eine robustere Natur gewöhnt sind. Sie kommen nach Island, um unberührte Natur zu erleben, berühren sie aber selbst bei ihrem Erlebens- und Entdeckungsdrang. Manche Kraterhänge im Hochland sehen aus wie Abraumhalden, auf die noch täglich Schutt hochgefahren wird.

Der Herdentrieb im Menschen verleitet nämlich viele, den Spuren der tollen Typen zu folgen, die irgendwo im Landesinneren „mal aus der einengenden Zivilisation ausbrechen“ wollten und Fahrspur Fahrspur sein ließen. Vier angetriebene Räder machen viel möglich. Im folgenden sei ein Prospekt zitiert, für dessen Herausgabe unter anderem auch der isländische Naturschutz-Verband verantwortlich ist:

Verkehr und Umgang mit der Natur

Um Island treffen kalte Meeresströme vom Eismeer auf wärmere vom Süden, und über dem Land stoßen Kaltluftmassen aus dem Norden auf warme südliche Winde, was das ganze Jahr über zu sehr raschen und starken Temperatur- und Wetterschwankungen führt. Solch wechselhaftes Klima ist nur wenigen Pflanzen zuträglich. Die Durchschnittstemperatur im wärmsten Monat ist im isländischen Hochland weniger als 8 °C. Die Vegetationsperiode währt dort zwei Monate, im Tiefland hingegen ungefähr vier Monate.

Niedrige Durchschnittstemperaturen und kurze Wachstumsperioden verursachen, daß

- Pflanzen in Island sehr langsam wachsen, es sehr lange dauert, bis Vegetationsschäden heilen, dem Boden jeden Sommer nur geringe Mengen organischer Materie zugeführt werden;
- diese organischen Stoffe nur langsam zersetzt werden und der Boden im Hochland daher sehr arm an organischen Nährstoffen ist. Wer dort Holz sammelt und brennt, beraubt den Boden dieser dringend benötigten Stoffe.

In Island kommt es im Durchschnitt alle fünf Jahre zu Vulkanausbrüchen, die häufig weite Gebiete unter Lava und Asche begraben. Asche verursacht wesentliche Vegetationsschäden, und dicke Aschelagen zerstören die Pflanzendecke gänzlich. Vulkanische Asche und ein geringer Anteil nutzbarer organischer Stoffe im isländischen Boden führen zu schlechter Bodenbindung. Wind und Wasser tragen ihn fort, sobald die schützende Pflanzendecke beschädigt wird.

Die Bekämpfung der Vegetationsschäden und Erosion ist eine der wichtigsten Aufgaben des isländischen Naturschutzes, wofür alljährlich große Summen aufgewendet werden. Genauso wichtig aber ist es, die noch vorhandene Vegetation zu schützen. Fahrzeuge zerstören sie leicht, zerdrücken die Pflanzen oder reißen sie aus; Brandwunden heilen ebenso langsam. Reifenspuren und Feuerstellen können Angriffspunkte für weitere ausgedehnte Erosion werden.

Aber auch das Fahren neben dem Weg auf unbewachsenem Land kann schaden. Nachfolgende Reisende können der Fahrspur folgen und sie vertiefen. Solche Schäden in der Natur sind in Island schwerwiegender als in anderen Ländern; wegen der Kargheit des Landes sind solche Spuren schlechten Umgangs in der Natur auf weite Entfernung sichtbar und verschwinden erst sehr langsam, wenn überhaupt, unter Vegetation, die so langsam erst nachwächst.
Aus heißen Quellen strömt Wasser, daß tief unter der Erdoberfläche erhitzt wurde. Wenn Steine oder andere Fremdkörper in sie geworfen werden, können sie verstopft und dadurch zerstört werden.

Umgangsregeln für Reisende

1. Befolgen Sie immer alle Gebote des Naturschutzrates und andere Hinweisschilder.
2. Aller Fahrzeugverkehr im Gelände außerhalb der Straßen und gekennzeichneten Fahrspuren ist verboten.
3. Die Beschädigung oder Zerstörung von Pflanzen ist verboten, wie z.B. das Ausreißen von Moos, Beerenkraut oder Zweigen.
4. Brennholzsammeln und Feuermachen auf bewachsenem Land ist verboten.
5. Auf unbewachsenem Land ist Feuermachen gestattet, sofern darauf geachtet wird, daß daraus keine Gefahr erwächst und alle Spuren davon beseitigt werden.
6. Auf Reisen in unbewohnten Gebieten ist darauf zu achten, daß kein Müll zurückbleibt, der Schaden verursachen oder die Natur verschandeln könnte. Aller Müll ist in dazu bestimmten Behältern zu deponieren.
7 Es ist verboten, Naturformationen durch Einritzen, Bemalen u.ä. zu verschandeln.
8. Es ist verboten, heiße Quellen zu beschädigen, wie z.B. durch Hineinwerfen von Steinen u.ä. oder Beschädigung der umgebenden Sinterterrassen.
9. Es ist gesetzlich verboten, Vögel, Eier, Eierschalen oder Nester aus Island auszuführen.
10. In Naturschutzgebieten gelten besondere Regeln. Nur der Naturschutzrat kann Ausnahmen von diesen gewähren:
    - Alle Eingriffe in die Landschaft und die lebende Natur sind verboten.
    - Das Sammeln von Naturobjekten, Tieren, Pflanzen oder Steinen ist ungesetzlich.

– Es darf nur auf dazu bestimmten Campingplätzen gezeltet werden.

Es gibt auch eine Reihe von Gesetzen zum Naturschutz. Eines davon stellt das Fotografieren, Filmen und sogar die Annäherung an Nester gefährdeter Vogelarten unter Strafe. Darunter fallen Adler, Falken, Schnee-Eulen und Krabbentaucher. Das Gesetz vom 3. Mai 1968 im Wortlaut, wobei meiner Übersetzung die englische Version zugrunde liegt:

Gesetz über das Fotografieren und Filmen von Adlern, Falken, Schnee-Eulen und Krabbentauchern:

Art. 1

Das Fotografieren und Filmen von Adlern, Falken, Schnee-Eulen und Krabbentauchern an ihren Nestern ist verboten, ohne eine vorhergehende Erlaubnis vom Unterrichtsministerium (Ministery of Education) bekommen zu haben, auf der Basis einer Empfehlung durch das Vogelschutz-Komitee.

Art. 2

Der Aufenthalt an den Nestern der unter Art. 1 aufgelisteten Vögel zum Studium ihrer Lebensgewohnheiten, zu Aufnahmen ihrer Laute oder zu irgendwelchen anderen Gründen, die Möglichkeit zu einer unerwünschten Störung bieten können, ist ebenfalls nur mit einer unter Art. 1 beschriebenen Erlaubnis möglich.

Art. 3

Übertretungen der Bestimmungen dieses Gesetzes werden mit Geldstrafen von 2.500 – 15.000 isKr bestraft.

Man sollte dieses Gesetz nicht auf die leichte Schulter nehmen, zumal die Deutschen in Island bezüglich der geschützten Vögel einen sehr schlechten Ruf haben. Ein Mitglied des isländischen Touristen-Rates sagte mir auch den Grund dafür: Organisierte Händlerringe, die mit geschützten Vögeln handeln, gibt es nur in der Bundesrepublik. Man spricht in Island von einer deutschen Vogelmafia. Gesucht sind besonders Greifvögel, und die werden an die finanzkräftige Oberklasse in den arabischen Ländern verkauft.

Notfälle

Du bist in Island, nicht in Mitteleuropa! Das Sicherheitsnetz, das du gewöhnt bist, gibt es hier nicht, auf jeden Fall hat es sehr große Maschen. In Reykjavik und Umgebung kannst du jederzeit über 1 11 00 die Feuer-

wehr und den Krankenwagen erreichen und über 1 11 66 die Polizei. In Katastrophenfällen gibt es eine landesweite Notrufnummer 000, aber unter Katastrophen, bei denen diese Nummer angerufen werden soll, verstehen die Isländer Dinge vom Vulkanausbruch an aufwärts.
Krankenwagen und Polizei erreichst du über unterschiedliche Rufnummern. Da es an den Landstraßen keine Telefonzellen, geschweige denn Notrufsäulen gibt, ist es in Notfällen das beste, die nächste Farm zu informieren, wo man bestimmt die richtigen Nummern parat hat.

Öffnungszeiten

Banken

Die Banken auf Island sind in der Regel an Wochentagen von 9.15 Uhr bis 16.00 Uhr geöffnet. Der Montag nach dem ersten Augustwochenende ist ein Feiertag der Kauf- und Handelsleute, also auch der Banker (siehe auch unter „Feiertage"!). Näheres zur isländischen Währung siehe im Allgemeinen Teil, Kap. „Informationen von A–Z", Stichwort: Geld.

Geschäfte

Geschäfte haben in der Regel Mo.–Fr. von 9-18 Uhr geöffnet, Sa. von 9-12 Uhr.
Da wo Touristen – dazu zählen natürlich auch isländische Wochenendurlauber – auftauchen, gibt es oft einen Kiosk, manchmal sogar einen richtigen Laden, der auch außerhalb der oben genannten Zeiten geöffnet hat.
Zur Orientierung: Bei der Suche danach solltest du zuerst nach der örtlichen Tankstelle Ausschau halten – meist hast du dann schon den „Road Side Shop" gefunden.
Achtung: Keine Einkaufsmöglichkeit gibt es im Hochland, auch nicht an so beliebten Orten wie Landmannalaugar und Herdubreidarlindir und entlang der Sprengisandur bzw. Kjölur. Es gibt die Möglichkeit, sich Proviantpakete per Hochland-Linienbus an einige Stellen bringen zu lassen, wenn man eine längere Tour plant. Informationen dazu im zentralen Busbahnhof in Reykjavik. Eine gewisse Unsicherheit bleibt aber, denn viele Menschen könnten dein Freßpaket vergessen. Die einzige mir bekannte Einkaufsstelle im Landesinneren: ein Kiosk mit sehr begrenzter Auswahl und kurzen Öffnungszeiten in Þorsmörk.

Post und Telefon (Postur og Simi)

Die Post hat gewöhnlich Mo.–Fr. von 9-17 Uhr und Sa. von 9-12 Uhr geöffnet. An einigen Orten wird mittags Pause gemacht, und nicht alle Poststellen haben samstags geöffnet. Länger ist dafür die Post im zentralen Busbahnhof in Reykjavik geöffnet (Mo.–Sa. 14-19.30 Uhr).

Die Telefone werden von einer selbständigen Gesellschaft unterhalten. Oft sind Post und Telefongesellschaft in einem Haus untergebracht. Die Telefongesellschaft hat aber ihre Schalter länger geöffnet, zum Teil auch sonntags (Mo.–Sa. 9-19 Uhr, So. 11-18 Uhr).

Pflanzen

Island war nach seiner Entstehung mehrmals ganz von Eis bedeckt, was Pflanzen ja nicht sehr gut bekommt. Außerdem liegt die Insel isoliert von anderen Landmassen, so daß einer Immigration von Pflanzen Grenzen gesetzt sind. Es ist also verständlich, daß es nicht sehr viele Arten gibt. Neben rund 500 Moos- und 450 Flechtenarten sind etwa 440 Arten von Blütenpflanzen nachgewiesen. Die Hälfte davon, so meinen Botaniker, sind Eiszeitüberlebende, der Rest „Einwanderer". Verglichen mit anderen regionalen Pflanzenvorkommen, muß man das isländische als nordeuropäisch bezeichnen. 97 Prozent der Arten, die auf Island bekannt sind, kommen auch in Norwegen vor, aber nur 85 Prozent auf den britischen Inseln und gar nur 66 Prozent in Grönland. Einige wenige Pflanzenarten sind vom Westen gekommen, also aus Amerika, und sind sonst in Europa nicht bekannt.

Wer ein Bestimmungsbuch mitnimmt, sollte unbedingt darauf achten, daß es auch auf die Pflanzen Nordeuropas eingeht!

Ein paar besonders auffällige Pflanzen mit ihren Charakteristika:

- Das violett-rosa *Stengellose Leimkraut* hält tapfer jeden Erdklumpen fest, wenn sonst schon alles verweht ist. Es fällt besonders in den Fast-Wüsten Ostislands auf.
- Das *Aufgeblasene Leimkraut* mit weißer Blüte ist eine hartnäckige Pionierpflanze und wächst in den trostlosesten Gegenden.
- Das *Arktische Weidenröschen* ist eine der Westimport-Pflanzen – im Englischen *River Beauty* –, wächst in großen Mengen an geschützten Stellen an Flußufern und macht dort alles violett-rosa.
- *Orchideen* gibt es mehrere Arten, die aber mit den bunten, großblütigen Blumenladen-Orchideen nicht viel Ähnlichkeit haben. Manche sind recht unscheinbar und fallen im Gras kaum auf, zumal sie oft

kaum größer als 10 cm sind. Es sind meist Pflanzen mit einem Blütenstengel, mit einer Vielzahl kleiner Blüten an der Spitze. Die Blätter sind oft schmal und lang und/oder gefleckt.

- Das *Gemeine Fettkraut* mit hellen, sternförmig am Boden liegenden Blättern hat an einem Stengel eine violette Kelchblüte. Die Pflanze ist ein Insektenfresser.
- *Enziane* fallen durch ihre Farbkraft auf. Tiefblau sind die kleinen Sterne des Schnee-Enzian.
- Die *Echte Mondraute* ist eine im Ganzen gelb-grüne Pflanze, ein Farn, der seine Sporen an einem gesonderten Stengel tägt und nicht – wie sonst bei Farnen üblich – unter den Blättern.
- *Engelwurz* ist eine grünblühende Pflanze, die mannshoch werden kann und die für Fotografen gern das Tüpfelchen auf dem i eines Landschaftsbildes ist.

Rauchen

Wenn es nach den Gesundheitspolitikern geht, dürften in Island nur die Vulkane rauchen. Mit Horror-Bildchen auf Zigarettenpackungen und weitreichenden gesetzlichen Rauchverboten an öffentlich zugänglichen Stellen wollen die Isländer seit dem 1.1.85 das Rauchen bekämpfen. Rauchen sei keine Privatsache, sondern würde immer auch die Mitmenschen betreffen, die als passive Raucher ungewollt teilnehmen. „Reine Luft – Reines Zusammenleben" heißt die Aktion. Achte also darauf, wo du dir eine Zigarette oder ähnliches ansteckst.

Sprache

Isländisch – Neuisländisch wird heute gesprochen, im Gegensatz zum Altisländisch der Sagazeit – ist eine westnordische Sprache. Ich muß gestehen, kein Neuisländisch zu können, und meine Altisländisch-Kenntnisse reichen gerade aus, ein Minimum an Schriftlichem zu begreifen. Es reicht z.B. zu verstehen, warum zu der Askja der Öskjuleið (leið = Weg) führt und warum der See an der Askja Öskjvatn (vatn = See) heißt: Der Vokal der Endung, das U, hat das A der Askja zum Ö des Öskju umgeformt. Für einen Fremden ist es manchmal verwirrend, wenn durch die Vokalumformungen Ortsnamen ihr Gesicht verändern.

Wenn du in ein ...fjörđur willst, zum Beispiel nach Isafjörđur, dann fährt der Bus til ...fjarđar, und wenn es von dort wieder losgeht, dann fährt der Bus von ...firđi ab. Ähnlich ist es mit den ...stađir-Orten. Egilstađir wird da hin und wieder zum Egilstöđum.
Dann sind da noch die zwei besonderen Buchstaben þ und Đ/đ. In manchen fremdsprachigen Texten taucht an der Stelle auch das Th auf. þ und đ unterscheiden sich hauptsächlich durch die Stellung. đ ist im Wort gebräuchlich, þ ist Anfangsbuchstabe.
Ich glaube, ein Sprachführer hilft dir wenig, zumal die Aussprache noch eine zusätzliche Schwierigkeit bietet. Mit Englisch, selten mit Deutsch, kommst du aber überall zurecht. Solltest du dir aber die Mühe machen, Isländisch zu lernen, dann stehen dir auf der Insel alle Türen offen, denn gerade in Ländern mit geringer Bevölkerungszahl freuen sich die Bewohner natürlich immer, wenn man ihre Sprache erlernt hat.

Hier ein paar wichtige Begriffe, mit denen du auf deiner Fahrt konfrontiert werden könntest:

Ađgangur (Akstur) bannađur	Eintritt (Einfahrt) verboten
Besinstöđ	Tankstelle
Bifreiđastœđi (bönnuđ)	Parkplatz (Parken verboten)
Blindhœđ	unübersichtliche Bergkuppe (keine Sicht auf den Gegenverkehr!)
Brattar (Brött) Brekka	steile (weggebrochene) Böschung
Bru	Brücke (Achtung: in der Regel vor Brücken bei Schotterstrecken böse Schlaglöcher/verengte Fahrbahn
Einstefna	Einbahnstraße
Einkavegur	Privat-Weg
Flugföllur	Flugpiste
Karlar	Männer(toilette)
Konur	Frauen(toilette)
Lokađ	Gesperrt
Öll Umferđ Bönnuđ	Durchfahrt verboten
Safn	Museum
Spitali	Krankenhaus
Tjaldstœđi (bönnuđ)	Camping (verboten)
Verkstœđi	Werkstatt

Und wenn du bei Zeitangaben mit den Tagen Schwierigkeiten hast: Mánudagur (Mo.); Thriđjudagur (Di.); Miđvikudagur (Mi.); Fimmtudagur (Do.); Föstudagur (Fr.); Laugardagur (Sa.); Sunnudagur (So.).

Telefonieren

Telefonieren kann man von Postämtern mit Telefonstation (Postur og Simi) und von allen Münzfernsprechern. Telefonautomaten werden mit 5 IsKr-Münzen gefüttert. Die Münzen werden erst genommen, wenn die Verbindung hergestellt ist, müssen aber vorher in den Einwurfschlitz gelegt werden. Es gibt zwei Modelle. In älteren Automaten kann man grundsätzlich nur eine Münze in den Einwurfschacht vorlegen. Hält man die nächste Münze schon in die Öffnung, wird das Gespräch unterbrochen. Neuere Modelle haben oben auf dem Gerät einen langen Schlitz, in den man mehrere Münzen einlegen kann, die dann von dem Gerät bei Bedarf genommen werden. Ein Piepton kündigt an, wenn eine neue Münze zur Fortführung des Gespräches benötigt wird. Während die Münze vom Automaten aufgenommen wird, ist das Gespräch gestört. Neben den besonderen Problemen der Münzfernsprecher sind Verbindungen von und nach Island in der Regel immer schlecht. Man versteht sich am besten, wenn man wie bei Funkverkehr spricht, den Gesprächspartner also nicht zu unterbrechen versucht und auf Ahas und Achjas weitgehend verzichtet.
Hier nur die wichtigsten Vorwahlnummern:

Von Island ins Ausland
BRD 90-49-
Österreich 90-43-
Schweiz 90-41-

Vom Ausland nach Island und innerhalb des Landes:
– Kennzahl internationales Netz -354- (Anm.: Bei Gesprächen aus dem Ausland ist die Anfangs-9 der innerisländischen Region-Vorwahl wegzulassen. In Island kennt man keine örtlichen Vorwahlen, sondern nur regionale):
Reykjavik -91-
Reykjanes (Keflavík u.a.) -92-
das Westland (Akranes, Stykkisholmur u.a. -93-
die Westfjorde (Isafjördur u.a.) -94-
der Nordwesten (Blöndós, Saudárkrókur u.a.) -95-
der Nordosten (Akureyri, Myvatn u.a.) -96-
der Osten (Egilstadir, Seydisfjördur u.a.) -97-
Westmänner-Inseln -98-
der Süden (Selfoss, Kirkjubœjarklaustur u.a. -99-

Tiere

Die Vögel sind arten- und zahlreich vertreten. Dazu aber im Teil „Nordatlantik allgemein" mehr, denn die Vogelwelt ist doch auf allen Inseln ähnlich. Sonst ist es nicht viel, was in Island herumläuft, sieht man mal von den allgegenwärtigen Schafen und den Pferden ab. Ein paar Rentiere im Osten, Füchse und Nerze könnten dir begegnen, sie sind beabsichtigt oder unbeabsichtigt auf der Insel angesiedelt. An den Küsten sind natürlich Robben zu finden, die ja mit Seewegen keine Schwierigkeiten haben. Wer darauf spekuliert, einen Eisbären oder ein Walross zu sehen, der sollte sich auf Island ansiedeln – wenn das reicht, denn diese Irrläufer sind sehr selten, und man muß lange warten.
Leider erinnern einige aufdringliche Exemplare manchmal daran, daß es 800 Insektenarten gibt. Die halten sich zwar – selbst am Mückensee (Myvatn) – mit dem Stechen zurück, fliegen aber dafür bei bestimmten Wetterlagen überall hin, und man kann sie aus Mund, Nase, Augen und Ohren holen. Dann hilft nur, den Standort zu wechseln oder die Nase in den Wind zu drehen.

Übernachtungen

Im Reiseteil habe ich im Text und am Ende jedes Kapitels auf Übernachtungsmöglichkeiten hingewiesen. Alle haben eine Gemeinsamkeit, sie sind sehr teuer. In Hotels kostet ein Doppelzimmer ohne Bad in der Regel ab 36 US-$ ohne Frühstück. Es gibt nur sehr selten Ausnahmen, die billiger sind. In Reykjavik liegen alle Hotelpreise höher, dazu mehr unter „Reykjavik" im Reiseteil. Viele Sommerhotels bieten Schlafsackunterkunft an. Du bekommst in einem Raum eine Matratze – manchmal auch ein Bett – und kannst dort mit deinem eigenen Schlafsack schlafen. Dann kostet eine Übernachtung pro Person etwa 10 US-$. Der Vorteil besteht darin, daß du wenig bezahlst, aber die Service-Leistungen eines Hotels in Anspruch nehmen kannst. Ein Frühstück im Hotel kostet landesweit zwischen 5 und 6 US-$. Du kannst über einige Reiseveranstalter Schlafsackunterkunft-Gutscheine schon vor der Anreise im Heimatland kaufen.
Jugendherbergen habe ich im Reiseteil auch immer erwähnt, meist mit genauer Adresse. Es sind einfache Häuser, und du kannst deinen eigenen Schlafsack benutzen. Der Preis soll 1986 bei 23 DM pro Nacht lie-

gen. In der gleichen Preisklasse werden Schlafsackübernachtungen auf Bauernhöfen liegen. Die Bauernhöfe sind in einer Liste „Farmholiday in Iceland" aufgeführt.
Die Preise fürs Zelten sind unterschiedlich, aber ein Zelt mit zwei Personen wird kaum über 10 DM kosten. Einige Zeltplätze sind auch kostenlos. Die isländischen Campinganlagen entsprechen nur in seltenen Fällen mitteleuropäischen Standards. Vielfach gibt es nur fließend Wasser aus freistehenden Kränen und Plumpsklos (Trocken-WC). Die Preise richten sich nach der Ausstattung. In vielen Teilen Islands kann frei gezeltet werden, in bewohnten Gegenden sollte man natürlich den Landbesitzer ausfindig machen und um Erlaubnis bitten. In einigen Naturschutzgebieten und Nationalparks ist Zelten aber nur auf ausgewiesenem Gelände erlaubt. Unbeliebt ist bei Isländern eine Angewohnheit sehr sparsamer Reisender, die in unmittelbarer Nachbarschaft von Zeltplätzen auf eine Wiese gehen und dann dort gratis schlafen, aber die Einrichtungen des Zeltplatzes benutzen wollen. Da wo kassiert wird, kommt im Laufe des Tages jemand vorbei. Zeltplätze mit ständig wachendem Platzwart sind unbekannt.
Entlang der wichtigsten Wanderwege und an verschiedenen interessanten Stellen im Hochland stehen Hütten der isländischen Touringclubs (siehe unter „Wandern"). Es gibt Minihütten mit sechs Schlafplätzen und Mammutanlagen mit bis zu 160 Plätzen. In einigen liegen nur Matratzen auf dem Boden, in anderen sind Etagenbetten aufgestellt. Nur in großen Hütten sind Wärter, die kassieren. In kleineren Hütten sollst du das Geld in aufgestellte Kassen werfen, oder später bei der Organisation, der die Hütte gehört, einzahlen. Daß sich Leute damit brüsten, der isländischen Inflation ein Schnippchen geschlagen zu haben, indem sie einfach in einer der Hütten nicht bezahlt haben, finde ich übel.
Die Preise liegen je nach Ausstattung der Hütte zwischen 10 und 20 DM pro Übernachtung. Küchen gibt es, für die Kochenergie hat aber der Benutzer zu sorgen. Mitglieder der Touringclubs oder deren Reisegruppen haben immer Vorrang bei der Platzvergabe.
Entlang der Küsten und einsamer Straßen (nicht aber an den F-Straßen im Hochland) gibt es Notfallhütten. Sie sind in grellen Farben – orangerot – angemalt und schon von weitem zu sehen. Sie sind für NOTFÄLLE und nicht zum kostenlosen Übernachten von Urlaubern gedacht. In den Hütten sind einige Dinge, die in Notlagen helfen sollen. Du findest trokken aufbewahrte Streichhölzer, Kerzen und ein Minimum an haltbaren Lebensmitteln. In allen Hütten sind Telefone oder Funkgeräte, damit man sich bemerkbar machen kann.

Reiseteil – Island

Es ist einfach, die Orkney-, Shetland- und Färöer-Inseln zu beschreiben und diese Beschreibung zu gliedern. Aber Island! Wo soll ich anfangen? In Reykjavik oder in Seyðisfjörður, den beiden Orten, in denen du ankommen könntest? Und wie soll ich dann weiter vorgehen? Viele Möglichkeiten, eine Entscheidung: Ich folge den Straßennummern. Island ist nämlich rundherum in acht Bezirke aufgeteilt, dazu kommt dann noch das Hochland. In den acht Bezirken fangen jeweils alle Straßen mit der gleichen Ziffer an, und im Hochland beginnen die Straßennummern mit einem F. Eine überregionale Straße sprengt diesen Rahmen, das ist die Ringstraße mit der Nummer 1. Es gibt aber sonst keine Straße, die die eins als erste Ziffer in ihrer Nummer hat. Ich habe die Ringstraße und die Sehenswürdigkeiten daran unter dem jeweiligen Abschnitt beschrieben, durch den sie gerade führt, also unter den Zweier-Straßen, Dreier-Straßen und so weiter bis zu den Neuner-Straßen.
Wo findest du jetzt die Straßennummern? Du kannst dich über die jeweiligen Abschnitte auf der Übersichtskarte hier im Buch orientieren. Dann findest du auf allen Straßenkarten die Nummern klar und gut lesbar angegeben, und schließlich sind sie auch an den Straßen zu lesen, an allen Kreuzungen und oft auch entlang der Straße. Die Aufteilung nach Straßennummern gibt dir die Möglichkeit, den Iceland Road Guide parallel zu diesem Buch zu benutzen, wenn du in Island wirklich ins Detail gehen willst. Der Iceland Road Guide (in English erschienen) ist ein Buch für Autofahrer, in dem jede Straße genau beschrieben ist. Jedes auch nur annähernd interessante Gebäude oder Ereignis wird erwähnt, und auf den Karten ist entlang der Landstraßen jeder Hof eingezeichnet. Der Iceland Road Guide ist für Fremde aber zu sehr mit Informationen überladen, die nur einen Isländer interessieren. Durch die detaillierten Karten, die immer neben dem Text abgedruckt sind, ist er aber eine gute Orientierungshilfe für Autofahrer.
Nun beginnt die Straßennumerierung westlich der großen Sander am Südrand des Vatnajökull. Der Grund: erst 1974 wurde die Ringstraße über die Sander fertiggestellt. Zuvor konnte man Höfn nur über Nordisland auf der Straße erreichen. Die Straßennumerierung wurde aber vor 1974 festgelegt, und da begann man halt an der Trennungsstelle bei den Sandern und numerierte von dort im Uhrzeigersinn.
Ich fange mit der Hauptstadt Reykjavik an. Dort kommen alle die an, die das Flugzeug dem Schiff vorziehen. Von Reykjavik geht es in den Be-

reich der Vierer-Straßen, das ist das Gebiet rund um Reykjavik und die Südwesthalbinsel Reykjanes. Anschließend folgen die Beschreibungen der Gebiete der Fünfer-Straßen und der Sechser-Straßen im Westen und Nordwesten, und dann kommen die Siebener- und Achter-Straßen im Norden. Über ein großes Gebiet im Osten erstrecken sich die Neuner-Straßen, die bis in das Gebiet südlich des Vatnajökull reichen. Dort, an den Skeidarasandur-Brücken, geht es dann über in das Gebiet der Zweier-Straßen und später in die Region der Dreier-Straßen, worunter auch die Inseln „Vestmannaeyar" beschrieben sind. Dann ist der Ring geschlossen, und darauf folgt in einem letzten Kapitel die Beschreibung der Hochlandrouten.

Reykjavik

Die Hauptstadt Reykjavik ist das dominierende Zentrum Islands. Für den Fremden ist es schwer, die Grenzen der 88.500- Einwohner-Stadt auszumachen. Zusammen mit Seltjarnarnes (4000 Einw.), Kópavogur (14.000 Einw.), Mosfellsveit (2500 Einw.), Gardabær (6000 Einw.) und Hafnarfjördur (13.000 Einw.) hat sich an der Rauchbucht (Reykjavik) eine Riesenstadt gebildet. Auf nicht einmal zwei Prozent des isländischen Bodens leben rund sechzig Prozent der Bevölkerung des Landes.
Bis auf wenige Staßenzüge im Zentrum von Reykjavik, zwischen dem Tjörnin-See und dem Hafen, finde ich die Stadt häßlich. Sie ist, je weiter man vom Kern wegkommt, ein zersiedelter Betonmoloch mit dem Charme osteuropäischer Großstadtvororte. Aber wer reist nach Island der Städte wegen? Ein Pauschalreiseveranstalter, dessen Prospekt ich in den Händen hatte, schlug seinen Kunden für einen freien Tag in Reykjavik vor: Den können sie für einen Flug zu den Westmänner-Inseln nutzen.
Vielleicht ist das etwas übertrieben, denn einiges kann man in Reykjavik nun doch unternehmen: z.B. die Museen der Stadt besuchen, eine Tour durch die Altstadt rund um das Parlamentsgebäude machen oder den Hügel Öskuhlid mit den Warmwassertanks erklimmen, von wo man eine gute Aussicht über Reykjavik hat. Vom Öskuhlid geht es auch über die Wasserleitungen bis zu den Warmwasserquellen bei Reykir (2–3 Stunden pro Weg). Von Reykir wird Reykjavik mit Heizwasser versorgt, ein sehr umweltfreundliches Fernheizsystem. Du kannst aber auch den alten Hof Bessastadir bei Hafnarfjördur besuchen, den heutigen Sitz des Staatsoberhauptes.

REYKJAVIK
1 Stadtbusse
2 Zentrale Haltestellen
3 Jugendherberge
3 Uni-Gelände/Museen
4 Haus des Nordens
5 Überlandbusse
6 Flughafen/Inland
7 Hauptausfallstraße
8 Flughafenbus nach Keflavik
N
Hafen
Eiðsgrandi
Ananaust
Mýrargata
Grandavegur
Seljavegur
Framnesveg.
Holtsgata
Vesturgata
Brædraborgastígur
Ægisgata
Tryggvagata
Hafnarstr.
Austurstr.
Posthusstræti
Adalstr.
Kirkjustr.
Tjarnagata
Sudurgata
Hringbraut
Birkimelur
Hofsvallagata
Kaplaskjólsvegur
Meistaravellir
Frostaskjól
Nesvegur
Ægisíða
Neshagi
Melhagi
Hagamelur
Fornhagi
Dunhagi
Hjardarhagi
Skothusvegur
Fríkirkjuvegur
Lækjargata
Bankastr.
Ingolfstr.
Skólavördustígur
Smidjustíg.
Klapparstígur
Vatnsstígur
Frakkastígur
Vitastígur
Barónsstígur
Njálsgata
Grettisgata
Laugavegur
Hverfisgata
Skúlagata
Snorrabraut
Egilsgata
Leifsgata
Eiríksgata
Laufásvegur
Smáragata
Fjólugata
Sólvallagata
Ásvallagata
Blómvallag.
Ljósvallag.
Gardastræti
Öldugata
Bárugata
Ránargata
Stýrimstr.

Was, wann, wo in Reykjavik

Museen und andere Sehenswürdigkeiten

Arbær ist ein volkskundliches Freiluftmuseum am Ostrand von Reykjavik. Dort sind Häuser im traditionellen Baustil zu sehen. Bus Nr. 10 sollte dorthin fahren. Geöffnet ist Arbær Di.–So. von 13.30 bis 18 Uhr.

Arni Magnusson Institute ist nach dem Mann benannt, der einst die Handschriften überall zusammengesucht hat, die heute Islands größter Kulturbesitz sind. In dem Institut werden die Handschriften, die sich in Island befinden, aufbewahrt. Du findest das Institut an der Sudurgata – in der Uni. Es ist Di., Do., Sa. von 14 bis 16 Uhr geöffnet. (Bus 5)

Asgrimssafn an der Bergstadastræti 74, ist das Haus des Malers Asgrimur Jonsson (1876–1958), dessen Werke dort ausgestellt sind. Geöffnet So.–Fr. 13.30 bis 16 Uhr. (Bus 1)

Asmundarsafn an der Straße Sigtun ist das Haus des Bildhauers Asmundur Sveinsson, in dessen Garten eine Anzahl unübersehbarer Werke stehen. Die Skulpturen im Garten kann man ohne weiteres auch von der Straße aus sehen, die Anlage ist ansonsten täglich von 10 bis 17 Uhr geöffnet. (Bus 2 und 5)

Hallgrimskirkju–Turm ist der Turm der Betonkirche, die wie eine Raketenabschußrampe über der Stadt thront. Oben im Turm ist eine Aussichtsplatform, die Di.–Sa. von 14 bis 16 Uhr und So. von 15 bis 17 Uhr geöffnet ist. (Bus 1)

Kjarvalstadir an dem Park Miklatun (Flohagata) ist ein Ausstellungsgebäude mit wechselnden Ausstellungen und einer ständigen Sammlung von Werken des bekanntesten isländischen Malers Johannes S. Kjarval (1885–1972). In dem Gebäude findest du eine kleine Bibliothek und ein Café. Öffnungszeiten: täglich 14 bis 22 Uhr. (Bus 1, 3, 8, 9, 17)

Listasafn Einars Jónssonar an der Ecke Njardagatan/Skólavörduholt ist ein Museum mit Skulpturen des Bildhauers Einar Jónsson (1875–1954). Es ist Di.–So. von 13.30 bis 16 Uhr geöffnet. (Bus 1)

Listasafn Alþydu, die Kunstsammlung der Gewerkschaften am Grensásvegur 16, ist arbeitnehmerfreundlich Di.–Fr. von 14 bis 19 Uhr und an Wochenenden von 14 bis 22 Uhr geöffnet. (Bus 3, 8, 9, 10, 11, 12)

Listasafn Islands, die nationale Kunstgalerie im Haus des National-Museums, Sudurgata 41, ist täglich von 13.30 bis 16 Uhr geöffnet. (Bus 5)

Natturugripasafnid, das Naturkunde-Museum am Hlemmtorg (Hverfisgata 116), ist eine Sammlung der Dinge, die du bei Touren durch Island sehen kannst. Schön zur Vorbereitung wie zur Nachbereitung einer Islandtour. Das Museum ist Di., Do., Sa. und So. von 13.30 bis 16 Uhr geöffnet.

Norræna Husið, das Haus des Nordens, ist ein Gebäude, das der weltbekannte finnische Architekt Alva Alto entworfen hat. Es ist ein Kulturzentrum des Nordens, ein Geschenk des Nordischen Rates an Island. Der Nordische Rat ist ein politisch loser Zusammenschluß der Staaten Nordeuropas.Im Norræna Husið finden wechselnde Ausstellungen statt, und es gibt dort eine Bibliothek und ein Café. Café, Bibliothek und Ausstellungsräume haben unterschiedliche Öffnungszeiten, mindestens aber täglich zwischen 14 und 17 Uhr. (Bus 5)

Þjóðminjasafnið, das National-Museum an der Suðurgata 41, ist täglich von 13.30 bis 16 Uhr geöffnet. (Bus 5)

Galerien mit wechselnden Ausstellungen

Asmundur Sveinssons Haus an der Freyjugata 41, Mo.–Fr. 16 bis 22 Uhr, Sa. und So. 14 bis 22 Uhr. (Bus 1)

Listmunahúsið an der Laekjargata 2, Di.–Fr. 10 bis 18 Uhr, Sa. und So. 14 bis 18 Uhr. (Bus 1, 2, 3, 4, 5, 15)

Galerie Lækjartorg an der Hafnarstræti 20–22, täglich 14 bis 18 Uhr, Do. und So. bis 22 Uhr. (Bus 1, 2, 3, 4, 5, 15)

Galerie Langbrók an der Amtmannsstigur 1, Mo.–Fr. 12 bis 18 Uhr, Sa. und So. ab 14 Uhr. (Bus 1, 2, 3, 4, 5, 15)

The Living Art Museum an der Vatnsstigur 3 b, Di.–Fr. 16 bis 22 Uhr, Sa. und So. 14 bis 22 Uhr. (Bus 2, 3, 4, 5, 15)

(Alle Busangaben: ab Station Hlemmur)

Aussichtspunkte

- *Hallgrimskirkja* (s.o. unter Sehenswürdigkeiten)
- *Wassertanks* auf dem Hügel Öskuhlið nahe der Straße Reykjanesbraut.

The Vulkano Show (Hellusundi 6a) ist ein kleines privates Kino, in dem regelmäßig während der Sommermonate Filme von Vulkanausbrüchen und auch anderen Naturereignissen gezeigt werden. Ósvald Knudsen, der Besitzer, hat Gerüchten zur Folge ständig ein aufgetanktes Flugzeug mit Kameraausrüstung parat, um jederzeit neue Ausbrüche filmen zu können. Die Filmshow ist sehr interessant, aber nicht gerade billig.

Spartip: Seit 1985 bietet die Stadt einen sogenannten City-Paß für ein, zwei oder drei Tage (Preise 1986: 12/17/20 DM). Der Paß bietet kostenloses Fahren auf allen Stadtbussen und freien Eintritt in alle Schwimmbäder von Reykjavik sowie einige Museen.

Was, wo um Reykjavik herum

Bessastadir auf der Halbinsel Alftanes, die Residenz des isländischen Staatsoberhauptes, zur Zeit Vigdis Finnbogadóttir. Frau Finnbogadóttir ist das einzige gewählte weibliche Staatsoberhaupt weltweit. Der Hof, der seit frühen Tagen der isländischen Geschichte ein bekannter Wohnsitz war, gehörte im 13. Jahrhundert Snorri Sturluson, einem der bekanntesten Schreiber der Saga-Zeit. Snorri war nicht nur Literat, sondern auch sehr engagierter Politiker, was ihm letztendlich bei den Intrigen zwischen norwegenfreundlichen und norwegenfeindlichen Männern das Leben kostete. Nach der Machtübernahme der norwegischen Könige residierten deren Repräsentanten auf Bessastadir. Später, als Island von Kopenhagen aus verwaltet wurde, lebten Dänemarks oberste Vertreter auf dem Hof.

Straumsvik ist eine Siedlung südlich von Hafnarfjördur. Dort ist Islands größter und umstrittenster Industriebetrieb, die Aluminiumhütte des Schweizer Multies Alusuisse. Hier wird mit billiger isländischer Energie Aluminium aus aller Welt verhüttet. In Island dachte man, als die Pläne für das Werk diskutiert wurden, man hätte die Idee für die Zukunft: Indem man ausländischen Kapitalgebern billige Energie versprach, sollte neue Industrie nach Island gelockt werden. Das sollte Arbeitsplätze schaffen und so eine Loslösung von der einseitigen Fischereiwirtschaft bewirken. Heute sehen viele Isländer die Sache realistischer: Ausländisches Kapital macht mit der preiswerten isländischen Energie gute Profite, und nebon wonigen Arbeitsplätzen in dem hochtechnisierten Betrieb bleibt den Isländern eine Umweltverschmutzung ungeahnten Ausmaßes.

Schwimmbäder in Reykjavik und Umgebung

Sundlaugarnar am Sundlaugavegur ist das größte Schwimmbad in Island, und wer einen Besuch dort versäumt, der hat einen Teil des isländischen Lebens nicht erlebt. Neben dem eigentlichen Schwimmbecken gibt es noch eine Reihe kleiner Hochtemperaturbecken. Diese Becken haben unterschiedliche Temperaturen. Die heißesten Becken erkennt man leicht daran, daß sie meist relativ leer sind, während sich in den weniger heißen die Massen drängen. Becken dieser Art gibt es in fast allen isländischen Schwimmbädern. Einlaßzeiten: Mo.–Fr. 7.20 bis 20.30 Uhr, Sa. 7.20 bis 17.30 Uhr, So. 8 bis 17.30 Uhr.
Sundlaug Vesturbæjar, Hofsvallagata, ein Schwimmbad im Westen der Stadt mit gleichen Öffnungszeiten wie oben.

Sundhöll (Hallenbad) an der Baronsstigur, mit den gleichen Öffnungszeiten wie oben, nur So. wird früher geschlossen, um 14.30 Uhr.
Gardabær Sundlaug, við Asgarð, im Nachbarort Gardabær
Hafnarfjörður Sundlaug, Herjolfsgata, im Nachbarort Hafnarfjörður
Kopavogur Sundlaug, Urdabraut, im Nachbarort Kopavogur
Varmársundlaug in Varmá/Mosfellssveit.
Der Eintritt für Schwimmbäder liegt bei etwa 3–4 DM.

Reykjavik – Life

Ausgehen, in Kneipen, Restaurants, Kinos oder Diskotheken, ist möglich in Reykjavik, aber hohe Eintrittspreise und horrende Preise für Getränke schrecken ab. Wer etwas Alkoholisches bestellt, muß wissen, daß es teuer ist. Lediglich Wein zum Essen ist vergleichsweise preiswert, aber nur, wenn man es mit den ja relativ hohen Weinpreisen in bundesdeutschen Restaurants vergleicht. Die Relationen sind da anders. Eine halbe Flasche Wein ist oft zum gleichen Preis erhältlich wie ein großes Biergemisch.
Wenn du zum Essen ausgehen willst, so mußt du dir auch über die zu erwartenden Kosten im klaren sein. Ich kann mich nicht entsinnen, daß ich 1984 irgendwo in einem Restaurant – wobei ich den Begriff Restaurant sehr weit in Richtung Imbißstube dehnen möchte – für unter 10 DM eine Mahlzeit bekommen habe.
Tagesgerichte bekommt man in Restaurants ab etwa 7 US-$. Zwischen Fußgängerzone und Hafen sowie entlang dem Laugarvegur findest du einige Restaurants und bessere Imbißstuben. Tagesgerichte werden meist gut sichtbar angeboten. Öffnungszeiten ab 10 oder 11 Uhr bis 22.30 oder 23.30 Uhr.
Relativ preiswert ist eigentlich nur der Kaffee, das Nationalgetränk der Nordeuropäer. Ein Kaffee kostet zwischen 2 und 3,50 DM pro Portion. Entlang der Fußgängerzone und in den Nebenstraßen findest du verschiedene Cafés, in denen auch Kleinigkeiten zum Essen angeboten werden. Kleinigkeiten, die dann aber wieder kräftig ins Geld ziehen. Für ein belegtes Brötchen ist man schnell 5 DM los. Ein Café, das man mit etwas gutem Willen als Szene-Café bezeichnen kann, ist das „Mokka" an der Skólavörðustigur, der Straße, die zu der Betonkirche hinaufführt. Ein Studentencafé ist das „Mensa" an der Lækjargata 2. „In" (Frühjahr 85) ist die Pizza Hornið mit ihrem Kellerlokal.

Wer auf das Nachtleben nicht verzichten kann, dem stehen eine Reihe moderner Diskotheken zur Verfügung. Viele haben aber nur an den Wochenenden, manchmal dann aber schon ab Donnerstagnacht geöffnet (Eintritt zwischen 5 und 20 DM/normal etwa 10 bis 12 DM). Die Öffnungszeiten schwanken, aber man kann sagen, daß spätestens um 3 Uhr überall Schluß ist. Unter den Diskotheken ist das „Broadway" etwas Ausgefallenes. Es ist angeblich die größte Diskothek Europas. Mehrere tausend Menschen können sich in dem modernen Gebäude aufhalten, das etwas im American-Way-of-Life-Style gehalten ist. Einige der großen Hotels haben ebenfalls Diskotheken oder sehr luxuriös eingerichtete Tanzbars in ihren Häusern.
Eine genaue Liste über die Diskotheken, Tanzlokale, Restaurants und Cafés bekommst du, immer auf dem aktuellen Stand, in Broschüren über Reykjavik und Island. Diese gibt es in verschiedenen Ausführungen an jeder Hoteltheke oder bei der Touristeninformation. Dort sind in der Regel auch die Hotels der Hauptstadt aufgelistet. Hotels und Gasthäuser kosten nach dem Stand von 1986 ab ca. 35 US-$ aufwärts, wobei meist kein Frühstück eingeschlossen ist. Das kostet zwischen 5 und 7 US-$ extra. Zur Orientierung ist im Anhang eine „Hotelliste Reykjavik". Preiswerter kann man in der Stadt bei der Heilsarmee, Kirkjustrœti 2, Tel. 1 3203 (sehr zentrale Lage/Preise ca. 25 DM im Mehrbettzimmer und ca. 50 DM im Einzel), oder in der Jugendherberge, Laufásvegur 41, Tel. 2 49 50 (sehr zentral zwischen Lœkjartorg und Überlandbusstation/ Preis 1986 ca. 24 DM) wohnen.
Auf dem Zeltplatz neben dem großen Freiluft-Schwimmbad am Sunlaugavegur kostet eine Übernachtung ca. 4 DM pro Zelt plus 4 DM pro Person.
Bei sehr frühen Abflügen von Koflavik besteht die Möglichkeit, in einem Warteraum im Hotel Loftleidir (Abfahrstelle des Flughafenbusses) die Nacht über zu „warten".

Botschaften und Konsulate

BR Deutschland, Tungata 18, Tel.19535
Österreich, Austurstræti 17, Tel.24016
Schweiz, Austurstræti 6, Tel.24210

Busse

Überlandbusse fahren an der Busstation „Umferdarmidstöd" ab. Die findest du an der großen Ringstraße „Hringbraut", am Rande des Flugfeldes des Stadtflughafens von Reykjavik.

Der Flughafenbus von und nach Keflavik (Preis ca. 15 DM) hält am Hotel Loftleidir. Zwischen der Haltestelle des Flughafenbusses und der Überlandbusstation gibt es keine direkte Stadtbusverbindung. Der Fußweg dauert etwa 15 Minuten.
Stadtbusse haben zwei zentrale Halteplätze: Lækjartorg, in der Nähe der Fußgängerzone Austurstræti, und Hlemmtorg am Straßendreieck Laugarvegur/Hverfisgata/Raudarástigur. An den beiden Zentralhaltestellen hält auch der Bus zum großen Freischwimmbad und dem danebenliegenden Zeltpatz.

Fundbüro
Bei den Polizeistationen

Geldwechsel
Bei jeder Bank, im Flughafen Keflavik (bei der Ankunft), in der Überlandbusstation (s.o.), für Gäste auch in vielen Hotels, vom Postsparbuch bei jeder Post. Alle großen Bankgesellschaften haben Filialen in der Austurstræti (Fußgängerzone).

Gepäckaufbewahrung
In der Überlandbusstation (s.o.) Mo.–Fr. 7.30 bis 21.30 Uhr. Sa. und So. verkürzte Öffnungszeiten.

Kirchen
Es gibt eine Reihe evangelisch-lutherischer Kirchen (Staatsreligion), die sonntags um 11 oder um 14 Uhr Gottesdienste abhalten. Die katholische Kirche ist in Reykjavik mit der Kristkirkja in der Tungata vertreten, wo täglich Messen abgehalten werden. Die Lutherische Domkirche Austurvöllur ist täglich außer Mi. von 9 bis 17 Uhr geöffnet. Die Betonkirche, die die Stadt überragt, ist die Hallgrimskirkja. Dort kannst du den Glockenturm mit seiner bekannt guten Rundumsicht besuchen.

Kultur, deutsche
Die deutsche Kultur wird den Isländern vom Goethe-Institut, Tryggvagötu 26 nahegebracht. Dort ist auch eine Bibliothek mit deutschen Büchern (wenn mal das Wetter schlecht ist!), Tel.1 60 61.

Notfälle
Notruf: 1 11 00 (Feuer und Krankenwagen)
Notruf: 1 11 66 (Polizei)

Nacht- und Wochenend-Arzt: 2 12 30
Notfallkrankenhaus: Städtisches Krankenhaus „Borgarspítalinn“, Slysadeild, Tel.8 12 00. Kostenlose Behandlung für Ausländer in Notfällen.

Polizei (auch Fundbüro)
Hauptwache Hverfisgata 113, Tel.1 11 00
Wache Tryggvagata, Tel.1 01 45 (Altstadt/Fußgängerzone/Hafenviertel)
Wache Dragháls, Tel.8 11 66 (Neubauviertel im Osten)
Wache Hafnarfjördur, Sudurgötu 8
Wache Kópavogur, Audbrekka 57

Post
Es gibt über die Stadt verteilt verschiedene Poststellen. Die Hauptpost ist an der Fußgängerzone Austurstræti/Posthusstræti. Die normalen Postöffnungszeiten Mo.–Fr. 9 bis 17 Uhr und Sa. 9 bis 12 Uhr. Abweichend davon hat das Postamt in der Überlandbusstation Mo.–Sa. von 14.30 bis 19.30 Uhr geöffnet.

Spirituosen
Alkoholisches bekommst du nur in Läden des staatlichen Alkoholhandels: Snorrabraut 56; Lindargata 46; Laugarásvegur 1.
Achtung: Es wird auch alkoholfreier Wein und alkoholfreies Bier verkauft: Vergreif dich nicht.

Tankstellen-Nachtdienst
An der Überlandbusstation ist werktags bis 1 und an Wochenenden bis 3 Uhr eine Tankstelle geöffnet.

Taxis
Überall wo dir ein verLAUStes Taxi über den Weg fährt, kannst du danach winken. Laus heißt frei. Per Telefon erreichst du rund um die Uhr Hreyfill, Tel. 8 55 22; Bæjarleidir, Tel. 3 35 00; B.S.R., Tel. 1 17 20; Steindór, Tel. 1 15 80

Telefon und Telegramm Gesellschaft
Man kann von allen Telefonhäuschen ins Ausland telefonieren und auch von den Postämtern. Außerdem gibt es eine eigenständige Telefon und Telegramm Gesellschaft, die ihre Schalter (Simstödin) an der Ecke Kirkjustræti/Thorvaldsenstræti hat. Geöffnet Mo.–Sa. 9 bis 19 Uhr und So. 11 bis 18 Uhr.

Zahnarzt
Ein Notfallzahnarzt (kostenpflichtig) ist täglich zwischen 17 und 18 Uhr in der Heilsuverndarstöðin, Barósstigur 47, anzutreffen.

Zeitungen und Zeitschriften
Ausländische Zeitungen und Zeitschriften gibt es in der Fußgängerzone Austurstræti 18. Das Angebot an deutschsprachigen Publikationen ist dünn.
Tageszeitungen aus der Bundesrepublik liegen im Lesesaal des Goethe-Instituts aus (s.o.).

Die Vierer-Straßen

Die Straßen mit der 4 als erster Ziffer erschließen dir die **Halbinsel Reykjanes**. Das ist ein relativ flaches Lavagebiet süd- und südwestlich von Reykjavik. Relativ flach heißt jetzt nicht, daß Reykjanes mit der Lüneburger Heide oder den Niederlanden zu vergleichen ist, sondern es ist in Relation zu den anderen Landesteilen Islands zu sehen. Der alte Vulkan Keilir erreicht immerhin eine Höhe von 379 Metern und liegt mitten im Gebiet der Vierer-Straßen.
Sicher nicht mehr flach zu nennen ist der kleine Zipfel des Vierer-Straßen-Gebietes nördlich von Reykjavik, um den 914 Meter hohen Berg Esja herum.
Von Reykjavik erreichst du über die vorgelagerten Städte Kopavogur und Hafnarfjörður (siehe unter Reykjavik) die Halbinsel Reykjanes. Gleich hinter Hafnarfjörður liegt an der Straße 41 Straumsvik. Dort befindet sich die Aluminiumhütte der Alusuisse (siehe unter „Was, wo um Reykjavik herum").
Die gut ausgebaute **Straße 41** verbindet die Hauptstadt mit dem Nordwesten der Halbinsel. Dieses Gebiet wird für viele den ersten Eindruck von Island prägen. Nur wenige werden erfahrungsgemäß das Glück haben, auf ein wolkenloses Island zuzufliegen. Hier aber, über der Halbinsel Reykjanes, tauchen die Maschinen der Icelandair und der Eagle Air durch die Wolkendecke, wenn sie auf die Landebahn des internationalen Flughafens Keflavik einschwenken.
Der erste Eindruck, den du hier bekommst, ist eher öde, als daß er die Faszination ausübt, die man von Islands Landschaft erwartet. Lavafelder, so weit das Auge reicht. Nur am südlichen Horizont überragen eini-

ge markante Bergkuppen diese Lavaeinöde. Darunter ist der spitze Tuffberg Keilir der auffälligste.

Entlang der Küste der Halbinsel Reykjanes findest du eine Reihe von Fischerorten, die aber nur wenig Fischerdorfromantik zu bieten haben. Die Orte sind nicht schön, bergen aber Schönheiten in ihren Mauern: Gudrun Bjarnadttir, 1962 als erste Isländerin zur Miss World gewählt, ist in Innri-Njardvik aufgewachsen. Diesen Hinweis fand ich in einer isländischen Broschüre unter dem Stichwort „Some places of interest in Reykjanes area“. Wer sich jetzt in den Ort gezogen fühlt: Kurz vor dem Abzweiger zum Flugplatz biegt nach Norden der Njadvikvegur (422) ab. Mehr Tips über die Fischerorte entlang der Reykjanes-Küste gab es nicht. Die Fischindustrie beherrscht hier alles, die besten Fanggründe isländischer Gewässer liegen vor der Küste.

Die Fischindustrie prägt das Bild der Orte an der Küste von Reykjanes. Fischfabriken verarbeiten den Fang moderner Boote. In **Keflavik** – der Ort liegt etwas nordöstlich des Flughafens – wird in sechs Fabriken Fisch verarbeitet und tiefgekühlt für den Export vorbereitet. In dem 2000-Einwohner-Ort **Grindavik** an der Südküste sind es 12 fischverarbeitende Betriebe.Diese Liste ließe sich weiterführen für fast alle Orte, die einen Hafen haben.

Touristisch ist Reykjanes kaum erschlossen. Es gibt keinen Campingplatz und nur ein Hotel. Das liegt in dem Heißwassergebiet Svartsengi bei Grindavik. Interessant ist sicher das Gebiet am **Kleifarvatn** und bei **Krisuvik.**Dort gibt es mehrere heiße Quellen und einige schöne Kratercoen. Der Kleifarvatn und Krisuvik sind Zentrum eines Naherholungsgebiets für den Großraum Reykjavik, das sich vom Südrand der Hauptstadt entlang der **Straße 42** fast bis nach Grindavik erstreckt. Reykjanesfólkvangur heißt es im isländischen. Einige Jeepwege führen abseits der Straße 42 in dieses Gebiet hinein, sind aber mit Vorsicht zu genießen. Südlich von Krisuvik, an der Küste, ist ein schwer zugängliches Vogelgebiet am Krisuvikurberg. Ein Naturschutzgebiet ist der nahegelegene Krater Eldborg an der Straße 42.
Ein zweites Geothermalgebiet (Gebiet mit heißen Quellen) ist an der Straße 43 bei Svartsengi zu finden. Dort wird die Energie aber weitgehend genutzt, so daß der Anblick nicht mehr so reizvoll ist.

Eine Fahrt über Reykjanes könnte die Alternative zur Straße 1 bieten, wenn man in den Süden will oder von dort kommt. Hierbei ist die Fahrt über die Straße 42 am Kleifarvatn und an Krisuvik vorbei zu empfehlen. Nordöstlich von Þorlakshöfn (Fährhafen nach Vestmannaeyar) trifft die

42 auf die Straße 39 (von und nach Reykjavik) und die Straße 38 (von und nach Hveragerdi/Straße 1).

Durch den Teil des Vierer-Straßen-Gebiets, der nördlich von Reykjavik liegt, führt die **Straße 1** als zentrale Verkehrsader. Wenn du aus Reykjavik herausfährst, kommst du um zwei Meeresarme herum an die Südseite des Berges Esja (914m). Wer sich hier die Mühe macht, einen der Aussichtspunkte zu besteigen (Kerhólakambur 850m; Kistufell 830m), der hat eine phantastische Aussicht über Reykjavik und bei guter Sicht über die ganze Halbinsel Reykjanes. Ein beliebter Aufstieg zum Esja-Berg beginnt an den Waldplantagen der Mógilsá Station. Aber es gibt auch viele andere Routen.

Die Straße 1 umrundet den Esja-Berg, und am Nordhang ist die Fahrt entlang des **Hvalfjördur** besonders schön. Der Hvalfjördur war im II. Weltkrieg ein wichtiger Stützpunkt der alliierten Besatzungstruppen, sowohl der Briten als auch später der Amerikaner. Der 30 Kilometer lange Fjord mit seinen steilen Berghängen an den Seiten bot oft Convoys auf dem Weg über den Atlantik Schutz. Am Ende vom Laxárvogur, einem Seitenarm des Hvalfjördur, zweigt von der Straße 1 die Bergstraße 48 nach Südosten ab. Über die 22 Kilometer lange Straße besteht eine Verbindung zur Straße 36, auf der man schnell das Tal þingvellir erreicht. Mehr über þingvellir findest du im Kapitel „Dreier-Straßen".

Transport und Übernachtungsmöglichkeiten im Gebiet der Vierer-Straßen

Öffentlicher Verkehr

Es gibt einen regen Busverkehr von Reykjavik in die Orte auf der Halbinsel Reykjanes. Nach Keflavik zum Beispiel bis zu sieben Abfahrten täglich in jeder Richtung. Nach Grindavik fährt meist nur ein Bus täglich, aber du kannst den Ort auch mit Umsteigen in Keflavik erreichen. Achtung: Zum internationalen Flughafen verkehren besondere Zubringerbusse ab dem Hotel Loftleidir in Reykjavik. Der Ort Keflavik liegt vom Flughafen einige Kilometer entfernt!

Organisierte Touren

Reykjavik Excursions bieten viereinhalbstündige Fahrten zu den heißen Quellen nach Krisuvik. Auf der Tour wird auch Bessastadir und der Ort Grindavik besucht. Abfahrten im Sommer täglich zum Preis von 17 US-$.

Übernachtungen

Es gibt nur ein Hotel in Svartsengi bei Grindavik. Dieses Hotel zielt mit seinem Angebot eher auf Kurzurlauber aus Reykjavik als auf Touristen.

Aus der Werbung "The Motel offers first class rooms with bath, massage-shower, TV and Video."

Notfälle

In Notfällen findest du Krankenstationen in Keflavik und Grindavik.

Die Fünfer-Straßen

Die **Ringstraße 1** verbindet im Bereich der Fünfer-Straßen den Hvalfjördur – rund 40 Kilometer nördlich von Reykjavik – mit dem Hrútafjördur im Norden Islands. Dieser Abschnitt der Straße 1 ist 165 Kilometer lang. Im südlichsten Teil führt die Straße 1 an den Ufern des **Hvalfjördur** entlang (Hvalfjördur = Walfjord). Dieser tiefe und geschützt liegende Fjord bot im II. Weltkrieg alliierten Schiffsconvoys bei ihren Atlantiküberquerungen Schutz (siehe auch im vorangegangenen Kapitel). Heute sind zwar noch Reste dieser Zeit zu erkennen, aber die Bedeutung des Hvalfjördur als Hafen ist verschwunden. Am Südufer, auf dem Landvorsprung Hvitanes, hatten die Briten bei ihrem kurzen Besatzergastspiel ihr Hauptquartier. Nur wenig ist dort noch zu erkennen, um so mehr aber auf dem gegenüberliegenden Fjordufer. Dort ist aus dem amerikanischen Hauptquartier der Ort Midsandur entstanden. Die militärischen Ursprünge können viele der Barackenhäuser in Midsandur nicht verleugnen. Rund um den Ort an den Berghängen sind heute Tanklager unübersehbar.

Bei Midsandur befindet sich *die* Walfangstation (Hvalstöd) des Nordatlantik. Es ist neben zwei Stationen in Spanien (Cangas und Caneliñas) der Rest einer einstmals großen Industrie, die die Natur um einiges ärmer gemacht hat. Viele Großwalarten sind bedroht, und trotz starker Fangbeschränkungen wachsen die Bestände nur langsam wieder. Um den Walen eine Überlebenschance zu geben, beschlossen die walfangenden Nationen Anfang der 80er Jahre einen totalen Walfangstop, der 1986 in Kraft treten und bis 1990 anhalten soll. Island stimmte seinerzeit gegen das totale Fangverbot, rang sich aber später im Althing doch knapp mit einer Stimme Mehrheit zu einer Zustimmung durch. Die Lobby der Walfänger war wohl nicht stark genug, ein Argument zu entkräften: Ein Festhalten am Walfang, der zuletzt für durchschnittlich ein Prozent des isländischen Jahresexportes sorgte, hätte Islands Lebensnerv bedroht, den Fischexport. Umweltschutzorganisationen, wie Greenpeace und deren militante Abspaltung Sea Shepherd, hatten eine Boykottkampagne gegen isländische Produkte im Ausland angekündigt.

Islands Regierung will aber – in Übereinstimmung mit der internationalen Walfangkommission – den Fang von einigen hundert Walen zu wissenschaftlichen Zwecken während der Fangverbotsperiode zulassen. Dies hat schon erneute Proteste der Naturschutzorganisationen hervorgerufen. Was sich in Zukunft an der Hvalstöd bei Midsandur abspielen wird, ist nicht ganz sicher.

In der Vergangenheit wurden in Hvalfjördur nicht nur das Fleisch und der Tran der Wale vermarktet, sondern auch das blutige Schauspiel. Touristen zahlten zuletzt 21 US-$ ab Reykjavik für die Fahrt zu einer Schlachtung. Dafür „bietet sich das seltene Schauspiel der Landung und der Verarbeitung dieser beeindruckenden Tiere“, so ein Werbeprospekt. Sollte es diese Bluttouren in der Zukunft noch geben, muß sich jeder Besucher darüber im klaren sein, daß vor seinen Augen die Welt um ein bedrohtes Stück Natur ärmer gemacht wird.
Hauptabnehmer des isländischen Walfleisches war bisher Japan. Dort verbietet die Schintoismus-Religion den Verzehr von Fleisch vierfüßiger Tiere – eine Regel, die schon vielen Walen das Leben gekostet hat. In Zeiten ohne Fangverbot wurden an der Hvalfjördur Station zuletzt jährlich etwa 300 bis 400 Wale verarbeitet. Island betonte immer, daß man alle Quoten genau eingehalten und keine der schon länger geschützten Wale gefangen hat, zum Beispiel Blauwale.
Die Walfangstation ist aber nicht das einzige interessante am Hvalfjördur. Vor der Walstation liegt eine kleine Insel im Fjord, die schon in den Sagas Erwähnung findet. Sie heißt Geirshólmi und war Stützpunkt einiger dunkler Typen. Von dort rettete Helga, eine Fürstentochter, ihre zwei Söhne. Sie schwamm mit ihnen ans Ufer und kletterte durch eine Felsspalte auf den Hügel þyrill. Das ist der unübersehbare Bergvorsprung, um den du auf der Straße herumfahren mußt.

Am letzten Zipfel des Hvalfjördur, am Batnsvogur, beginnt das Botnsdalur. Durch dieses, mit Krüppelbirken bewachsene Tal, gelangst du zu den 200 Meter hohen Glymur Wasserfällen.

Auf der Spitze einer Halbinsel am Eingang zum Hvalfjördur liegt **Akranes.** Du erreichst die Stadt, die etwas mehr als 5000 Einwohner hat, über die **Straßen 51** oder **503** und mehrmals täglich mit der Fähre von Reykjavik. (Fähre Akraborg täglich 4–5 Abfahrten in jede Richtung, Fahrzeit ca 1 Stunde.) Akranes ist eine Hafenstadt mit einer großen Fischereiflotte. Der Hafen wird von Islands Zementwerk überragt. Von dort kommt das Material, mit der die Isländer ihrer Betonbaukunst nachgehen. Da es in Island keinen Kalk gibt, dienen zermahlene Muscheln als

Rohstoff. Das schönste (?) Beispiel der Veredlung von Akranesbeton ist die Hallgrimskirche in Reykjavik.
Am Ortsrand (Richtung Straße 503) liegt das Regionalmuseum von Akranes (Byggdasafnid Gördum/Di.–So., 11–12 und 14 –17 Uhr). Östlich der Stadt ragt der 643 Meter hohe Akrafjall Berg auf. (In einigen Karten ist er mit 555m Höhe angegeben). Ein Flußtal, das Tal der Bergadalsá, hat diesen Berg tief eingeschnitten. Die Straße 51 führt nördlich, die Straße 503 südlich um den Berg herum.
In Akranes findest du ein Hotel, einen Zeltplatz, ein Schwimmbad und ein Krankenhaus.
Vom Abzweiger der Straße 51 (nach Akranes) sind es auf der **Straße 1** in nördlicher Richtung 23 Kilometer bis zur nächsten Stadt, **Borgarnes** am Borgarfjördur. Die 1600-Einwohner-Stadt lag bis 1980 noch weit vom Schuß. Die Straße 1 führte bis zu dem Jahr an der Stadt vorbei über die heutige Straße 53. 1980 wurde die 520 Meter lange Brücke südlich der Stadt eröffnet, und plötzlich lag Borgarnes nicht nur auf einer Halbinsel im Borgarfjördur, sondern auch mitten im Touristenstrom. Du findest in dem Ort ein Edda-Hotel und einen Zeltplatz. Für Notfälle gibt es eine Krankenstation.
Die Flüsse und auch das Meer um Borgarnes herum sind als sehr fischreich bekannt.
Im Norden der Stadt biegt die Straße 54 nach Westen ab. Das ist der Zubringer zur Halbinsel Snæfellsnes, wenn du vom Süden kommst. Dazu später mehr.
Eine Pause beim Autofahren oder ein kurzes Aufwachen im Bus ist das Gebiet der **Grábrókarhraun** und des **Hredavatn** wert. Der markanteste Punkt ist dort der Grábrók Krater, der nahe der Straße 1 liegt und leicht zu besteigen ist. Von oben hast du eine schöne Aussicht über die Grábrókarhraun (= die Lava aus dem G.), die vor etwa 3000 Jahren aus dem Krater geflossen ist. Etwas südlich liegt der Hredavatn, ein See, an dem Botaniker ihre Freude haben dürften. Zwischen dem Krater und dem See liegen zwei Hotels (Bifröst und Hredavatnskoli) und ein Zeltplatz (Hredavatn). Eine Jugendherberge gibt es in Varmaland (Straße 50/527), einige Kilometer weiter im Süden (Varmaland, Stafholtstunguhreppur, 311 Borgarfjördur, Tel. 93/ 53 01).
Die Strecke über die Holtavörduheidi ist der nördlichste Abschnitt der Straße 1 im Bereich der Fünfer-Straßen. Die 1 quält sich über ein einsames Hochland. Bei gutem Wetter hast du Sicht auf den kleinen Eiriksjökull (1675 m/ jökull = Gletscher) und den dahinterliegenden großen Langjökull. Beide liegen etwa 30 bis 40 Kilometer in südöstlicher Rich-

tung von der Straße entfernt. Die Berge im Westen, der Snjófjöll und der Tröllarkirkja sind 808 und 1001 Meter hoch. Die Straße selbst erreicht eine Paßhöhe von etwa 400 Metern. Zwischen Fórnihvammur, einer Straßenwachtstation im Süden, und Grænumýrartunga, der ersten Farm im Norden, liegen 26 Kilometer unbewohntes Gebiet. Diesen Abschnitt der Ringstraße werden aber diejenigen nicht erleben, die auch in die Westfjorde oder auf die Halbinsel Snæfellsnes wollen. Von Süden oder von Nordosten kommend, biegen die Hauptstraßen dorthin jeweils vorher ab. An dieser Stelle aber erst das Gebiet östlich der Ringstraße, das von den Straßen 50, 52 und 53 erschlossen wird. Die **Straße 50** führt in einem 60 Kilometer langen Zick-Zack-Kurs vom Hvalfjörđur (Abzweiger von der 1 bei Ferstiklá) nordwärts und trifft bei dem Hof Haugar wieder auf die 1 (etwa 20 km nördlich von Borganes). Du kannst die 50 alternativ zur 1 benutzen, sie ist aber in schlechterem Zustand. Im südlichen Teil ist die 50 eine Bergstraße. Sie führt am Skorradalsvatn vorbei, dem größten See der Region (16 Kilometer lang/ Zeltplatz) und durchquert dann ein relativ flaches, landwirtschaftlich genutztes Gebiet. Du überquerst auf der Straße 50 eine Vielzahl von Flüssen. Von Süden nach Norden die größten: Laxá zwischen den beiden Seen Þórusstađavatn und Geitabergsvatn; Andakilsá, der Abfluß des Skorradalsvatn; Grimsá; Flókadalsá; Reykjadalsá; Hvitaá, der größte Fluß im Westen, du überquerst ihn oberhalb des Kljáfoss; Þverá; Norđurá.
Von der 50 zweigen die **Straßen 523** nördlich **und 518** südlich der Hvitá ab. Darüber erreichst du Reykholt (518), Husafell und die Hochlandstraße Kallidalur: **Reykholt** ist einer der historisch bedeutendsten Orte Islands. *Snorri Sturluson* (geb. 1179) hat hier ab 1206 gelebt und ist 1241 ermordet worden. Snorri ist wahrscheinlich der Verfasser der „Heimskringla", auch bekannt als Snorris Königsbücher. Auch andere Werke der Sagazeit werden ihm zugeschrieben. Aber Snorri war nicht nur ein genialer Autor, sondern auch einer der Mächtigen aus dem Geschlecht der Sturlungen. Diese waren in etliche Streitereien verwickelt. Ein Resultat daraus war der gewaltsame Tod Snorris 1241 in Reykholt. Wahrscheinlich stand hinter der Intrige, die zu Snorris Ermordung führte, der norwegische König. In Reykholt erinnert Altes und Neues an Snorri. Da ist sein Badebecken, eine Sammlung mit Schriften und ein Denkmal. Das Denkmal haben die Norweger 1947 den Isländern geschenkt.Vielleicht eine späte Wiedergutmachung? Entworfen hat es der bekannte norwegische Bildhauer *Gustav Vigeland* (1869-1943 – sein bekanntestes Werk sind die rund 100 Skulpturen im Frognerpark in Oslo). Rund um Reykholt gibt es heiße Quellen, mit deren Warmwasser die Gebäude

heute beheizt werden, ebenso wie Snorris Badebecken. In der Schule von Reykholt ist im Sommer ein Edda-Hotel untergebracht.
Etwa 15 Kilometer östlich von Reykholt an der Straße 518 solltest du die Hraunfossar (= Lavawasserfälle) nicht verpassen. Das sind Wasserfälle ohne Fluß! Sie entspringen auf halber Höhe aus einer Felswand, an einer Stelle, wo das Wasser über einer undurchlässigen Schicht unterirdisch an die Wand heranfließt. In der Nähe gibt es einen Zeltplatz.
Noch weiter landeinwärts liegt das Freizeit- und Feriengebiet **Húsafell.** Dort kannst du Hütten mieten oder zelten. Am ersten Augustwochenende ist Húsafell eines der Festgelände, wo die Isländer ihr langes, arbeitsfreies Wochenende feiern (siehe unter Feiertage). Húsafell kann Ausgangspunkt zu Touren in die Hallmundahraun sein. Dort findest du die großen Lavahöhlen Viðgelmir, Stefánshellir und Surtshellir. Es versteht sich ja eigentlich von selbst, daß man in diesen Höhlen die Tropfgebilde (Stalaktiten) nicht abbricht. Sie sind aber auch ausdrücklich geschützt, und ein Abbrechen ist verboten. Über die Hallmundarhraun führen Jeepwege (die als sehr schlecht gelten) in die moorige Arnavatnsheiði und weiter bis in den Norden zur Ringstraße. Eine andere Jeepstrecke führt Richtung Reykjavatn. Darauf kommst du an die Nordwesthänge des Eiriksjökull. Das ist ein kleiner, aber feiner Gletscher. Zum Besteigen von Gletschern findest du mehr unter dem Stichwort „Berg- und Gletscherbesteigungen" im Kapitel über die Aktivitäten.
Der Highway unter den Hochlandstraßen, der traditionsreiche **Kaldidalur-Weg**, zweigt ganz in der Nähe von Húsafell von der Straße 518 ab. Er trifft nach 40 Kilometern auf die Straße 52. Hier zogen in den Tagen des alten Freistaates die Männer auf dem Weg zu den Things in Þingvellir durch. Der Kaldidalur-Weg (isl.: Kaldadalsvegur oder Kaldadalsleið) führt zwischen dem Lang- und dem Þorisjökull im Osten und dem Ok im Westen hindurch. Der Langjökull ist einer der großen unter Islands Gletschern und war früher mit seinem kleinen Nachbarn, dem 1350 Meter hohen Þorisjökull verbunden. Heute trennt das Þorisdalur die beiden Gletscher. Der Ok (1198m) im Westen, war ein Gletscher, nur hat er seine Eiskappe ganz verloren. Wenn es auf seiner Spitze heute weiß ist, so ist das eine Schneekappe. Zwischen den Gletschern kannst du ein geologisches Phänomen beobachten: eine tektonische Verwerfung, oder einfacher, eine Bruchstelle der Erdkruste. Während du auf dem Kaldidalur-Weg über den Langhryggur entlangfährst, fließt etwas weiter westlich und etliche Meter tiefer die Geitá an dieser Bruchkante lang. Die Schmelzwasser der Gletscher sammeln sich an dieser Kante. Es stauen sich – je nach abschmelzender Wassermenge – mal kleine, mal große

Seen auf und bilden den Fluß. Diese Bruchkante verläuft, wie eigentlich alle Verwerfungen in Island, in Südwest/Nordostrichtung (etwas mehr dazu im Kapitel über die Geologie). Der Kaldidalur-Weg trifft nördlich (23km) von þingvellir auf die Straße 52. Diese Verbindung bietet sich damit als Alternative zur Ringstraße zwichen Reykjavik und dem Norden an, wenn du das Landesinnere den Fjorden vorziehst und du deinem Auto eine Hochlandstraße zutraust. Der Kaldidalur-Weg ist schlechter als eine normale Straße, aber sicher eine der am einfachsten zu bewältigenden Hochlandrouten. Wenn du dich für diese Route zwischen dem Norden und Reykjavik entscheidest, findest du zu den Verbindungen zwischen dem þingvellir und Reykjavik mehr im Kapitel über die Dreier-Straßen.

Die **Straße 52** hat den unaussprechlichen Namen Uxahryggjavegur. Sie ist nach einem Abschnitt benannt, der über einen Bergrücken mit Namen Uxahryggir führt. Im südlichen Teil schlängelt sich die 52 am Rand des weiten, mit Lava gefüllten Tals entlang, in dem auch der alte Thingplatz liegt (Wie weit reicht þingvellir?). Ein guter Aussichtspunkt ist der Hügel Meyjarsæti, nahe der Straße. Von dort kannst du – gute Sicht vorausgesetzt – zwei Berge im Nordosten sehen: den 1188 Meter hohen Hjöðufell (über eine Jeepspur u.a. vom Kalidalur-Weg aus zu erreichen) und den 1060 Meter hohen Skjaldbreiður (=das breite Schild). Martin Schwarzbach, Geologe aus Köln und Islandfan, schreibt in seinen Berichten über „Geologenfahrten in Island“ zu dem „ebenmäßig flachen Kegel“ Skjaldbreiður: „Das ist ein ganz besonderer Vulkantyp, der in jeder geologischen Anfängervorlesung vorkommt, aber den die meisten nie zu Gesicht bekommen.“ Du bekommst ihn aber zu Gesicht, wenn du auf der 52 bist und das Wetter mitspielt. Der nordwestliche Teil der Straße 52 (zwischen Abzweiger Kaldidalur-Weg und Straße 53 bei der Hvitá) führt an zwei Flüssen mit einigen Wasserfällen vorbei. In Brautartunga ist ein Schwimmbad, das mit erdgewärmtem Wasser betrieben wird.

Über die **Straße 53** führte vor Fertigstellung der Brücke über den Borgarfjörður der Verkehr nach Norden. Die Straße folgt ein Stück dem Fjordufer und überquert dann die Hvitá bei Hvitávellir, einem großen Hof und alten Handelsplatz. Bis hierhin konnten in alten Zeiten die Seeschiffe den Fluß hinauffahren.

Auf die nächste Straße, die ich hier beschreiben will, habe ich schon hingewiesen: die **Straße 54**, die südliche Zufahrt zur **Halbinsel Snæfellsnes**. Sie führt von Borgarnes an der Südküste der Halbinsel entlang, überquert diese nördlich von Buðir und endet in Olafsvik. Wenn du aus Nordisland kommend Richtung Snæfellsnes unterwegs bist, dann ist die beste Verbindung von der Ringstraße über die Straße 68 (Abzweiger bei Bru), dann über die Laxardalsheidistraße 59, ein kleines Stück über die 60 und schließlich auf der 57, der Snæfellsnes-Nordküsten-Straße bis zur Kreuzung mit der 54 kurz vor Olafsvik. Die Straße 57, die den Namen Snæfellsnesvegur hat, ist weiter unten beschrieben. Zwischen den beiden Küstenstraßen gibt es noch zwei Querverbindungen: die Straße 55 und die landschaftlich reizvolle Paßstraße 56 über den Kerlingarskard (max. 311 m). Die Westspitze, mit dem Snæfellsjökull, kannst du natürlich auch umrunden, und zwar auf der Straße 574.

Aber nun alles der Reihe nach: Die 54 führt im südöstlichen Abschnitt durch flaches, landwirtschaftlich genutztes Gebiet. Viele Flüsse, die als fischreich bekannt sind, durchziehen das Land, bilden unzählige kleine Seen. Mehrere Nebenstraßen **(533/534/537/540/566)** erschließen das Gelände zwischen der Hauptstraße und dem Meer. Weiter nordwestlich besagen schon die Namen, daß du wieder in erdgeschichtlich junges, vulkanisches Gebiet kommst: Barnaborgarhraun, Eldborgarhraun und Gullborgarhraun (hraun = lava). Der verantwortliche Krater für die Eldborgarhraun ist südlich der Straße gut zu erkennen. Nahe dem Eldborgkrater zweigt die **Straße 55** nach Norden ab (27 km bis zur 57). Auf der 55 kommst du nach wenigen Kilometern in die Gullborgarhraun, ein Lavagebiet mit Tropfsteinhöhlen. Die Gullborgarhellir (hellir = Höhle) war bisher zugänglich nach Anmeldung auf dem Hof Heggstadir (6 km hinter der Kreuzung 54/55). Aber Vorsicht: Nicht alle Höhlen in der Region sind

ungefährlich. Schön und angeblich fischreich sind die beiden Seen oberhalb der Gullborgarhraun (Oddastaðvatn und Hliðarvatn).
Die Straße 54 führt über flaches Gelände weiter nach Westen. In Kolviðarnes am Ende der **Straße 567** (ca. 4 km von der Hauptstraße) ist ein Schwimmbad, das mit Wasser aus einer heißen Quelle betrieben wird. Bei der kleinen Servicestation Vegamot (= Wegkreuzung) zweigt die **Straße 56** nach Norden ab. Sie verbindet die beiden Snæfellsnes Hauptstraßen (23 km) über den Kerlingarskarð und führt weiter bis Stykkisholmur.
Die Fahrt über den Kerlingarskarð ist eine Fahrt durch die grauen, fabelhaften Zeiten Islands. In dem Baulávallavatn – etwas westlich der Straße – sollen einige Monster leben, und eine versteinerte Trollfrau (Kerlingar = die Alte) hat dem ganzen Paß ihren Namen gegeben. Sie sitzt auf dem Kerlingarfjall, dem Berg am Nordende der Paßstraße.
Die 54 folgt westlich von Vegamot weiter der Küste, nur wird der Landstreifen zwischen den Bergen und dem Meer immer schmaler. Auf dem Hof Garda in Stadarsveit, 23 Kilometer westlich von Vegamot, ist eine kleine Schlafsackunterkunft (Farmholiday-Liste). Und wer schnell mal schwimmen will, kann ja am Schulzentrum Lýsuhóll (Straße 572, ca. 2 km von der Hauptstraße) vorbeischauen, dort ist ein Schwimmbecken, das mit dem heißen Wasser einer nahen Quelle gefüllt ist.
Nördlich von Buðir biegt die Straße 54 von der Küste weg in die Berge und überquert den Bergrücken, der sich über Snæfellsnes hinzieht. Dieser Streckenabschnitt über die Fróðarheiði zählt sicher nicht zu den besten Straßen in Island, und wer schon so weit nach Westen gefahren ist, sollte dann auch gleich die Fahrt um die Westspitze machen (ca. 52 km mehr), es lohnt.
Zuerst aber ein Tip: Du solltest den Abstecher nach **Buðir** nicht auslassen (Zeltplatz, Hotel, Restaurant). Glaubt man einheimischen Reiseführern, so findet man hier die Copacabana Islands: „Einer der besten Strände Islands", heißt es da, „gut zum Baden und Sonnen." Aber Schwimmen ist nicht unbedingt erforderlich, um Buðir schön zu finden. Schwarze Lavazungen ragen in den gelben Sand am Strand hinein. Wenn hier die Sonne scheint, dann muß ich dem Road Guide recht geben, dann ist es wirklich ein phantastischer Platz zum Sonnenbaden. Nahe dem Strand ist eine kleine Kirche mitten in einer Wiese, und westlich davon erstreckt sich über eine weite Fläche die Buðahraun. Die Lava stammt aus dem Krater Buðaklettur, der aus der Ebene hervorragt.
Die Buðahraun ist für ihren Pflanzenreichtum bekannt, und neben den blühenden Zeichen dieses Reichtums gibt es auch seltene Farne. Im

Umfeld des Hotels gibt es einige Pfade, über die du in und teilweise durch das Lavafeld kommen kannst. Je weiter du dich aber vom Hotel entfernst, desto schwieriger ist es, sich durch die zerklüftete Lava weiter fortzubewegen. Wer genug Kondition hat, kann durch dieses Auf und Nieder bis zu dem 88 Meter hohen Budaklettur gelangen. Glücklich ist, wer jene Höhle findet, die unter der Budarhaun beginnen und bis zur Surtshellir-Höhle bei Husafjell reichen soll – das wären 130 Kilometer, die auch noch mit Goldstaub bedeckt sein sollen: Ein Weg, auf dem man sich über die hohen Preise in Island keine Gedanken mehr machen müßte.

Wer die Gold-Höhle nicht findet, sollte sich mit dem trösten, was die Budarhaun sonst bietet, und das könnte bei gutem Wetter ein Blick auf den nahen Snœfellsjökull sein. Nur spielt das Wetter oft nicht mit, und der kleine Gletscher hält sich verhüllt. Ich habe einmal sechs Tage in Gletschernähe verbracht, ganze 15 Minuten gab er sich eine Blöße. Ein paar Tage später sah ich ihn dann klar am Horizont – von Reykjavik aus, 160 km entfernt. So kann's gehen in Island.

Klappt es mit dem Gletscherblick in Budir nicht, dann bleibt noch der Blick nach Norden zum Hang des Mælifell, oberhalb der Straße. Dort stürzt der Bjarnafoss herunter, wenn ihn nicht gerade ein kräftiger Südwestwind aufhält. Denn dann fällt er nicht, sondern steigt auch schon mal verblasen himmelwärts.

Oberhalb von Budir zweigt die **Straße 574** von der 54 ab. Das ist der Útnesvegur (deutsch: der Außenhalbinselweg). Und wie der Name schon sagt, führt die Straße 574 um den Gletscher herum, immer außen an der Halbinsel lang.

Arnastapi (oft auch nur **Stapi** genannt) liegt 17 Kilometer westlich von der Kreuzung 54/574. Im Ort gibt es einen Bauernhof mit Schlafsackunterkunft (Farmholiday-Liste) und ein Zeltgelände. Arnastapi ist ein kleines Fischerdorf, das zusammen mit dem benachbarten Hellnar etwa 100 Einwohner hat. Basaltformationen rund um den Hafen und an der Küste entlang machen den Ort interessant. Und dann ist da natürlich das große weiße Ding im Norden, der Gletscher. Vom Ort aus ist die Sicht zwar durch den 526 Meter hohen Aschehaufen Stapafjell verdeckt, aber oberhalb von (Arna-)stapi kann man relativ nah am Gletscher zelten. Früher gab es dort auch eine Hütte, die aber seit einigen Jahren zerstört ist. Von dieser Stelle soll es nach isländischen Quellen auch eine Aufstiegsmöglichkeit zum Snæfellsjökull-Gipfel geben. Die Anmerkungen zum Stichwort „Berg- und Gletscherbesteigungen" unter dem Punkt

„Aktivitäten" gelten aber sicher auch für diesen kleinen (ca. 10 qkm Fläche, 1446 m hoch) Gletscher.
Der Snæfellsjökull ist nicht nur Gletscher. Unter seinem Eis führte (führt?) er ein heißes Innenleben als Vulkan. Vermutlich – der Geologe Schwarzbach versieht das Datum mit einem Fragezeichen – 50 v. Chr. hat hier der letzte Ausbruch stattgefunden, bei dem dann wohl die zähflüssige Lava das Erdinnere verlassen hat, die sich in Strömen den Snæfellsjökull heruntergeschoben hat. Der Gletscher-Vulkan hat es Literaten auch schon angetan. Jules Vernes hat hier seine Reise zum Mittelpunkt der Erde beginnen lassen, und „unter dem Gletscher" läßt Hálldor Laxness seinen bischöflichen Gesandten das Leben der Bewohner beobachten: Wie treiben sie die „Seelsorge am Gletscher"?.
Der Gletscher bleibt lange über dir, wenn du auf der 574 fährst. Vergiß aber nicht die anderen Spots am Rande, am Ufer nämlich. **Hellnar** zum Beispiel, wo das Meer eine gut erreichbare Grotte im Basalt geformt hat (wenige Meter östlich des Anlegesteges).
Weiter im Westen solltest du dir Zeit nehmen für einen Gang von der Straße zu den Vogelklippen östlich des Malarrif-Leuchtturms. Dort stehen unübersehbar zwei Felsen (Lóndrangar) über den Klippen, der höhere ist 75 Meter hoch. Die Küste im Bereich der beiden Felsen und am Leuchtturm ist voller Seevögel, und nicht nur die Vogelkundler werden ihren Spaß daran haben. Zur Brutzeit der Lummen solltest du unbedingt auf deren Eier achten: Sie sind birnenförmig und haben ihren Schwer-

Wasserstraßen – keine Seltenheit in Island

punkt so, daß sie auch in den Steilhängen noch auf den kleinsten Vorsprüngen liegenbleiben. An dieser Stelle sind auch manchmal kleine Federhaufen mit Schnabel dran zu sehen, die an einer geschützten Stelle in den Hängen liegen: Junge des Eissturmvogels. Und schließlich gehören Papageitaucher zu den Bewohnern der Vogelfelsen bei Malarrif. Der einfachste Fußweg zu den Vogelfelsen ist von der Straße 574 einige hundert Meter östlich der Stichstraße zum Leuchtturm **Malarrif.**

Zwischen Malarrif und Hellisandur liegen 27 Kilometer, öde Kilometer. Wenn ich richtig informiert bin, lebt heute kein Mensch mehr auf diesem Teil von Snæfellsnes. Als die Boote noch leicht und flach waren, so daß sie nach jeder Fischtour aufs Land gezogen werden konnten, war zum Beispiel Dritvik ein beliebter Fischerort. Heute wirst du Mühe haben, über die Piste die Reste des Dorfes zu erreichen. Gleiches gilt für den ehemaligen Ort Beruvik, der etwa auf halbem Weg zwischen Malarrif und Hellissandur lag. In diesem Bereich fällt dir vielleicht eine Fahrspur auf, die von der Hauptstraße auf eine Kratergruppe zuführt. Die Krater haben den Namen Hólahólar, und der Weg führt nicht nur an die Krater heran, sondern auch in einen hinein. Dort habe ich sogar schon Fahrspuren gesehen, wo jemand versucht hat, innen im Krater an den Hängen hochzufahren. Die Spuren wird man bestimmt noch lange sehen – Islands Natur ist nachtragend, und vielleicht findet sich auch noch der eine oder andere dumme Nachahmer.

Wenn dir südlich des Ortes Helisandur eine große Stange auffällt, dann bist du bei Gufuskálar. Die Stange ist angeblich 412 Meter hoch und dient dem Seefunkverkehr. Gebaut haben das Ding Amerikaner.

Hellissandur und **Rif** sind zwei Fischerorte, wobei Hellissandur der Wohnort (ca. 500 Einw./Schwimmbad) und Rif der Hafenort (100 Einw.) ist.

In **Olafsvik** treffen die Straßen 54 und 574 wieder aufeinander. Olafsvik ist das, was man gerne einen aufstrebenden Ort nennt. Als Handelsplatz ist Olafsvik schon lange bekannt. Ein Lagerhaus aus dem Jahre 1841 (so etwas hat wirklich Seltenheitswert in isländischen Orten) erinnert an die alte Handelszeit. Sonst dominiert Beton. Außergewöhnlich ist die neue Kirche, die über der Stadt thront. In Olavsvik gibt es ein Hotel, ein Schwimmbad und das medizinische Versorgungszentrum für den Westen von Snæfellsnes. Ein kleiner Zeltplatz ist auch vorhanden. Östlich der Stadt führt am Fluß Fossá eine Straße in die Berge. Im unteren Teil des Flusses Fossá ein Beispiel für lokale Energiegewinnung in Island: ein kleines Wasserkraftwerk.

Über die Berge (Fróðárheiði) sind es auf der Straße 54 nur 20 Kilometer zwischen dem Abzweiger der Straße 574 bei Buðir und Olafsvik.
Sieben Kilometer östlich von Olafsvik trifft die **Snæfellsnes Nordküstenstraße 57** auf die Straße 54. Sie führt zwischen dieser Kreuzung und der größten Stadt auf Snæfellsnes, Stykkisholmur, an einer eindrucksvollen Küste entlang.
Ein Berg fällt auf diesem Teilstück bestimmt auf, der „Zuckerhut" Islands, der Kirkjufell (463 m), westlich von Grundarfjörður. Der nahegelegene Ort **Grundarfjörður** ist ein schnellwachsender Fischerort. Im Ort gibt es ein Schwimmbad und in der Nähe eine Schlafsackunterkunft auf einem Bauernhof (Kverná, östlich des Ortes). Dort findest du auch Campingmöglichkeiten, und es gibt einen Ponyverleih (Farmholiday-Liste).
Zwischen Grundarfjörður und dem Abzweiger nach Stykkisholmur liegt die Berserkerhraun (Berserkerlava). Berserker waren in den Sagas Krieger, die sich mit den Fellen von wilden Tieren vermummten, um deren Kräfte zu bekommen. Die Berserker waren recht wüste Typen. Die Lava am Snæfellsnes ist nach ihnen benannt, weil sich dort ein Landbesitzer einen Pfad von Berserkern in eben dieses Lavafeld schlagen ließ. Statt sie zu entlöhnen, brachte der Auftraggeber seine Pioniertruppe um. Sie sind in der Berserkerhraun am Rande des Weges begraben – so erzählt man sich.
Die Straße 56, die von Süden über den Kerlingarskarð kommt, kreuzt die Straße 57 beim Fluß Grisholsá und führt dann weiter nordwärts nach **Stykkisholmur**. Stykkisholmur ist einer der wenigen Orte in Island, die meiner Meinung nach einen Blick lohnen. Die Lage an der Felsenküste, die dem Hafen vorgelagerte Sturm-Schutz-Insel, das große Kloster über dem Hafen, dies alles gibt ein bißchen Atmosphäre. Die 1200-Einwohner-Stadt hat ein neues Hotel, einen einfachen Zeltplatz (am Ortseingang), ein Krankenhaus (im Kloster) und ein Schwimmbad. Von Stykkisholmur fährt im Sommer Mo.-Sa. einmal täglich die Fähre Baldur über den Breiðafjörður nach Brjanslækur (Überfahrtzeit ca. 4 Std./Beschreibung Brjanslækur siehe unter Sechser-Straßen). Ein Stop während der Überfahrt ist auf der **Insel Flatey**. Dort scheint die Zeit vor vielen Jahren stehengeblieben zu sein. Man kann mit der Baldur natürlich auch nur nach Flatey fahren und sich dort solange umsehen, bis das Schiff auf der Rückfahrt nach Stykkisholmur wieder vorbeikommt. Auf der Insel leben nur etwa 40 Menschen, aber du kannst dort sogar in einem kleinen Laden einkaufen oder eine Kleinigkeit essen. Es soll seit neuerem auch eine Schlafsackunterkunft auf Flatey geben. Die Baldur ist übrigens mehr ein Küstenfrachter als eine Fähre. Die Autos werden per Kran an Deck

gehieft. Es ist aber trotzdem auch für Autofahrer eine lohnende Reisemöglichkeit: Man spart viele nervende Kilometer auf der Fahrt in die Westfjorde. Preise für die Überfahrt und Platzbestellung auf Anfrage bei der Reederei (93/ 81 20). Bootstouren in die Inselwelt des Breidarfjördur organisiert auch das Hotel Stykkisholmur (nicht nur für Hotelgäste). Diese Fahrten sind aber sehr teuer.
Von Stykkisholmur landeinwärts liegt der **Helgafell** Berg. Du erreichst ihn über eine kleine Stichstraße, die etwa vier Kilometer vor Stykkisholmur von der 56 abzweigt. Neben dem Berg ist ein großer Hof, der eine lange und wechselhafte Geschichte hinter sich hat. Den ersten Hof an dieser Stelle soll – so erzählen die Sagas – Thorstein Dorschbeißer erbaut haben. Das war der Vater des Thorgrimm, der wiederum war der erste Mann der Thordis, und die war Schwester jenes Gisli Sursson, über den im Literaturkapitel einiges steht. Gisli hat seinen Schwager Thorgrimm irgendwann einmal entleibt, aber nicht bevor der einen neuen Thorgrimm in die Welt gesetzt hatte, der später als Gode Snorri berühmt wurde. Nach der Christianisierung entstand ein Augustiner-Kloster (Helgafell = heiliger Berg), das mit der Reformation wieder verschwand. Dort soll Gudrun Osvifursdottir gewirkt haben, die auf dem Gelände neben der heutigen Helgafell-Kirche begraben sein soll. Gudrun ist eine der Hauptfiguren der Laxadals Saga. Eine Legende sagt: Wer beim ersten Besuch am Helgafell von Gudruns Grab auf den Hügel steigt, dabei schweigt und sich nicht umdreht, der hat einen Wunsch frei – an einigen Stellen sogar drei Wünsche. Zwecklos soll es aber sein, sich dauernden Sonnenschein zu wünschen, damit sind schon andere reingefallen. Lohnend ist der Weg auf den Hügel aber auch ohne die Frei-Wünsche. Von oben besteht eine fantastische Aussicht auf die Inselwelt vor der Küste von Snæfellsnes.
Auf der anderen Straßenseite, noch etwas weiter aus Stykkisholmur heraus, liegt der Hofstadir Hof. Dort fand noch vor dem Jahr 900 das erste regionale Thing in Island statt. Das war über 30 Jahre vor den ersten großen Thingversammlungen in Þingvellir.
Der fast 70 Kilometer lange Ostabschnitt der Straße 57 führt immer nah an der Küste entlang, um ein paar Fjorde herum. An dem Küstenabschnitt, der heute Skogarströnd (Waldstrand) heißt, hat Eric der Rote gelebt und gemordet, der Mann, der auf der Flucht dann Grönland entdeckte.
Der Nordteil der Fünfer-Straßen, der Hals hinüber in die Westfjorde, heißt **Dalasysla** (Dalabezirk). Der Hauptort mit rund 300 Einwohnern, Hotel, Krankenstation und Arzt ist **Budardalur** an der Straße 60. Zwei

Kilometer südlich von Buðardalur ist der Abzweiger zur **Straße 59** über die Laxardalsheiði nach Osten.
Noch weiter südlich (ca. 10 km) gab es früher eine West-Ost-Verbindung durch das Haukadal (Habichtstal). Heute ist dort nur noch eine im Sommer sehr schlecht zu befahrende Jeepstrecke. Nah beim Habichtstal, auf dem Hof Kvennabrekka, ist Arni Magnússon geboren, der Mann, der die alten Schriften (Edda, Sagas) um 1700 vor der Vernichtung gerettet und in Sicherheit gebracht hat (siehe mehr dazu im Kapitel über die Geschichte).
Im Norden von Buðardalur liegt das Sommerzentrum **Laugar (Straße 60/589)** mit Zeltplatz, Hotel, Schlafsackunterkunft, einem erdwärme-beheizten Schwimmbad und einem Mini-Heimatmuseum.
Die **Straße 590** führt an der Küste der Dalasyslá Halbinsel Klofning herum. Dieses Gebiet ist touristisch kaum erschlossen. Der südliche Teil heißt Fellsströnd, der nördliche Skarðsströnd. Die 496 Meter hohe Westspitze Klofningur markiert die Grenze zwischen den Teilen und gibt der ganzen Halbinsel den Namen. Vom Klofningur kann man gut die Inselwelt des Breiðarfjörður überblicken. 39 Kilometer führt die Straße 590 nördlich des Klofningur über einen schmalen Landstreifen am Ufer des Breiðarfjörður entlang, bis sie auf die Straße 60 trifft: Das Land der Westfjorde fängt an.

Transport- und Übernachtungsmöglichkeiten im Gebiet der Fünfer-Straßen

Öffentlicher Transport

Auf der Ringstraße verkehren eine Reihe von Buslinien zwischen Reykjavik und Zielen im Norden und Westen. Sie haben bis Borgarnes alle einen gemeinsamen Weg, so daß du bis dorthin eine große Auswahl hast. Ausgenommen ist Akranes, das etwas abseits liegt. Dort fährt man aber auch nicht mit dem Bus hin (nur einmal wöchentlich), sondern mit der Fähre ab Reykjavik, die bis zu fünfmal täglich verkehrt und etwas billiger ist. Die Fähre kostet etwa 14 DM, der Bus 15 DM. In die Gebiete östlich der Straße 1 fährt ein- bis zweimal täglich ein Bus bis Reykholt und einmal wöchentlich nach Husafell. Eine Fahrt Reykjavik – Reykholt kostet etwa 20 DM. Zur Halbinsel Snæfellsnes fährt täglich mindestens ein Bus, Fr. und So. fahren auch zwei. Stykkisholmur/Grundarfjördur und Olafsvik/Hellissandur werden mit je einer Linie angefahren. Die beiden Linien trennen sich in Vegamót. Zwischen Stykkisholmur und Hellissandur entlang der Nordküste verkehrt nur zweimal wöchentlich ein Bus. Für eine Fahrt auf die Snæfellsnes Halbinsel ist mit einem Fahrpreis von 30 bis 45 DM zu rechnen, je nach Zielort. Um die Halbinsel Klofning gibt es zweimal pro Woche eine Busverbindung mit der Gesellschaft, die hauptsächlich die Westfjorde bedient.

Organisierte Touren

Eine zehnstündige Fahrt am Hvalfjördur vorbei über Reykholt, den Kaldidalur-Weg und Þingvellir gibt es zweimal wöchentlich zum Preis von ca. 100 DM. Eine zweitägige Fahrt, die teilweise in Linienbussen absolviert wird, zur Surtshellir Höhle kostet incl. Hotelaufenthalt in Borgarnes bei BSI 49 US-$. Organisierte Kurzfahrten nur auf die Halbinsel Snæfellsnes gibt es nicht. Dafür steht die Halbinsel bei einigen längeren Islandrundfahrten der großen Veranstalter mit auf dem Programm. Die beiden Wandervereine Ferdafelag Islands und Útivist bieten manchmal Ausflüge nach Snæfellsnes an (siehe unter Wandern). Einen Pauschaltrip mit öffentlichen Verkehrsmitteln bietet BSI von Reykjavik über Stykkisholmur zur Insel Flatey im Breidafjördur. Die dreitägige Tour kostet bei Übernachtung in einer Schlafsackunterkunft 66 US-$.

Übernachtungsmöglichkeiten

Hotels (S = mit Schlafsackunterkunft) gibt es in: Akranes; Borgarnes; Reykholt (S); Bifröst; Stykkisholmur (S); Budir; Olafsvik (S); Budardalur (S); Laugar (S). Eine Jugendherberge gibt es nur in Varmaland. Dafür gibt es eine Reihe preiswerter Schlafsackunterkünfte auf Bauernhöfen (Farmholiday-Liste): Brennistadur im Flokadal bei Borgarnes, wo auch Ponys verliehen werden; Husafell, wo man Hütten mieten und an einem Wochen-Programm teilnehmen kann (sehr touristisch!); Gardar an der Südseite von Snæfellsnes; Arnarfell in Arnastapi, im Südwesten von Snæfellsnes; Kverná bei Grundarfjördur im Norden von Snæfellsnes, wo man Pferde leihen kann. Auf den Bauernhöfen sind die Kapazitäten sehr gering, also unbedingt vorher anfragen!

Zeltplätze gibt es (in Klammern die Nummer der nächstgelegenen Straße) in Akranes (51); Bjarnastadir nahe dem Hraunfossar (518); Budardalur (60); Budir (54); Dagverdarnes am Skorradalsvatn (508); Hredavatn (1); Kverná (57); Laugar (1/589); Lyshóll (Südrand Snæfellsnes/572); Olafsvik (54); Stykkisholmur (56).

Notfälle

Krankenhäuser oder -stationen findest du in: Akranes; Borganes; Hellissandur; Olafsvik; Grundarfjördur; Stykkisholmur; Budardalur.

Die Sechser-Straßen

Zwischen dem Gilsfjörður im Westen und dem Bitrufjörður im Osten ist der Hals, an dem das Land der Westfjorde hängt, etwa sieben Kilometer breit. Auf der Westseite dieses Halses führt die Hauptstraße mit der Nummer 60 entlang. Vom Ende des Gilsfjörður sind es etwa 95 Kilometer Luftlinie bis Isafjörður, dem wichtigsten Ort in dieser Region. Auf der Straße fährst du fast 300 Kilometer, wenn du die Südroute nimmst (60), oder etwa 250 Kilometer, wenn du der Nordroute folgst (60/61). Für eine Westfjordrundfahrt inklusive einem Abstecher zum Latrabjarg, wo an Europas westlichstem Punkt eine der größten Vogelkolonien des Nordatlantik ist, mußt du rund 750 bis 800 Fahrkilometer rechnen (ab Gilsfjörður). Von und bis zur Ringstraße 1 kommen noch etwa 200 bis 250 Kilometer je nach Route hinzu. Und die Straßen in den Westfjorden sind alles andere als gut.

Die südlichen 90 Kilometer ist die **Straße 60** quasi ein Fremdkörper. Auf diesem Teilstück durchquert sie das Gebiet der Fünfer-Straßen. Sie zweigt bei Dalsmynni von der Ringstraße ab und steigt erst einmal auf fast vierhundert Meter Höhe, um den Brattabrekka Paß zu überqueren. Dann führt sie durch das Gebiet südlich von Buðardalur, wo viele Plätze mit der Laxadals Saga verbunden sind. Das eigentliche Sechser-Straßen-Gebiet beginnt am Gilsfjörður.

An der Südwestküste **des Westfjordlandes**, dort wo die Straße 60 entlangführt, haben alle Finger des Breiten-Fjords – des Breiðafjörður – eigene Namen. Nördlich des Gilsfjörður liegt zuerst der Króksfjörður (Übernachtung in Schlafsackunterkunft auf dem Hof Bær) und dann der kleine Berufjörður. Westlich davon ragt die Halbinsel Reykjanes mit dem fast 500 Meter hohen Reykjanesfjall ins Meer. An der **Straße 607**, im Süden der Halbinsel, gibt es gutes Agrarland. Etwa 15 Kilometer von der Straße 60 entfernt liegt dort Reykhólar. Die warmen Quellen des Ortes werden genutzt, unter anderem zur Verarbeitung von Seetang und zur Beheizung eines Schwimmbades. Noch neun Kilometer weiter auf der 607, in Staður, kannst du eine alte Kirche aus dem Jahre 1864 sehen, die heute unter Denkmalschutz steht.

Wieder auf der Straße 60 fällt ein paar Kilometer hinter dem Hotel Bjarkalundur ein Berg durch seine eigenartige Form auf. Es heißt, daß die Vaðalfjöll (fjöll = Berge) Gipfel gut zu besteigen sind.

Westlich dieser Berge kommst du an den nächsten Fjord, den Þorskafjörður. An dessen Ende zweigt die Straße 61 ab, die Nordroute am (Isafjarðar) Djup vorbei nach Isafjördur. Die Beschreibung dieser Route folgt weiter unten in diesem Kapitel, dann aber von Nord nach Süd. Die 60 windet sich zwischen dem Þorskafjördur und dem Vatnsfjördur auf einer Länge von 121 Kilometern zwischen Berghängen und Ufer an acht Fjorden entlang. Von Ost nach West sind das:

- Þorskarfjördur – 16 Kilometer lang und schmal.
- Djupifjördur – bei Ebbe fast trockenliegend.
- Gufufjördur – klein, flach und ebenfalls bei Ebbe fast trocken.
- Kollafjördur – 16 Kilometer lang und stellenweise sehr flach. An seinem Ende zweigt eine Jeepstrecke nach Norden ab, die über die Kollafjördurheidi zur Straße 61 am Isafjördur führt.
- Kvingindisfjördur – ein schmaler, 15 Kilometer langer Fjord, der von den steilen Hängen des Bæjarnesfjall und des Svinanesfjall eingerahmt ist. Es ist kaum zu glauben, aber die Straße 60 läßt diesen Fjord aus und führt stattdessen über den Klettshals. Wer dennoch ans Meer will, der kann den Fahrweg benutzen, der zu dem verlassenen Hof Bær an der Spitze der Bæjarnesfjall Halbinsel führt.
- Skalmarfjördur – ist am Ende zweigeteilt und der Westteil hat einen eigenen Namen:
  Vattafjördur
- Kerlingarfjördur – an dessen Ostufer führt die Straße 609 an die Spitze der Halbinsel Skalmárnes. Dort liegen viele verlassene Höfe an der zerklüfteten Küste.
- Kjálkafjördur – ein kleiner felsiger Fjord.
- Vatnsfjördur – an dessen Ende die Straße 60 nach Norden abbiegt und von wo die 62 weiter dem Ufer nach Westen folgt. Bei dem Abzweiger 60/62 liegt das Edda-Hotel Flókalundur. Dort findest du auch etwas abseits einen Zeltplatz.

Am Vatnsfjördur soll sich die Geschichte zugetragen haben, die Islands Namen prägte: Flóki Vigerdarson, der 865 einen Siedlungsversuch in Island unternahm, hatte hier sein Lager aufgeschlagen und eines Tages eine Tour in die Berge gemacht. Von dort sah er im Norden einen Fjord voller Eis, den er Eisfjord (Isafjördur) nannte, und dem ganzen Land gab er den Namen Eisland = Island. (Im Englischen hat man ja bis heute die direkte Übersetzung beibehalten: Iceland). Ob das, was Flóki gesehen hat, der heutige Isafjardardjup oder gar dessen südlicher Ausläufer, der eigentliche Isafjördur, war, ist zweifelhaft. Für einen Tagesausflug wäre das ein bißchen weit gewesen. Daß Flóki einen Blick auf den Arnarfjördur geworfen hat, ist näherliegend.

Flóki soll in der Nähe des heutigen Fähranlegers Brjanslækur an der Straße 62 gewohnt haben, dort, wo die Fähre Baldur aus Stykkisholmur anlegt. Reste einer alten Ansiedlung kann man auf jeden Fall sehen. Ob sie aber von Flókis Siedlungsversuch stammen, ist nicht gerade ein historisches Faktum.

Die Staße 62 verbindet den Vatnsfjördur mit dem Ort Vatneyri, der aber auch oft nach dem Fjord benannt wird, an dem er liegt, Patreksfjördur. Die 62 führt ein langes Stück am Meer entlang durch das Bardaströnd Gebiet und steigt dann als Paßstraße über die Kleifaheidi (max. Höhe 404 m).

Am Ende des Patreksfjördur zweigt die Straße zum **Latrabjarg** ab **(612/ ca. 48 km).** Dort ist eine zwölf Kilometer lange Steilküste, 440 m an der höchsten Stelle. Islands Westspitze, mit dem Leuchtturm darauf, heißt Bjargtanga; bis dorthin führt ein Fußweg. Wenn man von **Bjargtanga** (24°32′ westlicher Länge) unendlich weit nach Süden sehen könnte, dann sähe man vor der Antarktis kein Land mehr. Nur die Längengrade betrachtet, liegt das Kap Bjargtanga näher am südamerikanischen Kontinent (Ostspitze Brasiliens: 34°96′ w.L.) als am europäischen (Westspitze Spaniens: 9°19′ w.L.) – also noch ein Superlativ.

Die Latrabjarg Steilküste ist die größte Vogelkolonie Islands und wird manchmal auch als die größte des Nordatlantik bezeichnet. Viele Möwenarten, Kormorane, Alke, Lummen, Papageitaucher und Baßtölpel kann man hier beobachten. In den Wänden werden manchmal noch Eier gesammelt, von Männern, die sich dorthin abseilen. Es führen einige Fußwege an die Oberkante der Klippen heran.

In Breidavik besteht Übernachtungsmöglichkeit in einer Schlafsackunterkunft (Schule/Jugendherberge: Raudasandshr. U-Bard, 451 Patreksfjördur, Tel. 94/ 15 75); Bus ab Flokolundur 3mal wöchentlich.

Vom Latrabjarg geht es nur zurück, denn die 612 ist eine Sackgasse. Einen kleinen Besuch solltest du dem Hof Hnjotur abstatten. Dort hat der Bauer eine kleine volkskundliche Sammlung eingerichtet. Wer viel Zeit hat und die Latrabjarg-Klippen noch aus einer anderen Perspektive sehen will, kann über die **Paßstraße 615** in das Raudisandur Tal fahren. Östlich von Raudisandur wird die Küste wieder steil, und die Latrabjarg-Kulisse setzt sich mit den Skoraklidar fort.

Der größte Ort (1100 Einw.) am **Patreksfjördur** liegt an dessen Nordufer. Der Ort hat für Fremde eine verwirrende Eigenschaft: Du findest in verschiedenen isländischen Quellen die Namen Patreksfjördur, Patrekshöfn (höfn = Hafen) oder den alten Namen Vatneyri (vatn = See, eyri = Sandbank/der Name war bis 1946 sehr gebräuchlich). Im 19. Jahrhundert hieß der Ort auch schon mal Eyrar. In Patreksfjördur, oder wie auch immer man den Ort benennen will, findest du einen Arzt, eine Krankenstation, eine Pension mit Schlafsackunterkunft und ein Schwimmbad.

Fast das gleiche Schicksal mit den Namen hat Tálknafjördur, ein 300-Einwohner-Ort an dem gleichnamigen Fjord. In einigen Karten zum Beispiel taucht auch der Name Sveinseyri auf. Es liegt an der **Straße 617,** einer Nebenstraße zur Straße 63. Auf der **Straße 63** kannst du von den westlichsten Gebieten Islands wieder auf die Haupt-Westfjorde-Straße, die 60 gelangen. Zwischen dem Tálknafjördur und dem Ort Bildudalur am verzweigten Arnafjördur (Arna = Adler) überquert die 63 bei einer Höhe von 525 Metern den Paß Hálfdan. Wenn dir das Wetter keinen Strich durch die Rechnung macht, hast du von hier aus eine gute Aussicht auf die Fjorde.

In **Bildudalur** (ca. 400 Einw.) ist eine Übernachtungsmöglichkeit im Veitingahusid Vegamót. Bildudalur war während der Monopolzeit (siehe im Kapitel „Geschichte") ein zugelassener Handelsort und spielte noch bis in dieses Jahrhundert eine wichtige Rolle als Warenumschlagplatz der Region. Von Bildudalur führt die **Straße 619** (26 km) in die wenig besiedelten Gebiete am äußeren Arnafjord machen.

Auf dem Helluskard (skard = Paß) trifft die Straße 63 wieder auf die **Straße 60.** Für den Umweg über den Latrabjarg (Straßen 62/63/612) mußt du etwa 225 Kilometer rechnen. Der direkte Weg auf der 60 vom Vatnsfjördur nach Norden bis zu der Kreuzung mit der 63 beträgt knapp acht Kilometer.

Die 60 führt oberhalb des Geirþjófsfjördur, einem Seitenarm des Arnarfjördur, entlang. Am Ende dieses Fjords fand der im Literaturkapitel beschriebene Showdown der Gisli-Saga statt. In dem Wäldchen Longibotn wurde Gisli Sursson getötet. Auf dem Felsen Einhamar ist die Stelle noch „zu sehen". Man kann sich ebenfalls das Versteck ansehen, wo sich Gisli vor seinen Verfolgern verborgen hat – wenn man es findet.

Am Ende des Dynjandisvogur, einem weiteren Seitenarm des Arnafjördur, sind eine Reihe schöner Wasserfälle, darunter der bekannteste der Westfjorde, der Fjallfoss, manchmal auch Dynjandi genannt. Um ihn zu erreichen, muß man ein kleines Stück auf der Straße 621 am Südufer des Dynajandisvogur fahren.

Am Hof Hrafnseyri biegt die Straße 60 vom Ufer des Arnafjördur ab über die Hrafnaseyrarheidi (max. Höhe 552 m) zum Dyrarfjördur. Auf dem Hof Hrafnseyri (heute Servicestation) wurde am 17. Juni 1811 Jón Sirgurdsson, der Vater der isländischen Unabhängigkeit, geboren. Sein Geburtsdatum gab später Anlaß für besondere Tage der Isländer. So wurde am 17. Juni 1944 die Republik ausgerufen. Der 17. Juni ist auch isländischer

Nationalfeiertag. In Hrafnseyri wird an Jón Sigurdsson unübersehbar erinnert.

þingeyri, am Südufer des Dyrarfjördur, ist ein alter Handelsplatz (ca. 450 Einw.) Man findet eine Erste-Hilfe-Station, eine Cafeteria und eine Übernachtungsmöglichkeit. Der Ort wird von dem 367 m hohen Sandafell überragt. Auf den markanten Berg führt ein Fahrweg zu einem Aussichtspunkt. Westlich von þingeyri an der **Straße 622** liegt das Haukadalur, bekannt aus der Gisli-Saga (siehe „Literatur"): *Sie sind mehr als sechzig Tage auf See und kommen vom Meer im Westen an das Südufer des Dyrifjords in eine Flußmündung, die Haukadalsos heißt.* Die 60 führt am Ufer um das Fjordende herum bis Gemlufjall, þingeyri gegenüber. Dort knickt die 60 nach Norden ab, die **624** verläuft weiter nach Westen. Solange die Straße am Fjord entlangführt, hat man eine gute Sicht auf das gegenüberliegende Ufer und die Stadt þingeyri mit dem markanten Sandafell. Bei dem Hof Myrar und dem nahen Myrarfell sollte man nach großen Enten mit windkanalgestyltem Kopf Ausschau halten. Das sind Eiderenten, die größten Enten überhaupt, die hier in einer Mammutkolonie leben. Die Daunen, mit denen Eiderenten ihre Nester ausstopfen, werden seit altersher gesucht und haben einen hohen Wert. Keine andere Naturfeder bietet so hohe Wärmeisolierung. Die Brutkolonie bei Myrar ist durch kräftige Unterstützung kommerziell interessierter Bauern so groß geworden. Die Straße 624 überquert nach einigen Kilometern auch die Berge nach Norden in das ruhige Ingjaldssandur-Tal.
Die Hauptstraße 60 verbindet über die Gemlufallsheidi den Dyrarfjördur und den Önundarfjördur. Entlang der Senke, durch die die Straße führt, spielt auch eine Episode der Gisli-Saga: *Da befiehlt Gisli seinen Knechten, sich sofort nordwärts Richtung Önundfjord in Marsch zu setzen,* um seinen Freund Vestein aufzuhalten, für dessen Leben Gefahr besteht. *Sie machten sich gleich auf und nehmen von Haukadal* (westlich von þingeyri) *ein Boot und ruderten nach Lœkjaros* (Hof westlich von Gemlufall). Dann leihen sie sich Pferde und *reiten bis sie nach Mosvellir* (heute verlassener Hof am Südufer des Önundarfjördur) *kommen und von da*

bis unterhalb Hest (Hestur Berg am Ende des Önundarfjördur zwischen den Bergflüssen Korpá und Hestá). Die Knechte haben Vestein verpaßt, als der sich in Holt (Hof und kleine Kirche am Fjordufer) aufhielt. Sie reiten also so schnell es geht zurück nach Mosvellir, aber sie sehen Vestein nur in der Ferne. *Da reiten sie ins Bjarnartal* (dort wo heute Kirkjuból i Bjarnadalur liegt) *und kommen nach Arnkelsbrekka. Dort machen ihre Pferde schlapp. Sie springen von den Pferden und schreien. Vestein und seine Begleiter, die bis Gemlufallsheidi* (Paßhöhe zwischen Dyra- und Önundarfjördur) *gekommen waren, hörten das und warteten.* Wenn du jetzt gerade über die Gemlufallsheidi fährst und Stimmen hörst, dann warte, und wenn dich dann jemand warnt weiterzufahren, dann hör darauf. Vestein tat es nicht. Er ritt weiter *nach Gemlufall* (Abzweiger 60/624) *zu einer Verwandten. Von dort wurde er nach þingeyri übergesetzt.* Und es kam, wie es kommen mußte, wenn man gutgemeinte Ratschläge in den Wind der Westfjorde schlägt: Vier Tage später hatte Vestein einen Speer zwischen den Rippen. Seine passenden letzten Worte waren, so erzählt die Saga: *Der saß!*
Soweit die Fahrt durch die Geschichte der Gisli-Saga. Natürlich gibt es überall in Island Orte, Plätze, Berge, Täler und Flüsse, die sich mit verschiedenen Sagas in Verbindung bringen lassen. Mehr von Gisli im Kapitel „Literatur".
Die Straße 60 überquert den Ödnundarfjördur, an dessen Nordseite die **Straße 64** (8 km) nach **Flateyri** abzweigt. Der 450-Einwohner-Ort hat einen guten Hafen, und die Fischerei ist der dominierende Erwerbszweig. In Flateyri findest du für den Notfall eine Krankenstation und für den Normalfall einen kleinen Zeltplatz und ein Schwimmbad.
Die 60 steigt in ihrem nördlichsten Abschnitt zwischen dem Önundarfjördur und dem Skutulsfjördur auf eine Höhe von 610 Metern. Dieser Abschnitt über die Breidadalsheidi ist eine der höchsten Paßstraßen Islands und rund ums Jahr schneegefährdet. Auf der Höhe zweigt die **Straße 65** nach **Sudureyri** ab (17 km). Der 500-Einwohner-Ort liegt am Eingang des schmalen, 12 Kilometer langen Sugandafjördur. Im Ort findest du eine Erste-Hilfe-Station. Die Lage des Ortes am Nordhang des Spillir Kammes macht Sudureyri sehr düster. Der „Sonnentag" ist der letzte Februarsonntag, wenn nach langen dunklen Monaten endlich die Sonne wieder in den Ort hineinscheinen kann. Bei Laugar, vier Kilometer vor dem Ort, sind warme Quellen und ein altes Schwimmbad.
Die Straße 60 endet (oder fängt an) am Skutulsfjördur, wo sie auf die 61 trifft. An dem Skutusfjördur – und nicht wie oft angenommen am Isafjördur – liegt der Ort **Isafjördur.** Beide Fjorde sind Seitenarme des gro-

ßen Isafjardardjup, der Skutulsfjördur der nördlichste und der Isafjördur der südlichste.
Die Stadt liegt am Westufer des Skutulsfjördur auf einer Sandbank. Am Ostufer befindet sich der Flugplatz. Überall, wo entlang des Fjords auf dem Streifen zwischen Ufer und Berghängen Platz ist, breitet sich Isafjördur aus. Am Fjordende, ca. drei Kilometer vom Zentrum, liegt an der 60/61-Kreuzung der Ortsteil Kirkjuból. In den beiden Tälern auf der anderen Straßenseite ist das Freizeitgebiet von Isafjördur. Wochenendhäuser, einen Zeltplatz, Wälder und das Skigebiet Seljanlandsmuli findet man dort.
In Isafjördur selbst gibt es ein Krankenhaus (zwischen Hafnarstræti und Eyrargata), eine Schwimmhalle (am Nordufer der Sandbank), ein Heimatsuseum und mehrere Hotels.
Wie verwirrend in Island Informationen gegeben werden, fiel mir mal wieder besonders auf, als ich die Hotellisten für Isafjördur überprüfte. Da gibt es das Guesthouse Isafjördur, Tel. 94/ 30 43. Dann gibt es das Salvatorian Army Hostel (Salvatorian Army = dt. Heilsarmee = isl. Hjálpprædishersins) mit der Telefonnummer 94/ 30 43, und es gibt noch die Jugendherberge im Verzeichnis des isländischen Herbergsverbandes – mit der Telefonnummer 94/ 30 43. In der Mánagata 4 findest du auf jeden Fall ein großes Haus mit preiswerten Übernachtungsmöglichkeiten: Tel. 94/ 30 43.
Außer der Drei-Namen-Herberge gibt es noch das Edda-Hotel Isafjördur, Siltorg 2, Tel. 94/ 41 11 und die Pension Hamrabær, Mánagata 1, Tel. 94/ 37 77. Letztere ist mit einem Preis von 25 US-$ pro Nacht in einem Doppelzimmer für isländische Verhältnisse billig. Ob die Schlafsackunterkunft im Wintersportgelände auch im Sommer geöffnet ist, muß du vor Ort erfragen.
Sehenswert ist die Altstadt von Isafjördur, mit einigen renovierten Geschäftshäusern aus alten Tagen. Du findest sie auf dem Südteil der Sandbank. Schön ist auch eine Tour auf den Seljanlandsmuli, von wo du einen guten Blick über die Stadt hast. Ein kleiner Weg führt auf den Berg.

Ausflüge von Isafjördur in die Umgebung

Möglich ist ein Trip nach Bolungarvik, einer 1300 Einwohner Stadt am Ende der Straße 61. Das Bild des traditionsreichen Fischerortes bestimmen heute Fischfabriken und eine energieveredelnde Plastikfabrik. Die Energie wird oberhalb des Sydradalsvatn in einem Wasserkraftwerk erzeugt. Mit geländegängigen Fahrzeugen kann man auch noch das Tal an der Skálavik Bucht erreichen. Bolungarvik und Skálavik sind Ziele ei-

ner organisierten Bustour (Preis ca. 20 US-$). Im Hochsommer um die Sonnenwende gibt es Mitsommernachtsfahrten nach Skálavik (Informationen und Buchungen Ferđaskrifstofa Vestfjarđa). Neben diesen ausgesprochenen Touristenrundfahrten gibt es noch Touren mit dem Boot. Fahrten in das **Naturschutzgebiet Hornstrandir** (die unbewohnte Nordhalbinsel) oder durch den **Isafjarđardjup** sind Höhepunkte des Angebots in den Westfjorden.
Der nördliche Teil des Westfjordlandes ist unbewohnt. Verlassene Farmen werden heute nur noch als Schutzhütten entlang der Küste benutzt. Mitten auf der Nordhalbinsel hat sich der Drangajökull (925 m) breit gemacht. Du kannst ihn am besten erreichen von dem Fjord Kaldalon (südlich Bær an der Straße 635, dorthin zweimal wöchentlich Bootsverbindung ab Isafjörđur), von den südlichen Jökullfirđir (Hrafnsfjörđur, nur auf seltenen organisierten Touren zu erreichen) oder vom Reykjarfjörđur an der Nordostküste. Wenn du also an diesen Gletscher heran willst, dann ist der Káldalon-Fjord für Normaltouristen am besten zu erreichen.
Spitze im wahrsten Sinne des Wortes ist das Gelände um die Bucht Hornvik im Norden der großen Gletscher Halbinsel. Westlich der Bucht liegt Hælavikurbjarg mit großen Vogelklippen und östlich liegt Hornbjarg, mit spitzen, bizarren – wie abgeschnitten wirkenden – Bergzacken. Die höchste Stelle ist der Kálfatindur mit einer Höhe von 534 Metern. Zum Meer hin steil und zerklüftet, fallen die Berghänge zum Landesinneren hin noch relativ flach ab. Zumindest so flach, daß man sie begehen kann.
Von Isafjörđur fährt in den Sommermonaten zweimal wöchentlich ein Boot in verschiedene Buchten des Hornstrandir-Naturschutz-Gebietes. Angefahren werden Ađalvik, Hornvik und – sehr selten zwar – der Reykjafjörđur.
Touren im Hornstrandir-Gebiet sind bestimmt nicht jedermanns Sache. Das Gebiet ist unbewohnt, es gibt keine Einkaufsmöglichkeiten und keine offiziellen Übernachtungsstätten. Es gibt aber in den Monaten Juli und August organisierte Wandertouren (1985: 4 Tage 50 US-$, 5 Tage für 76 US-$ ab Isafjörđur), Buchungen und Informationen dazu bei Ferđaskrifstofa Vestfjarđa, Hafnarstræti 4, P.O. Box 372, 400 Isafjörđur. Fahrten ab Reykjavik werden nur zu einzelnen Terminen angeboten. Preise 1985 für 11 Tage ab 181 US-$ incl. Transport, Unterbringung und Führer, aber ohne Verpflegung. Information bei Ferđafelag Islands, Utivist und BSI (Adressen siehe im allgemeinen Teil).
Wer es nicht so einsam mag, kann mit der Frayraness einmal wöchentlich den ganzen Isafjarđardjup entlangfahren, mit Stops an zehn Anlegestellen, darunter auf der Insel Æđey und Vigur (1986: Preis 59 DM). Zu-

sätzlich gibt es einmal wöchentlich einen Kurztrip Isafjörđur – Vigur – Æđey – Bær – Isafjörđur (1986: Preis 34 DM für 5 Stunden).

Rundflüge auf den freien Plätzen in einem Postflugzeug von Enir-Air sind je nach Flugplan möglich. Ein Rundflug mit Landungen auf fünf Flugplätzen in verschiedenen Fjorden kostet 1986 ca. 85 DM (Buchung Tel. 94/ 42 00).

Aber nun zurück auf die Straßen! Von Isafjördur nach Süden führt neben der schon beschriebenen Straße 60 auch die **Straße 61,** bei den Isländern Djupvegur genannt. Die Straße wurde erst 1975 fertiggestellt.

Zwischen dem Ort Isafjörđur und dem Ostende des Fjords Isafjörđur schlängelt sich die Straße 61 über 175 Kilometer an den Fingern des Isafjörđurdjup entlang. Die Luftlinie für diesen Abschnitt: 40 Kilometer.

Die Fjorde von Nordwesten nach Südosten: Am **Skutulsfjörđur** liegt das schon beschriebene Isafjörđur. Der Bergrücken an der Ostseite heißt Enir. Die Straße führt nah an dem Leuchtturm auf der Landspitze Aranes vorbei. Dort gibt es einen kleinen Straßentunnel, mehr ein Loch durch den Araneshamar. Es war lange – von 1948 bis 1967 – Islands einziger Straßentunnel, und wenn ich mich nicht verzählt habe, sind bis heute auch nur zwei dazugekommen. Am Eingang des nächsten Fjords, des *Alftafjörđur* liegt der Ort Suđavik (ca. 300 Einw.) mit einer Erste-Hilfe-Station für Notfälle. Von hier südwärts entlang der Hauptstraßen 61/60 ist der nächste nennenswerte Ort Budardalur, etwa 290 Kilometer entfernt. Höfe, einige Übernachtungsmöglichkeiten und Tankstellen gibt es aber. Der Alftafjörđur war lange ein Zentrum des norwegischen Walfanges um Island. Es gab mehrere Stationen: Suđavik, Langeyri und Dvergasteinn. Um die Landspitze Kampnes herum führt die 61 dann zum *Seydisfjörđur*.

Auf der Südseite fällt sofort der alleinstehende Berg Hestur auf. Über eine Landsenke gelangt die Straße an dem Berg vorbei zum Nordufer des *Hestfjörđur,* über den einmal eine Brücke geplant war. Daraus wurde nichts, wie man deutlich sieht. Also immer am Ufer lang, und das sind 20 Kilometer bis Hvitanes, wo der *Skötufjörđur* beginnt. Seine Umrundung: ca. 23 Kilometer. Der nächste Fjord weiter im Süden ist der *Mjoifjörđur,* der etwa 17 Kilometer lang ist und von dessen Ende eine Paßstraße über den Eyarfjall führt. Wer aber Höhenluft (ca. 300 m) nicht mag, kann natürlich über den Vatnsfjarđarvegur **(Straße 633**/47 km) fahren und verpaßt dann auch die beiden kleinen Fjorde nicht, den *Vatnsfjörđur* und den *Reykjafjörđur*. Auf der Spitze der Halbinsel Reykjanes – der Name läßt es schon erahnen – findet man warme Quellen und ein daraus beheiztes Schwimmbad. Dort ist in einer Schule eine Jugendherberge

(Reykjanesskoli, 401 Isafjörður, Tel. 94/4844). An der Hauptstraße liegt südlich des Eyarfjall Paß der Isafjörður, an dem man noch entlangfahren muß, ehe dann kurz hinter Arngerðareyri die Fjordfahrerei ein Ende hat – wenn man von Norden kommt.
Die 61 führt durch das Langidalur (= das lange Tal) und über die þorskafjarðarheiði bis zum Ende des þorskafjörður, wo sie auf die Straße 60 trifft/von der 60 abzweigt.
Auf diesem letzten südlichen Abschnitt zweigen zwei Straßen von der 61 ab. Die **Straße 635** ist eine 45 Kilometer lange Sackgasse am Nordostufer des Isafjarðardjup entlang. Sie endet an einem Hof mit dem Namen Tyrðilmýri. Sehenswert ist der Fjord Kaldalón, an dessen Ende ein Tal beginnt, das bis an den Drangajökull heranreicht. Melgraseyri und Bæir an dieser Straße sind Anleger des Schiffes aus Isafjörður. Man kann also hier die Westfjord An- oder Abreise mit einem Abstecher an den Kaldalón-Fjord und den Gletscher kombinieren. Schlafsackunterkunft beim Hof Armuli, südlich des Kaldalón.
Mitten in der þorskafjarðarheiði zweigt von der 61 die neue **Straße 67** ab, eine West-Ost-Verbindung zum Steingrimsfjörður. Diese Verbindung ist 19 Kilometer lang. Andere mögliche Verbindungen zwischen dem Westen mit der Straße 60 und dem Osten mit der Straße 68 sind die **Straße 605** über die Tröllatunguheiði (26 km) die **69** über die Steinadalsheiði (18 km) und die **59** über die Laxadalsheiði (37 km). Da alle diese Bergstraßen nicht gerade die besten sind, sollte man sich vor Ort erkundigen, welche gerade am einfachsten zu befahren ist. Dies ist besonders wichtig, wenn du mit einem normalen PKW unterwegs bist. Die Straßen **68** und **643** bilden die Ostküstenverbindung des Westfjordlandes. Sie führt von Brú am Ende des Hrútafjörður 230 Kilometer am Meer entlang nordwärts bis zum Nordfjörður.
Bordeyri, 14 Kilometer von dem Abzweiger bei Brú entfernt, ist ein sterbender Ort, ein alter Handelsplatz aus der Zeit vor den Überlandstraßen, jetzt aber abseits der Hauptwege zum Aussterben verurteilt. 1950 verlegte man die Post aus der Siedlung an die Straßenkreuzung bei Brú, der Anfang vom Ende.
Der interessanteste Punkt im südlichen Teil der 68 ist Ennishöfði, knapp 80 Kilometer nördlich von Brú. Interessant aber nur, wenn das Wetter gut und klare Sicht ist. Nach Osten breitet sich der Húnafloi aus. Gegenüber liegt Vatnsnesfjall und nach Süden, in der Verlängerung des Hrútarfjörður, sind die Spitzen der Gletscher Eiriksjökull und Langjökull zu sehen. Im Norden ragt schließlich der Drangajökull über die Berge des Westfjordlandes. Um den Kollafjörður herum erreicht die Straße 68 nach

einigen Kilometern Holmavik (ca. 400 Einw.) am Steingrimsfjördur. In Holmavik gibt es eine Krankenstation, ein Hotel und eine Schlafsackunterkunft. Auffälligstes Gebäude in der Stadt ist wohl die Kirche mit dem kleinen Turm auf dem Dach, die auf einem felsigen Hügel über dem Ort thront. Kurz vor dem Ortseingang geht es auf der **Straße 643** weiter nach Norden. Am Ende des Steingrimsfjördur zweigt die Straße 67 nach Westen ab, eine Verbindung zur Straße 61 (siehe auch oben in diesem Kapitel).
An den Ufern – besonders am Nordufer – des Steingrimsfjördur gibt es Robbenkolonien. Über die Halbinsel Bjarnarfjardarhals kommst du auf der Straße 643 direkt zum Bjarnarfjördur, während du auf der **645** am Ufer antlang fahren kannst (28 Kilometer mehr). Bei Laugarhóll, wo die Straßen wieder zusammentreffen ist ein Sommerhotel mit Schlafsackunterkunft und ein Schwimmbad. Die letzten 85 Kilometer bis zum Nordfjördur und von dort noch weiter an den Ingolfsfjördur (647/8 km) sind etwas für Küstenfans. Die Straße führt immer auf dem schmalen Streifen am Fuß der Berge entlang, um Spitzen wie das Kaldbakshorn (508 m), den Byrgisvikusfjall (744 m) und Orkin (634 m) herum. Das Gebiet, das du schließlich erreichen kannst, ist sehr dünn besiedelt. Am 1. Dezember 1981 waren es bei einer Zählung genau 175 Menschen, die in den Siedlungen Árnes, Gjögur und Djupavik sowie auf Höfen in der Umgebung wohnten – und die Tendenz ist fallend.
So schön die Landschaft in dieser Region auch ist, so bleibt die Frage: Was bedeutet es, hier 365 Tage im Jahr zu leben? Wer auch noch die letzten Meter über die Fahrspur am Ingolfsfjördur entlang bis zu dessen Nordspitze fährt, ist von dem Blick auf den zerfransten Bergrücken Drangasköd, der langsam zum Meer hin abfällt, sicher begeistert. Man möchte das Bild lange vor Augen halten – aber dafür hier leben?
Auffällig ist in diesem nordöstlichen Küstenabschnitt sicher das viele Treibholz am Ufer. Es wird von arktischen Meeresströmungen aus Sibirien hier herübergetrieben.
Vom Ingolfsfjördur geht es nur zurück. Möglichkeiten zum Seitenwechsel bis an die Westküste über mehrere Querverbindungen (67/605/69/59), sonst bis zur Ringstraße bei Brú (ca. 250 km).

Transport- und Übernachtungsmöglichkeiten im Gebiet der Sechser-Straßen

Öffentlicher Transport

Linienbusse verkehren bis zu viermal pro Woche zwischen Reykjavik und Isafjördur (ca. 100 DM) mit Anschlußverbindungen im Gebiet der

Westfjorde. Zweimal pro Woche Reykjavik – Holmavik (ca. 60 DM) und zwischen Holmavik und Isafjördur einmal pro Woche, dann Anschlußverbindung.

Organisierte Touren

Fast alle Veranstalter im Island-Touren-Geschäft haben die Westfjorde im Programm. Preisbeispiel: Bei Gudmundur Jonasson kosten sechs Tage Westfjorde mit dem Bus ab Reykjavik 840 DM. Eine zweitägige Fahrt nach Holmavik (um den Linienbus voll zu bekommen) kostet 210 DM. Bei den vereinigten Busgesellschaften (BSI) kosten drei Tage Latrabjarg mit Schlafsackunterkunft 115 US-$, fünf Tage Vogelbeobachtung am Snæfellsnes und Latrabjarg 295 US-$ inklusive Doppelzimmer und Verpflegung. Ein Air-Bus-Rover Ticket (siehe unter „Fliegen") kostet nach Isafjördur 67 US-$. (Alle Preise für Touren vom Stand 1985.)

Übernachtungsmöglichkeiten

Hotels (S = mit Schlafsackunterkunft): Bjarkalundur; Flokalundur (S); Holmavik (S); Isafjördur (S); þingeyri (S). Jugendherbergen sind in Breidavik (nahe Latrabjarg), Isafjördur und Reykjanes (am Südteil des Djup). Sonstige Schlafsackunterkünfte: Hof Bær (Straße 60), Laugarhóll (643) und Finnbogarstadir (643) (alle Farmholiday-Liste).

Offizielle Zeltplätze sind in Bjarkalundur (60), Flokalundur (60) und Isafjördur. Außerdem gibt es eine Reihe von Orten, die Zeltgelände ausgewiesen haben, so zum Beispiel in der Nähe des Schiffsanlegers Brjanslækur.

Notfälle

Krankenhäuser oder -stationen findest du in allen größeren Orten entlang der beiden Hauptstraßen.

Die Siebener-Straßen

Nordisland zwischen dem Hrutafjördur (bei Brú) und der Oxnadalsheidi, östlich vom Skagafjördur, wird von den Siebener-Straßen erschlossen. Die **Straße 1** ist die zentrale Verkehrsader des Gebietes. Sie ist in diesem Abschnitt rund 170 Kilometer lang, davon sind zur großen Freude der Autobesitzer relativ viele geteerte Straßenstücke.

In dem westlichsten Teilstück, zwischen Brú und Blönduós (86 km), gibt es zwar viele Übernachtungsmöglichkeiten, aber wenig Spektakuläres zu sehen (Hotels bzw. Pensionen in Stadur, Reykir, Laugabakki, Blönduós; Jugendherberge in Blönduós; mehrere Zeltplätze entlang der 1 und an einigen Nebenstraßen). Beim Sommerhotel **Reykir** (in einer Schule untergebracht) ist ein Schwimmbad, das mit Hilfe einer nahen Quelle beheizt ist. Zu dem Komplex an der Schule gehört auch ein kleines Heimatmuseum, wo unter anderem ein Hai-Fischer-Boot ausgestellt ist. Von vielen Dörfern am Húnafloi wurde früher intensiver Hai-Fang betrieben.

In **Laugarbakki** – etwas abseits der 1 – wird ebenfalls erdwarmes Wasser intensiv genutzt. Auch hier gibt es ein Schwimmbad.

Die **Vatnsnes Halbinsel** mit dem 906 Meter hohen Vatnsnesfjall kannst du auf der **Straße 72/711** umfahren (80 km). In Kirkjuhvammur bei Hvammstangi gibt es ein gutes Zeltgelände. **Hvammstangi** ist der größte Ort auf der Halbinsel (ca. 500 Einw./Erste-Hilfe-Station/Schlafsackunterkunft). Auf der Ostseite von Vatnsnes, im Hunafjördur kurz vor dem Übergang in den Sigridarstadavatn, kannst du von der Straße aus einen versteinerten dreibeinigen Drachen sehen. Sein Kopf war ihm so schwer geworden, daß er ihn hängen ließ, als er hier durchs Wasser stapfte. Dabei ist der Drache dann vor vielen Jahren ertrunken und versteinert.

Die Basaltformation mit dem Namen Hvitserkur sieht wirklich interessant aus, aber ob sie einen langen Umweg wert ist, mag ich schwer beurteilen. Wenn du von der 1 aus einen Abstecher dorthin machst, sind es etwa 50 Kilometer zusätzlich (Straße **711**, Abzweiger 7 km östlich von Laugarbakki, oder **716/711**, Abzweiger 11 km weiter östlich). Machst du den Abstecher, dann kannst du gleich noch eine Sehenswürdigkeit besuchen, die Felsenburg Borgarvirki an der Straße **717**, oberhalb des Vesturhopsvatn. Was es mit dieser eigenartigen Anlage auf sich hat, weiß niemand so recht. Wahrscheinlich war es ein Unterschlupf bei regionalen Auseinandersetzungen in alten Zeiten.

Auf den **See Hóp,** zwischen der Hauptstraße und dem Meer, solltest du einen Blick werfen, aber besser nicht an seinen Ufern zelten. Kommst du dort nämlich bei Ebbe hin, dann findest du einen kleinen See vor, da das Wasser aus ihm ungehindert ins Meer abfließen kann. Bei Flut staut es sich, und der Hóp dehnt sich aus, fast auf das Doppelte der Fläche, die er bei Ebbe (29 qkm zu 44 qkm) aufzuweisen hat. Im Osten, auf dem Landstück zwischen Hóp und Húnavatn, liegt þingeyrar, einer der größten isländischen Höfe. þingeyrar war im Mittelalter das geistige Zentrum Islands. 1133 entstand dort das erste Kloster auf der Insel und wurde zu einer der bedeutendsten Ausbildungsstätten der Zeit.

Auf der anderen, der südlichen Seite der Ringstraße, kannst du über die **Straßen 715** oder **718** durch das Vididalur und über die **Straße 722** durch das Vatnsdalur die schwer befahrbaren Hochlandrouten errei-

chen, die durch die sumpfige Arnavatnheidi nah am Eiriksjökull vorbei zur Straße 518 bei Husafell führen. Solltest du diese Strecken benutzen wollen, erkundige dich unbedingt erst bei Einheimischen über die Befahrbarkeit.
An der Kreuzung 721/722/1 fallen eine Vielzahl kleiner Erdhügel auf. Das sind die Vatnsdalshólar, wohl die Reste eines gigantischen Erdrutsches vom Vatndalsfjall.
Blönduós ist der größte Ort am Húnaflói, mit über 1000 Einwohnern. Es gibt ein Krankenhaus, eine Jugendherberge (Adalgata 6, 540 Blönduós, 95/4126), ein Hotel, einen Zeltplatz und ein Schwimmbad. Der Ort wird durch den Fluß Blanda geteilt. Das ist ein Gletscherfluß, was du deutlich an der milchig-grauen Farbe erkennen kannst. Südlich von Blönduós liegt der Svinavatn, wo es ein Sommerhotel mit Schlafsackunterkunft (Edda-Hotel) gibt. Über die **Straßen 731/732** kannst du am Svinavatn vorbei die Kjölur-Hochlandstraße erreichen (siehe im Kapitel über die Hochlandstraßen : F 37).
Zwischen dem Húnaflói und dem Skagafjördur liegt ein kleines Gebirge, das du entweder überqueren oder am Meer entlang umfahren mußt. Die **Straßen 74/745** an dem Hafenort **Skagaströnd** vorbei bilden die längste Verbindung. Darüber sind es 122 Kilometer von Blönduós nach Skagafjördur. In dem Ort Skagaströnd – manchmal wird auch der Name Höfdakaupstadur benutzt – gibt es eine Erste-Hilfe-Station, ein Schwimmbad und ein Campinggelände. Die kürzeste, aber straßenmäßig nicht die beste Verbindung, ist über den Þverarfjallvegur (**Straße 744**/Blönduós–Skagafjördur 55 km).
Die **Hauptstraße 1** führt im Langidalur entlang der Blanda stromaufwärts. Unterhalb der Straße sieht man immer den sehr verzweigten Fluß, auf der anderen Seite drängen die Hänge des Langadalsfell an die Straße. Rund 30 Kilometer südöstlich von Blönduós trifft der Klarwasserfluß Svarti (ein sehr gebräuchlicher Flußname) auf den Gletscherfluß Blanda. Die Hauptstraße biegt an dieser Mündung nach Osten und folgt ein Stück dem Svartidalur. Man kann auf den **Straßen 731/733** weiter dem großen Gletscherfluß folgen. Für diejenigen, die aus dem Osten hier ankommen, besteht die Möglichkeit, zur Kjölur-Hochlandstraße Richtung Südisland abzubiegen (siehe im Kapitel Hochlandstraßen: F 37).
Zu den unangenehmen Abschnitten der Ringstraße gehört das Steilstück zwischen dem Svartidalur und dem Vatnsskard. Besonders bei Regen, wenn der Straßenbelag schmierig wird, sollte man hier sehr vorsichtig fahren. Unfälle hat es an dieser Stelle schon genug gegeben. Vatnsskard heißt dann die Hochebene, die man auf der 1 zwischen

Svartidalur und Skagafjörður überquert. Ein sehr guter Aussichtspunkt ist auf der Ostseite der Paßstrecke, von wo aus man über den Skagafjörður mit der Felsen-Insel Drangey in der Mitte sehen kann. Schön ist auch das an den Fjord anschließende Tal und die gegenüberliegende Bergkette.

Die **Straße 1** kommt bei **Varmahlið** wieder in tiefere Regionen. Varmahlið hat ein mit erdwarmen Wasser betriebenes Schwimmbad (riecht etwas nach Schwefel) und ein Hotel mit Schlafsackunterkunft. An einer Seitenstraße liegt die sehr bekannte Kirche **Viðimiri,** erbaut 1834/35. Im Pfarrhaus bekommst du den Schlüssel und mußt Eintritt bezahlen. Die Kirche lohnt auf jeden Fall einen Abstecher, selbst wenn man sie nur von außen ansieht. Es ist eine Holzkirche mit einem tief heruntergezogenen Grasdach.

Von Varmahlið nach Norden erreicht man auf der **Straße 75** Sauðarkrókur. Auf dem Weg liegt der alte **Bauernhof Glaumbær,** heute eine Museum. Torf ist das wichtigste Baumaterial. An einen zentralen Gang sind die einzelnen Gebäudeteile angebaut. Die Stallungen liegen etwas an der Seite. Der Zentralgang endet im Wohn-/Schlaftrakt der Hofbewohner. Während das Gesinde in einem großen Raum schlief, hatte der Hofbesitzer für sich und seine Familie abgetrennte Räume. Glaumbær war lange Wohnsitz reicher und mächtiger Familien des Skagafjörður Gebietes. Das Museum zeigt also auch nur den Wohnsitz einer Oberschichtfamilie. Rückschlüsse auf das Leben der normalen Bauern lassen sich dort nicht ziehen.

Das Land am Skagafjörður ist ein reiches Agrarland, in dem es bis zur Mitte dieses Jahrhunderts noch eine Reihe kleinerer Höfe gegeben hat, die wie Glaumbær aus Torf gebaut waren. Heute bestimmen Stein, Wellblech und Beton das Bild. Am dritten Hof nördlich von Glumbær hat ein Bauer mit künstlerischer Ader – oder jemand aus seiner Familie – einen überdimensionalen Kuhkopf auf eine Betonwand gemalt. Da besteht wohl kein Zweifel über die Erwerbsgrundlage des Hofes.

Auf der Fahrt von Varmahlið nach Sauðarkrókur sieht man immer den kantigen Klotz Drangey im Fjord liegen. Drangey ist ein bekannter Vogelfelsen, auf dem auch noch regelmäßig Papageitaucher gefangen werden. Manchmal werden an Wochenenden Halbtagesfahrten auf die Insel angeboten, die aber nur etwas für schwindelfreie Leute sind. Der Aufstieg auf die Inselplattform ist sehr steil und nur durch ein paar Seile gesichert. Über die Fahrten nach Drangey mußt du dich vor Ort erkundigen. Die Durchführung hängt sehr vom Wetter ab.

Sauðarkrókur (2300 Einw.) ist eine moderne (typische) Stadt. Du findest hier ein Krankenhaus, ein Hotel mit Schlafsackunterkunft, ein Reisebüro (Skagafirðingabraut 9), ein Schwimmbad und daneben einen Zeltplatz. Ein Zubringerbus verkehrt täglich in Verbindung mit dem Reykjavik-Akureyri-Bus zwischen Sauðarkrókur und Varmahlið.
Oberhalb der Stadt, vom Friedhof aus, ist die beste Aussicht auf die Umgebung um den Fjord.

Östlich von Sauðarkrókur mündet der Héraðsvötn in zwei großen Armen ins Meer (vötn = Plural zu vatn = Wasser). Der Fluß, der mit Schmelzwasser des Hofsjökull gefüllt ist, ist einer der größten Islands. In dem Flußdelta liegt die Insel Hegranes mit dem 138 Meter hohen Geitaberg in der Mitte. Östlich von diesem Berg wurde zu Zeiten des alten Freistaates das regionale Thing abgehalten (siehe auch „Geschichte").

Im Osten des Flußdeltas verläuft die **Straße 76** nach Norden bis zu dem Fischerort Siglufjörður. Einen Abstecher kannst du über die **Straße 767** nach Hólar machen, zum historischen Bischofssitz des Nordlandes (1106–1798). Auffällig in Hólar ist der hohe freistehende Turm (von 1950) der Kirche (von 1762). In Hólar wurde die erste Bibel in isländischer Sprache hergestellt. In der Kirche kannst du einen Flügelaltar holländischer Herkunft bewundern, wenn du dich zu der Frau durchgefragt hast, die den Kirchenschlüssel aufbewahrt. Das größte Haus im Ort ist eine Landwirtschaftsschule, wo auch ein Schwimmbad untergebracht ist, das benutzt werden kann. Das Warmwasser, mit dem Hólar beheizt wird, kommt aus Reykir, ein Stück weiter östlich. Die Bischöfe mußten früher noch zum Baden dorthingehen – jetzt kommt das Wasser per Leitung.

Wieder an der Straße 76, solltest du kurz vor dem alten Handelsort Hofsós die kleine Kirche Gröf, östlich der Straße, nicht übersehen. Sie liegt mitten in einer Wiese und ist ähnlich wie Viðimyri, nur nicht so gepflegt. Gröf liegt eben rund 40 Kilometer von der Ringstraße und den Touristenströmen entfernt. Hofsós, heute rund 300 Einwohner, war zur Zeit des Monopolhandels (siehe „Geschichte") der offizielle Handelsplatz für das Skagafjörður Gebiet. Ein Haus aus der Zeit ist noch erhalten und steht unter Denkmalschutz.

Die Straße 76 führt weiter an der Küste entlang bis Siglufjörður. Kurz vor dem Ort ist ein 800 Meter langer Tunnel. Dieser Tunnel ist für Fußgänger direkt nicht zu umgehen, da er eine Steilklippe durchstößt. Wenn du also zu Fuß unterwegs bist, steht die alte Bergstraße über den Siglufjarðarskarð zur Verfügung.

Siglufjörður ist ein Fischerort. Früher war hier ein Zentrum des Heringsfangs, aber als das Heringabenteuer Mitte dieses Jahrhunderts endete, verließen viele Bewohner den Ort. Der Rest hat sich auf den Fang anderer Fischsorten verlagert. Im Ort gibt es ein Krankenhaus (Holávegur), ein Hotel (am Hafen), einen Zeltplatz (Richtung Flugplatz), ein Schwimmbad (am Ortseingang) und sogar ein kleines Ortsmuseum. In den Bergen um Siglufjörður gibt es gute Wandermöglichkeiten auf den alten – nach dem Tunnelbau kaum noch genutzten – Verbindungswegen. Busanschluß zur Ringstraße (Varmahlið) zwei- bis dreimal wöchentlich.

Bei Flót, am Ende des Miklavatn, zweigt die Straße 82 ab, eine Alternativverbindung zwischen Siebener- und Achter-Straßen, wenn man nicht über die 1 fahren will. Aber dorthin erstmal zurück, und zwar nach Varmahlið:

Von Varmahlið erreichst du über die **Straße 752** in südlicher Richtung die Hochlandstrecke Skagafjarðarlieð (F 78), eine Nebenstrecke der Sprengisandur, auf der du sehr nah an die Nordseite des Hofsjökull herankommst. Etwa 10 Kilometer südlich von Varmahlið ist an dem Abzweiger 754 eine Schlafsackunterkunft in der Steinstaðaskoli, dazu ein Zeltplatz. Gleich in der Nähe auch ein Schwimmbad (Farmholiday-Liste).

Die **Straße 1** überquert östlich von Varmahlið den Héradsvötn und steigt dann langsam höher in die Oxnadalsheiði. Hier wird die 1 zu einer einsamen Paßstraße, über 30 Kilometer sind unbewohnt. In den Bergen rechts und links sind tiefeingeschnittene Täler. Man sieht deutlich, wie die Kräfte der Natur – hier hauptsächlich das Wasser – an den Formen gearbeitet haben. Und es ist ganze Arbeit geleistet worden. Auf der Mitte der Paßstraße gibt es eine Rettungshütte. Auf die Fließrichtung der Bäche achten: An der Hütte ist nämlich die Wasserscheide und damit auch das Gebiet der Achter-Straßen erreicht. Es geht bergab. Wenn die ersten Höfe auftauchen, sollst du einmal auf der Nordseite des Tals nach oben schauen. Über dem Hof Hraun ragt die Zackenreihe der Hraundrangi (max. 1075 m) auf.

Transport- und Übernachtungsmöglichkeiten im Gebiet der Siebener-Straßen

Öffentlicher Verkehr

Der Straßenbus Reykjavik–Akureyri fährt über die Straße 1 einmal täglich durch das Gebiet der Siebener-Straßen. Zu dem Hauptbus gibt es von Orten, die etwas abseits der 1 liegen, manchmal regionale Zubringer, nach denen man sich vor Ort erkundigen muß. Von Reykjavik kosten Fahrten mit dem Straßenbus ins Siebener-Straßen-Gebiet etwa 50 bis 60 DM.

Der Hochlandbus Akureyri–Kjölur–Reykjavik u.z. fährt über Varmahlið (1), Vatnsskarð (1) und Blöndudalur (731/732).

Organisierte Touren

Es gibt in das Gebiet der Siebener-Straßen keine besonderen Touren. Aber fast alle längeren Islandrundfahrten berühren diese Gegend. Die Kirche Viðimyri bei Varmahlið ist zum Beispiel ein Standardstop.

Übernachtungen

Hotels und Pensionen (S = Schlafsackunterkunft) gibt es in: Reykir am Hrutafjörður (S); Laugarbakki; Hunavellir am Svinavatn (S); Blönduós; Varmahlið; Sauðarkrókur (S); Siglufjörður. Bauernhäuser und Pensionen nach der Farmholiday-Liste mit Schlafsackunterkunft: Starðarskoli bei Brú an der 1; Viðigerdi östlich und Laugarbakka an der 1; Steinstadaskoli 10 Kilometer südlich von Varmahlið an der 752/754. Eine Jugendherberge ist in Blönduós.

Offizielle Zeltplätze nach der Liste des Touristenverbandes sind in: Staðarskáli (siehe Bauernhäuser und Pensionen); Stora Giljá südlich von Blönduós an der 1; Blönduós; Varmahlið; Sauðarkrókur; Fljót an der 76 etwa 20 km vor Siglufjörður; Hvaunnitanga (Straße 72); Skayaströnd an der Straße 74 und Steinastaðaskoli an der 752 auf dem Weg ins Hochland. Daneben gibt es aber noch in anderen Orten ausgewiesene Zeltplätze.

Die Achter-Straßen

Die Straßen mit den Achter-Nummern erschließen den großen Nordosten Islands, ein Gebiet mit vielen Attraktionen. Vom Eyjafjörður im Westen bis zum Vopnafjörður im Osten sind vier isländische Regierungsbezirke betroffen. Zwei Naturschutzgebiete findet man in dem Bereich: die Myvatn Region und den Nationalpark Jökulsárgljufur, der so fantastische Naturdenkmäler einschließt, wie den Dettifoss, Hljóðaklettar und Ásbirgi. In dem Gebiet der Achter-Straßen befindet sich das aktivste Vulkangebiet Islands. Westlich der Krafla, nah am Myvatn, gab es noch im Herbst 1984 Ausbrüche.

Die Straße 1 ist die touristisch wichtigste Verkehrsader. Von der Wasserscheide auf der Oxnadalsheiði bis zum Abzweiger der Straße 85 kurz vor Möðrudalur ist der Abschnitt 210 Kilometer lang. Etwa doppelt so lang ist

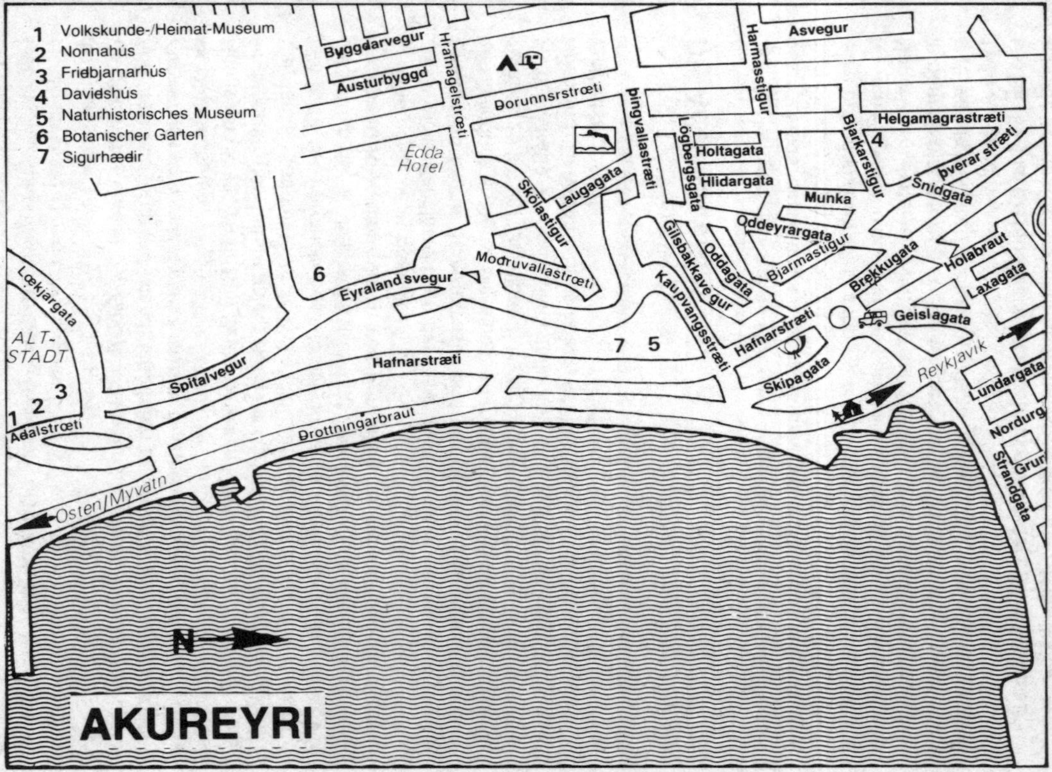
1 Volkskunde-/Heimat-Museum
2 Nonnahús
3 Friðbjarnarhús
4 Davíðshús
5 Naturhistorisches Museum
6 Botanischer Garten
7 Sigurhæðir
Byggðarvegur
Austurbyggð
Hrafnagelstræti
Þorunnsrstræti
Edda Hotel
Þingvallastræti
Harmasstigur
Asvegur
Helgamagrastræti
Lögbergsgata
Holtagata
Hlidargata
Munka
Bjarkarstigur
Þverar stræti
Snidgata
Skólastigur
Laugagata
Oddeyrargata
Bjarmastigur
Brekkugata
Holabraut
Laxagata
Mođruvallastræti
Gilsbakkavegur
Oddagata
Kaupvangsstræti
Eyralandsvegur
Lækjargata
ALT-STADT
Hafnarstræti
Spitalvegur
Geislagata
Skipagata
Reykjavik
Lundargata
Nordurg
Grun
Strandgata
Aðalstræti
Drottningarbraut
Osten/Myvatn
N
AKÜREYRI

die Küstenstraße, die 85, über Husavik, Raunarhöfn, þorshöfn und Vopnafjördur.
Im Westen dieses großen Gebietes liegt die Hauptstadt des isländischen Nordens – **Akureyri.** Sie ist zwar nach Einwohnern gezählt (knapp 14.000) nur die drittgrößte Stadt des Landes – die Nummer zwei ist Kaupavogur, eine der Wohnsiedlungen Reykjaviks –, aber doch die kleine Konkurrenz zur Hauptstadt. Die Stadtwerber geben Akureyri gerne das Attribut „Akureyri – Stadt der Mitternachtssonne". Es ist in der Tat in den Sommermonaten lange hell. Tatsache ist, daß die Sonne nur nördlich des Polarkreises nicht untergeht, und der Polarkreis ist von Akureyri noch etwa 95 Kilometer weiter nach Norden. Er verläuft über die kleine Insel Grimsey.
Was kann man in Akureyri unternehmen? Einen Gang durch die Altstadt machen – südlich des Zentrums; einen Blick auf die Betonkirche mit der überdimensionalen Freitreppe werfen; eine Tour durchs Hafenviertel machen. Und man sollte auf jeden Fall den botanischen Garten (Eyrarlandsvegur) nicht versäumen. Es gibt in der Stadt auch eine Reihe von Museen und Gedenkhäusern, die sich alle durch die kurzen Öffnungszeiten auszeichnen. In der Regel sind sie nur an Nachmittagen für zwei bis vier Stunden geöffnet. Das Volkskundliche Museum liegt in der Altstadt (Adalsstræti 58). Gleich daneben das Nonnahús (Adalsstræti 54 B), wo der Kinderbuchautor Jón Sveinsson in seiner Jugend gelebt hat. Sveinsson (gen. Nonni) war auch in Deutschland sehr bekannt. Er starb übrigens 1944 bei einem Bombenangriff in Köln im Alter von 84 Jahren. Er ist auch in Köln beigesetzt.
Oberhalb der Betonkirche liegt mitten in der Stadt (þorunnarstræti) der Campingplatz. An Wochenenden ist es dort sehr unruhig, dann lassen Isländer aus dem ganzen Norden in Akureyri mal das Schaf raus, und es geht dort feucht-fröhlich zu. Ganz in der Nähe findest du das Schwimmbad.

Übernachtungen

Akureyri hat zwei Jugendherbergen. Nah am Zentrum liegt eine alte Villa, die ganzjährig geöffnet ist (Stórholt 1, 600 Akureyri, Tel. 96/ 2 36 57) und die bei Besuchern sehr beliebt ist. Seit 1985 gibt es eine zweite Jugendherberge etwa fünf Kilometer nördlich der Stadt, an der Straße 1 gelegen (Lónsá, 601 Akureyri, Tel. 96/ 2 50 37. Eine Schlafsackunterkunft gibt es im Edda-Hotel an der Hrafnagilsstræti. Neben den Billig-Unterkünften gibt es noch mehrere Hotels und Pensionen, darunter ein Skihotel für Winterurlauber oberhalb der Stadt.

Essen
Natürlich kann man in Akureyri auch gut essen gehen, aber die Preise sind wie überall in Island nicht so gut. In den Restaurants kosten die Gerichte nach Karte ab 15 US-$, aber in der Regel gibt es auch Tagesgerichte ab 7 US-$. Bei den Preisen ist es nicht so einfach, eine Empfehlung auszusprechen, aber mir hat es im Bautinn (Hafnarstræti) gut gefallen. Zwar kostete ein gebackenes Fischfilet etwa 20 DM, aber dafür durfte man sich am Salatbüffet frei bedienen.
Nachtleben
Bekannt ist die Disco H 100, wobei H für Hafnarstræti steht und 100 für die Hausnummer. Aber man kann natürlich auch zum Platz vor dem Rathaus fahren und dort an den Abendvergnügungen der Kids aus Akureyri teilnehmen. Du brauchst nur das Autoradio oder besser natürlich die Stereoanlage voll aufzudrehen, das Fenster runterzukurbeln und immer schön rund um den Platz zu fahren. Dort sagt man dir vielleicht auch, wo die anderen Tanzpaläste von Akureyri sind, derer es insgesamt vier geben soll.
Ausflüge mit organisierten Touren
In Akureyri gibt es eine eigenständige Abteilung des isländischen Touring-Clubs, die Wanderfahrten organisiert: Ferðafelag Akureyrar, Skipagötu 12, Tel. 2 27 20, nur am späten Nachmittag geöffnet. Eine Mischung aus Touristeninformation und Reisebüro ist Ferðaskrifstofa Akureyrar, Raðhustorg 3, P.O. Box 86, 602 Akureyri, Tel. 96/ 2 50 00. Dort bekommst du Informationen und kannst Touren in die nähere oder weitere Umgebung buchen. Eine Stadtrundfahrt kostet (2 Std.) 30 DM, eine Myvatnfahrt (12 Std.) 90 DM und eine dreitägige Fahrt zur Askja inklusive Myvatn 265 DM. Diese Askja/Myvatn-Fahrt kann problemlos unterbrochen und somit verlängert werden. Eine Bootstour (8 Std.) über den Fjord kostet 88 DM. (Alle Preise Stand '86 Vorabinformation)
Öffentlicher Transport
Es bestehen tägliche Busverbindungen über die Ringstraße mit Reykjavik, Egilstaðir (außer So.) und dem Myvatn Gebiet. Mehrmals wöchentlich fahren Busse durch das Hochland nach Reykjavik. Mo.–Fr. zweimal fährt ein Bus nach Dalvik, dreimal pro Woche von dort weiter nach Siglufjörður. Mo.–Fr. bestehen Verbindungen mit Grenivik (Ostseite des Eyjafjörður) und Olafsfjörður. Täglich fährt ein Bus zwischen Husavik und Akureyri.
Grimsey: Bis 1984 gab es noch regelmäßige Bootsverbindungen auf die Insel. Ob sie in Zukunft wieder aufgenommen werden, ist fraglich. Bleibt also das Flugzeug zur Anreise (6mal pro Woche). Die Insel – und das

wird immer als Besonderheit herausgestellt – liegt auf dem Polarkreis. Aber eigentlich sieht man natürlich nichts liegen. Man muß ihn sich vorstellen, wie er sich da so im Norden von Grimsey mit seinen strammen 66°30′ breiten Grad breitmacht. Grimsey liegt auch auf dem 18. Längengrad westlich von Greenwich, das sind 0°27′ westlicher als die Westspitze des Senegal, und das ist auch der westlichste Punkt des afrikanischen Kontinents. Aber das interessiert weder die Leute in Grimsey noch die im Senegal und dich wahrscheinlich auch nicht. Die Küste von Grimsey ist weitgehend steil und nur im Süden, wo das Boot aus Akureyri anlegt, ist es etwas flacher. Wenn du dich für Vögel oder Pflanzen interessierst, dann machen dir vielleicht die 60 Vogelarten oder 120 Pflanzenarten Spaß, die man auf Grimsey schon gezählt hat. Sehenswert ist auch die alte Ortskirche aus der zweiten Hälfte des vergangenen Jahrhunderts. Auf Grimsey gibt es eine Schlafsackunterkunft und seit Jahren die Möglichkeit, dort etwas zu essen zu bekommen.

Aber zurück auf die Straßen im Norden von Akureyri. Dort kommt man über die **1** und dann weiter auf der **82** an der Westseite des Eyjafjördur entlang – einem wirklich schönen Fjord. Die Berge an seinen Rändern sind auch im Sommer auf den Spitzen oft noch schneeweiß. Die Westseite des Fjordes ist relativ gut besiedelt. **Olafsfjördur** ganz im Norden liegt an einem Seitenarm des großen Eyjafjördur. Etwa 1200 Menschen leben hier, hauptsächlich von der Fischerei. Die Straßenverbindung mit Akureyri besteht erst seit 1966, davor gab es nur den Weg durch das 15 Kilometer lange Olafsfjördur Tal und von dort entweder nach Süden ins Svarfadardalur oder entlang der heutigen Straße nach Norden und von dort zum Skagafjördur. Es gab eine Reihe von Nord-Süd-Verbindungen in dem Bereich, und diese alten Wege bilden heute die Grundlage für ein ausgezeichnetes Wandergebiet, genannt Tröllaskagi, womit die ganze Halbinsel zwischen Skaga- und Eyjafjördur gemeint ist. Für die Touren sollte man aber etwas Erfahrung und viel Kondition mitbringen: bei einigen der alten Verbindungswege geht es auf Höhen um 900 m. In Olafsjördur gibt es einen Campingplatz, ein Schwimmbad, eine Krankenstation und ein Hotel.

18 Kilometer weiter im Süden liegt der Ort **Dalvik.** Die Straße zwischen Olafsfjördur und Dalvik um den Olafsfardarmuli herum, ist – ohne zu übertreiben – abenteuerlich zu nennen. Man hat eine gute Aussicht auf den Fjord und bei guter Sicht auch bis zur Insel Grimsey. Auf diesem Straßenstück ist übrigens mit Steinschlag zu rechnen. Das ist zwar überall in Island nichts ungewöhnliches, und die Gefahr, daß ein Auto direkt getroffen wird, ist gering. Auf einer Straße wie hier, wo nicht gerade sehr

viel Platz zum Ausweichen ist, kann es dann aber sehr unangenehm werden, wenn man zu schnell auf einen großen Stein oder einen Dreckhaufen trifft.
Dalvik hat etwa 1300 Einwohner, und du findest im Ort einen Zeltplatz, eine Pension, eine Krankenstation und eine Jugendherberge (Solgardar, Hafnarbraut 23, 620 Dalvik). Von Dalvik erreichst du auf den Straßen **805/806/807** die Täler westlich des Ortes. Das nördlichere ist das Svarfadardalur, von wo die Verbindungen nach Norden bestehen (siehe oben unter Olafsjördur). Über die vielen Wandermöglichkeiten, besonders über die Begehbarkeit der alten Paßwege, solltest du dich vor Ort genauer informieren.
15 Kilometer südlich von Dalvik an der kurzen Nebenstraße 808 ist in **Litli Ársskógssandur** der Anleger für die Fähre nach **Hrisey,** der zweitgrößten Insel Islands. Auf der 11,5 Quadratkilometer großen Insel leben etwa 300 Menschen. Drei bis vier Überfahrten macht die kleine Fähre pro Tag, Überfahrtzeit rund zwanzig Minuten. Außergewöhnliches gibt es auf Hrisey nicht, wenn man mal von einer Schneehuhnkolonie und einer landwirtschaftlichen Versuchsanstalt absieht.
Bei **Mödruvellir** trifft die Straße 82 auf die Ringstraße. Der Ort an der Kreuzung ist ein traditionsreicher Klosterort. Jón Sveinsson (Nonni; siehe auch unter „Akureyri") ist hier geboren. Mödruvellir haftet der Ruf an, das feurigste Dorf der Vulkaninsel Island zu sein. Nirgendwo hat es – so schreibt der Iceland Road Guide – so viele Brände im Lande gegeben wie hier.

Südlich von Akureyri erstreckt sich ein langes Tal, daß nach dem Fjord Eyjafjardardalur genannt wird. Du kannst durch dieses Tal hindurch auf die Straße **821** und einigen Nebenstraßen das Hochland erreichen. Diese Zufahrt zum Landesinneren, zum Eyjafjardarleid (F 82), ist in der Regel bis sehr spät im Jahr unpassierbar, wenn in dem engen Tal am Ende der 821 Schnee liegt. In sehr schlechten Sommern kann sie das ganze Jahr gesperrt bleiben. Bei Hrafnagil (ca. 10 km von der Ringstraße entfernt) gibt es ein Edda-Hotel. Über die Nebenstraße 827 gelangt man auf einen guten Aussichtspunkt, den Hólafjall. In Saurbær, am Fuß dieses Berges, ist eine alte grasgedeckte Kirche von 1858, die unter Denkmalschutz steht.

An der Ostseite des Eyjafjördur steigt die **Straße 1** in Serpentinen die Berge hinauf zur Vadlaheidi. Von hier gibt es eine tolle Aussicht auf den Fjord und die Stadt Akureyri am Westufer. Unten am Ufer entlang führt die **Straße 83** zu den Fischerorten **Svalbardseyri** (ca. 300 Einw./

Schwimmbad) und **Grenivik** (ca. 500 Einw./Schwimmbad und denkmalgeschützter Bauernhof, Laufós sowie ein Zeltplatz in der Nähe).
Zwischen der Ringstraße und Grenivik besteht auch eine Verbindung auf der **Straße 835** an der Fnjóská entlang, durch ein langes Tal. Auf halbem Wege zweigt eine Fahrspur in das **Flateyjardalur** ab. Dort sind heute alle Höfe verlassen. Wenn du Ruhe und ein bißchen Einsamkeit suchst, dann solltest du hierhin kommen, vorausgesetzt, du erreichst das Tal. Für jeden PKW ist die Zufahrt nicht geeignet. Neben der Ruhe hat man auch eine schöne Sicht auf das Meer mit der nahegelegenen Insel Flatey (nicht zu verwechseln mit der gleichnamigen Insel im Breidafjördur) im Vordergrund und Grimsey am Horizont. Von der Straße 835 bis zum Meer sind es etwa 35 Kilometer.
Die **Straße 1** zeigt sich auf dem Teilstück zwischen Eyjafjördur und der Fnjóská von ihrer schlechten Seite. Ich habe diese Paßstraße in stoßdämpferzerstörender Erinnerung, und besonders reizvoll sind die Gedanken an die Serpentinen. Im Tal des Fnjóská, an den Seitenstraßen 833/836, ist einer der schönsten Wälder Islands. Fragt man in Reykjavik einen Einheimischen, was es im Norden Interessantes zu sehen gibt, dann bekommt man bestimmt den Hinweis auf diesen Wald **Voglaskógur** (skógur = Wald). Der Wald hat es den Isländern nämlich angetan, und vielleicht freuen wir uns in ein paar Jahrzehnten, daß man hier einige Bäume vor dem sauren Regen in Sicherheit gebracht hat. Im Wald ist ein Campinggelände und ein gutes Wandergebiet, auch für Nichtprofis. Ca. zehn Kilometer östlich liegt ein Edda-Hotel mit Schlafsackunterkunft und Schwimmbad in Storutjarnir.
Vier Kilometer westlich vom Godafoss zweigt die Straße 85 von der 1 ab. Sie führt um den Nordosten Islands herum und trifft in der Nähe von Mödrudalur wieder auf die 1. Zwischen den beiden Kreuzungen liegen 122 Kilometer auf der Ringstraße, aber 426 auf der Küstenstraße. Von Westen kommend, trennt sich hier vor dem Godafoss der touristische von dem normalen Verkehr. Entlang der 1 folgt im Osten nämlich nur noch dünnbesiedeltes Land mit vielen Sehenswürdigkeiten, während man auf der 85 Husavik und die anderen Küstenorte im Nordosten erreicht. Tramper können diese Verkehrsflüsse schnell am erkaltenden Daumen spüren. Hier erst die Beschreibung der 1, später dann die 85:
Der **Godafoss** ist einer der schönsten Wasserfälle Islands. Der Fluß Skjáfandaflóit, der hauptsächlich Schmelzwasser vom Vatnajökull und in geringem Maße auch vom Tungnafellsjökull führt, fällt über eine Basaltkante. Einige Felsen haben den Wassermassen getrotzt, und so ist der Godafoss in mehrere Abschnitte geteilt. Vor dem Fall gibt es eine alte

Brücke aus dem Jahre 1930. Wenn man genau hinsieht, erkennt man noch die Reste der ersten Brücke von 1883, die hier den Fluß überspannt hatte. Heute rollt der Verkehr über eine moderne Betonkonstruktion aus dem Jahre 1972. Neben dem Wasserfall ist eine Servicestation mit Café und Geschäft (lange Öffnungszeiten!).
Vom Godafoss in südlicher Richtung erreicht man über die **Straßen 842/844** die Hochlandstraße F 28, besser bekannt als Sprengisandur-Route. Diese öde Wüstenstrecke ist der Traum vieler Allradfahrer. Am Ende der 842, ein paar Kilometer die F 28 hinein – noch ohne brückenlose Flußüberquerung, aber mit sehr holpriger, steiniger Fahrstrecke –, liegt der meiner Meinung nach schönste Wasserfall Islands, der **Aldeyjarfoss.** Der Skjálfandaflóit – wohl ein Spezialist im Ausformen schöner Wasserfälle – stürzt in einen Cañon, dessen Ränder aus großen kantigen Basaltsäulen bestehen. An der Seite des großen Wasserfalls entspringen aus den Hängen noch kleine Fälle, ein Phänomen, für das die Hraunafossar bei Husafell (Str. 518) berühmt sind. Auch wer nicht über die Sprengisandur fahren will, so ist der Abstecher zum Aldeyjarfoss doch zu empfehlen. Wer die letzten steinigen Kilometer seinem Auto nicht zutrauen mag, der kann es in gehbarer Entfernung stehen lassen.
Zurück zur Ringstraße: Zwischen dem Godafoss und dem Myvatn-Westend liegen 34 Kilometer Fahrstrecke ohne besondere Sehenswürdigkeiten. In **Laugar** sind ein Sommerhotel mit Schlafsackunterkunft, ein Campingplatz und ein Schwimmbad. Wer ein Dach über dem Kopf haben will und die Massen am Myvatn scheut, der kann hier übernachten. Sonst spricht nicht viel für einen Verbleib in Laugar – ich habe den Ort nur in stinkender Erinnerung: Mit der Wärme der heißen Quellen von Laugar wird Fisch aus Husavik im Schnellverfahren getrocknet.
Am Westend des **Myvatn** fließt die Laxá aus dem See ab, ein bekannter Lachsfluß. Wer hier angelt, dem ist sein Hobby lieb und teuer. Schwarzangeln wird streng bestraft, und Zelten in Flußnähe kann leicht als Versuch dazu ausgelegt werden. (Mehr zum Angeln siehe „Aktivitäten".)
Die Straße 1 führt am Nordufer des Myvatn entlang, so nah am Ufer, daß die Straße in diesem Abschnitt während der Vogelbrutzeit oft gesperrt wird und der Verkehr über die **Süduferstraße 848** läuft. Ich empfehle, wenn du den Myvatn nicht umrunden willst, auf jeden Fall diese Südküstenstraße über Skútustadir. Sie ist sicher interessanter als die Straße 1. Der Myvatn – als Vogelsee – und seine Umgebung – als geologisches Freiluftmuseum – sind auch für isländische Verhältnisse etwas Besonderes. Die Lage im Regenschatten des Vatnajökull garantiert außerdem relativ gutes Wetter.

Für Vogelfans ergibt sich am Myvatn die Möglichkeit, einige Entenarten zu beobachten, die in Europa nicht zu finden sind. Es sind die amerikanischen Spatel- und Kragenten, die hier brüten. Akustisch machen sich die Singschwäne am deutlichsten bemerkbar. Das werden die merken, die auf dem kleinen Zeltplatz beim Reisebüro Elda in **Reykjahlid** übernachten. Der Platz liegt direkt am Seeufer und ist übrigens während der Brutzeit der Enten geschlossen – also bis Ende Juni/Anfang Juli. Für Laien wird wahrscheinlich nur auffallen, daß auf dem See ein reges Leben herrscht und daß dauernd etwas schnattert. Die Zahl der nistenden Enten am Myvatn wird auf weit über 100.000 geschätzt, und dazu kommen noch eine Reihe anderer Vogelarten.
Geologisch, oder genauer gesagt vulkanologisch, gibt es wohl kein Gebiet in Island, das so abwechslungsreich ist wie der Myvatn und seine Umgebung. Unübersehbar sind die drei Tafelberge im Süden und Südosten des Sees. Die Ex-Vulkane, die unter den Gletschern der letzten Eiszeit entstanden, sind von West nach Ost: Sellandafjall (989 m), Bláfjall (1222 m) und Búrfell (861 m). Die drei sind die markantesten Klötze, die dort rumstehen, aber auch andere bieten Superlative. Der Hverfell, südöstlich von Reykjahlid, ist ein etwa 2500 Jahre alter Ringkrater, der maximal 150 Meter über die ihn umgebende Ebene herausragt. Man kann den Kraterrand an mehreren Stellen besteigen und über den ganzen Ring herumgehen oder in das Innere herabsteigen. Eine (Un)sitte ist es, aus Steinen geformte Initialen auf dem Boden des Kraters zu hinterlassen. Ich wundere mich bei solchen Dingen immer, warum Leute, die doch meist nach Island kommen, um die unberührte Natur zu erleben, dann an so einer Stelle unübersehbar in diese Natur eingreifen. Der Krater hat einen Durchmesser von über einem Kilometer, und der Kraterboden liegt etwa 140 Meter unter dem Ring. Eine Tour um den Hverfjall ist eine staubige Angelegenheit, aber dafür entschädigt ein plötzlich gewonnener Weitblick. Von der Hauptstraße 848 führt eine Fahrspur an den Krater heran, aber man kann das Stück auch gut zu Fuß bewältigen. Vermeide den Weg direkt von dem nahen Ort Reykjahlid durch die Lavafelder, geradewegs auf den Berg zu – es ist ein sehr schwer zu überquerendes Gebiet. Ein möglicher und schöner Weg führt von den Dimmuborgir Felsen (siehe dazu mehr weiter unten) zum Hverfjall.
Noch weiter im Osten – vom Hverfell wie von einigen Stellen in Dimmuborgir gut zu sehen – liegt die Ludents- /þrengslaborgirspalte. Der Kölner Geologe Martin Schwarzbach beschreibt sie folgendermaßen: *Den Blick fesselt heute ein nahes Ziel östlich von uns: eine lange Reihe niedriger Kegel, wie an einer Schnur aufgereiht. þrengslaborgir heißen diese Kra-*

terhügel. Sie setzen sich nördlich in den Ludentsborgir fort und sind eins der schönsten Beispiele für Spalteneruptionen in Island, und das will im Land der Spalten schon etwas heißen." (Schwarzbach S. 56)
Nordöstlich von Reykjahlið fällt der Hliðarfjall (721 m) auf. Er ist ein sehr steiler, pyramidenförmiger Berg. Er verdeckt den Blick auf die vulkanologisch jüngste Region am Myvatn, auf die Krater und Spalten der Leirhnukurhraun. Die letzten Ausbrüche vor Abschluß dieses Buches fanden hier im Herbst 1984 statt – fast unter Ausschluß der touristischen Öffentlichkeit. Denn an dem Tag, an dem die Ausbrüche begannen, startete in Seydisfjörður die Norröna zur letzten Heimreise der Saison. Einer, der damals an Bord war, sagte mir später, man habe noch in Seydisfjörður die Hitze spüren können, 130 Kilometer entfernt – Islandfahrerlatein? Unter Mißachtung eindeutiger Warntafeln kann man über die Lava klettern, die in den letzten Jahren entstanden ist. Vor dem 84er Ausbruch gab es in den neun Jahren nach 1975 noch 14 andere.

Die Formen, die die junge Lava bildet, sind im Detail sehr schön, aber auch von sehr unbeständiger Konsistenz. Sie verwittern schnell. Man erreicht dieses Gebiet über die Straße, die zum Geothermik-Kraftwerk an der Krafla führt. Von Reykjahlið mußt du dazu etwa sechs Kilometer nach Osten und dann von dem Abzweiger am Sulfatarenfeld von Námasfjall etwa sieben Kilometer nach Norden. An der Krafla kannst du auch den bekannten Explosionskrater Viti sehr leicht erreichen.

Die Vulkane sind die deutlichsten, in der Regel auch die höchsten Zeichen des unruhigen Erdinnern. Aber rund um den Myvatn können sich auch die sekundären Folgen sehen lassen. Zu den sekundären Folgen von Lavaflüssen gehören die Pseudokrater, die im See viele Inseln bilden und die man bei **Skútustaðir** auch direkt begehen kann. Pseudokrater entstehen, wenn Lava über feuchtes Gebiet fließt, zum Beispiel über Sümpfe. Unter der Lava bilden sich dann Gase, die zu Sekundäreruptionen führen. Die Pseudokrater am und im Myvatn hatten also nie eine direkte Verbindung zur Magma.

Phantastische Formen sind aus alter Lava am Seeufer in einer Bucht südlich der Landzunge Höfði und in dem Irr-Steingarten Dimmuborgir entstanden. Die kleine Halbinsel Höfði liegt etwa sieben Kilometer südlich von Reykjahilð. Hier ist ein kleiner Wald, in dem du spazieren gehen kannst. Vom Südufer siehst du die Felssäulen und Lavaskulpturen. Dimmuborgir erreicht man auf einer Stichstraße, die etwa fünf Kilometer südlich von Reykjahlið von der 848 nach Osten abzweigt. Durch die schwarzen Burgen (= Dimmuborgir) führen viele Wege zu den verschiedenen Lavagebäuden, man kann sich leicht verlaufen.

Die Nähe heißer Erdschichten spürt man in den Heißwasserhöhlen Stóragjá und Grjótagjá. Stóragjá, gleich an der Straßenkreuzung 1/848 am Rand von Reykjahlid, sind Höhlen, in denen Wasser mit Badewannentemperatur (ca. 40 °C) steht. Es ist wirklich stehendes Wasser und ungechlortes dazu. Da ist es vielleicht verständlich, warum die Höhlen in der fortgeschrittenen Saison für Badende oft gesperrt sind. In dem warmen Wasser vermehren sich Bakterien natürlich schnell, und je mehr Leute dort baden, ... Trotzdem ist es natürlich ein Erlebnis, unter den tiefhängenden Felsen des Höhlendaches zu schwimmen. Ein bißchen Angst hatte ich dabei aber immer. Es ist unheimlich. Schon der Einstieg, bei dem man sich durch enge Felsspalten zwängen muß, ist nicht jedermanns Sache, und wer dann noch unterirdisch in benachbarten, sonst von außen nicht zugängliche Höhlenteile krabbelt, der braucht Nerven. Eine Höhle ist die *Vormittags*höhle, weil nur bis zur Mittagszeit durch ein kleines Loch in der Decke Licht in den Swimming-Pool fällt. Am Nachmittag wird es sehr düster. Für eine kurze Zeit scheint die Sonne direkt in dieses Loch. Dann wird der Lichtstrahl zu einem Scheinwerfer, der auch den Höhlenboden durch das klare Wasser hindurch ausleuchtet.
Keine Schwierigkeiten mit zu hohen Besucherzahlen gibt es in den Grjótagjá-Höhlen. Dort läßt es sich seit 1977 weder für Menschen noch

Myvatn: Steingarten? Abenteuer-Spielplatz der Trolle? Verwunschene Schlösser?

für Bakterien gut leben. Vorher waren die Höhlen als Badehöhlen bekannt, aber vulkanische Aktivitäten ließen die Wassertemperatur auf über 60 °C ansteigen – etwas zu heiß für ein Bad. Aber bei dem unruhigen Erdinnern kann sich alles wieder ändern. Die Grjótagjá ist Teil einer Verwerfung am Rande des Lavafeldes südwestlich von Reykjahlið. Eine kleine Nebenstraße verbindet entlang dieser Verwerfung die Straßen 1 und 848. Sie ist zwar sehr schlecht, aber mit jedem Fahrzeug befahrbar. Zu den besonderen Attraktionen im Myvatn-Gebiet gehören zweifellos die Sulfatarenfelder. Drei davon sind erreichbar: das große Feld am Osthang des **Námafjall**, ein Feld in dem vulkanisch hochaktiven Gebiet am Leirhnjúkur und ein kleines Feld am Viti-Krater bei der Krafla. Das Námasfjall-Feld liegt unübersehbar am Rande der Straße 1, etwa sechs Kilometer östlich von Reykjahlið. Eine Vielzahl von Schlamm-, Schwefel- und Dampfquellen kannst du dort ansehen. Eine große Tafel beim Eingang weist auf die Gefahren hin, die zwischen den Quellen lauern. Eine Grundregel: Je heller der Boden, desto größer die Gefahr, dort einzubrechen! Die beiden anderen Sulfatarenfelder erreichst du über die Zufahrtstraße zum Geothermik-Kraftwerk an der Krafla (siehe auch weiter oben, wo es um Vulkane geht).
Und eine letzte Sehenswürdigkeit aus dem vulkanologischen Myvatn-Freiluftmuseum: Die Lavafelder, die die Kirche von Reykjahlið eingekreist haben, stammen vom Großen-Myvatn-Feuer. Das war ein von 1724 bis 1729 andauerndes Feuerwerk. Es wurde von der Explosion des Krafla-Kraters Viti am 17. Mai 1724 eingeläutet. Später floß die Lava dann aus der Kraterreihe Leirhnujukur, die ja heute immer noch für Aufregung sorgt. Die Lava rund um Reykjahlið ist ein typisches Beispiel von Plattenlava, die die Isländer *helluhraun* und die Wissenschaftler *Pahoe-Hoe Lava* nennen. Diese Lava hat direkt nach dem Erstarren eine große Fläche gebildet, die dann von nachdrängendem Material aus dem Erdinnern in große Platten gebrochen und gegeneinander verschoben wurde. Auf den einzelnen Platten kann man gut gehen, nur machen die Verwerfungen einen längeren Spaziergang beschwerlich.

Übernachtungsmöglichkeiten in der Myvatn Region

Neben dem schon oben erwähnten Sommerhotel in Laugar, etwa 25 Kilometer westlich des Myvatn, gibt es direkt in Seenähe zwei Hotels in Reykjahlið.
Schlafsackunterkünfte findest du in Skutustaðir, am Südufer, und auf dem Hof Ströng (Farmholiday-Liste), der etwas abseits liegt. Rund vier Kilometer vor dem Myvatn-Westende biegt ein Fahrweg von der Straße

1 nach Süden ab; darauf sind es dann 5 Kilometer bis Ströng (Tel. 96/ 4 42 52).

Da das Gebiet rund um den Myvatn ein Naturschutzgebiet ist, darf dort nicht wild gezeltet werden. Campingplätze sind in Reykjahlid, unterhalb des Flugfeldes, und am Reisebüro Elda sowie in Skutustadir.

Schwimmbäder

In Reykjahlid gibt es ein großes, neuerbautes Freibad und in Skutustadir ein kleines Hallenbad.

Öffentlicher Transport

Linienbusse verkehren zwischen dem Myvatn und Akureyri täglich, nach Husavik ebenfalls. Montag bis Samstag fährt ein Bus zwischen Myvatn und Egilstadir. Zweimal wöchentlich gibt es eine Busverbindung Reykjavik–Myvatn durch die Sprengisandur. Preis für eine einfache Fahrt: 160 DM.

Rundfahrten

Der Myvatn ist das Ziel von Rundfahrten aus Akureyri und Husavik. Vom Myvatn aus kann man auch alle Sehenswürdigkeiten in der näheren und weiteren Umgebung mit Rundfahrten erreichen. Die Fahrten beginnen in der Regel in Reykjahlid. Man wird aber ohne Mehrkosten in Skutustadir abgeholt. Anmeldung in den Unterkünften auch für die, die dort nicht wohnen (Stand, wenn nicht anders angegeben, Sommer '86):

- Große Myvatn-Fahrt dreimal wöchentlich, 75 DM.
- davon führt die erste Hälfte um den See: vier Stunden, die auch einzeln gebucht werden können, für 12 US-$ (1985).
- Die zweite Hälfte der großen Myvatn-Fahrt kommt zu den Sulfatarenfeldern und zur Krafla, dauert dreieinhalb Stunden und kostet 14 US-$ (1985).
- Die „Höhepunkte des Nordens" heißt eine Fahrt, auf der Ásbirgi, Dettifoss, Hljodklettar, Husavik und Tjörnes gesehen werden können. Fahrtdauer ist zehn Stunden und der Preis, je nach Busunternehmen, um die 90 DM (1986).
- Eine Fahrt zur Askja kostet als Tagestour 125 DM und als zweitägige Tour mit Hüttenübernachtung und Abstecher zum Dettifoss 190 DM.
- Eine Fahrt zum Polarkreis (fast!) mit Stops an den Sehenswürdigkeiten des Nordens kostet 38 US-$. Ziel ist der nördlichste Zipfel des isländischen Festlandes oberhalb von Raunarhöfn (1985).
- „Eis und Feuer Tour" von Husavik zum Kverkfjöll, Zustiegsmöglichkeit am Myvatn. Kombination mit Fahrtende in Egilstadir möglich. Myvatn u.z. 310 DM, Myvatn–Egilstadir 380 DM (3-Tage-Fahrt).

Wer das Gebiet um den Myvatn selbst erkunden will, kann sich auch Mofas (führerscheinpflichtig, ca. 45 DM pro Tag) oder Fahrräder entleihen. Wende dich an die Tankstellen neben dem Hotel Reynihlid, dort kannst du die zweirädrigen Fahrzeuge leihen. Rechtzeitig bestellen!
Notfälle
Das nächste Krankenhaus für die Region ist in Husavik.

Aus einer größeren Perspektive betrachtet, ist der Myvatn eine riesige Oase, umgeben von Einöde. Östlich des Sees ist es besonders trostlos. Zwischen Reykjahlid und der Kreuzung mit der 85 liegen 70 staubige Kilometer. Die Umgebung der Straße, die Berge – alles alte Krater – und die Wüsten sind im Detail wenig abwechslungsreich, aber doch interessant, weil sie für mitteleuropäische Augen so ungewöhnlich sind. Nur die Jökulsá á Fjöllum und östlich davon der Hof **Grimstadir** unterbrechen die Eintönigkeit. Zwischen Reykjahlid und Grimstadir zweigen zwei Jeepstrecken ab. Die F 88 führt nach Süden zur Askja und von dort weiter bis zur Sprengisandur-Route (mehr darüber im Hochlandteil). Nach Norden zweigt eine Fahrspur ab, die auf der Westseite der Jokulsá á Fjöllum in den Nationalpark Jökulsárgljúfur führt. Auf ihr sind die Wasserfälle **Sellfoss, Dettifoss** und **Hafragilsfoss** zu erreichen, wenn man es gerne etwas beschwerlich haben möchte. Einfacher ist es nämlich auf der Straße 864, die in Grimstadir von der 1 nach Norden abbiegt. Zum Dettifoss zweigt davon ein Weg ab, der sehr schlecht zu befahren ist, besonders für tiefliegende PKWs. Es ist aber auch nicht weit zu laufen, wenn man seinen Wagen in der Nähe der Straße stehen läßt. Vom Dettifoss kann man bequem am Fluß entlang zum Sellfoss laufen (ca. 1 km südlich). Und den dritten im Bunde, den Hafragilsfoss, siehst du am besten von einem Aussichtspunkt, der auf einem Weg zu erreichen ist, der rund eineinhalb Kilometer nördlich des Dettifoss-Abzweigers von der 864 abbiegt.
Der Dettifoss ist, bezogen auf die herabstürzenden Wassermengen, Islands mächtigster Wasserfall. Im Sommer, wenn Schmelzwasser die Jökulsá á Fjöllum anschwellen lassen, können es 1500 Kubikmeter Wasser sein, die pro Sekunde die 44 Meter herunter donnern. In so einer Sekunde werden dann etwa zwei Tonnen Sand und Steine mitgeführt. Der Dettifoss ist sicher ein mächtiger Wasserfall, aber auch ein schöner? Längst nicht so tösend ist der Sellfoss. 10, vielleicht 15 Meter hoch ist die Wand von Basaltsäulen, über die er fällt. Der Sellfoss ist viel breiter, und alles in allem gefällt er mir persönlich besser als sein lauter Nachbar. Der Abstecher zum Aussichtspunkt oberhalb des Hafragilsfoss ist zum emp-

fehlen, weil man von dort außer dem Wasserfall auch den Cañon der Jökulsá á Fjöllum überblicken kann. Sehr schön ist eine Stelle unterhalb des Aussichtspunktes, an der klares Bergwasser in das milchige Gletscherwasser fließt und ein farbiges Bild hervorruft. Von den großen Drei nach Norden sind es 25 Kilometer bis zur Nordküstenstraße, der 85.

Die **Straße 85** erschließt den Nordosten Islands. Kaum ein Tourist wird aber die ganzen 410 Kilometer in einem Stück abfahren, weil er dann den Myvatn verpassen würde (siehe oben), wer will das schon? Zwischen der 1 und der 85 gibt es dafür einige Querverbindungen, die **864** zum Beispiel, die an den Wasserfällen vorbeiführt, oder die **87** vom Myvatn nach Húsavik.

Zur Freude derer, die mit dem eigenen Auto unterwegs sind, ist der 45 Kilometer lange Westabschnitt der 85, zwischen dem Abzweiger von der 1 am Godafoss und der Stadt Húsavik, weitgehend geteert. An der Nebenstraße 854 ist ein alter Hof – Grenjadarstadur – denkmalgeschützt. Er beherbergt ein Heimatmuseum. Bei Laxámyri, ca. acht Kilometer südlich von Húsavik, steht eine *Anglerhütte.* In diesem Fall eine sehr exklusive Herberge für die, die Lachse in der nahegelegenen Laxá nicht nur springen sehen wollen, sondern auch danach angeln. Das Anschauen der springenden Lachse – ich habe aber nie einen springen sehen, es soll von der Tageszeit und der Witterung abhängen – ist gratis, das Angeln unerschwinglich. An der Laxámündung ist eine Eiderentenkolonie.

Die 2500-Einwohner-Stadt **Húsavik** ist so schön wie die meisten anderen isländischen Städte auch. Viel Beton ist verbaut. Die Lage oberhalb einer kleinen Bucht und ein paar alte Häuser machen einen Aufenthalt gerade noch erträglich. Sehenswert ist die zweigeschossige Kirche an der Hauptstraße oberhalb des Hafens. Sie stammt aus dem Jahre 1907. Ich habe die Kirche sehr gut geheizt in Erinnerung – also ein Tip für kalte, ungemütliche Tage. In Húsavik gibt es ein Krankenhaus, ein Hotel der gehobenen Klasse, einen Campingplatz (am Nordrand der Stadt) und ein Schwimmbad (neben dem Campingplatz).

Oberhalb von Húsavik ist auf dem Húsavikurfjall ein Aussichtspunkt. Von dort soll man sogar den Vatnajökull im Süden und die Insel Grimsey im Norden sehen können. Bis zum Vatnajökull sind es 140 Kilometer und bis Grimsey 65.

Die Straße 85 führt nördlich von Húsavik um die Halbinsel **Tjörnes.** Die Straße verläuft meist am Meer entlang, und man sieht ein paar Kilometer außerhalb der Stadt die Insel der Papageitaucher (= Lundey) vor der Küste liegen. Etwa elf Kilometer nördlich von Húsavik führt bei dem Hof Ytritunga ein Weg zum Meer hinunter. An der Mündung der Hallbjarna-

stadaá sind in den Klippen versteinerte Muschelablagerungen deutlich zu sehen. Sie liegen etliche Meter über dem heutigen Meeresspiegel, Zeichen einer Landhebung. Wer sich nicht für Versteinerungen interessiert, der kann auf diesen Abstecher gut verzichten, denn außerdem ist nicht viel zu sehen.
An der Ostseite der Tjörnes-Halbinsel verläuft die Straße hoch über dem Meer, und du hast eine gute Sicht über die ausgeprägtesten Sanderflächen Nordislands im Mündungsgebiet der Jökulsá á Fjöllum. Bei der Beschreibung über den Dettifoss habe ich bereits erwähnt, daß dort im Frühsommer pro Sekunde bis zu zwei Tonnen Steine und Sand mit den Wassermassen zusammen den Fall herunterdonnern. Irgendwo muß dieser Dreck ja bleiben: in dem Sander.
Zwischen Húsavik und dem Hof Lón, am Westrand dieses Flußdeltas, gibt es eine schlecht befahrbare Jeepstrecke, die sich als Wanderstrekke gut eignet.
Jökulsargljúfur heißt der Cañon der Jökulsá á Fjöllum. Der danach benannte Nationalpark erstreckt sich aber über ein viel größeres Gebiet. Ein Teil der Sanderfläche gehört dazu und ein großes Gebiet im Landesinneren, westlich des Gletscherflusses. Der Jökulsargljúfur ist der „Grand Cañon" Islands: 25 Kilometer lang, oft bis zu 500 Meter breit und an einigen Stellen 120 Meter tief. Basaltsäulen an den Hängen formen das Innere dieses Riesengrabens. Wer keine Langstreckenwanderungen machen will, kann den Cañon am einfachsten in der Nähe des Vesturdalur Campingplatzes erreichen. Dort gibt es auch eine Informationsstelle der Nationalparkverwaltung. Ganz in der Nähe sind die wirren Lavaformationen von Hljodaklettar und die beiden Felsen Karl og Kerling („Der Alte und die Hexe"). In Hljodklettar bilden senkrecht, waagerecht oder sternförmig gelagerte Basaltblöcke wilde Mosaike in den Hängen. Treppen, Pfauenräder, Säulengänge, Höhlen – alles kann man sehen. Von der Ferne betrachtet sieht das Ganze wie eine Festung aus. Etwas nördlich hast du von einem rot-schwarzen Aschenhügel – der selbst schon sehenswert ist – eine gute Übersicht. Du erreichst das Vesturdalur auf einer nummernlosen Straße, die von der 862, einer kurzen Nebenstraße der 85 abzweigt. Vom Vesturdalur kannst du auf dieser nummernlosen noch mit jedem Fahrzeug bis zur Westseite der Wasserfälle Hafragilsfoss, Dettifoss und Sellfoss gelangen. Weiter südlich bis zur Ringstraße ist es dann aber nur noch etwas für Fahrzeuge mit großer Bodenfreiheit.
Ásbyrgi, im Norden des Nationalparks nahe der Straße 85, ist es für meine Begriffe eines der schönsten Naturdenkmäler Islands. Nach alten

Jökulsá á Fjöllum – der Fluß der Fälle

Geschichten soll Sleipnir, ein Pferd des Gottes Odin, einmal kräftig auf den Erdboden aufgestampft haben. Dabei ist Ásbyrgi entstanden. Es ist ein hufeisenförmiges Tal, zum Meer hin offen und landeinwärts von einer hundert Meter hohen Felswand abgegrenzt. In dieses Tal ragt die Klippe Eyjan hinein, 87 Meter an der Spitze hoch. Auf dem Talboden breitet sich ein Birkenwald aus.
Wenn man die Sleipnir-Huftritt-Theorie nicht glaubt, wie ist Ásbyrgi dann entstanden? Aus der Sicht eines Laien halte ich die Theorie für wahrscheinlich, die in dem Tal einen gigantischen, fossilen Wasserfall sieht. Die Jökulsá á Fjöllum hat ihr Bett oft gewechselt, und sie ist vielleicht mal hier durch Ásbyrgi geflossen. Einen kleinen See – heute ein idyllisches Plätzchen – am Ende des Tals unter den hohen Felswänden, kann ich mir gut als die Stelle vorstellen, wo damals das Wasser heruntergedonnert ist. Gegenüber diesem Wasserfall muß der Dettifoss heute doch ein Fällchen sein! In das Tal Ásbyrgi gelangst du auf einer vier Kilometer langen Stichstraße, die von der 85 abzweigt. Im Südwestzipfel ist ein sehr schön gelegener Zeltplatz. (Ein Tip: Literaturkapitel)
Östlich von Ásbyrgi gibt es einen Weg vom Hof As auf die Klippen oberhalb des Tals. Dieser Weg führt weiter nach Süden durch den Nationalpark, durch das Vesturdalur (siehe oben), dann am Cañon vorbei bis zu den drei Wasserfällen Hafragils-, Detti- und Sellfoss. Die Tour ist rund dreißig Kilometer lang. Die Wanderwege im Nationalpark sind für isländische Verhältnisse gut gekennzeichnet. In einem kleinen Prospekt des Iceland Nature Conservation Council kann man alles Wissenswerte über den Nationalpark nachlesen (bisher aber nur in Englisch). In dem Prospekt gibt es auch eine kleine Karte. Auf der 1 : 100.000 Karte der Landmælingar Islands, mit dem Titel „Húsavik-Myvatn-Jökulsárgljúfur", die speziell für dieses Gebiet als Touristenkarte erschienen ist, hat man intelligenterweise die Wanderwege im Nationalpark *nicht* eingezeichnet. Diese Karte wird dadurch ziemlich wertlos für Wanderer.
Übernachtungen sind im Nationalpark nur auf den Campingplätzen in Ásbyrgi und im Vesturdalur möglich. Einkaufen kann man in einem Geschäft bei der Service Station Byrgi an der 85. Dort sind auch ein Schnellimbiß und eine Tankstelle.
Auf einer großen Hängebrücke überquert die Straße 85 die Jökulsá á Fjöllum. Diese Brücke wirkt in der Umgebung, vor den großen Sanderflächen, sehr interessant. Gleich östlich zweigt die Straße 864 ab, die Verbindung zur 1 (mehr dazu siehe oben).
Die 85 führt in Küstennähe um die Nordosthalbinsel Melkrakkaslétta herum. **Kópasker**, 34 Kilometer nördlich der 864/65 Kreuzung, ist ein Han-

delsplatz für das umliegende Agrarland. Der 300-Einwohner-Ort hat einen schlechten Hafen, aber einen langen Pier für Handelsschiffe. Seit Mitte der 70er Jahre versucht man sich aber trotz der schlechten Bedingungen in der Fischerei. Man hat sich auf Krabbenfang mit kleinen Booten spezialisiert. In Kópasker findest du in Notfällen eine Erste-Hilfe-Station.

Schon im Osten der Melrakkasléttta-Halbinsel liegt der 500-Einwohner-Ort **Raunarhöfn**, ein Fischerdorf. In den vergangengen goldenen Heringszeiten war es einer der wichtigsten Häfen Islands. Im Ort gibt es eine Erste-Hilfe-Station sowie ein Hotel mit Schlafsackunterkunft und Restaurant. An der Straße 85 Richtung Kópasker liegt 10 Kilometer von Raufarhöfn entfernt der nördlichste Punkt des isländischen Festlandes auf der Landzunge Hraunhafnartangi. Ein Turm mit einer großen Lampe darauf – in Küstennähe auch Leuchtturm genannt – weist den Weg auf dieses Nordkap.

Wer viel Zeit in Island hat und von dem Touristenstrom entlang der Ringstraße weg will, dem kann ich Melrakkasléttta empfehlen. Nur wenige Touristen machen sich die Mühe, hier herumzufahren. Die Seenplatte im Osten und die Klippen (ca. 70 m hoch) am Eiszeitkrater Rauđinupur (Nordwestspitze) sind Ziele, die einen Besuch wert sind. An der Küste entlang gibt es viele verlassene Höfe, wo man geschützt zelten kann.

Wer durch den Nordwesten will, aber nicht die ganze Halbinsel Melrakkasléttta umfahren möchte, kann eine Abkürzung über die **Straße 867** nehmen. Das spart etwa 70 Kilometer. Die 867 ist eine Bergstraße (max. Höhe 305 m), die durch das unbewohnte Gebiet der Oxarfjarđarheiđi führt. Sie ist bestimmt keine materialschonende Verbindung, eher hart an der Grenze zwischen Jeepstrecke und Straße.

Zwischen der 85/867-Ostkreuzung und Þorshöfn durchfährst du ein feuchtes Gebiet, von vielen Flüssen durchzogen, in denen angeblich Lachse und Forellen leicht zu fangen sind. Wo die Lange-Halbinsel (= Langanes) beginnt, liegt der 450-Einwohner-Ort **Þorshöfn**. Im Ort gibt es eine Erste-Hilfe-Station, ein Sommerhotel und einen Zeltplatz nahe der Tankstelle.

Von Þorshöfn führt an der Nordküste der Halbinsel **Langanes** eine Fahrspur entlang bis zur äußersten Spitze mit den Klippen Fontur. Nur im ersten Abschnitt – ca. neun Kilometer – bis zum Flugfeld beim dem Hof Sauđanes ist das eine normale Straße. Der Rest der Strecke ist nur noch bedingt für PKW befahrbar. Langanes ist ein Ziel für Individualisten unter Individualtouristen. Die Küsten der Halbinsel sind teilweise sehr steil und von vielen Vögeln bewohnt. Unter anderem brüten hier Baßtölpel. Vogel-

klippen findest du nicht nur an der Nordküste entlang der Straße, sondern auch im weniger zugänglichen Süden. Dort ist zum Beispiel Skálabjarg bekannt. Etwas nordwestlich davon gibt es ein verlassenes Dorf, Skálar. Es ist seit den 50er Jahren unbewohnt. Nur eine von vielen Stellen auf Langanes, aus denen sich der Mensch zurückgezogen hat. Langanes eignet sich gut für einsame Wanderungen.
Südlich von þorshöfn verläuft die Grenze zwischen Nord- und Ostisland. Die Straße 85 überquert zwischen þorshöfn und Vopnafjörður ein mooriges, feuchtes Land mit vielen kleinen Seen und Flüssen. Das ganze Gebiet ist dünn besiedelt. Die Menschen wohnen heute fast nur noch im Küstenbereich, während landeinwärts in den Mooren die Höfe verlassen sind. Längere Straßenabschnitte führen durch völlig menschenleeres Gebiet. Auf dem ca. 80 Kilometer langen Stück zwischen þorshöfn und Vopnarfjörður gibt es nur in dem kleinen Ort **Bakkafjörður** (120 Einwohner) am Südufer des Bakkaflói Tank- und Einkaufsmöglichkeiten.
Vopnafjörður (700 Einwohner) liegt an dem gleichnamigen Fjord. Fischerei ist der Haupterwerbszweig. Du findest in dem Ort ein Hotel, einen Campingplatz, eine Erste-Hilfe-Station und ein Schwimmbad.
Die Straße 85 verbindet in ihrem 72 Kilometer langen südlichen Abschnitt die Ringstraße und die Küste bei Vopnafjörður. Nördlich der 85 fallen eine Reihe von Berggipfeln mit Höhen bis über 1000 Meter auf, während südlich der Straße das Smörfjöll (Butterberge) Massiv das Bild beherrscht. Es erreicht in weiten Teilen Höhen von etwa 1200 Metern, im Gipfel 1251 Meter.
25 Kilometer südwestlich von Vopnarfjörður liegt der Hof Burstarfell am Fuße der gleichnamigen Bergkette. Der Hof steht unter Denkmalschutz und zählt zu den schönsten, die es im traditionellen Baustil in Island noch gibt. Ursprünglich stammt er aus dem Jahre 1770, wurde aber im Laufe der Jahre oft umgebaut.
Die Nebenstraße der 85 im Gebiet von Vopnafjörður tragen schon Neuner-Nummern, die Grenzen sind hier fließend. Neben der Ringstraße besteht über die **Bergstraße 917** zwischen Vopnafjörður und dem Tal der Jökulsá á Bru eine Verbindung in das Gebiet der Neuner-Straßen, nach Ostisland. Mehr dazu im nächsten Kapitel.

Transport- und Übernachtungsmöglichkeiten im Gebiet der Achter-Straßen

Öffentlicher Verkehr

Busverbindungen habe ich schon näher in den Abschnitten über Akureyri und die Myvatn-Region beschrieben. Hauptverbindung innerhalb des

Achter-Straßen-Gebietes ist der Montag bis Samstag verkehrende Bus Akureyri–Myvatn–Egilstaðir. Alternativ dazu kann man den Küstenstraßenbus Egilstaðir–Vopnafjörður–Þorshöfn–Raufarhöfn–Ásbyrgi-Húsavik benutzen. Er fährt zweimal pro Woche in jede Richtung. Ca.-Fahrpreise: von Akureyri zum Myvatn 20 DM und nach Egilstaðir 55 DM, von Húsavik nach Raunarhöfn 30 DM und nach Vopnafjörður 60 DM.

Organisierte Touren

Angaben für die Touren, die von den Zentren der Region aus angeboten werden, findest du in den Beschreibungen von Akureyri, der Myvatn-Region und Húsavik. Touren von Reykjavik bis in den Norden gibt es aber auch. Es sind kombinierte Flug-/Busreisen, die nicht gerade billig sind. So kosten 15 Stunden Reykjavik–Myvatn–Reykjavik etwa 330 DM (1986).

Übernachtungen

Dazu auch Hinweise in den Abschnitten über Akureyri und die Myvatn-Region.

Hotels (S = mit Schlafsackunterkunft) gibt es in: Olafsfjörður, Dalvik (S), Akureyri (S), Hrafnagil (südlich von Akureyri an der 822/S), Storutjarnir (an der 1/S), Laugar (S), Reykjahlið, Húsavik, Kopasker, Raufarhöfn (S), Þorshöfn; Vopnafjörður (S).

Schlafsackunterkünfte auf Bauernhöfen (Farmholiday-Liste): Ytri-Vik, in Arskógsstönd nördlich von Akureyri, und Ströng am Myvatn.

Jugendherbergen gibt es in Dalvik und Akureyri (2). Nur Schlafsackplätze gibt es in der Schule in Skutustaðir am Myvatn.

Zeltplätze nach der Liste des isländischen Fremdenverkehrsbüros sind in Olafsfjörður, Dalvik, Akureyri (2), Grenivik im Waldgebiet Vaglaskögi, in Laugar, Húsavik, am Myvatn (3), im Nationalpark Jökulsárgljúfur (2) und in Þorshöfn.

Die Neuner-Straßen

Das Gebiet der Neuner-Straßen erstreckt sich vom Vopnafjörður über die Fjordlandschaft Ostislands bis in das Gebiet südlich vom Vatnajökull beim Nationalpark Skaftafell. Der eigentliche Osten, die Fjorde also, ist sicher das am meisten verkannte Gebiet Islands. Dabei hat gerade diese Gegend viele schöne Dinge zu bieten, nur eben nicht das Typische Islands: Feuer und Eis.

Der Abschnitt der Ringstraße im Gebiet der 9er-Straßen ist 484 Kilometer lang, von der 1/85-Kreuzung im Möðrudalur bis Skaftafell am Fuß des Vatnajökull. Du hast bei einer Rundfahrt nur wenige Alternativen: 57 Kilometer kannst du zusetzen, wenn du auf den Straßen 92 und 96 an den Südfjorden entlangfährst – um Suðurfirði.

Abstecher zu einzelnen Fjorden gibt es reichlich, auf jeden Fall im nördlichen Teil, während ab dem Berufjörður die Straße 1 allein auf weiter Flur ist – übrigens für 320 Kilometer, bis nach Kirkjubæjarklaustur im Gebiet der Zweier-Straßen.

Der nördliche Abschnitt der **1** zwischem dem Möðrudalur und Egilstaðir führt durch eine trostlose, faszinierende Landschaft. Sechs Kilometer südlich der 1/85-Kreuzung liegt Möðrudalur, Islands einsamster Hof. Er ist eine Oase in der Trostlosigkeit des östlichen Landesinneren. Der Bauer weiß natürlich, wie gerne man sich nach staubigen Straßen mal eine Pause gönnt. Zum Hof gehört deshalb auch eine Cafeteria neben der Tankstelle. Besichtigen kann man die kleine Kirche, die der Bauer selbst gebaut hat. Die nächsten Nachbarn der Möðrudal-Leute wohnen übrigens in Grimstaðir, 35 Kilometer nach Norden. Die nächsten Orte sind Reykjahlið am Myvatn (76 km), Vopnafjörður (80 km) und Egilstaðir (100 km).

Ein paar Kilometer südöstlich des Hofes überquert die Ringstraße die Bergkette **Möðrudalsfjallgarður.** Die Straße windet sich durch die Berge, und wenn das Wetter mitspielt, bekommt man viel zu sehen. Im Südwesten ragt aus einer weiten Ebene die Königin der isländischen Berge hervor: **Herðubreið.** 1662 Meter hoch ist dieser alte Vulkan, der unter einem Gletscher entstanden ist. Bis zu den Rändern seines Hochplateaus haben früher einmal die Eismassen gestanden. Bei einem Vulkanausbruch unter dem Eis hat sich dann das ausgeworfene Material in einem freigetauten Schacht gesammelt. Als die Eisdecke durchstoßen war, hatte die Asche freie Bahn und konnte in die Breite ausgestoßen werden. Das festere Material blieb zurück und bildete einen stabilisierenden Basaltdeckel. Auf diese Weise entstand der Herðubreið. Aus dem Hochplateau ragt nur noch ein kleiner Zipfel hervor, wahrscheinlich die letzte Ausbruchstelle. Südlich des Herðubreið sieht man noch das zerklüftete Massiv Dyngjufjöll. Dieses Bergmassiv ist wenigen ein Begriff, wohl aber sein bekanntester Vulkan – die Askja. Bei gutem Wetter ist auch Sicht auf den Vatnajökull möglich.

Östlich des Möðurdalsfjallgarður durchquert die Straße 1 die **Jökuldalsheiði,** eine weitgehend entvölkerte Gegend. Hier wurden die Lebensbedingungen nach einem Aschenregen aus dem Askja-Ausbruch 1875 so

schlecht, daß viele Bauern aufgaben und ihr Land verließen. In diesem Abschnitt der 1 zweigen einige Pisten ins Hochland ab, auf denen du mit Geländewagen die Nordränder des Vatnajökull oder den Berg Snæfell erreichen kannst. Vom Snæfell besteht eine Verbindung zum See Lögurinn und von dort nach Egilstadir. Wer also das geeignete Fortbewegungsmittel hat, kann hier durch das Hochland statt über die 1 fahren. (Achtung Vor- und Nachsaisonfahrer: Die Bergabschnitte der 1 in dieser Region können je nach Witterung von Oktober bis Mai gesperrt sein!)
Eine zweite Verbindung zwischen dem Gebiet der Achter- und dem der Neuner-Straßen besteht mit der **Straße 917** von Vopnafjördur zur Mündung der Jökulsá á Bru. Diese Paßstraße über die Hellisheidi erreicht eine Höhe von mehr als 700 Metern. Sie ist für PKW nur unter besten Witterungsbedingungen befahrbar, eigentlich eine Allradroute! Die Straße überquert eine sehr bergige Halbinsel, die ihm Nordosten mit dem 602 Meter hohen Kollumuli abschließt. Im Tal der **Jökulsá á Bru** folgt die Straße dem schmalen Ostufer am Fuß des Smjörfjöll/Hlidarfjöll Massivs. Viele Klarwasserflüsse kommen hier aus den Bergen und vermischen sich mit dem milchigen Wasser der Jökulsá. An der Jökulsárbrú, bei dem Hof Fossvellir, trifft die 917 auf die Ringstraße. Zwischen dieser Kreuzung und Vopnafjördur sind es 71 Kilometer Fahrstrecke.
Das Gebiet zwischen den beiden großen Gletscherflüssen des Nordostens, Jökulsá á Bru und Lagarfljót, heißt **Hróarstunga.** Mehrere Straßen erschließen dieses Landstück **(925/926/927)**. Am Ende der 926, fast

Zelten unter den Gletschern

am Meer, liegt der Hof **Húsey**. Dort ist eine Jugendherberge (auch in der Farmholiday-Liste/ Húsey, Hróarstunga, 701 Egilstaðir Tel. 97/ 30 10). Gäste, die am täglichen Leben auf dem Hof teilnehmen, sind erwünscht. Auf Anfrage werden autolose Reisende auch vom Bus an der Jökulsárbrú abgeholt. Naturschutzfreunde können sich hier auch über den Seehundfang aus erster Hand informieren bzw. Seehunde beobachten. Ich habe Húsey selbst nie erlebt, aber von anderen viel Gutes gehört. Ein Platz für ruhige Tage.

Über den **Lagarfljót** kurz vor Egilstaðir führt eine 301 Meter lange Holzbrücke. Eine Warnung: Holz ist bei Regen ein sehr glatter Straßenbelag. **Egilstaðir** ist das schnell wachsende Zentrum Ostislands. Die Stadt ist überaus häßlich, und ich wundere mich immer wieder, warum so viele Leute vor Abfahrt oder nach Ankunft der „Norröna" hier eine Nacht verbringen. Wohl nur weil der Ort ein Knotenpunkt ist. Du findest in Egilstaðir natürlich alles, was du für die Reise brauchst: Banken, Geschäfte, Ärzte, Apotheke, Krankenstation, Autoverleiher, Reisebüro, Werkstätten. Es gibt zwei Hotels (Egilstaðir und Valaskjálf) sowie eine Pension auf einem großen Hof (Farmholiday-Liste). Ein Zeltplatz ist neben dem Supermarkt. Ein Schwimmbad fehlt auch nicht. Busverbindungen bestehen im Sommer Montag bis Samstag nach Akureyri und Höfn, zweimal wöchentlich über die Nordküstenstraße nach Húsavik, Montag bis Freitag nach Seyðisfjörður, Neskaupsstaður, Eskifjörður, Reyðarfjörður sowie mehrmals wöchentlich nach Faskruðsfjörður und Stöðvarfjörður, dreimal wöchentlich nach Eiðar, viermal nach Hollormsstaður. Das örtliche Reisebüro (Ferðamiðstöð Austurlands) organisiert Fahrten zum Snæfell, wo es auch eine Hütte gibt, und um den See Lögurinn herum. Von Egilstaðir nach Norden führt die **Straße 94** am Westufer des Lagarfljót entlang. Nach 14 Kilometern findest du an der Straße das Edda-Hotel Eiðar. Einige Kilometer vor der Küste biegt die Straße 94 nach Osten. Über den Vatnsskarð erreicht man den Ort **Bakkagerði** am Borgarfjörður.

Der Streckenabschnitt über die Berge ist landschaftlich reizvoll. In Bakkagerði ist im Sommer eine Schlafsackunterkunft eingerichtet (Felagsheimilið Fjarðarborg). Im Ort ist das Altarbild der Dorfkirche sehenswert, es stammt von Islands bekanntestem Maler Johannes Kjarval. Westlich des Ortes liegt der 1136 Meter hohe Dyrfjöll, ein von der Form her schon ungewöhnlicher Berg. Wer sich für Steine interessiert, kann hier seltene Exemplare finden. Ryholith (oder auch Liparit) ist ja immer für bunte Farben gut – siehe Landmannalaugar im Süden von Island – und bildet auch hier um Bakkagerði die Bergwelt.

Von Bakkagerdi kann man auf einer Fahrspur – die ersten acht Kilometer sind noch normale Straße **(Nr. 946)**, dann wird es eine Allrad-Strecke – zu den fast entvölkerten Tälern **Húsavik** und **Lodmundarfjördur** gelangen. Auf Fuß-/Reitwegen besteht weiter Verbindung bis in das Tal von Seydisfjördur. Dieses Gelände zwischen Bakkagerdi und Seydisfjördur ist ein sehr schönes Wandergebiet. Die bunten Berge mit ihren markanten Formen sind eine wilde Kulisse für Touren. Sehenswert sind zum Beispiel:

- der Stadarfjall, drei Kilometer südlich von Bakkagerdi,
- Hvitserkur, östlich der Fahrspur über die Husavikurheidi,
- Skælingur (832 m), der Chinesische Tempel, wie ihn Seefahrer wegen seiner Form genannt haben, westlich der Fahrspur über den Neshals und östlich davon,
- der Alftavikurfjall (639 m) und besonders dessen Ostspitze,
- Alftavikurtindur, ein Paradies für Steinsammler;
- eine Reihe von Bergen mit Höhen über 1000 Metern, die das einsame Tal am Lodmundarfjördur einrahmen. Dort ist im Sommer auf dem Hof Stakkahlid eine Schlafsackunterkunft. (Vor Besuch überprüfen!)

In dieses Gebiet organisiert das Reisebüro Ferdamidstöd Austurlands in Egilstadir Wander- und Reittouren.
Die Verbindung zwischen Egilstadir und Seydisfjördur besteht auf der 27 Kilometer langen **Straße 93**. Sie wurde 1983/84 weitgehend erneuert. Man wollte den Schock über Islands Straßen bei den Neuankömmlingen etwas mildern. Die Straße überquert in einer Höhe von über 600 Metern die Fjardarheidi. Hier liegt auch im Sommer an geschützten Stellen Schnee, und im Winter ist ein Überqueren nur im Schneemobil möglich. Fast an der höchsten Stelle, oberhalb von Egilstadir, gibt es nördlich der Straße einen Aussichtspunkt mit einer Orientierungsplatte. Von dort kannst du über das Tal des Lögurinn-Sees bis zum Snæfell und zum Vatnajökull sehen, oder auch nach Norden auf den *Butterberg* Islands, den *Smörfjöll*. Sehenswert sind die vielen Wasserfälle der Fjardará neben dem Straßenstück, das ins Tal am Seydisfjördur hinabführt. Der unterste Fall wird heute zur Energiegewinnung genutzt. Von dort wird der Ort **Seydisfjördur** mit Strom versorgt.
Seydisfjördur, der Fährhafen für die „Norröna“, wird oft von den Durchreisenden mißachtet. Dabei ist das Nest erst in den letzten Jahren durch das Schiff richtig munter geworden und hat sich so gemausert, daß man es für isländische Verhältnisse sogar schön nennen muß. Es stehen noch viele Holzhäuser aus vergangenen, großen Tagen. Seydisfjördur war um die Jahrhundertwende noch der wichtigste Ort in Ostisland, ein

Handelszentrum von großer Bedeutung. Heute findest du ein Hotel, eine Jugendherberge, ein Restaurant, einen Zeltplatz, ein Hallenbad, einen Arzt sowie Banken, Geschäfte und eine Post. Vom Anleger der „Norröna" ist alles im Ort leicht zu erreichen. Die Bank für's Geldwechseln liegt gleich neben der Kirche nahe beim Anleger, die Post und die Geschäfte am Ufer gegenüber, ca. 1000 Meter entfernt. Nur ein paar hundert Meter sind es bis zum Zeltplatz und zur Jugendherberge Hafaldan (710 Seyðisfjörður, Tel. 97/ 24 10), beides ist deutlich ausgeschildert. Ein Konsulat der BR Deutschland ist direkt neben dem Anleger. Zum Unglück für den Konsul, denn manch aufgebrachter Autofahrer, dem der Zoll seine gefüllten Zusatztanks beschlagnahmt hat, nimmt die Gelegenheit sofort wahr und stürmt mit arg gekränktem Rechtsempfinden in Bonns diplomatischen Außenposten. Nur kann der Konsul in diesem Fall nicht viel helfen. Mehr dazu aber im Kapitel „Tanken".

Das Restaurant Herðubreið, das sollte man nicht verschweigen, ist für mitteleuropäische Verhältnisse eher eine Kantine oder Pommes-Bude. Es soll aber, so hörte ich bei meinem letzten Besuch, demnächst ein neues Restaurant eröffnet werden. Erkundige dich, ob es geklappt hat. Man sollte sich etwas Zeit nehmen, eine Tour am Ufer des Seyðisfjörður entlang zu machen. Am Nordufer ist die alte Handelsstelle **Vestdalseyri.** Gehe dort ruhig ein bißchen an dem kleinen Fluß entlang in das Tal hinein. Die Wasserfälle, die zu sehen sind, können mit den großen Namen wie Detti-, Gull-, Goda- oder Wer-Weiß-Wie-Foss zwar nicht konkurrieren, aber sie sind auch schön. Etwas für einen ruhigen Abschiedstag vielleicht. Ein paar Kilometer weiter kannst du in den Bergen über dir eine Senke sehen. Dort ist der Paß, über den man zum Loðmundarfjörður wandern kann. Näheres dazu weiter oben im Abschnitt über die Straße 94.

Von Egilstaðir nach Südosten führt die **Straße 92.** Nach etwa neun Kilometern zweigt ein sehr schlecht befahrbarer Weg (953) zu dem langen **Mjófjörður** ab. Er ist sehr steil und holprig und nur für Fahrzeuge mit sehr viel Bodenfreiheit geeignet. Nach 35 Kilometern erreicht man am Nordufer den Hof Brekka. Von dort zweimal pro Woche Postbootverbindung nach Neskapsstaður. Auf dem Hof ist in den Sommermonaten eine Schlafsackunterkunft eingerichtet. Das Gebiet um den Fjord eignet sich gut für Wanderungen. Von Brekka führt an der teilweise sehr steilen Küste ein Weg entlang bis zum Leuchtturm **Dalatangi**. Die dort lebende Familie wurde 1984 unter Islandfans durch einen Fernsehfilm bekannt. Unter dem Titel „Die Frauen von Dalatangi" wurde über deutsche Frauen berichtet, die nach dem II. Weltkrieg als Landarbeiterinnen angeworben

worden waren. Damals machte den isländischen Landwirten die Landflucht zu schaffen, so daß sie nicht genug Arbeitskräfte hatten; und im Nachkriegsdeutschland war man froh, irgendwo Arbeit und Essen zu bekommen. Viele der Frauen, die nach Island kamen, haben auf Höfe eingeheiratet, und aus dem einen Jahr wurde ein Leben. In Dalatangi wohnt eine dieser Frauen. Den Leuchtturm und das dazu gehörende Haus sieht man auch bei der An- oder Abfahrt mit der „Norröna". Es liegt auf der Landspitze im Süden der Fjordeinfahrt.
Auf der **Straße 92** gelangt man an den **Reyđarfjörđur** und dort zuerst in den Ort **Búđareyri**. Der hat das Schicksal vieler isländischer Fjordorte: Man nennt ihn meist nur Reyđarfjörđur. In dem 700-Einwohner-Ort findest du ein Gasthaus, einen Zeltplatz und auch einen Arzt sowie ein Schwimmbad.
Um den 985 Meter hohen Holmatindur herum, der teilweise Naturschutzgebiet ist, gelangst du nach **Eskifjörđur.** Das ist eine „aufstrebende" 1000-Einwohner-Stadt mit moderner Fischindustrie. Der Holmatindur, so schön er auch sein mag, hat für Eskifjörđur einen Nachteil: Er spendet zuviel Schatten. Von Ende September bis Anfang April läßt er überhaupt keine Sonnenstrahlen auf den Ort fallen. Im Ort gibt es eine Krankenstation, ein Hotel, einen Zeltplatz, ein Schwimmbad und ein Seefahrtmuseum (Gömlu Buđ, täglich 15–17 Uhr).
Die Straße 92 überquert zwischen Eskifjörđur und **Neskaupstađur** den Oddskarđ. In diesem Abschnitt ist einer von den drei isländischen Tunneln (626 m lang). Neskaupstađur ist heute der größte Ort in Ostisland. Er liegt am Nordufer des Nordfjörđur. Im Ort gibt es ein Hotel (am Hafen), einen Zeltplatz, ein kleines Naturkunde-Museum (Myragata 37, Mo.–Fr. 16–18/ Sa. + So. 15–18 Uhr), ein Schwimmbad und ein Krankenhaus.
Von Reyđarfjörđur/Búđareyri zur Ringstraße kannst du über die **Straße 96** „um Suđurfirđi" (um die Südfjorde) fahren. Zwei Orte, die beide von der Fischerei leben, liegen an der Straße und haben ein Schicksal: Sie haben Namen, die keiner benutzt. Man nennt sie einfach nach den Fjorden, an denen sie liegen. Auf Karten und in Prospekten werden sie auch nicht einheitlich benannt. **Búđir** (800 Einwohner/Arzt/Schwimmbad) liegt am Fáskrúđsfjörđur und Kirkjubol (350 Einwohner/Arzt/Zeltplatz) am Stöđvarfjörđur.
Aber noch einmal nach Egilstađir zurück. Nach all diesen Fjordabstechern auch einmal ein Tip für eine andere Richtung: Wenn du auf der 1 in Richtung Süden fährst, zweigt nach elf Kilometern die **Straße 931** ab, die Seeuferstraße am **Lögurinn**. 16 Kilometer nach dem Abzweiger er-

reichst du die Siedlung **Hollormsstaður.** Dazu gehört eines der größten Waldgebiete Islands, in dem ein Edda-Hotel mit Schlafsackunterkunft liegt und der sehr beliebte Campingplatz Átlavik. In den vergangenen Jahren ist in Átlavik ein Festival Tradition geworden, das jeweils am ersten Augustwochenende (siehe Feiertage) stattfindet. Es wird drei Tage lang gefeiert, getrunken und gerockt, immer bis in den frühen Morgen hinein. Nur der Preis ist für Mitteleuropäer etwas ungewöhnlich: 1984 mußte ich 140 DM für die drei Tage bezahlen (zwei Tage kosteten 120 DM und der letzte Tag immerhin noch 80 DM). Im Preis ist dann aber die Gebühr für den Zeltplatz eingeschlossen. Die auftretenden Gruppen während dieser drei Tage rechtfertigen nach meinen Vorstellungen den Preis aber nicht, denn faktisch waren es nur zwei, die an jedem Tag mehrmals auf die Bühne kamen – manchmal durch Gäste verstärkt. So teuer es auch war, es hat Spaß gemacht. Während des Festivals ist die Straße 931 gesperrt und ebenso der normale Campingplatz. Ein Ersatzplatz für die, die nicht zum Festival wollen, steht bereit.
Du kannst auf der Straße 931 im Normalfall rund um den See Lögurinn herumfahren. Der See ist 24 Kilometer lang, meist über zwei Kilometer breit und über 100 Meter tief. Man könnte den Lögurinn auch als einen breiten Fluß bezeichnen. Mehrere Gletscherabflüsse des Vatnajökull geben ihm die milchiggraue Farbe. In dem See – so hörte ich von einer Einheimischen, die in der Tourismusbranche arbeitet – lebt Lagarfljótsormur, die Schwester von Nessi, dem Monster aus Loch Ness. Wenn du den See ganz umfährst, wird dir nicht das Monster auf die Nerven gehen, sondern die schlechte Straße am Südende. Dort biegt auf der Westseite eine Jeepspur zum Berg Snæfell ab. Diesen meist schneebedeckten Ex-Vulkan kann man auch gut vom See aus sehen (1833 m). An seiner Westseite steht eine Hütte, Ausgangspunkt für mögliche Wandertouren zum Nordrand des Vatnajökull.
Und endlich wieder auf die Ringstraße. Nachdem ich alle möglichen Abzweiger und Abstecher im Osten vorgestellt habe, bleibt nur noch die **Straße 1.** Für normale PKW gibt es zwischen Egilstaðir und Hella (624 km) keine nennenswerten Nebenstrecken und für Allradfahrzeuge zwischen der F 22 (Landmannalaugar-Route) und Egilstaðir (473 km) auch nicht. Südwestlich von Egilstaðir folgt die Ringstraße einem langsam ansteigenden Tal, das im Osten von einer hohen Bergkette begrenzt ist, deren Gipfel Höhen bis 1200 Meter erreichen. Diese Bergkette überquert die Straße in der **Breiðdalsheiði.** Zwischen dem Paß und dem Tal Breiðdalur ist ein sehr steiles Straßenstück (Paßhöhe 470 m). Für Radfahrer ist es 'runter genauso unangenehm wie 'rauf, da der schlechte

Straßenbelag eine zügige Abfahrt unmöglich macht. Die Strecke über die **Straße 939** zwischen der Breiddalsheidi und dem Berufjördur ist nicht zu empfehlen. Sie ist in sehr schlechtem Zustand, spart aber 57 Kilometer.

Die Ringstraße führt am Südufer der Bucht **Breiddalsvik** entlang. Der Ort mit dem gleichen Namen liegt am Nordufer und ist über die **Straßen 96/97** zu erreichen. Breiddalsvik (450 Einwohner) ist ein sehr junger Ort. Anfang der 40er Jahre gab es hier nur fünf Häuser. Aber nach dem Bau einer Fischfabrik 1949 wuchs die Bevölkerungszahl ständig. Relativ neu ist das Hotel im Ort. Du findest aber auch einen Zeltplatz und ein Edda-Hotel. Letzteres liegt etwas außerhalb des Ortes an der Kreuzung 96/1. Es ist in den Räumen der Bezirksschule Stadarborg untergebracht und bietet auch Schlafsackunterkünfte.

Die Straße 1 führt an der Küste um die Landspitze Streitishvarf herum und am **Berufjördur** entlang. Am Nordufer auf dem Hof Berunes ist eine Jugendherberge (Beruneshreppi, S-Múl. 765 Djúpivogur, Tel. 97/ 8988), und dazu gehört auch ein Zeltplatz. Der Bus Egilstadir–Höfn hält an der Hofeinfahrt. **Djúpivogur,** auf der Spitze der Landzunge zwischen Beru- und Hamarsfjördur, ist eine traditionsreiche Siedlung mit etwa 400 Einwohnern. Seit dem 16. Jahrhundert ist der Ort als Handelsplatz bekannt. Du findest ein Hotel, einen Zeltplatz, ein Schwimmbad und einen Arzt. Die Umgebung von Djúpivogur mit einigen markanten Bergen fand ich sehr schön. Stops und Wanderungen lohnen sich. 7 km vor Djúpivogur liegt die Insel Papey im Meer. Der Name ist keltischen Ursprungs (siehe dazu auch einige Ortsnamen bei den Beschreibungen der Orkney- und der Shetland-Inseln). Man nimmt an, daß hier irische Mönche schon vor der Landnahme durch die Wikinger gelebt haben.

Zwischen Djúpivogur und Höfn ist ein 100 Kilometer langer Streckenabschnitt ohne eine größere Siedlung, Tankstellen gibt es aber. Die Ringstraße ist in diesem Teil manchmal nichts für schwache Nerven. Auf den üblichen Schotterstraßen – hin und wieder liegen hier Steine, die irgendwo von oben gekommen sind – windet sie sich ungeschützt an den Berghängen hoch über dem Ufer entlang. Die in vielen Karten eingezeichnete Jeepstrecke über die Lönsheidi (Straße 971) ist nicht mehr befahrbar. Du überquerst auf kleinen Brücken, die nicht immer sehr vertrauenerweckend wirken, eine Reihe von Gletscherflüssen. Die haben ihren Ursprung am Ostrand des Vatnajökull und an einigen kleineren Gletschern im Vorfeld davon: Þrándarjökull, Hofsjökull (nicht zu verwechseln mit dem großen Namensvetter im Westen des Vatnajökull), Tungutindar und Jökulgilstindar. In einige der Flußtäler führen Jeepwege hinein. Bekannt als Wandergebiet ist das Tal der **Jökulsá i Lóni**, oder wie die Isländer sagen, **Lónsöræfin**. Auf beiden Seiten des Flusses führen Jeepstrekken ins Landesinnere. Mehrtägige Wandertouren an die Ostseite des Vatnajökull und in die Bergwelt östlich und nördlich davon sind möglich. Über die Wege kannst du dich in der Jugendherberge Stafafell am Nordufer des Flusses erkundigen (Lón, 781 Höfn, Tel. 97/ 8717). Ein Zeltplatz liegt am Südufer im Þorisdalur. Die Jeepstrecken, die vom Zeltplatz aus landeinwärts führen, sollen besser sein als die am anderen Flußufer.

Die Jökulsá á Lóni mündet in einem weiten sandigen Delta in eine Bucht, die durch zwei langgezogene Sandbänke geschützt ist. Der Südteil heißt Papafjörður und der Zugang zum Meer Papós. Namen, die beide auf eine frühe keltische Siedlung schließen lassen. Am Ufer sind die Ruinen eines alten – isländischen – Fischerdorfes zu sehen und südlich davon, kaum erkennbar, die Reste einer früheren, vielleicht irischen Siedlung.

Zwischen dem Lón-Delta und dem Skarðsfjörður überquert die Ringstraße den Almannaskarð, einen nur 153 m hohen Paß. Das Teilstück auf der Seite nach Höfn ist sehr steil, wenn ich mich richtig erinnere, hat es eine Steigung von 16 %. Radfahrer und Besitzer von schwach motorisierten, aber vollbeladenen PKWs können nach Bezwingen dieses Passes noch wochenlang davon reden. Auf der Halbinsel östlich der Straße sind zwei markante, freistehende Berge zu sehen: das 757 Meter hohe Vesturhorn und das 454 Meter hohe Brunnhorn. Auf einer Landspitze ist die Nato-Radarstation Stokksnes.

Auf einer Landzunge liegt die Stadt **Höfn (Straße 99).** Die Fjorde auf beiden Seiten der Stadt sind der Hornafjörður im Westen und der Skarðsfjörður im Osten. Der Begriff Fjord kommt Mitteleuropäern im Zusammenhang mit den Gewässern um Höfn vielleicht etwas fremd vor. Sie haben mit den langen Meeresarmen, die von hohen Bergen umrahmt sind, auch nichts gemein. Das Umland ist flach, und ein langer, schmaler Landstreifen macht aus den beiden Fjorden eine Lagune, vergleichbar mit den Haffs an der sowjetischen, polnischen und DDR-Ostseeküste. In diesem Landstreifen ist eine schmale Öffnung, Hornafjarðarós. Dort muß auch der Schiffsverkehr von und nach Höfn hindurch, ein nicht immer leichter Weg, da in der Öffnung eine starke Strömung herrscht. Höfn ist ein Ort, der seit 1974 sehr schnell wächst, davon zeugen viele neue Häuser. Bis zu diesem Jahr lag Höfn 960 Straßenkilometer von Reykjavik entfernt, nur zu erreichen über den Norden und Osten. Nach der Fertigstellung der Brücken über die Skeiðarársandur 1974 waren es nur noch 476 Kilometer ohne Bergstrecken. Höfn wurde plötzlich vom letzten Provinzzipfel zu einem attraktiven Siedlungsgebiet. In Höfn gibt es ein Krankenhaus, ein Schwimmbad, ein Hotel – an dem übrigens die Busse nach Reykjavik und Egilstadir halten –, zwei Jugendherbergen (Álaugarey, 780 Höfn, Tel. 97/ 85 71, liegt am Ostrand der Stadt; Nýibær, Hafnarbraut 8, 780 Höfn, Tel. 97/ 87 30, eine neue Jugendherberge, die 1985 eröffnet wurde und mehr im Ortszentrum liegt) und einen Zeltplatz am Ortseingang. Oberhalb des Zeltplatzes ist auf einem Felsen ein schöner Aussichtspunkt. Ein Edda-Hotel mit Schlafsackunterkunft liegt etwa fünf Kilometer außerhalb der Stadt an der Straße 1 in der Nähe des Flugplatzes.

Höfn ist Ausgangspunkt für organisierte Touren auf den Vatnajökull mit Schneemobilen. Informationen dazu in den Unterkünften, oder über Jöklaferdir hf. (Tel. 97/ 85 58). Angebote für 1986: ab Höfn mit 3–4 Std. auf dem Eis 60 DM, 8 Std. auf dem Eis 95 DM, längere Touren für Kleingruppen ab 6 Pers. auf Anfrage. Auf dem Gletscher Möglichkeit zu Sommerski.

Der Vatnajökull ist von Höfn aus nicht mehr zu übersehen. Er hat für Fremde eine verwirrende Eigenschaft: Aus der Ferne betrachtet ist er eine große weiße Masse, der bei weitem größte Gletscher Europas. Aus der Nähe betrachtet, ist er ein großer Plateaugletscher mit vielen Zungen, die sich überall zwischen Gebirgsmassiven in die Täler schieben, und jede dieser Zungen hat einen eigenen Namen. Die größten Seitengletscher haben ihrerseits wieder Zungen, die auch eigene Namen haben. So schieben sich z.B. vom Südwest-Ableger Öræfajökull der Fjallsjökull, der Hrútárjökull, der Kviárjökull, der Hólárjökull, der Stigárjökull und noch etliche mehr zu Tal. Sie alle gehören aber zu der gigantischen Eismasse, die man allgemein als Vatnajökull bezeichnet.

16 Kilometer nördlich der Stadt zweigt ein Weg zu dem Hof Hoffell ab, am Fuß des Hoffellsjökull. Man kann hier sehr nah an die Gletscherzunge herankommen. Es ist sicher eine der schönsten Stellen im näheren Umkreis von Höfn, die zudem leicht zu erreichen ist.

Die Ringstraße führt auf mehr als hundert Kilometern auf dem schmalen Küstenstreifen zwischen Gletscher und Meer entlang. Überall sieht man Eishänge. Die schönsten und dabei sehr leicht erreichbaren Gletscherzungen findet man im Westteil des Vatnajökull.

Der flache **Breidarmerkurjökull** erreicht fast die Straße. Er „kalbt" in den Jökulsarlón, eine Lagune, auf der regelmäßig eine große Zahl von Eisbergen herumschwimmt. Aus dem See heraus fließt der kürzeste isländische Gletscherfluß, die eineinhalb Kilometer lange Jökulsá (= Gletscherfluß) ins Meer. Vor rund 100 Jahren erreichte der Gletscher hier noch das Meer. Ein paar Kilometer weiter im Westen „kalbt" noch einmal ein Gletscher, der Fjellsjökull, nahe der Straße in einen kleinen See. Für mich gehören diese Stellen zu den schönsten in Island. Du solltest etwas Zeit dafür einplanen. Es gibt zwar keinen offiziellen Zeltplatz an diesen Gletscherlagunen, aber es kann gezeltet werden. Du mußt nur für Frischwasser sorgen, da das Wasser brakig, also mit Meerwasser durchsetzt ist.

Nah an die Straße kommt auch der Kviájökull, eine schmale Zunge, die zwischen zwei Bergen aus dem Öræfajökullmassiv heraushängt. Zu dem Öræfajökull, dem südlichen Teil des Vatnajökull, gehört der Gipfel Hvannadalshnúkur. Das ist mit 2119 Metern der höchste Gipfel Islands. Unter dem Eis des Öræfajökull verbirgt sich ein alter Vulkan, der in historischer Zeit schon zweimal die Umgebung verwüstet hat: 1362 und 1727. Am Fuß des Berg-/Gletschermassivs ist bei Fagurhólsmyri eine Servicestation und ein Flugplatz. Südlich am Meer ragt eine Felseninsel (76 m hoch, 1200 m lang und 750 m breit) aus den Sandern heraus: **Ingolfshöfði,** dort wo Ingolf, der erste Dauersiedler Islands, 874 seinen ersten Winter auf dem Neuland verbrachte. Ein Denkmal erinnert an ihn. Ingolfshöfði ist nur schwer über die Sandbänke zu erreichen. Vorsicht: Ebbe/Flut abhängig! Von einer Fahrt mit einem PKW rate ich ab. Ein kurzes Stück westlich von Fagurhólsmyri hat man bei der kleinen Siedlung Hof die Ruinen eines 1362 verschütteten Hofes ausgegraben. Außerdem ist eine denkmalgeschützte Torfkirche von 1884 zu sehen. Nahe dem heute verlassenen Hof Sandfell beginnt ein Aufstieg zum Gipfel des Öræfajökull, der bis ca. 1300 Meter Höhe eisfrei ist. Das anschließende Gletscherstück ist von vielen Spalten durchzogen, also wirklich nur etwas für Fachleute (siehe auch Kapitel über „Berg- und Gletschertouren"). Der Bezirk am Fuße des Gletschers heißt seit über 500 Jahren **Öræfi**, was auf Deutsch Einöde oder Wüste heißt. Ob der Name daher kommt, weil der Bezirk 1362 verwüstet wurde, oder weil die ganze Region keinen anständigen Hafen hat, ist nicht ganz klar. Beide Deutungen sind möglich. Der Gletscher hat dann später seinen Namen vom Bezirk bekommen und heißt ins Deutsche übersetzt „Einödgletscher".

Skaftafell ist ein Name, der für vieles steht:
- ein Bergmassiv am Südrand des Vatnajökull (Skaftafellsfjöll),
- eine Gletscherzunge (Skaftafellsjökull),
- ein Hochmoor (Skaftafellsheiði),
- einen Hof,
- einen Nationalpark,
- einen großen und gut organisierten Campingplatz.

Ich habe in Island viele Leute getroffen, die die Nase rümpften, wenn sie diesen Namen hörten. Schnell fällt im Zusammenhang mit Skaftafell der Begriff Massentourismus. Es soll natürlich jeder seine Meinung haben, und wer angesichts der vielen Zelte, der damit verbundenen Organisation, der Cafeteria, des kleinen Supermarktes, der Imbißstube und der markierte Wege das Weite sucht, der wird seine Gründe haben. Nur verpaßt er einen der Höhepunkte in Island. Nicht von ungefähr nämlich ist das touristische Angebot im Skaftafell-Nationalpark so groß. Wer sich dort aber zu einer längeren Wandertour aufrafft, der ist schnell aus dem Getümmel rund um den Zeltplatz heraus. Eine Reihe gut markierter Wanderwege, die auch auf einer Spezialkarte verzeichnet sind, führen in und durch die Umgebung. Du kannst in die Skaftafellsheidi gelangen und dort an der Ostseite auf die Berghänge oberhalb der Skaftafelljökullzunge. Auf der Westseite hat man von einigen Stellen eine nicht zu beschreibende Aussicht auf das Morsárdalur, die dahinterliegenden farbigen Berge, die Morsárjökullzunge, die Skeidarárjökullzunge und die davor liegenden Sanderflächen. Wenn die Wolken nicht zu tief hängen, sollte man auf jeden Fall die Tour zu dem Aussichtspunkt oberhalb der Morsárjökullzunge machen (ca. 5 bis 7 Stunden ab Zeltplatz). Sehr schön und nicht mit so großen Steigungen ist die Tour ins Morsádalur

Skaftafell – da wo die Gletscher züngeln

und dort zu dem See am Fuß der Gletscherzunge. Der Morsájökull schiebt sich – manchmal deutlich hör- und sehbar – über eine Felskante ins Tal. Auf dem kleinen See sind meist Eisberge zu sehen. Überraschend war für mich die Vegetation hier im Tal. Noch sehr spät im Jahr blühten die Pflanzen, die an anderen Stellen schon längst verblüht waren, darunter auch die sonst in Europa unbekannte amerikanische Variante des Weidenröschens: Chamaenerion latifolium – River Beauty. Ein teilweise beschwerlicher Weg führt am steilen Ufer der Skeidará entlang vom Zeltplatz in das Morsádalur, ein anderer schneidet ein Stück durch die Berge ab. Für eine Tour zum Gletschersee solltest du vier bis sechs Stunden einkalkulieren.
Wer lange Touren nicht mag oder sie sich nicht zutraut, der sollte aber auf jeden Fall einen Spaziergang auf der kleinen Straße machen, die den Berg hinauf zu den Bauernhöfen führt. Dort sind schöne Wasserfälle, und man hat einen guten Blick über die großen Sanderflächen und den Skeidarájökull, den größten Talgletscher Europas. Unter ihm kommt die Skeidará hervor, der Fluß, der verzweigt zum Meer hinströmt. Im Sommer fließen durchschnittlich 200 Kubikmeter Wasser pro Sekunde durch den Fluß. Bei den gefürchteten Gletscherläufen von Grimsvötn fließen etwa 7500 Kubikmeter durch, und bei einer extremen Flutwelle 1934 hat man die Durchschnittswassermenge in der Skeidará auf 45.000 Kubikmeter pro Sekunde geschätzt. Grimsvötn ist ein Vulkan unter dem Vatnajökull und gleichzeitig ein See darüber, mitten in der Eiswüste. Man ist sich unter Wissenschaftlern bis heute nicht einig, ob die Gletscherläufe von Grimsvötn die Folgen von Vulkanausbrüchen sind oder ob die Vulkanausbrüche Folgen eines Auslaufens des Sees sind. Einmal kann es sein, daß ein Vulkanausbruch das Eis von unten abschmilzt und sich der See dann entleert. Oder es kann sein, daß der See nach unten durch die Eisdecke durchbricht und zum Teil abfließt. Da dann der Druck von oben weniger wird, könnte es zu einem Vulkanausbruch kommen. Gletscherlauf und vulkanische Aktivitäten am Grimsvötn treten auf jeden Fall gemeinsam auf. Die Brücken über die Skeidará waren angesichts dieser möglichen Überraschungen nur schwer zu konstruieren. Zu den eigentlichen Brücken wurden große Deichanlagen errichtet, die die Wassermassen in geordnete Bahnen lenken sollen. 1974 wurden die Brücken fertiggestellt und als Geschenk zur 1100-Jahrfeier der ersten Landnahme eröffnet. Wenn du von den Aussichtspunkten oberhalb vom Skaftafell-Zeltplatz auf die Sanderflächen schaust, kannst du die ganzen Konstruktionen, die zur Überbückung notwendig waren, gut überblicken.

Für den Skaftafell-Nationalpark gibt es vor Ort eine Sonderkarte zu kaufen (zweiseitig bedruckt: 1 : 100.000 und 1 : 25.000), die ich jedem empfehle, der dort wandern will. Einen Prospekt mit einer Miniübersichtskarte und vielen Informationen bekommst du bei der Campingplatz-/Nationalpark-Verwaltung. Auf dem Hof oberhalb des Zeltplatzes gibt es auch Schlafsackübernachtungsplätze.
Über die Skeiðarásandur führt die Straße 1 in das Gebiet der Zweier-Straßen.

Transport- und Übernachtungsmöglichkeiten im Gebiet der Neuner-Straßen

Öffentliche Verkehrsmittel

Montag bis Samstag verkehrt ein Bus zwischen Akureyri und Egilstaðir. Dort besteht an den gleichen Tagen Anschluß zum Höfn–Egilstaðir-Bus. Dieser fährt Samstag einen Umweg an den Südfjorden entlang (um Suðurfirði). Zu den Verbindungen von Egilstaðir in die Orte an den Fjorden findest du oben mehr unter der Beschreibung von Egilstaðir.
Tägliche Verbindung zwischen Reykjavik und Höfn mit Stops am Südrand des Vatnajökull und in Skaftafjell.

Organisierte Touren

Spezielle Sightseeing-Touren in das Gebiet der Neuner-Straßen gibt es nicht. Aber alle großen Rundreiseanbieter haben mehrtägige Islandrundfahrten, die an den Sehenswürdigkeiten des Gebietes vorbeikommen. Kombinierte Touren mit öffentlichen Verkehrsmitteln, Übernachtungen und Schneemobilfahrten auf dem Gletscher werden angeboten. Erkundige dich dazu bei Reisebüros in Reykjavik. Interessant sind die Air-/Bus-Rover-Tickets Reykjavik–Egilstaðir oder Reykjavik–Höfn für die, die es eilig haben; mehr dazu im Kapitel über das Fliegen.

Übernachtungen

Hotels (S = mit Schlafsackunterkunft) gibt es in Egilstaðir (2/S), Eiðar (S) an der 94 nördlich von Egilstaðir, Bakkagerði (nur S) am Ende der 94, Hollumsstaðir (S) am See Lögurinn, Seyðisfjörður, Neskaupstaður, Eskifjörður, Reyðarfjörður, Breiðalsvik im Ort und an der Ringstraße (S), Djúpivogur, Höfn im Ort und an der Ringstraße (S).
Schlafsackunterkunft auf Höfen nach der Farmholiday-Liste gibt es in Húsey (auch Jugendherberge), Grund am Borgarfjörður, Berunes (auch Jugendherberge), Eyjolfsstaðir am Berufjörður, Stafafell (auch Jugendherberge).
Jugendherbergen sind in Húsey, Seyðisfjörður, Berunes, Stafafell und Höfn (2).

Schlafsackunterkünfte, die in den landesweiten Listen nicht auftauchen, sind am Lođmundarfjörđur und am Mjoifjörđur, den beiden Fjorden nördlich und südlich des Seyđisfjörđur zu finden. Ein Hof am Skaftafell bietet auch Schlafsackplätze.

Zeltplätze nach der Liste des Touristenverbandes (von Nord nach Süd/nächstgelegene Straße): Egilstađir (1), Seyđisfjörđur (93), Neskaupstađur (92), Hallormstađaskógur-Atlavik (931), Budareyri (92), Breiđdalsvik (1/97/96), Berunes (61), Eyjólfsstađir (1), Djúpivogur (1), þórisdalur i Lóni (1), Höfn (99), Skaftafell (1).

Die Zweier-Straßen

Das Gebiet der Zweier-Straßen erstreckt sich zwischen den Skeiđarársandur und dem Fluß þjorsá. Eigentlich gibt es nur eine wichtige Straße in diesem Bereich, die Ringstraße, die an der Küste entlang führt. In diesem Abschnitt ist sie 265 Kilometer lang. Eine Alternative zur 1 bietet sich nur über die Jeepstrecke F 22, die Fjallabak-Route, oder auf Deutsch: die Strecke hinter den Bergen. Das Gebiet wird von den großen Gletschern Südislands geprägt und von der Tatsache, daß sich eine vulkanisch aktive Zone hindurchzieht.

Zwischen Skaftafell und Kirkjubæjarklaustur folgt die **Straße 1** soweit möglich dem Nordrand der bis zu 25 Kilometer breiten Sanderflächen unterhalb der Berge. Es ist beeindruckend: Auf der einen Seite der Straße die flachen, öden und weiten Sander und auf der anderen hohe Berge oder Gletscher. Markant ist der **Lómagnupur,** ein Kap, das mit einer Höhe von 668 Metern in die Ebene hineinragt. Der Gipfel des Lómagnupur erreicht gar 767 Meter. Auffällig in den Sandern sind die Erdwälle, die man errichten mußte, um die Straße vor den Wasserfluten der Gletscherflüsse zu schützen. Breite Dämme kanalisieren die Flüsse in die Durchlässe unter den Brücken. Diese Dämme sind sehr deutlich am Ufer der Skeiđará gleich westlich von Skaftafell zu sehen und nördlich der Brücken an den Flüssen Sandgigjúkvisl und Núpsvötn. Eine Wanderung am Ufer des Núpsvötn entlang in das Tal zwischen Lómagnupur und Skeiđararjökull ist möglich und empfehlenswert. Das Gelände gilt aber als schwierig und ist für ungeübte Wanderer nicht geeignet.

Beim Hof **Núpsstađur**, westlich des Núpsvötn, ist eine kleine Kirche aus dem Jahr 1659 (mehrfach restauriert), die unter Denkmalschutz steht. Westlich des Hofes überquert die Straße 1 Lavafelder, die vom Ausbruch der Lakigigar stammen.

Kirkjubæjarklaustur ist mit etwa 300 Einwohnern die größte Gemeinde und das Zentrum einer ganzen Region. Als Tourist wundert man sich wahrscheinlich über die Ausstattung der Versorgungseinrichtungen im Verhältnis zur Bewohnerzahl: eine Krankenstation, ein Edda-Hotel mit öffentlichem Schwimmbad, zwei Schlafsackunterkünfte, zwei Tankstellen und Geschäfte. Ein Zeltplatz liegt am Ortsrand, leider etwas abseits für die, die mit dem Bus kommen und nur umsteigen wollen, was in der Regel mit einer Übernachtung verbunden ist (Küstenbus Höfn–Reykjavik auf Hochlandbus Eldgjá–Landmannalaugar–Reykjavik und umgekehrt). Die Busse halten am Edda-Hotel, und es hat sich bei den Umsteigern eingebürgert – fragt sich nur, wie lange es erlaubt ist –, auf dem Sportplatz hinter dem Hotel zu zelten. Es wird auch viel in dem hügeligen Lavagebiet südwestlich von Kirkjubæjarklaustur entlang der Ringstraße gezeltet.
Kirkjubæjarklaustur kann auf eine lange Geschichte zurückblicken. Schon vor den Wikingern sollen irische Mönche hier gelebt haben, und auch später war der Ort fest mit der Kirche verbunden. Vom späten 12. Jahrhundert bis zur Reformation war hier ein Benediktinerkloster. Kirkjuhólar heißt die Stelle, wo man die Reste von diesem Kloster sehen kann, die ich aber selbst nie gefunden habe. Ich habe mir lieber den *Kirchenfußboden* angesehen, den Kirkjugólf. Vom Namen her sollte man meinen, dieser Steinboden habe auch etwas mit Religion zu tun. Dem ist aber nicht so. Es ist ein natürlicher Boden, die Oberseiten von nah beieinanderstehenden Basaltsäulen. Du findest den Kirchenboden etwas westlich des offiziellen Zeltplatzes in einer Wiese. Schön ist der Systrafoss, ein Wasserfall, nur wenige hundert Meter vom Edda-Hotel entfernt – mehr eine zweiarmige Wasserrutsche.
Zu den Sehenswürdigkeiten von Kirkjubæjarklaustur wird auch die Kapelle des Ortes gezählt, die Jón Steingrimsson geweiht ist, der mit seiner „Feuer-Predigt" während des Laki-Ausbruchs die Lavaströme vom Ort fernhielt. Das war 1783, und die Lava stoppte an dem Punkt Eldmessutangi, nur ein paar Kilometer westlich von Kirkjubæjarklaustur – just während einer Predigt des Jón Steingrimsson. Sehr markant ist auch der Systarstapi-Felsen, der gleich neben Eldmessutangi zu sehen ist.
Westlich von Kirkjubæjarklaustur wird es öde. Auf über 20 Kilometer Länge führt die Ringstraße schnurgerade durch die **Eldhraun**, ein Lavafeld vom Laki-Ausbruch. Damals, in den Jahren 1783/84, entstand die größte Lavafläche, die je bei einem Ausbruch in historischer Zeit entstanden ist: 560 Quadratkilometer groß. Damit auf jeden Fall größer als das kleinste Land der Bundesrepublik, Bremen (404 qkm). In dem Lava-

feld liegt ein See, der Fljótsbotn, zu dem ein Weg führt. Auf der **Straße 204** kann man die Eldhraun am Südrand umfahren (36 km mehr). Auf einem der Höfe am Medallandssandur (Efriey) ist der heute international bekannteste isländische Maler, Johannes S. Kjarvall (1885–1972), geboren. Ein nach ihm benanntes Ausstellungshaus in Reykjavik zeigt ständig eine Sammlung seiner Werke (siehe unter Reykjavik).

Zu den Kratern der **Lakagigar** führt eine schwer befahrbare Jeepstrecke (40 km), die sechs Kilometer westlich von Kirkjubæjarklaustur von der Ringstraße abzweigt (erst **Straße 206)**. Zentrum der ca. 25 Kilometer langen Kraterreihe ist der 818 m hohe Uralt-Vulkan Laki. An den Lakagigar-Kratern kann man sich in dem unebenen, grün bewachsenen, überall gleich aussehenden Gelände leicht verlaufen. Wenn du dort wanderst, solltest du die Fahrspur nicht aus den Augen lassen. Bei längeren Touren zu der Kraterreihe mußt du ausreichend Trinkwasser mitnehmen. Wasser ist dort knapp.

An der Brücke über den Tunkufljót zweigt die Straße 208 nach Norden ab, die Zufahrt zur Hochlandroute F 22 zur Eldgjá und nach Landmannalaugar. Die Route ist am Ende dieses Kapitels beschrieben.

Westlich der Tungufljót-Brücke biegt die 1 wieder nach Süden. Flußabwärts wäre eine Brücke wohl kaum möglich. Dort bildet der Tungufljót mit anderen Flüssen zusammen einen bis zu vier Kilometer breiten Strom, der östlich der Straße zu sehen ist. Bei Hrifunes gibt es eine kleine Servicestation und einen Campingplatz. Etwas weiter südlich fallen bei Laufskálavarda die Steinhaufen am Straßenrand auf. Es ist eine alte Tradition, daß ein Reisender, der dort das erste Mal vorbeikommt, einen solchen Steinhaufen errichtet – also ran an die Arbeit.

An der Brücke über den Gletscherfluß Skalmi, der vom Myrdalsjökull kommt, zweigt die **Straße 211** (später davon 212) ab. Sie führt in ein Siedlungsgebiet an der Mündung des Kudafljót. Dieses Gebiet ist noch bewohnt, weil die kleinen Pseudokrater im Norden die schlimmen Fluten ablenken, die von Ausbrüchen der Katla unter dem Myrdalsjökull verursacht werden. In þykkvabæjarklaustur war von Mitte des 12. Jahrhunderts bis zur Reformation ein Kloster. Wer möchte, kann bis zu einem Leuchtturm an der Küste gelangen.

Zwischen Vik und der 211/1-Kreuzung führt die Ringstraße durch eine schwarze Sandwüste, den **Myrdalssandur**. 25 Kilometer sind es dort durch das platte Land am Fuß des Myrdalsjökull. Was man dort manchmal erleben kann, beschreibt der isländische Geologe Thoroddsen. Es sind die Geschehnisse am 12. und 13. Oktober 1918 (hier zitiert nach Martin Schwarzbach, Geologenfahrten 1971, S. 21): *Der erste Glet-*

scherlauf erfolgte am 12. Oktober 3 Uhr 30 nachmittags und dauerte zwei Stunden. Er überschwemmte einen großen Teil des Myrdalssandur, der flachen Sandwüste am Fuß der Katla. Von Aussichtspunkten nahe Vik sah man eine große Wasserflut, eingehüllt in Dampf und Staubwolken, mit gewaltigen Eisstücken beladen, nach der Rinne der Mulkavisl niederstürzen, und rasch war das Meer draußen mit großen und kleinen Eisbergen bedeckt. Um 5 Uhr 30 setzte ein neuer Gletscherlauf weiter östlich ein und dauerte, solange man abends sehen konnte, und noch den größten Teil der Nacht, wie das gewaltige Brausen des Wassers und das Krachen und Dröhnen der aneinanderstoßenden Eisberge erkennen ließen ... Ein Augenzeuge von Hjörleifshöfði berichtete, daß eine mächtige Wasserflut, beladen mit Eisstücken, von der südwestlichen Spitze des Katlagletschers zwischen Selfjall und Hafursey ausgebrochen war und sich einen Weg zwischen den Rinnen der Mulakvisl und Sandvatn bahnte, dann aber sich über die ganze Fläche zwischen Mulakvisl und Blautakvisl (etwa 100 bis 150 Quadratkilometer) ausbreitete, so daß man auf derselben bald keine trockenen Flecke mehr sah. Die Wasserflut führte unter Krachen und Knacken eine unzählige Menge von Eisstücken mit sich, zuweilen groß wie Berge. Die größten derselben strandeten auf dem Sand und bohrten sich in denselben ein. Am südwestlichen Vorsprung bei Hjörleifshöfði befindet sich eine 60 Meter hohe Klippe, an der sich die Wasserflut brach, so daß Eisstücke und Wasser hoch in die Luft spritzten, wie bei schwerster Brandung. Am nächsten Morgen war aber die Hauptmasse des Gletscherlaufs abgelaufen.

Daß sich so ein Gletscherlauf nicht jeder Zeit wiederholen kann, wird kein Mensch behaupten. Auch ist der moderne Mensch noch lange nicht in der Lage, solch eine Naturkatastrophe zu steuern. Die Isländer sind nur bemüht, die Quellen, die Katla und ihr heißes Innenleben zu überwachen, um das Schlimmste zu verhindern, nämlich durch rechtzeitige Warnungen. Was dem Briten angeblich das Wetter, das ist dem Isländer auf jeden Fall seine Katla: ein unerschöpfliches Gesprächsthema. Die Katla hat regelrecht Perioden. 16mal nach der Landnahme hat sie Island in Atem gehalten, etwa alle 70 Jahre. Und der letzte große Ausbruch war 1918, wie oben beschrieben. 1918 plus 70 ist 1988. Das heißt, die Katla ist bald wieder fällig. Darüber spekulieren die Isländer gerne.

Zwei markante Berge ragen aus dem Sandmeer, und man kann sich leicht vorstellen, daß sie in grauer Vorzeit schon mal Inseln waren. Hafursey (582 m), nah am Gletscher, und Hjörleifshöfði (221 m) nah am Meer. **Hjörleifshöfði** ist der Platz, wo Leif seinen ersten und einzigen Winter auf Island verbrachte. Er war der Ziehbruder von Ingolf, dem er-

sten Dauersiedler in Island. (Mehr darüber im Kapitel über die Geschichte.) Wer jetzt durch die Horrorgeschichten von der Katla etwas beängstigt ist, der kann sich ja damit beruhigen, daß man auf den beiden Bergen Sicherheit findet, wenn die Fluten mal wieder rauschen sollten.
Über die **Straße 214**, die auf halber Strecke zwischen Vik und Hjörleifshöfði abzweigt, erreicht man die Jugendherberge Reynisbrekka (nach etwa 5 km). Das ist ein guter Ausgangspunkt für Wanderungen in die Täler am Fuß des Myrdalsjökull.
Vik i Myrdal (400 Einwohner) ist eine Hafenstadt ohne Hafen. Der Hafen, der nach der Landnahme bekannt war, begann 1661 nach Ausbrüchen der Katla und den damit verbundenen Gletscherläufen zu versanden. Über die alten Fischgründe von Vik kann man heute spazierengehen. Im Ort ist die Krankenstation, ein Hotel und ein Zeltplatz. Westlich des Ortes liegt der Bergrücken Reynisfjall, auf der Spitze – ein Weg führt dorthin – eine Seefunkstation. Von oben hast du eine gute Aussicht, unter anderem auf Dyrhólaey, das Kap mit dem Loch im Westen. An der Westseite führt ein Weg (ca. 5 km) am Reynisfjall entlang zur zerklüfteten Südspitze. Dort sind hohe, freistehende Klippen am Meer, Reynisdrangar.
Dyrhólaey ist die interessanteste Küstenformation Südislands, ein Felsenplateau etwa 120 Meter hoch. Es ragt ins Meer hinein und ist zur Zeit der südlichste Punkt des isländischen Festlandes. Nach großen Gletscherläufen mit viel Sedimentausfluß haben die Sandwüsten des Myrdalssandur manchmal die Nase vorn und ragen etwas weiter südwärts. Das war zuletzt nach dem Katla-Ausbruch 1918 der Fall. Meeresströmungen haben dann den Küstenverlauf über die Jahre wieder geordnet. Dyrhólaey ist besonders auffällig durch das große Loch in den Felsen. Sogar Boote sollen dort schon durchgefahren sein. Dyrhólaey ist ein Naturschutzgebiet.
Westlich von Dyrhólaey ragt aus den Sanderflächen wieder eine Insel heraus, **Petursey**. Auf der **Straße 219** kann man diese Insel umfahren. Auf halbem Wege zwischen Petursey und Skogar zweigt nach Norden eine Fahrspur ab (6 km), die zu der Myrdalsjökull-Zunge Solheimajökull führt. Diese Zunge ist von Schutt und Dreck an der Spitze fast schwarz. Ein beliebtes Ziel ist **Skogar**, eine Siedlung mit einem Edda-Hotel, Schwimmbad, volkskundlichem Museum und einem schönen Wasserfall, dem Skogarfoss, in der Nähe. Von Skogar führt ein Weg auf den schmalen, eisfreien Rücken (etwa 1000 m) zwischen Eyafjallajökull und Myrdalsjökull – ein Durchgang ins Tal Þorsmörk (siehe auch weiter unten). Auf dem Paß Fimmvorðuhals ist eine Schutzhütte mit Übernach-

tungsmöglichkeit. Auf diesem Weg passieren immer wieder schlimme Unfälle, teilweise mit tödlichem Ausgang, weil Wanderer ihre Kräfte oder ihr Können überschätzen. Hinzu kommt das ganze Jahr hindurch die Nebel- und Schneesturmgefahr. Zwischen den Gletschern sind Minustemperaturen nicht ungewöhnlich. Der „Iceland Road Guide" gibt eine Wanderzeit für die Strecke Skogar–þorsmörk mit sieben bis acht Stunden an. Möglich ist natürlich alles, aber wer „Sehwanderer" ist, sollte weit mehr Zeit kalkulieren, eventuell eine Übernachtung.

Ein schönes Schwimmbad ist das Seljavallalaug an der **Straße 242**, etwas abseits der Hauptstraße zehn Kilometer westlich von Skogar. Im Wasser sitzen und ein tolles Bergpanorama dabei sehen, das ist hier möglich.

Markarfljót heißt der große Gletscherfluß westlich des Eyarfjallajökull. Eine abenteuerlich wirkende 243 Meter lange Brücke führt über den Fluß. Sie entstand schon 1933. Am Ostufer des Markarfljót entlang führt die Straße 249 nach **þorsmörk,** 24 spannende Kilometer lang. Die Straße 249 ist mit einem normalen PKW auf keinen Fall zu befahren, mit einem Allrad-angetriebenen auch nur bedingt. Selbst die kleinen Geländewagen der Spielzeug- oder Showklasse sind hier ungeeignet, die Flüsse zu überqueren. Isländer halten sogar noch einen Lada-Sport-Allrad für zu leicht. Ich bin mit dem täglich verkehrenden Linienbus gefahren, und dort stand das Wasser an den Eingangstreppen bis fast auf Ganghöhe. Wer das vorher weiß, der achtet darauf, daß sein Rucksack im Gepäckraum nicht unten liegt. Man sollte sich von der Krossa – das ist der Fluß, der die meisten Schwierigkeiten bereitet – in friedlichem Zustand nicht verleiten lassen, mit einem kleinen Wagen durchzufahren. Niemand wird sagen können, wie der Wasserstand ein paar Stunden später aussieht, wenn Regen direkt oder Sonnenschein indirekt den Fluß anschwellen lassen. Soweit die Warnungen und nun zu dem, was man sehen und machen kann:

Schon die Fahrt unterhalb des **Eyjafajallajökull** entlang ist ein besonderes Erlebnis. Die Straße durchquert eine Reihe kleiner Flüsse. Zwei Gletscherzungen, die bis nah an die Straße reichen, kann man leicht erreichen. Der Linienbus durchquert den Gletscherfluß, der von dem See unterhalb der Gigjökull-Zunge kommt, sehr nah am Gletscher und macht dort auch einen längeren Stop. Bist du mit einem eigenen Wagen unterwegs, solltest du dem Bus nicht unbedingt folgen. Während die eigentliche 249 im Tal die Gletscherabflüsse durchquert, wo sie verzweigter und damit flacher sind, nimmt der Bus am Gigjökull eine besondere, höher

gelegene Fahrspur, bei dem der Fluß an einer relativ tiefen Stelle durchfahren wird.
Im letzten Abschnitt der Straße 249 mußt du dich dann entscheiden, wo du genau hinwillst. Auf der Südseite (Goðaland) der Krossa (so daß du sie *nicht* durchqueren mußt!) liegt die Wanderhütte des Clubs Útivist (Básar), wo du auch in der Umgebung zelten kannst. Zur großen Hütte des Ferðafelag Islands führt der Weg durch die Krossa und ebenfalls zur Hütte des Busunternehmens Austurleið und zur Jugendherberge. Die Ferðafelag-Hütte liegt landschaftlich sehr schön im Langidalur. Die anderen Hütten liegen zusammen am Husadalur. In beiden Tälern (= dalur) kann auch gezeltet werden. Die Übernachtungspreise in allen Þorsmörkhütten liegen bei etwa 20 DM pro Person und Nacht. Bei den Zeltplätzen richtet sich der Preis nach den umliegenden sanitären Einrichtungen. Die sind im Langidalur besser als im Husadalur. In der Hütte des Ferðafelag Islands kannst du eine kleine Karte von Þorsmörk im Maßstab 1:50.000 kaufen. Vor Wandertouren sollte man sich informieren, wo Flüsse zu durchqueren sind und wo die Krossa – die ihr Bett ja oft wechselt – verläuft.
Eine gute Tagestour ist eine Wanderung zu der schwarzen Gletscherzunge Krossarjökull. Diese Tour erfordert ein bißchen Geländeerfahrung, ist also kein Spaziergang. Da man sich immer im Tal orientieren kann, ist die Gefahr des Verlaufens nicht groß. Man kann von der Ferðafelag-Hütte am Nordufer der Krossa entlang ostwärts auf den Myrdalsjökull zugehen. Das hört sich einfacher an, als es ist, denn die Krossa kommt oft so nah an die das Tal abgrenzenden Felsen und Berge heran, so daß man dem Fluß nur folgen kann, wenn man ständig Kletterpartien über Bergrücken und Felsvorsprünge macht. Dieses dauernde Auf und Ab ist sehr zeitraubend, auch wenn meist ein Pfad erkennbar ist. Der Krossarjökull, die Gletscherzunge, die man schließlich erreicht, sieht aus wie eine Kohlenhalde. Sie ist auf jeden Fall schwarz und nicht, wie viele erwarten, schneeweiß. Die Erklärung ist einfach: Auf das Gletschereis fällt Asche von Vulkanausbrüchen, oder anderer Dreck wird im Laufe der Jahre daraufgeweht. Die Eismassen mit all ihren Einschlüssen wandern talwärts, wo das Eis abschmilzt, der Dreck also immer konzentrierter wird, bis schließlich die schwarze Zunge übrigbleibt.
Neben dieser Tour zum Krossarjökull gibt es noch reichlich Wandermöglichkeiten in den Tälern und über die Berge des Þorsmörk-Gebietes. Will man es verlassen, muß man auf jeden Fall durch's Wasser. Die Wanderroute nach Skogar über den Fimmvörðuhals beginnt etwa einen Kilometer östlich der Útivist-Hütte bei Básar. Wenn man von den anderen Hüt-

ten kommt oder dorthin will, muß man die Krossa durchqueren, ein nicht immer ungefährliches Unterfangen. Zu den sonstigen Gefahren auf dieser Route findet man mehr weiter oben bei der Beschreibung von Skogar an der Ringstraße. Sehr beliebt ist die Wanderroute von þorsmörk nach Landmannalaugar, für die man in der Regel vier Tage kalkulieren sollte. Sie wird aber nicht einfacher dadurch, daß sie beliebt ist. Zwar sind im Abstand von Tagesetappen Hütten zu finden, wo man übernachten kann, aber die muß man auch erst finden. Der Weg sollte markiert sein, nur sind die Markierungspflöcke nicht immer lange haltbar und, wenn Nebel aufkommt, kaum zu entdecken. Es ist angebracht, sich bei dieser Tour von der Ferđafelag-Hütte in þorsmörk ab- und bei der in Landmannalaugar wieder anzumelden (oder umgekehrt). Die Namen werden dann per Funk durchgegeben, und kommst du nach ca. vier Tagen nicht an, wird nach dir gesucht – in der Form, daß man anderen Wanderern sagt, sie sollen mal auf die Umgebung achten. Großangelegte Suchaktionen sind nicht üblich. Man sollte diese Tour auf keinen Fall alleine gehen.

Bis jetzt habe ich ja viel über die Möglichkeiten, die þorsmörk bietet, geschrieben, aber immer noch nichts über das, was dort zu sehen ist. Und das ist auch schwer. Es ist ein Ganzes, die Kombination vieler kleiner Sehenswürdigkeiten und Eindrücke, die þorsmörk zu etwas Besonderem machen. Die Birkenwälder des Staatsforstes, in denen die Zeltplätze liegen. Die Aussichtspunkte, von denen man die Urstromtäler ebenso wie die Gletscher überblicken kann. Und die Gletscher bilden ein tolles Panorama. Der Myrdalsjökull, der Eyjafjallajökull und der Tindfjallajökull sind in der Nähe. Die Flüsse, die von diesen Gletschern ins Tal kommen, haben tiefeingeschnittene Täler geformt mit bizarren Felsformationen.

Will man þorsmörk in Ruhe erleben, sollte man in der Mitte der Woche dort einen Besuch machen. Hast du es lieber etwas lebhafter und willst Isländer feiern erleben, dann fahre am Wochenende hin – die Nächte von þorsmörk sind dann länger als in jeder Diskothek in Reykjavik.

Die Busfahrt von Reykjavik nach þorsmörk kostet 1986 hin und zurück ca. 90 DM. An der Ferđafelag-Hütte gibt es einen Kiosk, wo man sich während eines Aufenthaltes mit dem Nötigsten eindecken kann (Gaskartuschen/Konserven/Schokolade/Getränke).

Zurück zur **Ringstraße:** Westlich der Markafljót-Brücke wird der Streifen Land, der besiedelt ist, wieder breiter. Viele Nebenstraßen erschließen das Gebiet zwischen Hochland/Gletschern und Küste. Am Westufer der Markafljót zweigt von der 1 die **Straße 250** nach Norden ab und stößt nach zehn Kilometern auf den Fljotshliđarvegur **(261)**, der in Hvollsvöllur von der 1 abzweigt. Am Ende dieses Weges ist die Jugendherberge Fljotsdalur (Fljotshlið, 801 Rang, Tel. 99-8498/99-8497). Sie ist Ausgangspunkt für Wandertouren in die nähere und weitere Umgebung. In der Jugendherberge gibt es zum Wandern viele Informationen. Nur sollte man sich von den Fachleuten dort nicht zu Touren überreden lassen, denen man sich nicht gewachsen fühlt. Der Engländer Dick Phillips, der selber Langstreckentouren organisiert, leitet die Herberge. Da dort oft Wandergruppen übernachten, ist eine Platzreservierung nötig, zumindestens eine Anfrage nach freien Plätzen. Ein Überqueren der Markarfljót zwischen Fljotsdalur und þorsmörk ist nur auf der Brücke möglich (siehe weiter oben). Der Bus Reykjavik–þorsmörk hält sechs Kilometer von der Jugendherberge entfernt (nur auf der Fahrt *nach* þorsmörk).

Hvollsvöllur ist ein 700-Einwohner-Ort, in dem sich die Straßen 1 und 261 treffen. Man findet hier alle wichtigen Versorgungseinrichtungen inklusive einem Hotel mit Schlafsackunterkunft. Das Land rund um den Ort ist flach und wird landwirtschaftlich intensiv genutzt.

13 Kilometer westlich liegt **Hella.** Dort gibt es ebenfalls alle wichtigen Versorgungseinrichtungen inklusive Hotel. Zwischen Hvollsvöllur und Reykjavik fährt man auf der 1 nur noch über Teerstraßen. Biegt man aber von der 1 ab, geht es gleich wieder auf Schotter. Westlich von Hella, über die Straßen 271 und 26 sowie östlich über die 264/268 kann man ins Landesinnere Richtung Hekla, Sprengisandur und Landmannalaugar fahren.

An der **Straße 264** liegt der Hof Keldur mit einigen der ältesten Gebäude Islands. Er steht unter Denkmalschutz. An dem Hof beginnt die südliche Strecke der Route „Hinter den Bergen (Fjallabaksvegur syðri). Diese selten befahrene Südroute ist verglichen mit der Nordroute viel schlechter und nur guten Geländewagen zuzumuten.

Die **Straße 26** durchquert in ihrem Südteil ein Gebiet, in dem man seit langem versucht, die Bodenerosion, die dem Grasland übel zusetzt, zu bekämpfen, die gleichmäßigen Rasenflächen sind auffällig. Je weiter du aber ins Landesinnere kommst, desto kahler wird das Land. Beherrscht wird die ganze Region von der Hekla. Der Vulkanberg ist unter den vielen aktiven Vulkanen in Island sicher der international bekannteste. Über den langgestreckten Gipfel der Hekla zieht sich eine Kraterreihe, die in historischen Zeiten schon oftmals (bisher 15mal) für Aufsehen gesorgt hat. 1947 war der letzte große Ausbruch, dessen Asche bis Finnland wehte. 1970 und 1981 folgten noch kleinere Ausbrüche. Die Hekla ist für erfahrene Bergwanderer in Tagestouren zu besteigen, am besten über die Nordwest- oder Nordhänge. Die Straße 26 führt westlich der Hekla entlang, durch ein breites Lavafeld. An der Straße ist auf dem Hof Leirubakki eine Jugendherberge (Landssveit, Rang, 801 Selfoss, Tel. 99/5591). Von der 26 zweigen Fahrspuren zu Wasserfällen in den Flüssen þorsá (nördlich) und Rangá (südlich) ab. 14 Kilometer nördlich der Kreuzung 26/268 zweigt im Niemandsland eine Fahrspur nach Landmannalaugar **(Landmannaleid)** ab. Über Sandwüsten und an Lavafeldern vorbei erreichst du darauf die Hochlandstraße F 22. Der Landmannaleid ist für Normal-PKW nur in ganz wasserarmen Sommern bedingt befahrbar, für Geländewagen aber nicht schwierig.

Die Hochland-Hauptstraße dieses Gebietes, die **F 22** (Fjallabaksleid Nydri), zweigt noch weiter landeinwärts von der Straße 32 ab, auf die man am Ende der 26 trifft. Achtung: Zum veränderten Streckenverlauf im Nordteil der 32 steht mehr im nächsten Kapitel über die Dreier-Straßen. Von der 32 kommend, kannst du mit jedem Fahrzeug auf der F 22 Landmannalaugar erreichen. Im ersten Teil ist ein Lavafeld zu überqueren, bei dem Bodenfreiheit wichtig ist, oder du darfst nur im Schrittempo fahren. Vor Landmannalaugar sind aber keine brückenlosen Flußüberquerungen, nur direkt vor dem dortigen Zeltplatz. Das letzte Stück kann man aber seine Sachen über einen Fußgängersteg tragen. Ein Platz, wo du deinen Wagen stehen lassen kannst, wenn du nicht durch den letzten Fluß kommst, ist vorhanden.

Schon auf der Fahrt zwischen der 32 und Landmannalaugar gibt es viel zu sehen (Kratersee Ljotipollur), und einige Aussichtspunkte liegen direkt an der Straße (über dem See Frostadavatn). **Landmannalaugar** ist der Höhepunkt entlang dieser F 22. Eine Oase zwischen Lavafeldern und vielfarbigen Bergen. Heiße Quellen heizen einen Bach auf, eine große Badewanne mitten in einer Wiese. Schnee liegt oft den ganzen Sommer hindurch an geschützten Stellen, ein paar Meter von diesem Badeplatz entfernt. Daneben ragen hohe, schwarze Lavawände auf. Mir fällt es schwer, Landmannalaugar so eins nach dem anderen zu beschreiben. Es ist, wie so vieles in Island, die Kombination mehrerer Besonderheiten, die ein einmalig schönes Ganzes bilden. Man muß das Gebiet selbst erkunden, nach stundenlangen Bergtouren die müden Knochen ein Stündchen ins warme Wasser legen, vielleicht zur Abwechslung eine Dreckschlacht im nahen – auch warmen – Schlammloch machen. Ein Tip: Den grünen Berg, südlich vom Zeltplatz, kann man gut besteigen. Es ist der 993 Meter hohe Bláhnúkur. Je nach dem, wie lange die Pausen ausfallen, ist der Berg in ein bis zwei Stunden zu besteigen. Von oben hat man einen außergewöhnlichen Rundblick, je nach Wetterlage bis zum Vatnajökull. Von Landmannalaugar sind aber auch viele andere

Wandertouren möglich. Nach þorsmörk (siehe auch dort) kann man in vier Tagen wandern, Hütten in Tagesetappen liegen am Wege.

Verschiedenen Anbieter haben Touren in dieser Region auf dem Programm, denen man sich anschließen kann, wenn man nicht alleine laufen möchte. Einfach sind natürlich kurze Spaziergänge rund um die Hütte in Landmannalaugar oder in die Lava oberhalb davon. Dort kann man aber leicht den Weg verlieren. Die Lava oberhalb der Hütte ist übrigens die in Island relativ seltene Obsidianlava, erkennbar an den glasartigen Bruchkanten.

Von Landmannalaugar führt die F 22 in südöstlicher Richtung zur Ringstraße. Dieser etwa 70 Kilometer lange Abschnitt ist für normale PKW nicht geeignet, weil sehr viele Flüsse durchfahren werden müssen; teilweise verläuft die Straße in einem Fluß. Viele VW-Bus-Fahrer schaffen die Strecke, da Bodenfreiheit wichtig ist. Es ist aber auch vom Wetter und dem damit verbundenen Wasserstand in den Flüssen abhängig, mit was für einem Wagen man durchkommt.

Etwa auf halbem Wege liegt die **Eldgjá,** eine über 30 Kilometer lange Explosionsspalte, die mächtigste, die man auf der Erde kennt. Von den 30 Kilometern ist aber nur wenig für den Nichtgeologen interessant. Eine Stichstraße zweigt von der F 22 ab in die Eldgjá hinein. Nach ein paar hundert Metern ist ein Parkplatz, und von dort geht es zu Fuß weiter bis zum **Ófærufoss.** Dieser Wasserfall ist einer der meistfotografierten in Is-

Ófærufoss – wo das Wasser in die Eldgjá fällt

land, und er erscheint in vielen Prospekten. Sein Bild wird von der Basaltbrücke, die ihn überspannt, geprägt. (Auf diese Brücke kann man klettern.) Der Rest der Eldgjá ist dann aber, wie schon angedeutet, mehr etwas für Spezialisten.

Über die F 22 fährt der Bus Reykjavik–Kirkjubæjarklaustur dreimal pro Woche in jede Richtung. Er hält in Landmannalaugar und an der Eldgjá jeweils sehr lange, so daß man die Strecke auch an einem Tag befahren kann und trotzdem etwas davon sieht. Es ist aber empfehlenswert, viel Zeit mitzubringen.

Transport- und Übernachtungsmöglichkeiten im Gebiet der Zweier-Straßen

Öffentlicher Transport

Tägliche Verbindungen gibt es entlang der Ringstraße im ganzen Abschnitt (Höfn-Bus). Täglich auf Verbindung nach þorsmörk. Dreimal wöchentlich in jede Richtung entlang der F 22 zwischen Reykjavik und Kirkjubæjarklaustur.

Organisierte Touren

Eine Sightseeing-Tour von Reykjavik zur Südküste bis Skogar und Vik mit einem Abstecher an eine Gletscherzunge dauert 10 Stunden und kostet 106 DM (1986). Wandertouren werden von verschiedenen Anbietern in dem Gebiet zwischen þorsmörk/Landmannalaugar/Fljótsdalur/Sveinstindur angeboten: Touren Clubs, Jugendherbergsverband. Pauschalangebote gibt es mit den Linienbussen (siehe oben).

Übernachtungen

Hotels (S = mit Schlafsackunterkunft) sind in Kirkjubæjarklaustur (S), Vik (S), Skogar (S), Hella (S), Hvollsvöllur (S).

Jugendherbergen sind in Reynisbrekka (bei Vik), Fljótsdalur (Straße 261), in þorsmörk an der Bushaltestelle (Straße 249) und in Leirubakki (Straße 26).

Besonders im Gebiet der Zweier-Straßen gibt es ein großes Angebot an Hütten, u.a. in þorsmörk (3), in Landmannalaugar, am Veidivötn (nördlich von Landmannalaugar) und am Alftavatn. Neben diesen großen Hütten (alle etwa 60 bis 80 Plätze) gibt es noch einige kleinere Hütten mit bis zu 20 Plätzen. Eine genaue Liste erhältst du von den Touren-Clubs. In den Hütten haben Mitglieder der Clubs und Reisegruppen Vorrang vor anderen Reisenden!

Offizielle *Zeltplätze* sind in Kirkjabæjarklaustur (1), Hrifunes (1), Vik i Myrdal (1), Skogar (1), þorsmörk (249/mehrere Zeltgelände), an der Jugendherberge Leirubakki (s.o.), Veidivötn (Hochland nördlich von Landmannalaugar), Landmannalaugar (F 22), Hella (1).

Die Dreier-Straßen

Westlich der þjorsá beginnt das Gebiet der Dreier-Straßen. Eine Region, in der sehr viel Landwirtschaft betrieben wird. Das Straßennetz ist nirgendwo in Island so dicht wie hier, und da ist es kaum möglich, so der Reihe nach entlang der Hauptverkehrswege die Region zu beschreiben wie in den vorangegangengen Kapiteln.

An der **Ringstraße,** die zwischen þjorsá und Reykjavik 70 geteerte Kilometer lang ist, liegen zwei bekannte Orte: Sellfoss und Hveragerdi.

Sellfoss ist eine der größeren Städte Islands. Aber bei nur 3.500 Einwohnern braucht man keine Angst zu haben, daß es unübersichtlich wird. Die Straße 1 führt direkt durch den Ort, und entlang dieser Hauptstraße findet sich alles, was für einen Besucher wichtig ist. An der großen Brücke über den Fluß Ölfusá sind die wichtigsten Geschäfte, darunter ein Supermarkt mit einem Schnellimbiß. Krankenhaus, Apotheke, Banken, Reisebüro und Tankstellen liegen an der Hauptstraße östlich der Brücke. Und gut ausgeschildert in den Nebenstraßen findet man ein Schwimmbad, ein örtliches Museum, eine Schlafsackunterkunft in der Schule und einen sehr gut ausgestatteten Zeltplatz gleich daneben. Ein Hotel liegt etwas abseits der Hauptstraße (þoristun 1), westlich der großen Brücke. Für diejenigen, die mit dem Bus reisen, kann das Umsteigen in Sellfoss unangenehm sein. Bisher gab es noch unterschiedliche Haltestellen der verschiedenen Busunternehmen:

- *Arnesti,* ein Kiosk an der Brücke ist der Halteplatz der roten Busse der Serleyfisbilar Sellfoss hf, mit Linien nach Reykjavik, zu den Fischerdörfern Eyrarbakki und Stokkseyri sowie nach Gullfoss, Geysir und Laugarás (Skálholt).
- *Höfn* heißt die Tankstelle direkt auf der anderen Straßenseite. Dort hält dreimal in der Woche der hellbeige Bus der Firma Kritjan Jonsson, der nach þorlakshöfn (–Vestmannaeyar) fährt.
- *Fossnesti* ist die große Tankstelle mit Imbiß am Ostrand von Sellfoss. Dort halten die Austurleid-Busse (die grün-weißen) mit Linien nach Hella, Hvollsvöllur, Höfn, Landmannalaugar, þorsmörk und natürlich auch nach Reykjavik. Außerdem halten die Busse von Olafur Ketilsson hier, die nach Gullfoss und Geysir über Laugarvatn fahren. Der Bus Reykjavik–Sprengisandur–Myvatn kommt hier ebenfalls durch, du solltest aber nicht ohne Anmeldung auf diesen Bus in Sellfoss warten.

Es reicht also nicht, wenn man in Sellfoss die Abfahrtzeit eines Busses weiß, man muß sich auch nach dem Abfahrtsort erkundigen. Ich habe dabei die Erfahrung gemacht, daß auch in den Kiosken an den Haltestellen das Personal oft nicht weiß, welche Linie wo abfährt. In der BSI-Zentrale in Reykjavik kennt man das Problem, vielleicht wird es einfacher gemacht. Da sind aber alte Traditionen zu brechen, und das kostet Zeit. Von Sellfoss aus gelangt man über die **Straße 35,** westlich der Ölfusá, und über die **Straße 30,** die 15 Kilometer östlich der Stadt von der Ringstraße abzweigt, in den Norden des Dreier-Straßen-Gebietes. Der ist verkehrsmäßig gut erschlossen – was aber nichts über die Qualität der Straßen sagen soll. Die Flüsse þorsá, Ölfusá/Hvitá bilden natürliche Grenzen für das Straßennetz und sind nur an wenigen Stellen zu überqueren.

In dieser Region sind einige Sehenswürdigkeiten, klassische Ziele jedes Islandaufenthaltes:

Skálholt (an der 31), über die Straßen 35 und 30 gleichermaßen gut zu erreichen (etwa 40 km von Sellfoss) ist das alte kulturelle Zentrum Islands. Von 1056 bis 1796 war der Ort Bischofssitz. 32 katholische und 13 lutherische Bischöfe waren hier tätig. In Skálholt wurde die Gegenreformation 1550 beendet, man raubte ihr einfach die führenden Köpfe, indem man den Nordlandbischof Jón Arason und seine Söhne enthauptete. Heute ist an historischer Stelle eine moderne Kathedrale errichtet, die 1963 geweiht wurde. Sie ist auf das gleiche Fundament gebaut wie drei andere Kirchen schon zuvor, wobei die mittelalterliche Kathedrale mehrmals so groß war wie der heutige Bau. Neben der Kirche ist ein Sommerhotel, das auch Schlafsackunterkunft bieten soll.

Laugarvatn (über Straßen 35 und 37 zu erreichen, 39 km von Sellfoss) ist der Saunasee. Der Laugarvatn ist ein beliebtes Touristenziel. Zwei Edda-Hotels mit Schlafsackunterkunft sind in Schulen am See untergebracht. Außerdem gibt es ein Gasthaus und eine Privatunterkunft (Farmholiday-Liste) in der Nähe und natürlich einen Zeltplatz. Bekannt und beliebt sind die Dampfbäder über den heißen Quellen und die gut gewärmten Badestellen. Wenn Laugarvatn nicht sommerliches Touristenziel ist, dann ist es Islands größtes Land-Schul-Zentrum. Die Edda-Hotels sind außerhalb der Sommersaison Internate. Die vielen Übernachtungsmöglichkeiten und die schönen Angebote zur körperlichen Entspannung machen den Laugarvatn auch zu einem guten Standort für Reisen zu allen Sehenswürdigkeiten des Südwestens: Nach þingvellir sind es 25 Kilometer, zum Geysir 31, zum Gullfoss 40 und nach Skálholt 26.

Geysir (über die Straße 35 von Sellfoss etwa 60 Kilometer und über die 30 rund 70 Kilometer) ist der Name der Springquelle im Haukadal, die allen Springquellen der Welt ihren Namen gab. Nur ist *der* Geysir seit Jahren sehr schlapp geworden. Ungeduldige Besucher haben über Jahrhunderte versucht, ihn mit Steinen und Dreck zu reizen. Er mußte wohl zu viel schlucken. Seit einigen Jahren wird er – auch nicht gerade sehr umweltfreundlich – an einigen Sommertagen mit Schmierseife zum Leben erweckt. Solche Aktionen sind dann Tagesthema. Aber kein Grund zur Panik, wenn der große Geysir nicht gelockt wird. Sein kleiner Nachbar Strokkur („das Butterfaß") springt regelmäßig alle fünf bis zehn Minuten, und das ist eindrucksvoll genug. Wenn du dir diese Springquelle näher ansehen willst, schaue dir den Ablauf eines Wassersprungs erst einmal von weitem an, damit du siehst, was auf dich zukommen kann, wenn du deine Nase zu nah heranrückst. Nach der Eruption kommt oft noch ein kleiner Nachschlag – manchmal eine unangenehme Überraschung für die, die sofort nach dem ersten Ausbruch zur Quelle stürzen. Rund um die Springquellen sind noch viele kleine Heißwasserquellen zu sehen. Aus einer davon bekommt auch das alte Schwimmbad hinter dem Hotel sein Wasser. Neben dem Hotel kann gezeltet werden. Ein Kiosk mit Schnellimbiß ist ebenfalls in der Nähe.

Gullfoss (Straße 35, 9 km nördlich von Geysir) ist der Goldene Wasserfall, ein Fall im Fluß Hvitá. Viele Islandbesucher setzen den Gullfoss auf Platz 1 der Wasserfallparade. In drei Fallstufen verschwindet die Hvitá mit viel Getöse und aufspritzender Gischt in einem Cañon. Dorthinein sollte man auf jeden Fall auch einen Blick werfen. Die Wände zeigen schöne Basaltformationen.

Fludir (Straße 30 von Sellfoss 46 km) ist ein Ort mit zwei Hotels und einem Schwimmbad. Bietet sich als Übernachtungsort an. Von hier sind es 24 Kilometer nach Skálholt, 29 zum Geysir, 32 zum Gullfoss und 50 zum Laugarvatn.

An der **Straße 32** (zweigt 33 km von Sellfoss entfernt von der 30 ab) fährt man am Westufer der þjorsá entlang. Über den Fluß hinweg hat man lange gute Sicht auf den Berg Hekla, Islands Star-Vulkan. 32 Kilometer hinter dem Abzweiger von der 30 windet sich die Straße in Serpentinen einen Berg hinauf, den Skeljafell. Noch vor dem Aufstieg ist unten im Tal, an der Straße, die zu dem Búrfellkraftwerk führt, die Rekonstruktion eines mittelalterlichen Hofes (1974 zur 1100-Jahrfeier fertiggestellt) zu besichtigen. Das Kraftwerk gleich daneben gehört zu einer Energiekette, die im Laufe der letzten Jahrzehnte entlang der þjorsá entstanden ist.

Vor den Serpentinen kann man aber noch einen Abstecher oder sogar eine Alternativroute fahren, und zwar über eine schlechte Wegstrecke nach **Ströng,** wo ein Hof wohl 1104 bei einem Hekla-Ausbruch begraben wurde, den man 1939 wieder ausgegraben hat. Westlich davon –

auf schlechter Straße zu erreichen – ein Schwimmbad mit erdgewärmtem Wasser in der bizarren Umgebung des rhyolith/liparit-bunten Berges Rauðukambar. Nur zu Fuß ist von Ströng aus der zweithöchste Wasserfall Islands zu erreichen, der 112 Meter hohe Háifoss.
Die 32 führt weiter ins Hochland an mehreren Kraftwerken und Stauanlagen vorbei. Die þjorsá ist in diesem Abschnitt sicher der industrialisierteste Fluß Islands – eine Energiefabrik. Die in vielen Karten angegebene Streckenführung der 32 ist im letzten Stück vor dem Hochland mittlerweile überholt. Man fährt heute über die längere Schlaufe am Hrauneyafoss – und am Siglolduvirkjun (virkjun = Kraftwerk) vorbei zu den Hochlandstrecken F 22 nach Landmannalaugar und zur Eldgjá (siehe unter Zweier-Straßen), F 28 nach Sprengisandur (siehe unter Hochlandstraßen) und zu der Jeepstrecke zum Veiðisvötn und an den Westrand des Vatnajökull. Am Veiðisvötn ist eine große Hütte des isländischen Tourenclubs und ein schön gelegener Zeltplatz.
þingvellir (von Sellfoss 46 km über die Straßen 35 und 36, von Reykjavik 44 km über die 1 und die 36) ist ein Nationalpark am Nordufer des größten isländischen Sees þingvallavatn. Wohl nirgendwo sonst auf der Welt ist an die Ausbildung des Nationalparkverwalters die gleiche Bedingung geknüpft wie hier: Er muß die Befähigung zum Priesteramt haben, weil er auch die kleine Kirche im Park mitbetreut. Das þingvellir (= Thing Tal) ist ein weites Tal. Der Boden ist mit schwer zugänglicher Lava bedeckt. In den Spalten sind viele kleine Seen und Bäche. An den Rändern bilden Spalten, deutliche Bruchkanten, die Begrenzungen: Almannagjá im Westen, die bekanntere, und Hrafnagjá im Osten. Die Natur hat hier einen Platz errichtet, der zwar historisch bedeutungsvoll ist, aber an dem nichts Historisches zu sehen ist. Hier in dem Tal trafen sich nach 930 die Isländer zu ihrem Althing (siehe „Geschichte"). Wo in der Almannagjá auf einem kleinen Hügel heute eine Fahne weht, wurden damals die Gesetze verkündet, auf dem Lögberg. Dort rief man am 17. Juni 1944 auch die Republik aus. Durch die Almannagjá fließt die Öxará, die in einem kleinen Fall in die Schlucht stürzt. Nah der Fußgängerbrücke, die heute über den Fluß führt, wurden früher Todesurteile vollstreckt – dort ist der Ertränkungs-Pool. Unterhalb der Almannagjá, im Tal, erfüllten einige tiefe, mit Wasser gefüllte Spalten den gleichen Zweck.
In þingvellir ist ein Sommerhotel, ein ausgedehnter Campingplatz, ein Kiosk und eine Tankstelle.
Von þingvellir nach Westen führt die **Straße 36** bis zur 1 kurz vor Reykjavik. Am Skalafell, nördlich der Straße, ist im Winter eines der Skizentren Islands. Kurz vor der 36/1-Kreuzung liegt der Hof Laxnes. Dort wurde

Halldór Laxness (Halldór vom Laxnes = Hof) geboren. Sein Alterswohnsitz ist gleich in der Nähe, auf der anderen Straßenseite. (Mehr zu Laxness im Kapitel „Literatur")

Noch einmal zurück nach Sellfoss und von dort in das Gebiet südlich der Ringstraße. Da ist das Land zwischen den Flüssen þjorsá und Ölfusá verhältnismäßig dicht besiedelt. Ein Netz von zweit- und drittklassigen Straßen durchzieht diese Region. Zwei Orte an der Küste, **Stokkseyri** und **Eyarbakki** (beide ca. 550 Einwohner), leben hauptsächlich von der Fischerei. In beiden Orten sind einige ältere Häuser zu sehen, die in ihrem traditionellen Stil erhalten werden.

10 Kilometer westlich von Sellfoss und 40 Kilometer östlich von Reykjavik liegt **Hveragerði.** Der Ort steht auf dem Reiseprogramm vieler Fahrten der großen Veranstalter, und ist sicher für diejenigen sehenswert, die sich für Gartenbau interessieren. Es ist beeindruckend zu wissen, daß die vielen Gewächshäuser mit der Wärme von heißen Quellen beheizt werden und daß dort alles mögliche prächtig gedeiht, auch Apfelsinen und Bananen. Besonders für ältere Isländer ist Hveragerði ein Beispiel für den Pioniergeist, mit dem man aus dem kargen Land alles herausholt, was möglich ist.

Der Gipfel der touristengerechten Geschmacklosigkeiten in Island ist für mich das Café Eden. Die Bilder Adams und Evas an den Eingangstüren des Gewächshaus-Cafés sieht man sogar meist nur beim zweiten Hinsehen. Innen hockt man unter Glas und Palmen. Der Stil im Café Eden gefällt bestimmt den Isländern, die ja sonst selten die Chance haben, in einem Palmen-Café zu sitzen. Außer dem Café gibt es in dem Gewächshaus noch einen gut sortierten Souvenir-Shop. Sonst bietet Hveragerði: ein Hotel, eine Jugendherberge (Ból, Hveramörk 14, 810 Hveragerði, Tel. 99/ 45 88 oder 41 98), ein Schwimmbad und eine Krankenstation. Von Hveragerði nach Süden erreicht man über die Straße 38 oder von Reykjavik kommend über die Straße 39 den Hafenort **þorlakshöfn** (1400 Einwohner). Ich weiß nicht, ob ich dem Ort unrecht tue, aber für mich ist der Hafen mit dem Fähranleger für das Schiff Herjólfur schon das Interessanteste. Die Herjólfur fährt mindestens einmal täglich zu den Westmänner-Inseln (= Vestmannaeyjar).

Die **Westmänner-Inseln** liegen rund 70 Kilometer südöstlich von þorlakshöfn im Meer. Von der Küste sind es nur etwa zehn Kilometer zu den Inseln, aber dort gibt es weit und breit keinen anständigen Hafen. Die Seereise startet deshalb so weit im Westen, dauert entsprechend dreieinhalb Stunden und kostet rund 35 DM.

Die Westmänner-Inseln liegen auf der vulkanisch aktivsten Zone Islands, der Hauptinsel vorgelagert. Diese Zone endet natürlich unter Wasser nicht, was die Welt 1963 mehr als deutlich zu sehen bekam. Da entstand **Surtsey,** heute 155 Meter hoch, flächenmäßig die Nummer Zwei unter den Westmänner-Inseln und Islands südlichster Außenposten. Die junge Insel ist ein Paradies für Wissenschaftler, denn sie können dort beobachten, wie die Natur von einem Neuland Besitz ergreift. Surtsey kam ja bei den dort herrschenden Temperaturen klinisch rein zur Welt. Immer noch achtet man streng darauf, daß nicht unnötig in den natürlichen Entwicklungsprozeß eingegriffen wird. Der Zugang zu der Insel ist nur Wissenschaftlern erlaubt.
Zehn Jahre nach Surtsey meldete sich der Helgafell, der Hausberg der Stadt **Heimaey,** zu Wort. In der Nacht vom 22. zum 23. Januar 1973 riß der Berg auf, und aus einer Spalte traten in den folgenden 158 Tagen 150.000.000 Kubikmeter Lava aus. Die Insel wuchs um 2,5 Quadratkilometer. Damals beobachtete die Welt mit Spannung den Kampf der Bewohner gegen die Lava. Zuerst wurden sie belächelt, als sie mit Feuerspritzen gegen die glühenden Massen angingen, aber bald sah man mit Erstaunen, daß die Methode Erfolge brachte. Die Lavawehr kühlte mit Unmengen Meerwasser die Lava so ab, daß sie zum Stillstand kam und der Ort nicht ganz zerstört wurde. Trotzdem war der Schaden im Stadtgebiet groß. Im Osten, wo der Helgafell seinen Dreck ablud, wurde ein Drittel der Gebäude verschüttet. Das Wichtigste war aber damals, daß der Hafen gerettet wurde. Eine Lavazunge, die sich in die Einfahrt vorschob, kam so zum Stehen, daß sie den Hafen heute hervorragend schützt. Heimaey hat also sogar von dem Ausbruch profitiert und nicht nur am Hafen. Die Stadt wurde nach Westen verlagert, viele neue Häuser entstanden, und die Versorgungseinrichtungen für die Bewohner wurden verbessert. Schön ist zum Beispiel das neue Schwimmbad. Heizwärme beziehen die Stadtbewohner noch immer aus dem 1973 entstandenen Neuland.
Und noch etwas hat der Ausbruch bewirkt: Heimaey war 1973 für 158 Tage im Blickpunkt der Weltöffentlichkeit. 158 Tage kamen spannende Bilder von dort in die Fernsehstuben rund um den Erdball. Bilder von 300 Meter hohen Feuersäulen, von sich vorwärts wälzenden Lavamassen, von aschebedeckten Häusern und Straßen und von dem Widerstand der Bewohner gegen die Naturgewalt. Noch immer ist Heimaey eine Touristenattraktion ersten Ranges.
Aber auch ohne die Besucher geht es den Inselbewohnern wirtschaftlich gut. Die vor 1973 veraltete Fischereiindustrie konnte nach dem Ende

des Ausbruchs mit viel auswärtiger Hilfe erneuert werden. Die Inseln leben vom Fisch, und die verarbeitende Industrie ist allgegenwärtig. Zwei Prozent der isländischen Bevölkerung produzieren auf der Insel zehn Prozent des isländischen Fischexportes. Heimaey ist ganz eindeutig der wichtigste Fischereihafen des Südens. Ein Blick auf die Karte zeigt, daß zwischen der Ölfusá-Mündung im Westen und Höfn im Osten an der ganzen Südküste des Festlandes kein anständiger Hafen ist. Das Meer davor gehört aber zu den besten Fanggründen um Island, und dort liegen die Westmänner-Inseln mitten drin. Man verdient also gut auf Heimaey, und das zeigt sich in einem ganz besonders: Über 1000 Privatwagen sind auf der Insel angemeldet, denen dort ganze 34 Kilometer Straßen zur Verfügung stehen.

Was kann man aber hier unternehmen? Z.B. das Neue Land besuchen und die gespenstische Grenze zum Alten Land, dort wo die Häuser zur Hälfte begraben sind. Man kann an die qualmenden Hänge des Helgafell wandern oder die sieben Kilometer lange Tour an die Südspitze machen. Dort gibt es eine gute Aussicht auf die unbewohnten Inseln im Süden. Die Strände an der Heimaey Südspitze heißen bei den Einheimischen übrigens Côte d'Azur. Der Name verspricht ja einiges, aber die richtige Badestimmung kommt höchst selten auf. 1627 landeten dort im Süden von Heimaey bei Ræningjatangi algerische Piraten, töteten viele Inselbewohner und verschleppten über zweihundert nach Nordafrika, die sie dort als Sklaven verkauften – ein ziemlich unbekanntes Kapitel in der Geschichte der Sklaverei.

Wer gerne Vögel beobachtet, wird voll auf seine Kosten kommen. Überall an den Küsten sind Millionen von Vögeln. Besonders zahlreich sind Papageitaucher, die auf den Westmänner-Inseln noch regelmäßig gefangen und natürlich auch gegessen werden.

Du kannst auf Heimaey zwischen mehreren Hotels, einer Jugendherberge (Höfdavegur 25, 900 Vestmannaeyjar, Tel. 98/ 23 15) und einem sehr schön gelegenen Zeltplatz (im Herjolfsdalur, mit Golfplatz vorm Zelteingang) als Übernachtungsstätten wählen. Im Zentrum am Hafen sind mehrere Restaurants und Cafeterias. Am Heidarvegur findest du ein Naturkunde-Museum mit Meerwasseraquarium und ein Gemeindehaus, in dem täglich ein Film über den Helgafell-Ausbruch gezeigt wird.

Mit dem Boot „Bravo“ werden Rundfahrten um die Insel und mit einem Bus über die Insel angeboten (Boot: Tel. 1616 oder 1195; Bus: Tel. 1515). Diese Fahrten sind sehr davon abhängig, ob genug Fahrgäste zusammenkommen und ob das Wetter gut genug ist.

Ausflüge auf die Westmänner-Inseln bieten verschiedene Veranstalter an. Teilweise mit Bus/Fähre im Linienverkehr und mit Flügen im Charter- oder Linienverkehr (1986 ab 202 DM Hin- und Rückflug). An Werktagen hat die Rückfahrt mit dem Schiff von Heimaey zum Festland einen Nachteil: Man muß sehr früh aufstehen. Bisher ging es immer um 7.30 Uhr ab Hafen. Samstags und sonntags ist die Seefahrt christlicher, dann sind die Abfahrten später.

Transport- und Übernachtungsmöglichkeiten im Gebiet der Dreier-Straßen

Öffentlicher Transport

Regelmäßig verkehren Busse entlang der Ringstraße. Bis Sellfoss gibt es ein ausgesprochen dichtes Angebot, da man unter mehreren Linien aussuchen kann. Außerdem besteht regelmäßiger Verkehr zum Burfellkraftwerk, nach Fludir, zum Gullfoss, zum Geysir, nach þingvellir, zum Laugarvatn und nach þorlakshöfn mit Schiffanschluß auf die Westmänner-Inseln.

Organisierte Touren

Ab Reykjavik kann man mit Busrundfahrten alle Sehenswürdigkeiten erreichen. Zum Beispiel eine Tagestour Gullfoss–Geysir–þingvellir: 1986 für 83 DM.

Es besteht auch die Möglichkeit, mit mehreren zusammen ein Taxi zu leihen (Hreyfill Taxi, Tel. 91/ 68 55 22).

Übernachtungen

Hotels (S = inklusive Schlafsackunterkunft) gibt es in Sellfoss, Hveragerdi (S), Skálholt (S), Fludir (S), Geysir (S), Laugarvatn (S), þingvellir und auf den Westmänner-Inseln in Heimaey (S).

Jugendherbergen oder Schlafsackunterkünfte (S) sind in Sellfoss (S), in Arnes (an der 32/S), Hveragerdi und in Heimaey auf den Westmänner-Inseln.

Zeltplätze sind in Sellfoss, Hveragerdi, þingvellir, Laugarvatn, Geysir, im þorsádalur (Straße 32), þorlákshöfn und auf den Westmänner-Inseln.

Die Hochlandstraßen

In den vorangegangenen Kapiteln habe ich immer auf die Hochlandstraßen hingewiesen, wenn sie irgendwo von den normalen Straßen abzweigten. Die Hochlandstraßen sind auf allen Karten mit einem F und einer zweistelligen Ziffer gekennzeichnet. Diese Numerierung ist aber, wie ich festgestellt habe, nicht einheitlich, so daß ich auch die Streckenführung genau angebe, damit es nicht zu Mißverständnissen kommt. In diesem Kapitel sind folgende Straßen beschrieben:

F 28: Die Sprengisandur-Route vom Ende der 32 am Þórisvatn bis zum Ende der 842 am Goðafoss sowie deren alternativen Nordenden

F 82: Eyjarfjarðarleið nach Akureyri (zum Ende der 821) und

F 78: Skagafjarðarleið zum Skagafjörður-Gebiet (zum Ende der 752).

F 37: Die Kjölur-Route vom Gullfoss bis zum Blandadalur.

F 88: Der Öskuleið von der 1 westlich von Grimsstaðir am Herðubreið vorbei zur Askja und weiter über den sogenannten Gæsavatnaleið bis zur F 28, der Sprengisandur.

F 98: Der Kverkfjallaleið von der 1 zu den Eishöhlen am Kverkfjall am Nordrand des Vatnajökull.

Zwei Hochlandstrecken, die innerhalb eines Normalstraßen-Gebietes verlaufen, habe ich schon in dem jeweiligen Kapitel beschrieben, und zwar:

F 22: Fjallabak-Route am Ende des Kapitels über die 2er-Straßen und

F 35: Kaldadalur-Weg im Anschluß an die Straße 518 im Kapitel über die 5er-Straßen.

Über das Fahren im Hochland findest du mehr im Kapitel über Fortbewegung, Stichwort „Autofahren". Nur einen Hinweis möchte ich hier wiederholen: Während man in Mitteleuropa gewöhnt ist, Warnschilder schon fast im Übermaß zu finden, so ist in Island eher das Gegenteil der Fall. Wo dann Warnschilder sind, da sollte man sie wirklich beachten. Alle hier beschriebenen Straßen sind für Normal-PKW ungeeignet!

F 28: Die Sprengisandur – Der Traum aller Allradfans (inklusive F 78 und 82)

„Und dann wollen wir die Sprengisandur machen." Oder: „Ja, dann sind wir durch die Sprengisandur gefahren." Ich weiß nicht, wie oft ich diese Sätze in Island oder auf der *Norröna* gehört habe. Aus irgendeinem Grunde ist die Sprengisandur-Route die im deutschen Sprachraum bekannteste Hochlandstrecke. Warum? Eine Isländerin, die seit Jahren mit dem Tourismus in ihrem Land zu tun hat, gab mir einmal folgende Erklärung: „Als vor Jahren der Bustourismus anfing, waren die Sprengisandur-Durchquerungen richtiges Abenteuer. Damals war die Route unter den Islandfans ein Begriff. Kaum einer konnte sich die Durchquerung leisten, aber alle hatten davon gehört. Und ein Begriff ist sie geblieben", und sie schob nach, „unbegründeterweise."

Die Sprengisandur hat ihren Namen von der Wüste, die sich nordöstlich vom Hofsjökull über ein Gebiet von rund 200 Quadratkilometern erstreckt. Die eigentliche Route, nur die F 28, ist 188 Kilometer lang. Längenmäßig macht es kaum einen Unterschied, wenn man im nördlichen Teil eine der Alternativstrecken wählt, den Eyjarfjarđarleiđ nach Akureyri (F 82/183 km) oder den Skagafjarđarleiđ nach Varmahliđ (F 78/192 km). Als Verbindung zwischen dem Südwesten und dem Nordosten ist die Sprengisandur-Route schon in historischen Tagen bekannt gewesen. Die Geistlichkeit von Skálholt pflegte hier zu reisen. Im 18. Jahrhundert wurde die Strecke vergessen und war fast 200 Jahre unbekannt. Nur vereinzelt drangen Wissenschaftler in das Landesinnere vor, so der Tungafellsjökull- und Herđubreiđ-Besteiger Hans Reck, der mit seinen Expeditionen schon zu Beginn dieses Jahrhunderts in Deutschland das Interesse für Islands Inneres weckte. In den dreißiger Jahren dieses Jahrhunderts wurde die Sprengisandur dann wiederentdeckt und erstmals mit Autos durchfahren.
Nachdem im Zusammenhang mit dem Kraftwerkbau an der þjorsá im Süden neue Brücken entstanden, wurde die Zufahrt erheblich erleichtert. Die Streckenführung verlagerte sich dadurch aber erheblich nach Osten. Anfangs war man viel weiter westlich gereist, teilweise sogar am Westufer der þjorsá entlang. Diese alten Wege werden heute nicht mehr benutzt.
Auch wenn die heutigen Brücken es ermöglichen, zumindest die þjorsá trockenen Reifens zu überqueren, so sind doch in der aktuellen Streckenführung noch genügend brückenlose Flußdurchquerungen, so daß ein Durchfahren der Sprengisandur mit kleinen und leichten Wagen immer ein Risiko ist. Je später der Sommer und je früher der Morgen desto kleiner kann ein Auto sein. Im Frühsommer – und das ist hier im Hochland noch der Juli – haben sogar die Rundreisebusse, von Profis gesteuert, Schwierigkeiten und bleiben manchmal in den Flüssen stecken. Wer zum Beispiel mit einem Fahrzeug bis zur Größe eines VW-Busses die F 28/F 78/F 82 befährt, sollte sich darüber klar sind, auf was er sich einläßt.
Ganz im Süden der heutigen Strecken, zwischen þorisvatn und dem Sigölduvirkjun (= Kraftwerk), führen Wege nach Osten in die Seen-/Vulkan-Landschaft Veiđisvötn. Dort ist eine große Hütte des Tourenclubs und ein Zeltplatz. Ein lohnender Abstecher für ein paar geruhsame Tage.
Die Sprengisandur ist eine Fern-Seh-Straße. Lange fährt man zwischen den riesigen Gletscherscheiben von Hofs- (1000 qkm) und Vatnajökull

(8000 qkm). Beide Gletscher bieten – wenn das Wetter mitspielt – eindrucksvolle Bilder. Den kleinen Tungafellsjökull (50 qkm), an dem man sehr nah vorbeikommt, übersieht man dabei fast. Er zeigt auch wenig Eis, mehr Fels.

Was die eisfreie Bergwelt zwischen den Gletschern zu bieten hat, ist auch nicht ohne. Einige sehr markante Berge sind entlang der Strecke zu sehen. Im südlichen Teil der F 28 fallen zwischen Straße und Vatnajökull zum Beispiel die beiden sehr gleichmäßig geformten Zuckerhüte Nyðri- und Syðri-Haganga (1278 m und 1284 m) auf. Mitten auf der Strecke in dem grünen Nyidalur – es liegt etwa 800 Meter über dem Meeresspiegel und ist dafür überraschend grün – befindet sich ein Hüttenkomplex des isländischen Tourenclubs mit Platz für 160 Personen. Von der Hütte aus sind Wandertouren um den Tungafelljökull möglich, die aber Kondition und Erfahrung erfordern. Flüsse sind zu durchqueren. Fünf Kilometer nördlich des Nyidalur zweigt nach Osten der Gæsavatnleið ab, eine sehr schlechte Strecke zur Askja (mehr dazu weiter unten unter der Beschreibung zur F 88). Noch erträglich ist auf dieser Strecke die Fahrt um den Norden des Tungafellsjökull herum in das Hochtal Vonarskarð, zwischen diesem Gletscher und dem Vatnajökull.

Nördlich des Abzweigers zum Gæsavatnleið durchquert man die eigentliche Sprengisandur. Seen und Flüsse in diesem Gebiet sind nur temporäre Erscheinungen. Sie schwellen je nach Wetterlage an, oder sie verschwinden einfach. Kommst du von Süden, mußt du dich entscheiden, wohin du im Norden willst, wenn dir die Straßenverhältnisse diese Entscheidung nicht abnehmen. In der Regel ist am besten die F 28 befahrbar. Sie verbindet im Nordabschnitt die Region Myvatn/Goðafoss mit dem Hochland, eine Strecke durch ein weitgehend trostloses Geröllbergland.

Sehenswert ist Kiðagil, östlich der Hauptroute. Der Fluß Kiðagilsá verschwindet in einem tiefen, sechs Kilometer langen Cañon. Er ist von der Straße aus nicht zu sehen, und es ist unmöglich, hier einen Orientierungspunkt in dem umgebenden Nichts anzugeben, wo du dich nach Osten wenden mußt. Der Cañon sollte aber ausgeschildert sein. (Wobei die Haltbarkeit von Hinweisschildern im Hochland immer sehr unsicher ist, darum das Wort *sollte*.)

Ein Abstecher, den man nicht versäumen darf, wäre zum Aldeyarfoss, kurz vor Erreichen der Straße 842 (dort ist er auch näher beschrieben).

Bis spät in den Sommer ist der **Eyjarfjardarleið** (F 82) oft gesperrt. Es ist die Verbindung zwischen dem Ende der Straße 821 und dem Laugarfell, also von Akureyri ins Hochland oder umgekehrt. Durch ein langgezogenes, langsam ansteigendes Tal verläuft die Straße zwischen Fjord und Bergen. An der alten Wetterstation Nyibær vorbei gelangst du in die Sprengisandur. Du solltest die Route so wählen, daß du im Westen am Laugafell vorbeikommst.

Der **Skagafjardarleid** (F 78) hatte lange ein schweres Hindernis zu bieten, die Austari-Jökulsá, ein Gletscherfluß vom Hofsjökull. Der Fluß zwischen Reydarvatn und Laugafell ist aber seit Jahren bei Austurburgur überbrückt und bereitet keine Schwierigkeiten mehr. Einige sehr rudimentäre Fahrspuren führen südlich der eigentlichen F 78 zum Nordrand des Hofsjökull. Am Laugafell findest du die angenehmste Überraschung in der Wüste: warme Quellen mit Bademöglichkeiten und daneben eine Hütte zum Übernachten.

Zwischen Laugarfell und der F 28 gibt es eine Nord- und eine Südverbindung. Die Südverbindung ist bei hohen Wasserständen in den Flüssen schlechter zu befahren. Im Zweifelsfall erkundige dich in den Hütten Laugafell und Nyidalur über den besten Weg.

Noch etwas: Auf der Sprengisandur ist in der Hochsaison mehr Touristenverkehr als in den Westfjorden oder im Nordosten auf normalen Straßen. Und je vierradgetriebener der mitteleuropäische Alltag wird, desto voller wird es hier in Zukunft werden.

Busverbindungen: Mehrmals wöchentlich Reykjavik–Sprengisandur–Akureyri oder Myvatn.

Übernachtungen: Hütten und Camping im Nyidalur, Hütte am Laugafell.

F 37: Kjölur-Route – die Abwechslungsreiche

Zwischen dem Gullfoss, am Ende der Straße 35, und Eyvindarstadir, an der Straße 732, ist die Kjölur-Route 165 Kilometer lang. Sie ist seit frühen Tagen der Landnahme bekannt und war früher sehr beliebt. Sie bot gegenüber den anderen Hochlandrouten – wie der durch die Sprengisandur – mehr Weideplätze auf dem Weg. Daß sie aber nicht immer einfach zu bereisen war, mußten immer wieder Menschen und Tiere feststellen. Tödlich verlief ein Schaftreck 1780 für vier Brüder und die Tiere vom Hof Reynisstadur (etwas nördlich vom heutigen Museum Glumbær am Skagafjördur). Von ihnen wurden nur noch Knochen gefunden. Beinhóll – Hügel der Gebeine – heißt die Stelle östlich des Kjalfell heute noch, wo sie damals in einem Unwetter umkamen.

Ich persönlich ziehe die Kjölur- der Sprengisandur-Route vor. Nicht wegen des Gullfoss am Südende – da bietet die Sprengisandur mit dem Aldeyarfoss und dem Godafoss am Nordende ja Gleichwertiges –, son-

dern wegen der vielen anderen Abwechslungen. Die Sprengisandur bietet viel Gegend, die Kjölur hat dazu noch Details.
Zwölf Kilometer nördlich des Gullfoss, gleich hinter der Brücke über die Sandá, zweigt eine Fahrspur zu dem kleinen See Hagavatn am Südhang des Langjökull ab. Dort ist eine kleine Hütte des isländischen Tourenclubs.
Etwa 30 Kilometer nördlich dieses Abzweigers geht eine weitere Fahrspur nach Nordwesten ab. Sie verläuft durch das Gebiet östlich des Hvitárvatn, und man kann wiederum eine Hütte des Tourenclubs erreichen. Der Hvitárvatn ist ein 30 Quadratkilometer großer Gletschersee, in den der Langjökull häufig kalbt. Eisberge schwimmen herum. Zu der Hvitárvatn-Hütte führt auch von Norden kommend eine direkte Fahrspur.
Rund 20 Kilometer nördlich des Hvitárvatn zweigt nach Osten der Weg zum Kerlingarfjöll (= Riesengebirge) ab. Über einer Gruppe von rund 1400 Meter großen Riesen/Bergen liegt eine ewige Schneekappe, und in den Tälern dampft es aus heißen Quellen. Das isländische Riesengebirge gilt als eine der attraktivsten Bergsteigeregionen des Landes. Wer hier klettert und vor allem wer auch auf die Eisflächen geht, der sollte die notwendige Erfahrung haben. Kerlingarfjöll ist nebenbei auch als Sommerskigebiet bekannt (Lift!). Besonders an den Hängen des 1477 Meter hohen Snækollur findet man 365 bis 366 Tage im Jahr genug Schnee zum Skifahren. Eine Hütte und eine Skischule sind an dem Weg (Ásgardur).
Gleich nördlich des Abzweigers nach Kerlingarfjöll erreicht die F 37 mit 672 ihren höchsten Punkt. Die Anhöhe ist nach dem Straßenbau-Pionier Geir G. Zoëga „Geirsalda" genannt, an Geir erinnert auch ein Gedenkstein. Die Anhöhe markiert gleichzeitig die Wasserscheide zwischen Nord- und Süd-Island, was man an der Fließrichtung der Flüsse in der Umgebung deutlich sehen kann.
Kjölur, das Tal, das der Route den Namen gibt, ist eigentlich nur der Abschnitt direkt zwischen den beiden Gletschern der Region, Lang- und Hofsjökull. Es liegt über 600 Meter hoch. Mittendrin, in Hveravellir, befindet man sich plötzlich in einer anderen Welt. Eine Oase mit dampfenden, heißen Quellen, die außerdem noch in allen möglichen Tönen schillern. Der Gedanke, daß hier in vergangenen Jahrhunderten Gesetzlose von der Wärme des Wassers vor dem Tod in kalten Wintern geschützt wurden, macht den Ort noch spannender. Fjalla Eyvindur, der Star unter den Hochlandgangstern vergangener Tage, soll hier sogar Fleisch in den heißen Quellen gegart haben. Du wirst aber auf diese Gas- bzw. Brennspiritus-oder-was-auch-immer-sparende Kochmethode verzichten müs-

sen. Nachdem Fjalla Eyvindur aus dem klaren Quellwasser Bouillon gemacht hatte, wollte man solche Eingriffe zukünftig vermeiden. Die ganze Umgebung ist heute Naturschutzgebiet. Du kannst auch nur in der Hütte übernachten oder an den ausgewiesenen Stellen zelten. Eine zweite, sehr kleine Hütte liegt zwölf Kilometer südlich in der Region þjofadalir, am Nordrand die Langjökull. Zwischen dieser Hütte und der am Hvitárvatn gibt es eine relativ häufig begangene Hochlandwanderroute.
Der nördliche Teil der Route führt durch das sehr feuchte Gebiet westlich des Gletscherflusses Blanda. Viele Seen und kleine Flüsse prägen das Bild. Östlich der Straße fließt die Blanda durch einen langen Cañon.
Wenn du auf einer Islandrundfahrt bist und du willst a) einmal auf der Ringstraße herumfahren, aber trotzdem b) einmal richtig ins Hochland, dann fahre doch einfach vom Süden her in die Kjölur-Route bis zum Hveravellir und dann wieder zurück.

Busverbindung

Ein- bis zweimal wöchentlich Reykjavik–Kjölur–Akureyri

Übernachtungen

Hütte und Zeltplatz in Hveravellir, Skischule am Kerlingarfjöll, kleine Wanderhütten siehe im Text.

F 88: Öskuleid – Straße zum Mond

Während die Sprengisandur- und die Kjölur-Route Durchgangsstraßen sind, ist die F 88, der Öskjuleid zur Askja, mehr oder minder eine Sackgasse. Das Minder bezieht sich auf die Möglichkeit, über den **Gæsavatnaleid** zur Sprengisandur-Route zu kommen. Das ist aber eine sehr schlechte Verbindung, von der man nur abraten kann.
Die eigentliche Öskjuleid zweigt 34 Kilometer östlich des Myvatn-Ortes Reykjahlid von der 1 nach Süden ab und ist 103 Kilometer lang. Wer jetzt denkt, 103 km, das ist schnell abgerissen, der täuscht sich. Einen Tag sollte man mindestens für Hin- und Rückfahrt kalkulieren. Der Weg ist schlecht, unangenehme Flüsse müssen durchfahren und ebenso unangenehme Lavafelder durchquert werden. Die Straße ist für nicht geländegängige Fahrzeuge ungeeignet.
Direkt an der Kreuzung 1/F 88 liegt der Krater Hrossaborg. Er hat an der Seite – zur F 88 hin – eine Öffnung.
Die F 88 führt immer am Westufer des Jökulsá á Fjollum entlang landeinwärts. Der Fluß, der sich durch breite Sandflächen schlängelt, ist oft unübersehbar. Immer unübersehbarer, je weiter man kommt, wird auch der Herdubreid, die Königin unter Islands Bergen. Bevor du das Grünland Herdubreidarlindir an seinem Fuß erreichst, mußt du noch ein Lava-

feld und den Klarwasserfluß Lindaá hinter dich bringen. Nun gelten Klarwasserflüsse in Island als berechenbar und in der Regel einfach zu furten. Die Lindaá hat aber die schlechten Eigenschaften der Gletscherflüsse angenommen. Die Furt ist kurz vor der Mündung in die Jökulsá, und da kann es durch Rückstaus zu schweren Wasserstandsänderungen in der Lindaá kommen. In Herðubreiðarlindir findest du dann aber Gelegenheit, dich von den zurückliegenden Strapazen zu erholen und dich auf die nächsten vorzubereiten. Du findest einen Zeltplatz und eine Hütte. Herðubreiðarlindir ist für seinen Pflanzenreichtum bekannt. Besonders auffällig sind der kleine Schnee-Enzian, das arktische Weidenröschen und Engelswurz (siehe unter „Pflanzen"). Nahe der Hütte sind die Steinreste einer Unterkunft zu sehen, durch die ein kleines Wasser fließt. Hier soll Fjalla Eyvindur gehaust haben. Der damals Ausgestoßene wird ja heute gerne zum Survival-Helden des Hochlandes gemacht. Wenn ich mir die feuchte Unterkunft ansehe, wird Fjalla Eyvindur nicht nur viel Ärger mit seinen Mitmenschen gehabt haben, sondern auch Rheuma – oder die Leute waren wirklich härter im Nehmen.

Über allem thront der **Herðubreið,** 1682 Meter hoch. Lange – bis 1908 – galt er als unbezwingbar, dann schaffte Hans Reck, ein deutscher Wissenschaftler, der auch den Tungnafellsjökull erstiegen hat, mit einem isländischen Begleiter den Aufstieg. Ein Engländer will noch vor Reck oben gewesen sein, aber seiner Geschichte vom Flug auf den Herðubreið glauben die Isländer bis heute noch nicht.

Der Herðubreið ist ein Tuff-Berg, auf dem ein Basaltdeckel liegt. Der Tuff ist sehr weich, darum ist ein Besteigen auch sehr unangenehm. Oft rutscht man mehr nach unten, als man nach oben kommt. Tuff ist das Zeug, das bei einem Vulkanausbruch als Asche in der Gegend rumfliegt. Nur entstand der Herðubreið unter dem Eis während einer Eiszeit. Die Asche konnte nich weggeschleudert werden, sondern sie erschmolz sich von unten Platz. Der Berg entstand. Erst als der Sockel die Eisoberfläche erreicht hatte, ging alles wie gewohnt: Die Asche verteilte sich, und der feste Basalt breitete sich um die Ausbruchstelle herum aus. So kam der alles zusammenhaltende Deckel auf den Schuttberg. Dort, wo heute das Hochplateau ist, war damals die Eisoberfläche.

Südlich von Herðubreiðarlindir führt der Weg dann wieder durch ein Lavafeld. An der Ostseite kann man sehen, wie die Jökulsá á Fjöllum in einem Basaltgebiet zum ersten Mal auf ihrem Weg zum Meer in einem Cañon verschwindet. Anschließend wird es öde. Verwitterte Lavaformationen stehen herum, und alles ist mit der hellen Asche des Askja-Aus-

bruchs von 1875 bedeckt. Es ist Bimsstein, der leichter als Wasser ist, also schwimmt.
An der Drekagil, der Drachenschlucht, erreichst du das Bergmassiv **Dyngjufjöll.** Vor der Schlucht ist eine Hütte zum Übernachten. Die Drekagil sollte man auf keinen Fall versäumen. Ein bißchen westlich der Hütte kann man an dem kleinen Fluß entlang – am besten in Gummistiefeln – hineingehen. Am Ende zwischen düsteren Basaltwänden ist ein hoher Wasserfall.
Die Askja erreichst du über den Paß Öskjuop auf einer unangenehmen Fahrspur durch die Lava des letzten großen Ausbruchs 1961. Askja ist das isländische Wort für Caldera = eine Schachtel. Eine Caldera entsteht, wenn sich der Boden über den Hohlräumen senkt, aus denen die Lavamassen bei Vulkanausbrüchen gekommen sind. Und die Askja ist eine wahre Dreckschleuder. Nach ihrem verheerendsten Ausbruch in historischer Zeit, am 29. März 1875, fiel schon am nächsten Tag den Schweden die Asche aufs Haupt. Island bekanntester Geologe Þorvaldur Thoroddsen schätzte die Aschemenge, die damals aus der Askja kam, auf 3.000.000.000 Kubikmeter. Und nach dem 1875er Ausbruch entstand nur die Schachtel in der Schachtel, der Öskjuvatn, ein über 200 Meter tiefer See im Südostzipfel der eigentlichen Askja. Die ist 50 Quadratkilometer groß und wird von einem Ring, der sie um etwa 100 bis 200 Meter überragt, umrahmt. Am Rand des Öskjuvatn ist der alte Explosionskrater von 1875, der Viti. In ihm steht eine milchige, warme Brühe, in der man auch baden kann, wenn einem der Schwefelgeruch nichts ausmacht. Ein paar hundert Meter vom Viti entfernt, oberhalb des Sees, findet man einen Steinhaufen. Er erinnert an zwei Deutsche, den Geologen Walther von Knebel und den Maler Max Rudloff. Die beiden verschwanden am 10. Juli 1907 auf bisher ungeklärte Weise spurlos. Sie sind vermutlich mit einem Boot auf dem See gewesen und dort untergegangen. Eine Theorie meint, von einem der Steilhänge könnte ein Stück abgebrochen sein und das Boot mit den beiden versenkt haben. Dem Viti gegenüber, direkt am anderen Ufer, ist zum Beispiel die höchste Erhebung des Dyngjufjöll, der 1510 Meter hohe Þorvaldsfell. In dem Steindenkmal für Knebel und Rudloff findest du in einer Metallkiste ein Besucherbuch, wo du dich verewigen kannst. Daß die ganze Umgebung der Askja einer Mondlandschaft ähnlicher ist als einer irdischen, hatte die NASA erkannt. Sie ließ die ersten Mondfahrer ihre Schritte hier üben.

Busverbindung: Rundfahrtbusse ab Myvatn (ein oder zwei Tage) und Akureyri (3 Tage).

🛏 *Übernachtung:* Hütte und Campingplatz Herdubreidarlindir, Hütte Drekjagil.

An der Drachenschlucht-Hütte zweigt der **Gæsavatnleid** ab, der westlich vom Dyngjufjöll an dem Schildvulkan Vadalda vorbei zum Nordrand des Vatnajökull führt. Dort entlang erreicht der Weg schließlich am Tungnafellsjökull die Sprengisandur. Diese 113 Kilometer lange Strecke ist sehr schlecht. Einige Gletscherflüsse sind zu durchqueren, der Weg führt oft an schwindelerregenden Berghängen entlang sowie durch schwer befahrbare Lava- und Treibsandfelder. Der Iceland Road Guide, der sich bestimmt nicht durch vorschnelle Warnungen auszeichnet, gibt an: „Diese Route sollte nicht mit einem einzelnen Fahrzeug befahren werden." So kann von einem zweiten Wagen zumindest ein Rettungsversuch unternommen werden.

F 98: Kverkfallaleid – Island total mit Feuer und Eis

Ein paar Kilometer südlich des Hofes Mödrudalur an der Ringstraße zweigt die F 98 nach Süden ab. Von Osten kommend, kann man über einige Nebenstraßen auch die F 98 erreichen. Darüber auch Querverbindung über Hochlandstraßen zum Berg Snæfell, der südwestlich des Sees Lögurinn liegt (mehr im Kapitel über die Neuner-Straßen [931]). Die F 98 wie die Querverbindung sind für normale PKW ungeeignet.

Die F 98 verläuft östlich der Jökulsá á Fjöllum, nach Westen hat man immer eine gute Sicht auf die andere Flußseite zu den markanten Bergen Herdubreid, Dyngjufjöll und den Schildvulkan Vadla. Nach Überquerung des Gletscherflusses Kreppa erreicht man etwa 40 km weiter Hvannalindir, einen grünen Fleck in der trostlosen Umgebung. Auch hier sind Spuren von Fjalla Eyvindur (siehe unter *Hveravellir* [F 37] und Herdubreidarlindir [F 88]). In Hvannalindir ist ein sehr einfacher Campingplatz. Hier unbedingt auf die Natur achten und nur in ausgewiesenem Gelände zelten! Im weiteren Verlauf steigt die Fahrspur auf etwa 800 m Höhe an, bis schließlich 30 km hinter Hvannalindir das Ziel erreicht ist: Das Kverfjöll am Nordrand des Vatnajökull, ein Gebiet, das durch eine Reihe besonderer Details zu einem fantastischen Ganzen wird. Rechts und links rahmen zwei mächtige Zungen des Vatnajökull alles ein – Dyngjujökull und Brúarjökull. Dazwischen die Bergkette Kverkfjöll, die in den Vatnajökull hineinragt, von einer tiefen Spalte geteilt, durch die sich der Kverkjökull (= Gletscher) ins Tal schiebt, steil und spaltig. Aus einer riesigen Eishöhle entspringt die Jökulsá á Fjöllum. Wasser aus warmen Quellen unter dem Eis hat die Höhle geformt, man konnte bisher auch hineingehen.

Nur Eis ist ein Material, das sich schnell verändert, und ob es den Weg in die Höhle auch in Zukunft gibt, mag ich nicht behaupten.
Vorsicht ist auf jeden Fall notwendig, wenn man sich im Kverkfjöll Gebiet bewegt. Tips für Touren, auch auf die Berge, gibt es sicher in der Hütte Sigurdaskali (60 Bettten). Auf keinen Fall solltest du aber unvorbereitet auf's Eis gehen (dazu im Kapitel „Berg- und Gletscherbesteigungen" mehr).
Übernachtungen: Zeltplatz Hvannalindir und Hütte fast am Gletscher.
Busverbindung: Neu ab 1986 zweimal pro Woche ab Husavik/Myvatn und Egilstadir mit Möglichkeit, die Fahrt in Husavik/Myvatn zu beginnen und in Egilstadir zu beenden. Auf der Fahrt vom Kverkfjöll nach Egilstadir ist auch ein Abstecher zum Snæfell angekündigt.

Eine Schlußbemerkung zu Island

Wie sehr manchmal Island als Abenteuerland hochgespielt wird, mußte ich 1983 feststellen. Da konnte man – Tourist – in der Kverkfjöll-Eishöhle beobachten, wie sich ein paar Leute mit Kajaks von einem Loch in der Decke abseilten und dann auf dem Fluß aus der Höhle paddelten. Im Horbst sah ich die Bilder dann in einem großen deutschen Wochenmagazin und im Bildtext hieß es: „Noch niemand hatte die unterirdischen Quellen des Jökulsá gesehen. Die Expedition entdeckte sie nach einer Woche im Gletscher. An einem Schacht, den aufsteigende Dämpfe in das ewige Eis gefressen haben, seilen sich die Männer in ihren Kajaks in die Tiefe." Hätten sie in der Hütte nebenan gefragt, hätten sie sich die Wochen auf dem Gletscher sparen können.
Island ist ein Abenteuer für jedermann – aber kein Spielplatz für Abenteurerexpeditionen.

Die Färöer-Inseln

Die Färöer-Inseln liegen etwa 600 Kilometer westlich der norwegischen Küste auf halbem Wege zwischen Schottland und Island. Die Gruppe besteht aus 16 ganzjährig bewohnten und zwei weiteren Inseln sowie zahlreichen Schären und Felsen. Die Inseln haben eine Landfläche von 1339 Quadratkilometern, die von einer mehr als 900 Kilometer langen Küstenlinie umgeben ist. Die Färöer sind ein Teil des Thule-Basalt-Plateaus, das sich von Großbritannien bis Grønland erstreckt und hier aus dem Atlantik hervorragt. Die Inseln sind aus übereinandergelagerten Schichten aus Basalt und Tuff gebildet, was ihnen die charakteristische Form gibt, die von Stufenbergen geprägt ist. In das Land ragen viele Fjorde hinein, und nur ein Dorf liegt nicht am Meer (Vatnsoyrar auf Vagar).

Etwa 45.500 Färinger bewohnen die Inseln. Sie sind Bürger des dänischen Königreiches, haben aber die Möglichkeit, an Stelle des dänischen Passes einen färöischen zu benutzen.

Die größten Orte sind die Hauptstadt Tórshavn mit knapp 15.000 Einwohnern auf der Insel Streymoy und die Stadt Klaksvik mit über 5.000 Einwohnern auf Bordoy. Andere größere Siedlungen Tvøroyri/Trongisvágur (ca. 2.000 Einwohner) auf Suduroy; Vestmanna (ca. 1.300 Einwohner) auf Streymoy; die Ortschaften am Ostufer des Skálafjørdur, die mit zunehmender Besiedlung ein geschlossenes Gebiet bilden, und etwa 8.500 Einwohner haben.

Die Färöer sind Teil des dänischen Königreiches, haben aber eine weitgehende Autonomie in inneren Angelegenheiten. Sie haben eine eigene Flagge (rotes Kreuz mit einem blauen Rand auf weißem Grund), eigene Banknoten, ein eigenes KFZ-Kennzeichen (FR), eine eigene Postverwaltung und ein eigenes Parlament mit einem Regierungschef, das innerhalb des Selbstbestimmungs-Gesetzes entscheidungsbefugt ist.

Adressen

Notfälle

Notruf: 000

Krankenhäuser

Tórshavn (Landeskrankenhaus) Landssjúkrahusid, J.C. Svabos Gøta, Tel. 13540

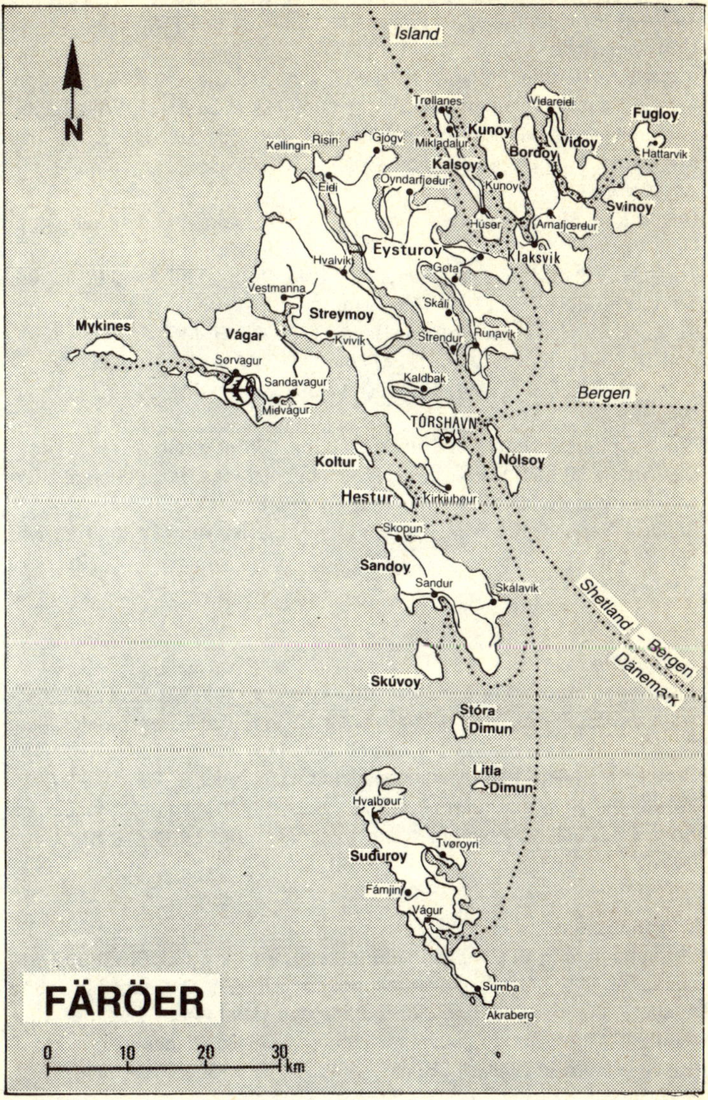

FÄRÖER
N
Island
Trøllanes
Vidareidi
Fugloy
Kunoy
Viđoy
Hattarvik
Kellingin
Risin
Gjógv
Mikladalur
Bordoy
Kalsoy
Eiđi
Oyndarfjøđur
Kunoy
Svinoy
Húsar
Arnafjørdur
Eysturoy
Klaksvik
Hvalvik
Gøta
Vestmanna
Skáli
Streymoy
Mykines
Vágar
Kvivik
Strendur
Runavik
Sørvagur
Sandavagur
Miđvágur
Kaldbak
Bergen
TÓRSHAVN
Nólsoy
Koltur
Hestur
Kirkjubøur
Skopun
Sandoy
Sandur
Skálavik
Shetland – Bergen
Dänemark
Skúvoy
Stóra Dimun
Litla Dimun
Hvalbøur
Tvøroyri
Suđuroy
Fámjin
Vágur
Sumba
Akraberg
0
10
20
30
km

Klaksvik (Krankenhaus) Klaksvikar Sjúkrahús, Tel. 55464
Tvøroyri (Krankenhaus) Suðuroyar Sjúkrahús, Tel. 71133

Gemeindeärzte

In größeren Gemeinden gibt es natürlich noch Ärzte – Kommunelægen. Sie sind auf den kleineren Inseln, je nach Nähe, zuständig. Alle haben seetüchtige Krankentransportschiffe. Auf allen Inseln sind für Erste Hilfe Krankenschwestern zuständig.

Apotheken

Rezeptfreie Medizin gibt es zum Teil auch in kleinen Läden auf jedem Dorf. Sonst:

Tórshavn im SMS-Einkaufszentrum, Tel. 11100, Mo.–Fr. 9.00–17.00, Sa. 9.00–12.00, So. 14.30–15.00 Uhr.

Klaksvik im Haus der Føroyar-Bank, Tel. 55055, Mo.–Fr. 9.00–12.00 und 14.00–18.00, Sa. 9.00–12.00 Uhr.

Tvøroyri, Tel. 71076, Mo.–Fr. 9.00–17.00, Sa. 9.00–12.00 Uhr.

Polizei

Die Hauptpolizeiwache in Tórshavn, Jónas Broncks Gøta, Tel. 11448. Die Wache ist natürlich Tag und Nacht besetzt, das dazugehörige Büro aber nur von 10.00–15.00 Uhr. Mo.–Fr. geöffnet.

Andere Wachen: Klaksvik, Tel. 55348; Runavik, Tel. 47130; Tvøroyri, Tel. 71448.

Pannenhilfe: Tel. 11905

Konsulate

Alle Konsulate sind in Tórshavn (nur Island leistet sich zwei diplomatische Vertretungen, Nr. 2 ist dann natürlich in Klaksvik, der zweitgrößten Stadt).

Bundesrepublik: Vesturtyska Konsulatid, Dalavegur 8, Tel. 1 20 94.

Weder die Schweiz noch Österreich haben auf den Färöer-Inseln ein Konsulat. Zuständig sind hier die Botschaften der Länder in Kopenhagen.

Informationen

Ferdamannastovan (Touristeninformation), Postbox 368, DK-3800 Tórshavn, Tel. 1 22 77. (Wegen angekündigtem Umzug 1986 kann hier keine Anschrift genannt werden, die Postadresse bleibt aber.) Geöffnet während der allgemeinen Geschäftszeiten und bei Schiffsankünften.

Kunningarstovan (Stadt-i-Büro), Vaglid, DK-3800 Tórshavn, Tel. 1 57 88.

KF-stovan (Stadt-i-Büro), Nólsoyar Pálls Gøta, DK-3870 Klaksvik, Tel. 5 69 39.
Informationen geben auch die Vertretungen des Dänischen Fremdenverkehrsamtes (Anschriften siehe unter „Reisevorbereitungen“).

Färöer von A–Z

Aktivitäten

Angeln

Die Färöer sind für Angler ein Paradies. Die Gewässer um und auf den Inseln sind fischreich, und das Angeln ist frei – im Salzwasser – oder billig – an Seen und Flüssen. Für die Lachsseen Leynarvatn und Saksunarvatn gibt es zum Beispiel Angelscheine bei der Touristeninformation in Tórshavn. Sie sind recht preiswert (ca. 75 DKr pro Tag oder 200–350 DKr für die Saison). An anderen Seen verkaufen die Eigner Angelscheine.
Achtung: Sonntags darf nicht geangelt werden.

Schwimmen

Zwar sind die Färinger nicht so schwimmbesessen wie die Isländer, aber Schwimmbäder stehen in mehreren Orten zur Verfügung: Tórshavn, Sørvágur, Fuglafjørdur, Hestur, Klaksvik.

Wander- und Bergtouren

Überall kann man gut wandern, und die Landschaft macht leicht daraus eine Bergtour. Aus den straßenlosen Zeiten sind noch viele Wege zwischen den Dörfern gut erkennbar erhalten und durch Steinhaufen markiert. Verlaß dich aber an Steilstücken *nicht* bedingungslos auf alte Sicherungen, wie z.B. Geländer. Die Wege haben keine wirkliche Bedeutung mehr für Färinger, und sie werden deshalb nicht ständig gepflegt und in Ordnung gehalten. In dem Reiseteil weiter unten habe ich Stellen benannt, an denen man wandern kann, und beschrieben, was man dort zu erwarten hat. Achte generell darauf, daß:

- du nicht durch kultiviertes Land gehst, also die inneren Felder meidest, und vor allem nicht dort durch ungemähtes Gras läufst;
- du an Steilhängen nicht auf losem oder brüchigem Gestein Halt suchst – es ist dort häufig;
- du ständig mit Nebel rechnen mußt. Wenn er dann kommt, gerate nicht in Panik. Geh vor allem nur weiter, wenn du dir des Weges 150-prozentig sicher bist oder 200-prozentig, wenn du in der Nähe von Steilküsten bist.
- Auf den 1:200.000-Karten (und auf der Karte, die auf den Plastikeinkaufstüten abgedruckt ist) sind die gefährlichen Felsspalten nicht eingetragen, wohl aber auf der zweiteiligen Karte 1:100.000 und auf den Meßtischblättern 1:20.000.
- Wenn möglich, gehe nicht allein.

Die Höhen auf den Färöer-Inseln sind mit denen der Alpen nicht zu vergleichen. Nur solltest du daran denken, daß du in den Alpen nie eine Tour auf Meereshöhe beginnst. Auf den Färöer-Inseln hat ein 700 Meter hoher Berg für einen Wanderer wirklich 700 Höhenmeter, die zu ersteigen sind. Laß dich von den kleinen Bergen also nicht täuschen und mute dir nicht zu viel zu. Abgespannt wird man unkonzentriert, und bei schwierigen Abstiegen kann das schlimme Folgen haben. Laß dich – wenn du Flachländler bist – nicht von Bergländlern zu Touren überreden, die Erfahrung mit Bergen erfordern, auch wenn es *nur* auf 500 oder 600 Meter Höhe geht.

Alkohol

Man sollte ihm, dem Alkohol, hier entsagen. Man hat nur viel Arbeit, will man etwas trinken. Dünnbier gibt es überall, aber alle Getränke mit mehr als 2 % Alkoholgehalt sind schwierig zu beschaffen.
Die Brauerei des Föroyar Bjór erklärt den Gang der (alkoholischen) Dinge in folgendem Flugblatt:

Der mühsame Weg Bier zu kaufen ist:

1. *Bei Landsfólkayvirlitið (Einwohnermeldeamt) Adresse Yviri við Strond 19 Tórshavn Fernruf 17530 bekommen Sie eine Bescheinigung darüber, daß Sie nicht Einwohner auf den Färöer sind.*
2. *Bei Skattadeildin (Finanzamt) Adresse Yviri við Strond 19 Tórshavn Fernruf 1 46 62 (im gleichen Gebäude wie Einwohnermeldeamt) bekommen Sie Bescheinigung darüber, daß Sie keine Steuerrückstände auf den Inseln haben.*
3. *Bei Föroya-Landstýri (Regierungskanzlei) Tinganes Tórshavn Fernruf 1 10 80 Bürozeit 9–16 bekommen Sie eine Bezugskarte über die*

Schafe gaben den Inseln ihren Namen

gewünschte Menge Bier. Höchstens 4 Kisten mit 30 1/3-Liter-Flaschen und mindestens 1 Kiste. Dieses betrifft allerdings nur Exportbier (Alkoholgehalt 4,6 % Gewicht). Wenn Sie nur Pils (3,7 % Alkoholgehalt) brauchen, können Sie Punkt 3 ganz überspringen, und gehen direkt an Punkt

4. *Jetzt können Sie das Bier beim Verleger bestellen. In Tórshavn Fernruf 1 34 34, oder anderswo nach der Liste unten. Am nächsten Tag bekommen Sie an Ihre Adresse oder postlagernd (poste restante) in einem Postamt nach Ihrer Wahl eine Zahlkarte.*
5. *Sie zahlen das Bier am Postamt, und liefern zugleich die Steuerquittung und die Bezugskarte ab.*
6. *Jetzt können Sie endlich das Bier beim Verleger abholen gegen die Quittung auf der Zahlkarte. Mindestverkauf 1 Kiste mit 30 1/3 Liter-Flaschen. Die Adresse in Tórshavn Föroya Bjór, Akranesgöta (við Velbastaðvegin.*

Schnaps und Wein kann man nur vom Weinhändler in Kopenhagen bestellen. Lieferzeit etwa eine Woche. Mengen bis 6 Liter werden per Post geliefert. Sie brauchen die Steuerquittung und die Bezugskarte wie oben bei Starkbier. Der Einkauf von Schnaps usw. und Südwein ist auf jeweils 3 Liter beschränkt.

Getränke mit „alkoholischen Namen", wie Wein oder Bier, auf den Karten in Hotels oder Restaurants sind alkoholfrei. Richtige Weine und Spirituosen werden nur – eine Gesetzeslücke – an „Geschlossene Gesellschaften" ausgegeben.

Anreise

Du kannst die Färöer-Inseln mit zwei Fährlinien und mit dem Flugzeug erreichen.

Die Reisewege der „Norröna", für die Tórshavn der Heimathafen und der Dreh- und Angelpunkt ihrer wöchentlichen Rundreisen ist, findest du im Teil „Nordatlantik allgemein" genauer beschrieben.

Wer nur auf die Färöer-Inseln will, kann auch das Schiff der DFDS Reederei benutzen, das einmal pro Woche ab Esbjerg nach Tórshavn fährt. Die Linie fährt von Mitte Juni bis Mitte August, und eine Überfahrt mit einem Liegeplatz kostet in Deutschland 252 DM. Ein normaler PKW kostet bei einem Insassen 224 DM, und je mehr Personen mitfahren, desto billiger wird der Wagen. Bei vier Insassen fährt er gratis mit. Die Überfahrt-

zeit beträgt 35 Stunden, und wer einen schwachen Magen hat, der sollte sich darauf mit den Mitteln der Pharmaindustrie einstellen. An Bord ist für Unterhaltung gesorgt – Bars, Disco usw. (Anm.: Bei Redaktionsschluß dieses Buches bot die Reederei das Schiff, das bisher die Färöer angelaufen ist, zum Verkauf. Man hat mir versichert, auf jeden Fall 1986 mit irgendeinem Schiff zu fahren. Es kann aber Änderungen geben!)
Ein Tip zum Geldsparen, der aber etwas kompliziert ist: Ein dänisches Studenten-Reisebüro bietet für Inhaber eines internationalen Studentenausweises die Passagen verbilligt an. DFDS Deutschland teilte mir auf Anfrage mit, daß es in der BR Deutschland keine verbilligten Karten gibt. Über das DIS Büro kosten die Karten je nach Abreisetag 630 DKr (ca. 174 DM) oder 720 DKr (ca. 200 DM). Der billigere Preis gilt nur zu Beginn und am Ende der Reisesaison. DIS Hauptbüro ist in Kopenhagen, Skindergade 28, 1159 København K, Tel. 01/ 11 00 44. In Esbjerg ist eine Filiale: Kongensgade 3, 6700 Esbjerg, Tel. 05/ 12 33 39. Sollte es auch in Zukunft keine Studentenrabatte in der BR Deutschland geben, besteht die Möglichkeit, über das DIS Büro verbilligte Karten zu bekommen. Wenn du vorher buchen willst, frage dort an, wie die Bezahlung zu regeln ist. Man konnte mir keine genaue Auskunft geben, als ich danach fragte, weil man etwas überrascht war. Möglich wäre, durch Ubersendung eines Eurocheques zu zahlen. Die regulären Tickets gibt es in jedem Reisebüro oder über DFDS Deutschland, Jessenstraße 4, 2000 Hamburg, Tel. 040/ 3890371. Erfahrungsgemäß sind die billigen Liegeplätze sehr früh ausgebucht. In der Vergangenheit wurden dann auch immer Deckpassagen verkauft. Laß dir also nicht sofort Kabinenplätze andrehen, sondern frage lieber direkt bei der Reederei nochmal an. Abfahrtzeiten Mo. 13.00 Uhr ab Esbjerg und Mi. 2.00 Uhr ab Tórshavn.
Anreise nach Esbjerg ist mit dem Auto über Hamburg–Niebüll–Tønder–Ribe. Fahrstrecke ab Grenze bei Tønder etwa 80 Kilometer. Übernachtungsmöglichkeiten am Rande gibt es genug, unter anderem in Jugendherbergen in Esbjerg und Ribe.
Die Bahnanreise erfolgt über Flensburg und Kolding, ist aber am Abfahrtag des Schiffes nicht zu schaffen.
Fluganreise ist im Sommer täglich ab Kopenhagen möglich und einmal wöchentlich auch ab Bergen in Norwegen. Ebenfalls gibt es in der Sommersaison Flüge zwischen Reykjavik und den Färöer-Inseln mit Zwischenlandung in Egilstadir. Die Flüge ab Kopenhagen sind mit den sogenannten Grünen Tickets (Grøn Tickets) am günstigsten. Sie erfordern mindestens einen 14-tägigen, höchstens einen 28-tägigen Aufenthalt. Der Preis für ein solches Ticket liegt in der Vor- und Nachsaison bei etwa

600 DM und in der Hauptsaison bei 650 DM (Mitte Juni bis Mitte August). Die Fluganreise über das norwegische Bergen ist teurer als ab Kopenhagen, da Kopenhagen–Färöer ein dänischer Inlandsflug ist, während Bergen–Färöer ein Auslandsflug ist.
Wichtig für die Norddeutschen: Flüge zu den Färöer-Inseln über Kopenhagen kann man in jedem dänischen Provinzflughafen beginnen, unter anderem in Sønderburg bei Flensburg. Der Preis bleibt gleich. Näheres dazu über die Büros der Skandinavischen Fluggesellschaft SAS.
(Alle Angaben Saison 85)

Banken

Es gibt überall auf den Inseln Banken. Selbst Dörfer haben oft ein oder mehrere Institute. Wer knapp mit Kronen ist, aber auf eine der kleinen Inseln möchte, erkundigt sich zur Sicherheit vorher bei der Touristeninformation, ob dort eine Wechselmöglichkeit ist. Die Öffnungszeiten der Banken sind in der Regel Mo.–Fr. 9.30–12.00 und 14.00–16.00/16.30 Uhr (Do. –18.00 Uhr).
Eurocheques können bis 1.000 DKr ausgestellt werden (1985). Postsparbücher der Deutschen Bundespost konnten bisher nur in Tórshavn benutzt werden.
Die Hauptstellen der Bankgesellschaften: Føroyar Banki, Niels Finsens Gøta 15, Tel. 1 13 50 (Fußgängerzone); Føroyar Sparikassi, Sverrisgøta 3, Tel. 1 48 00 (Nebenstraße der Fußgängerzone); Sjóvinnubankin, Undir Kjallara, Tel. 1 49 00 (am Ostbecken des Hafens).

Feiertage

Das für Besucher sicher interessanteste Fest – für das man ruhig seinen Reiseplan ändern sollte, wenn es nicht viel ausmacht – ist der Olavs-Tag am 29. Juli. Es ist der heimliche Nationalfeiertag der Färöer. Rund um den Tag – in der Regel wird an dem nächstliegenden Wochenende noch mitgefeiert – ist in Tórshavn „das Schaf raus". Viele Färinger tragen in diesen Tagen ihre Nationaltracht, und es gibt eine lange Reihe von Veranstaltungen, wie Theater, Konzerte, Tanz, Ruderregatten im Hafen, Ausstellungen und einen feierlichen Zug der Parlamentarier durch Tórshavn zur Parlamentseröffnung.

Ich war einmal total hingerissen von einem spontanen Kettentanz mitten in der Fußgängerzone von Tórshavn. Es war lange nach Mitternacht, regnete in Strömen und ein kalter Wind pfiff durch die Straßen. 100 bis 150 Personen, viele in Trachten, andere im Discolook, hatten eine lange Kette gebildet. Sie bewegten sich langsam, zu einem wirren Knäuel gewunden, auf einem Platz. Sie sangen – der färöische Kettentanz kennt keine Instrumentalbegleitung – und Regenwasser lief aus nassen Haaren über lachende Gesichter. Auf dem Kalender war Sommer angesagt, also verhielt man sich danach. Der Tanz dauerte fast eine Stunde.
Natürlich wird am Olavstag auch viel getrunken. Eine ganze Reihe von Leuten war betrunken, aber ich habe nirgendwo Auseinandersetzungen oder Gewalt entdecken können. Was das Trinken angeht, so leiden die Färöer wohl unter den Gesetzen, die den Konsum eigentlich dämpfen sollen. Die Schwierigkeiten, an Alkohol zu kommen, haben einen Vollrausch zu einem Statussysmbol werden lassen.
Örtlich begrenzte Festivals, die ähnlich ablaufen: Anfang Juni in Klaksvik, Mitte Juni am Skálafjørdur, Ende Juni in einem der Orte auf Suduroy, Anfang Juli bei Fuglafjørdur – alle immer an Wochenenden.
Seit einigen Jahren wird Ende August (letzte Woche) ein Jazz-, Folk- & Blues-Festival in Tórshavn durchgeführt, das offensichtlich auch Tradition wird.

Fortbewegung

Autofahren

Auf den Färöer-Inseln gibt es ein Netz mit mehr als 400 km Straßen. Wer vorsichtig fährt, dürfte keine Probleme beim Autofahren haben. Daß ich so lehrmeisterhaft „wer vorsichtig fährt ...“ schreibe, hat Gründe. Der färöische Straßenverkehr birgt auf seinen eigentlich guten Straßen einige Tücken, die einen Mitteleuropäer unangenehm überraschen können. Und, wie schon gesagt, die Straßen sind gut, man fühlt sich also gar nicht fremd darauf, wie es zum Beispiel auf den isländischen Schotterpisten der Fall ist.
Die Straßen auf den Färöer sind oft sehr schmal mit steilen Hängen an den Rändern. Die Fahrbahnränder sind nicht so perfekt abgesichert wie in Deutschland etwa. Dazu kommt der Nebel. Man verläßt bei schönstem Wetter Tórshavn, fährt eine Straße, die in höhere Lagen führt, und plötzlich ist eine weiße Wand da. Das ist nichts Ungewöhnliches und

noch nicht einmal ein Zeichen für schlechtes Wetter, sondern da hängt einfach eine Wolke etwas zu tief. Außerdem mußt du überall mit Schafen rechnen, die am Straßenrand liegen und plötzlich wegrennen, aber dumm wie sie sind nicht von der Straße runter, sondern erstmal quer darüber. Ein totes Schaf muß dem Besitzer ersetzt werden. Nach färöischem Recht heißt das, daß sogar der zukünftige Gewinn – bei Muttertieren also auch die noch zu erwartenden Lämmer – bezahlt werden muß. Schlimm ist es, wenn man bei Nebel über eine enge Nebenstraße fährt und ein vermeintlicher Felsbrocken am Rand plötzlich aufsteht und über die Straße springt. Schafe sind außerdem Herdentiere. Wenn man also Tiere auf beiden Seiten der Straße sieht, dann ist besondere Vorsicht geboten. Wenn sie aufgeschreckt werden, läuft mit Sicherheit ein Teil der Gruppe zum anderen.
Ein weiterer animalischer Alptraum für Autotouristen sind die Hunde, die in kleinen Ortschafen plötzlich aus einer Hauseinfahrt gesprungen kommen und das Auto ankläffen. In einer solchen Situation kann man ganz ruhig weiterfahren. Die Hunde können sich auf die Geschwindigkeit einstellen und geraten – so sagte mir einmal ein Einheimischer – nur dann in Gefahr, wenn man plötzlich abbremst.
Ein besonderes Kapitel sind die Straßentunnel. Sie sind alle nicht beleuchtet und unbelüftet. Teilweise sind sie sehr eng und niedrig. In den engen Tunneln auf Borđoy und Suđuroy (Breite 3,50 bzw. 3,30 m) gibt es gekennzeichnete Ausweichplätze. Wer diese Plätze auf der rechten Seite vor sich hat, muß dort anhalten und den entgegenkommenden Verkehr vorbeilassen. Im Zweifelsfall kann man auch dann einmal anhalten, wenn man einen Ausweichplatz auf der linken Seite hat. Dem entgegenkommenden Wagen kann man durch Einschalten des Standlichts anzeigen, daß man wartet. Wenn du mit einem großen Fahrzeug unterwegs bist, beachte die Ausmaße. Die beiden Tunnels auf Suđuroy (Straße 29) haben eine freie Höhe von 3,20 m und die beiden auf Borđoy (Straße 70) 3,30 m. Bei allen anderen dürfte es unproblematisch sein, sie sind 4,50 m hoch.
Achtung: Bei einem Blut-Alkoholgehalt von 0,8–1,2 Promille gibt es a) eine saftige Geldstrafe und b) Führerscheinentzug. Ab 1,2 Promille gibt es einen längeren Aufenthalt auf den Inseln, hinter verschlossenen Türen!

Autoverleih

Autoverleihfirmen nur in Tórshavn:
Eyđbjørn Hansen, Varđagøta 75, Tel. 1 33 75; Martin Dam Jacobsen, Ikúp Dahls Gøta 7, Tel. 1 37 07; Heygnum Mikla, Tel. 1 61 90, 1 51 86;

P/f Vilhelm Nielsen & Søn, Jónas Broncksgøtu 35, Tel. 8 12 32; P/f Wenzel Petersen, Oyggjarvegur, Tel. 1 38 73.

Die Preise für Leihwagen liegen recht einheitlich bei allen Firmen um die 300 DKr/Tag. Unterschiedlich sind die Rabatte bei längeren Leihzeiten. Pro Woche ab etwa 1500 DKr. Die Firma Wenzel Petersen (s.o.) bietet zu sehr günstigen Preisen gebrauchte Wagen an, ab 180 DKr in der ältesten Klasse pro Tag.

Gerade für Stop-Over-Reisende lohnt es sich, einen Wagen zu leihen, denn die wenigen Straßenkilometer, die es auf den Hauptinseln gibt, kann man in einem Tag bewältigen, wenn man einen umfassenden Eindruck bekommen will. Alle Autos werden ohne Kilometerbegrenzung verliehen (bei nur rund 400 km Straßennetz auf den ganzen Färöer kein Wunder); Benzin wird extra gezahlt; Mindestalter in der Regel 20 Jahre; die meisten Firmen verlangen Vorauszahlung und Deposit.

Busse

In den acht Jahren, die ich die Färöer regelmäßig besuche, ist aus dem Nichts ein landesdeckendes Busnetz aufgebaut worden. Man kann jetzt alle wichtigen Orte regelmäßig erreichen. Bei einer Reihe kleinerer Orte gibt es im Fahrplan aber eine Gemeinheit: Da sind Zeiten angegeben, aber die Busse fahren nur, wenn man vorher seine Fahrt ankündigt. Da heißt es dann im Fahrplan *tilkallikoyring.* Dazu ist immer eine Telefonnummer angegeben. Ein von Touristen oft benutzter *tilkallikoyring-Bus* ist der nach Saksun (Linie 204/Tel. 2 20 16 oder 2 20 29). Bei der Fahrt von Tórshavn nach Saksun kann man auch in dem ersten Bus, mit dem man ab Tórshavn fährt, die Weiterfahrt anmelden. In dem Fahrplanheft sind die Anmerkungen auch in englisch, bisher aber zusammengefaßt auf einer Extraseite und nicht direkt unter den Fahrplänen. 1985 kostete eine Busfahrt mindestens 7 Kronen, für eine Kurzstrecke innerhalb eines Ortes, höchstens 42 Kronen für das längste mögliche Stück: Tórshavn–Leirvik. Bei Fahrten zwischen den Orten, die auf verschiedenen Inseln liegen, gibt es in der Regel Durchgangstickets Bus/Fähre/Bus. Diese Fahrkarten sind billiger als die einzelnen Abschnitte getrennt gezahlt!
Eine weitere Regel: Die Busfahrpläne sind auf die Fährfahrpläne abgestimmt.

Achtung: Achte darauf, daß viele Busse nur an Schultagen verkehren. Tórshavn ist die einzige Stadt auf den Inseln, die ein gesondertes Stadtbusnetz hat.

Schiffe (mit PKW-Beförderung)
(Preise = Person einfach/Auto + Fahrer einfach)
Tórshavn–Suđuroy mindestens einmal täglich (60/120 DKr);
Tórshavn–Klaksvík direkt 4mal wöchentlich (50/90 DKr);
Tórshavn–Toftir und Strendur 4–6mal täglich (20/60 DKr);
Tórshavn–Skopun 3–4mal täglich (20/60 DKr);
Leirvík–Klaksvík 8–9mal täglich (20/60 DKr);
Vestmanna–Oyrargjógv (Vágur) 9–13mal täglich (20/60 DKr).

Schiffe (ohne PKW-Beförderung)
Preis für alle Teilstrecken 20 DKr
Tórshavn–Nólsoy 2–3mal täglich;
Tórshavn–Hestur 1–3mal täglich, zum Teil weiter bis Koltur;
Tórshavn–Skalavík–Skúvoy 1mal wöchentlich (Extrapreis)
Klaksvík–Kalsoy (2 Anleger) –Kunoy 2–3mal täglich
Klaksvík–Haraldssund 1–2mal täglich;
Hvannasund–Svinoy–Fugloy (Kirkja oder Hattavík) 1–2mal täglich;
Sandur–Skúvoy 1–3mal täglich;
Sörvagur–Mykines täglich mindestens einmal, Fr.–So. zweimal. Platzbestellung meist notwendig.

Helikopter
Seit 1981 wird an einem regelmäßigen Helikopterdienst experimentiert. 1985 wurden sechs Linien beflogen:
A Vagar–Gasadalur–Mykines–Vagar/ Mo. 2mal, Mi., Fr. + So. 1mal;
B Vagar–Koltur–Tórshavn: Mo., Mi., Fr., So. 1mal;
C Tórshavn–Skuvoy–Dimun–Frodba (bei Tvøroyri): Mo. + Fr. 1mal;
D Tórshavn–Klaksvik: Mi., Fr., So. 1mal;
E Klaksvik–Svinoy–Hattarvik–Kirkja–Klaksvik: Mi. 2mal, Fr. + So. 1mal;
F Klaksvik–Múli–Trøllanes–Klaksvik: Mi. 2mal, Fr. + So. 1mal.
Achtung: Um den Besucherandrang nach Mykines abzufertigen, werden rund um die Wochenenden Sonderflüge angeboten. Die sind aber merklich teurer (250 DKr) als die planmäßigen Flüge.
Planmäßige Flüge kosten 60 DKr auf kurzen Strecken (z.B. Vagar–Mykines), bis 300 DKr auf den längsten (z.B. Kirkja auf Fugloy –Mykines). Die Sondertouren sind teurer, weil sie nicht bezuschußt werden. Die Flüge sind eine lohnende Alternative auf jeden Fall für die, die mit wenig Zeit viel sehen wollen. Sonst sollte man die Flüge in Betracht ziehen, wenn man zwischen den Färöer-Extremen reist. Eine Fahrt Fugloy–Mykines oder Suđuroy–Mykines ist an einem Tag wohl sonst nicht zu schaffen.

Platzbestellungen sind notwendig, Tel. 1 64 50 oder Büro, Yviri við Strond 6, 3800 Tórshavn. Bestellte Tickets müssen spätestens zwei Tage vor Flugdatum bezahlt werden, sonst verfällt die Reservierung. Plätze werden bis 20 Minuten vor Abflug freigehalten.
Alle Zeit- und Preisangaben für Bus, Schiff, Helikopter auf dem Stand 1985. Bei Redaktionsschluß dieses Buches liegt den zuständigen Parlamentsausschüssen in Tórshavn ein Gesetzentwurf vor, der geringfügige Preiserhöhungen vorsieht!

Fahrpläne
Die Fahrpläne für alle öffentlichen Verkehrsmittel gibt es in einer gemeinsamen Broschüre, die Ferðaætlan heißt und (bisher) nur auf Färöisch erscheint (mit einigen englischen Anmerkungen). Zu bekommen sind die Fahrpläne in der Touristeninformation, bei den Reedereibüros und in den meisten Unterkünften.
Es gibt eine Reihe von Feiertagen, an denen ein Sonderfahrplan gültig ist. Angaben dazu jeweils unter den Linien im Ferðaætlan.

Radfahren
Radfahren kann auf den Färöer-Inseln durch schlechtes Wetter gestört werden, man muß sich eben darauf einstellen. Die vielen Steigungen können ungeübten Fahrern den Genuß einer Tour verleiden. Die Straßen sind überall gut, nur manchmal etwas eng, wenn es zu Begegnungen mit PKW oder LKW kommt. Das größte Problem sind die Tunnel: Alle sind unbeleuchtet und unbelüftet! Das führt zu gefährlichen Abgasstaus bei stärkerem Verkehrsaufkommen in folgenden Tunneln:
Straße 29 „Hvalbiartunnilin" zwischen Trongisvagur und Hvalba; Tunnelmaße: Länge 1450 m, Höhe 3,20 m, Breite 3,30 m.
Straße 29 „Sandvíkartunnilin" zwischen Hvalba und Sandvík; Tunnelmaße: Länge 1500 m, Höhe 3,20 m, Breite 3,30 m.
Straße 70 „Borðoyartunnlarnir" zwischen Klaksvík, Arnafjørður und Norðtoftir (das sind zwei Tunnel, die nur durch ein wenige Meter langes „Freiluftstück" unterbrochen sind, dort Abzweiger nach Árnafjørður); Tunnelmaße: Länge (1) 1680 m, Länge (2) 2120 m, Höhe 3,30 m, Breite 3,50 m.
In diesen Tunneln befinden sich in regelmäßigen Abständen Ausweichplätze. Besonders abgasgefährdet sind die beiden „Borðoyartunnlarnir", weil dort das Verkehrsaufkommen relativ hoch ist.
Alle anderen Tunnel auf den Färöer-Inseln sind entweder groß genug, daß sie richtig entlüften, oder sie sind kurz genug, oder sie befinden sich

auf Kalsoy. Dort gibt es bisher kaum Fahrzeuge. Den neuen Tunnel Götu–Leirvík (Straße 70) kann man weiterhin auf der alten – ruhigeren – Straße am Fjord entlang umfahren.
Fahrradverleih: Tórshavn: A. Andrèsen, Vadagøta 19, 3800 Tórshavn, Tel. 1 18 29; T. Dam, Niels Finsens gøta, Tel. 1 14 03; Klaksvik: J.W. Thomsen, Nólsoyar, Pállsgøta, Tel. 5 58 58. Preis pro Tag ca. 15 DM, ab dem dritten Tag Ermäßigung.

Rundfahrten
In den vergangenen Jahren ist der Rundfahrt-Tourismus auf den Inseln stark entwickelt worden. Tora Tourist Traffic, bisher Rundfahrtmonopolist in Tórshavn, bietet 1986 unter anderem eine dreistündige Fahrt nach Kirkjubøur für 125 DKr (ca. 35 DM) oder einen Tagesausflug nach Vidareidi auf den Nordinseln für 395 DKr (ca. 110 DM). Die Touristeninformation Klaksvík bietet Touren auf und um die Nordinseln. Für 1986 angekündigt: Fahrt nach Mikladalur auf Kalsoy (die Tunnel-Insel) ca. 10 Std. incl. Mittagessen 250 DKr (ca. 70 DM); Boot-Trip um die Nordkaps der Färöer (die höchsten der Welt) 4 Stunden für 120 DKr (ca. 34 DM). Kürzere Boot-Trips gibt es auch ab Vestmanna, Eiði und Sumba. Informationen bei den Touristeninformationen oder in den Übernachtungsstätten. Alle Informationen nach einer Vorabinformation 1986. Da der Rundfahrttourismus in der Entwicklung ist, sind Änderungen wahrscheinlich.

Trampen
Die Zeiten ändern sich, auch auf den Färöer-Inseln. Während man vor wenigen Jahren guten Gewissens sagen und schreiben konnte, daß die Färöer ein Tramperparadies sind, so muß man dies heute schon einschränken. In den vergangenen Jahren sind nämlich immer mehr Touristen mit dem Daumen über die Inseln gereist. War früher sicher ein bißchen Neugierde bei den Färingern vorhanden, wer denn da an der Straße stand und was den oder die auf ihre Inseln trieb, so fühlen sich heute viele schon ausgenutzt. Zuletzt sagte mir ein Bekannter in Tórshavn, daß viele Färinger langsam die Nase von den Trampern voll hätten. Zwar bin ich immer noch ganz gut an der Straße weggekommen, aber ein Meinungsumschwung kann sich in einer kleinen Gemeinschaft wie auf den Färöer-Inseln sehr schnell bemerkbar machen.
Eins zum Trost: Vor Jahren war man aufs Trampen wirklich angewiesen, jetzt gibt es dafür ein dichtes Busnetz. Keine Probleme wird ein Fußgänger haben, wenn er vor einem der unbelüfteten Tunnel steht und seinen Daumen raushält. Die Einheimischen wissen, daß man sich dort in einer

Notlage befindet, denn man kann durch diese Tunnel beim besten Willen nicht laufen.

Grindwalfang

Grindwale sind seit Jahrhunderten ein Bestandteil der Nahrung der Färinger. Sie werden in einer blutigen Jagd in ganzen Herden zu mehreren hundert Tieren gefangen und direkt am Ufer geschlachtet. Das ganze wirkt in der heutigen Zeit für einen Mitteleuropäer befremdend – nur frage ich mich, ob wir das Recht haben, den Färingern daraus einen Vorwurf zu machen. Die Wale lassen sich nun einmal nicht in einen Schlachthof treiben, wo hinter hohen Mauern geschlachtet werden kann. Ich habe bisher drei Grindwalfänge erlebt und das erste Mal in einem Artikel beschrieben:

Ein Wal als Souvenir

Das Grasdach der alten Jugendherberge von Tórshavn liegt im Dämmerlicht einer Nordmeernacht. Jetzt – mitten im Sommer – wird es auf den Färöer-Inseln nie ganz dunkel. Im Aufenthaltsraum der Herberge sitzt ein international zusammengewürfeltes Grüppchen von Rucksacktouristen. Informationen werden ausgetauscht: Kerstin und Lena, zwei Däninnen, waren am vergangenen Tag auf der Insel Sandur. Dort gäbe es in einem kleinen Laden billige Arbeitspullover. Doppelt so schön und halb so teuer wie im Touristen-Wollshop am Pier von Tórshavn. John, der Engländer, holt sofort einen Fährfahrplan aus der Jackentasche: Am kommenden Tag gibt es nur eine Verbindung nach Skálavík zu den billigen Pullovern.

Ein Franzose und ein alpenerfahrener Kletterer aus Österreich diskutieren am Nebentisch die Wanderwege der Inseln. Still sitzen zwei Amerikaner und eine Neuseeländerin „I'm a Kiwi" stellt sie sich später vor – daneben. Sie sind gestern mit der Fähre aus Schottland gekommen und holen sich jetzt ihre ersten Tips. Für den Österreicher sind alle Touren nur Wanderungen, der Franzose rät den Zuhörern zur Vorsicht, besonders auf den schlecht gekennzeichneten Bergpfaden der Nordinseln. An meinem Tisch reden wir derweil über die Vogelinsel Mykines, das Traumziel aller Färöer-Urlauber, und die schlechten Verbindungen dorthin. Seit vier Tagen ist das Postboot wegen zu starker Strömung nicht mehr gefahren. Ich kann nicht hinüber auf die Insel, und Torsten, der mir

gegenüber sitzt, wartet auf seine norwegischen Freunde, die von dort nicht wegkommen.
Dieser Aufenthaltsraum in der Jugendherberge ist die wichtigste Nachrichtenbörse für die wenigen Individualtouristen auf den Färöer-Inseln. Die Regeln des zuständigen dänischen Herbergsverbandes hängen zwar aus, das Zusammenleben regelt sich aber unabhängig davon nach den Bedürfnissen der Gäste. Das Haus ist eher preiswerte Pension als reglementierte Herberge im deutschen Sinne. So kommt es, daß in dieser Nacht um zwei Uhr noch reges Leben herrscht, als der Herbergsvater im Aufenthaltsraum erscheint. „Bei der Sundbrücke ist Grindwalfang!" gibt er auf Dänisch und Englisch bekannt. Grindwalfang! Gehört haben die meisten von uns davon, was es genau ist, weiß keiner, aber sehen wollen wir es alle.
Unser internationales Häufchen macht sich auf den Weg. Es ist halb drei in der Nacht, und 45 Kilometer sind es zu der Brücke, bei der der Fang stattfinden soll. Ein Auto hat keiner von uns, und öffentliche Verkehrsmittel fahren um diese Zeit nicht mehr. Wir müssen trampen. Und viertel nach drei sind wir alle am Ort des Geschehens.
Trotz der späten, oder besser frühen Stunde, scheint sich die Nachricht vom Fang schon überall auf den Inseln herumgesprochen zu haben. Auf den wenigen Straßen rund um die Sundbrücke, die die beiden färöischen Hauptinseln Streymoy und Eysturoy verbindet, herrscht ein Verkehrschaos wie zur Rushhour in einer mitteleuropäischen Stadt. Unter der Brücke auf dem Wasser sieht es nicht anders aus. Eine Unzahl kleiner Boote kreuzt auf dem Meeresarm.
Vor ein paar Stunden hat ein Fischer nördlich der Inseln eine Herde der Grindwale entdeckt. Per Funk sind andere Boote auf See und die Familien an Land verständigt worden. Die Herde wurde eingekreist und langsam in den Sund getrieben. In der Nähe der Brücke ist das Ufer relativ flach. Das ist das Ziel der seltsamen Prozession auf dem Wasser. Kleine, teilweise offene Boote umringen die immer nervöser werdenden Wale. Mit Ruderschlägen und Steinwürfen versuchen die Fischer, die Herde auf Kurs zu halten. Vom Land ist der Funkspruch mit dem Okay zum Fang gekommen. Ein Inselobmann hat die Entscheidung getroffen, ob überhaupt gefangen werden darf oder nicht. Dies ist eine traditionelle Sicherung, die zwischen den Interessen der Fischer und den Interessen der Natur steht. Die Fischer haben nur den möglichen Fang vor Augen, die Natur darf aber nicht unnötig ausgebeutet werden. (Einige Tage später erlebe ich dann auch, wie derselbe Inselobmann den Fang einer etwa 1000 Tiere starken Herde untersagt. „Der erste Fang reicht. Jeder hat

genug Walfleisch für den Winter einlagern können", ist sein Argument.)
Die Wale sind jetzt vor dem Ziel und schwimmen auf das Ufer zu. In diesem Augenblick wird von einem der Boote ein Tier, das am Ende der Herde schwimmt, mit einer Harpune verletzt. Die Panik packt es, es prescht vor, reißt die anderen mit. In der so aufbrandenden Flutwelle schwimmen die Wale ins seichte Wasser, die vorderen sogar einige Meter auf den Strand hinauf. Die Boote stoßen nach, versperren den Rückweg. Für die Tiere gibt es kaum ein Entkommen.
Das Schlachten beginnt. Die Wale am Ufer werden vom Land aus mit langen Messern getötet. Ein gekonnter Stich hinter das Atemloch verhindert einen langen Todeskampf. Die Walmesser, die hier zum Einsatz kommen, sind fester Bestandteil der Nationaltracht der färöischen Männer – ein deutliches Zeichen für die Bedeutung des Grindwalfanges. Nur in Notfällen werden Handharpunen benutzt. Das Wasser färbt sich blutrot. Tiere, die nicht sofort getötet sind, schlagen mit den Flossen wild um sich. Vereinzelt springen Männer von den Booten zwischen die Wale, kämpfen direkt Mann gegen Wal. Ein großes Tier versucht, aufs offene Meer zu entkommen, will unter einem kleinen Boot durchtauchen. Das Wasser ist zu flach, der Wal kräftig genug. Das Boot kentert. Die Männer bringen sich aus dem Schlagbereich der Schwanzflossen in Sicherheit und werden von einem anderen Boot aufgenommen.
Langsam wird es ruhiger. Fast 500 tote Wale liegen am Ufer. Die größten sind rund fünf Meter lang, die kleinsten kaum einen. Unsere Gruppe aus der Jugendherberge steht etwas abseits. Einige sind bleich um die Nase, alle frösteln nach der schlaflosen Nacht. Phil, ein Schotte, der schon seit zwei Monaten auf den Inseln unterwegs ist und hier seinen zweiten Walfang erlebt hat, hat vom Ufer aus beim Fang geholfen. Er hat einem verletzten Tier den Todesstoß versetzt. Am späten Nachmittag soll er sich seinen Anteil abholen, dann erst wird der Fang verteilt.
Wir wollen derweil zurück nach Tórshavn. Als wir zum Trampen auf der Brücke stehen, sehen wir unter uns das blutrote Wasser im Sund. Das anschließende Frühstück in der Jugendherberge fällt ausgesprochen ruhig aus. Kaum einer langt kräftig zu.
Am Nachmittag fahren wir noch einmal zur Fangstelle. Die Strömung hat das Wasser im Sund gereinigt, das Blut aufs Meer hinausgetrieben. Am Ufer liegen die Wale aufgereiht. In die Haut der Tiere sind Nummern geritzt. Der Inselobmann und seine Helfer haben den Fang aufgeteilt. Die Einheit, nach der hier berechnet wird, ist ein „Skinn". Ein „Skinn" ist die Menge Walfleisch, die früher dem Wert eines Schafes entsprochen hat: etwa ein Zentner Fleisch und ein halber Zentner Speck.

Auf großen Inseln wie dieser bekommt jeder, der beim Fang geholfen hat, einen Teil der Beute. Wird auf einer der kleinen Inseln gefangen, haben alle das Recht auf einen Anteil, die sich während des Geschehens dort aufhalten. Neben den Jägern also auch die Alten, Kranken, Frauen, Kinder und die Touristen.
An diesem Nachmittag kann sich nur unser Schotte seinen Beuteanteil abholen: einen mittelgroßen Wal. Wir sind alle ratlos, als wir vor dem toten Tier stehen, das die Nummer 278 in der Seitenflosse eingeritzt hat. Phil verschenkt seinen Wal schließlich an einheimische Fischer. (Ein Verkauf ist nach den färöischen Traditionen verpönt.) Wir bekommen davon ausreichend Fleisch für eine gemeinsame Mahlzeit mit auf den Weg zur Jugendherberge. Die Kochrezepte liefert der Herbergsvater, und spät abends stehen dann Walsteaks und gekochte Walnieren auf den Tischen im Aufenthaltsraum. Den Neuen, die am Nachmittag mit dem Schiff aus Dänemark gekommen sind, wird die Geschichte vom Walfang erzählt. Dann reden wir über die Wanderwege, das Schiff nach Mykines und die billigen Pullover von Skálavik. Ich werde morgen einen kaufen, wenn nichts dazwischen kommt.

Etwas möchte ich noch hinzufügen. Es hat in den vergangenen Jahren unschöne Szenen bei Grindwalfängen in Tórshavn gegeben. In der Stadt leben viele Menschen, die die traditionellen Fangmethoden nicht mehr beherrschen, und wenn die dann in ihre Freizeitboote springen und auf Walfang gehen, dann werden Wale nicht sofort getötet und somit unnötig gequält. Ich habe mit Fischern und Politikern in Tórshavn gesprochen. Sie kennen das Problem, und die Fischer versuchen, wenn es irgendwie geht, die Wale von der Hauptstadt wegzudrängen, während Politiker immer häufiger zeitlich begrenzte Fangverbote für einzelne Gemeinden erlassen.

Klima

Das Klima ist hochozeanisch. Die Winter sind mild, die Sommer kühl, und es regnet eigentlich das ganze Jahr hindurch. Erfreulich für einen Besucher ist dabei, daß im Sommer die Hoffnung nicht unbegründet ist, mehrstündige oder gar mehrtägige regenfreie Perioden zu erleben. Ich will hier nicht zu schwarz malen, es ist die Statistik, die wenig Gutes verspricht: Danach regnet es an 280 Tagen im Jahr, und die Durchschnittstemperatur in den Sommermonaten erreicht etwa 11 Grad. Die höchste

Bei einem Fang werden mehrere hundert Wale erlegt

gemessene Temperatur von 24 Grad läßt kaum Schweiß fließen – der fließt aber, wenn man bei der hohen Luftfeuchtigkeit warm eingepackt auf die Berge klettert.

Es ist nicht ungewöhnlich, daß ein Teil der Insel unter schlechtem Wetter leidet, während ein anderer, nur einige Kilometer Luftlinie entfernt, schönes Wetter hat. So ist Tórshavn ein bekanntes Nebelloch. Wenn man dort die Hand kaum vor Augen sieht, sollte man versuchen, sich in den Norden der Färöer vorzutasten, wahrscheinlich ist es da schön.

Reisebüros (Tickets für Flug und Schiff/Rundfahrten)

- DFDS Agent, Jónas Broncks gøta 39, Tórshavn, Tel. 11511 und 11716
- Faroe Swiss Travel Centre, Kopargøta, Tórshavn, Tel. 12600; Agent für IATA, DFDS und Smyril Line
- Flugfelag Føroyar, Áarvegur 4, Tórshavn, Tel. 11025; Generalagent für Danair und Icelandair, Halteplatz Flughafenbus
- Skipafelagið Føroyar, Tórshavn, Tel. 11225; Frachtroute mit je 12 Passagieren pro Fahrt
- Smyril Line, Jónas Broncks gøta 25, Tórshavn, Tel. 1 59 00 und 1 59 50
- Strandfaraskip Lansins, Yviri við Strond, Tórshavn, Tel. 1 45 50; Reederei für den Binnenverkehr.
- Tora Tourist Trafik, Niels Finsens gøta, Tórshavn, Tel. 1 55 05, Rundfahrtbus-Unternehmer.
- Traderline Gongin, P.O.Box 7, Tel. 1 39 60, Frachtroute mit Passagieren.

Ich glaube zwar, daß die meisten die Tickets schon in der Tasche haben, wenn sie auf die Färöer kommen, aber bei den o.a. Adressen kann man zum Beispiel in der Regel problemlos eine Terminänderung vornehmen lassen, wenn man seine Reisepläne ändert, soweit die Tarifbestimmungen das zulassen. Die Büros vor Ort sind dabei in der Regel flexibler als die Reisebüros auf dem Kontinent.

Telefonieren

Das färöische Telefonnetz wird von der Gesellschaft Telefonverk Føroyar Løgtings, nicht von der Post betrieben. Deshalb findet man in Postäm-

tern nicht zwangsläufig einen öffentlichen Fernsprecher. Telefonämter gibt es in Tórshavn und Klaksvík. Münzfernsprecher finden sich in der Regel auch in Hotels, Gasthäusern, Jugendherbergen und Restaurants sowie in manchen Geschäften. Münzfernsprecher werden mit 1 DKr- oder 5 DKr-Münzen gefüttert. Der Einwurf muß vor dem Wählen erfolgen. *Kommt keine Verbindung zustande, erfolgt keine Geldrückgabe!* Ein Piepton kündigt das nahende Gesprächsende an, falls nicht nachgeworfen wird. Während die Münze vom Automaten aufgenommen wird, ist das Gespräch gestört. Verbindungen von und zum Kontinent sind in der Regel gut. Münzfernsprecher können angerufen werden. Die Nummer steht meist auf dem Gerät.
Ab Sommer 1986 sind die Färöer telefonisch selbständig. Die internationale Vorwahl ist 298. Für eine Übergangsperiode ist noch die alte Nummer gültig, bei der die Färöer ein Ortsnetz Dänemarks bilden (45 = Vorwahl Dänemark + 42 = Ortsnetzkennzahl Färöer, oder von Dänemark 042).
Beispiel für Anruf von der BR Deutschland auf die Färöer, Anschluß 5 67 89: Internationales Netz 00 + internationale Kennzahl Färöer 298 + 5 67 89 = 00-298-5 67 89 oder alte Vorwahl: 00-45-42-5 67 89.

Von den Färöer-Inseln ins Ausland
BR Deutschland 009-49-
Österreich 009-43-
Schweiz 009-41-

Innerhalb der Färöer-Inseln
– nur die Rufnummer

Übernachten

Hotels gibt es auf allen größeren Inseln, in Tórshavn auch in allen Preisklassen. Auf die Übernachtungsmöglichkeiten wird im Reiseteil bei den betreffenden Orten noch einmal hingewiesen, eine Liste findest du im Anhang. Alle Übernachtungsmöglichkeiten nach dem aktuellsten Stand bekommt man bei der Touristeninformation. Dort vermittelt man auch über Privatunterkünfte auf kleineren Inseln. Es wäre sinnlos, die kleinen Übernachtungsstellen hier alle aufzuführen, denn sie wechseln häufig.

Die Färinger entwickeln eben erst ihren Tourismus und müssen Erfahrungen sammeln. Da glaubt manch ein Privatmann, mit Zimmervermietung eine schnelle Krone verdienen zu können, gibt es aber wieder auf, wenn er sieht, daß es auch Arbeit macht und Verpflichtungen schafft. Die Preise für Privatunterkünfte liegen zwischen denen für Jugendherbergen – dann auch Unterbringung in Mehrbettzimmern – und denen von preiswerten Hotels.

Die **Jugendherbergen** auf den Färöer-Inseln sind sehr gut. Ein strenges Reglement gibt es bisher zum Glück noch (!) nicht. Die Häuser sind ganztägig – damit meine ich 24 Stunden – geöffnet, oder man bekommt gegen Kaution einen Schlüssel. Die Aufenthaltsräume können – mit Ausnahme von Klaksvík – ebenfalls immer benutzt werden und sind natürlich eine wichtige Nachrichten- und Reisetipbörse. Alle Jugendherbergen nehmen – zu etwas höheren Preisen – auch Reisende auf, die nicht Mitglieder im Jugendherbergsverband sind. Eine Reservierung – so meine Erfahrung – ist in Tórshavn notwendig. Dort ist die Jugendherberge nach Schiffsankünften (DFDS oder Smyril-Line) oft belegt, ganz besonders an den Tagen, an denen die „Norröna" die Islandfahrer, die von Hanstholm kommen, auf den Färöer-Inseln absetzt.

Wenn du mit einem Zelt unterwegs bist (dazu auch im allgemeinen Teil „Ausrüstung") steht dir bisher ein offizieller **Campingplatz** zur Verfügung, und zwar in Tórshavn. Ein zweiter soll in der Nähe der Sundbrücke auf Streymoy eingerichtet werden. Auf dem Gelände der Jugendherberge in Tórshavn ist ebenfalls ein begrenzter Platz für Zelte vorhanden. Der Vorteil dort ist, daß du alle Gemeinschaftsräume der Jugendherberge benutzen kannst, wie Trockenraum, Duschen, Küchen und Aufenthaltsräume. Platz für Zelte bieten auch Hotels und Gasthäuser in Norddepil, in Øravik, in Sørvogur und in Gjógv die Jugendherberge. Außer im Stadtgebiet von Tórshavn und im Ort Gjógv kann überall frei gezeltet werden (noch!). Innerhalb von bebauten Gebieten muß man natürlich den Landbesitzer fragen, wo man zelten darf. Zu den bebauten Gebieten sind überall die inneren Felder zu zählen, also gepflegtes Grasland, das von den äußeren Feldern durch einen Schafschutzwall, also eine Mauer oder einen Zaun, getrennt wird. Ich glaube, ein Camper kann auf den Färöer-Inseln nichts Schlimmeres machen, als sein Zelt auf ungemähtem, gepflegtem Gras aufzubauen! Das Gras in den inneren Feldern ist das wichtigste Anbauprodukt der färöischen Landwirtschaft.

Willst du auf den äußeren Feldern zelten, also in der Wildnis, mußt du aufpassen, daß du dein Zelt nicht an einem Wasserlauf aufbaust, aus dem unterhalb der Stelle noch ein Dorf sein Wasser entnimmt.

Die Färöer-Inseln als Zwischenstop

Wenn man mit der „Norröna" über den Nordatlantik fährt, muß man bei einigen Verbindungen einen Zwangsaufenthalt auf den Färöer-Inseln einlegen. Dies gilt für folgende Routen (nur in den hier aufgeführten Richtungen!/Stand 1986):
Dänemark–Island: Mo. 6.00 – Mi. 17.00 = 2 Übernachtungen
Island–Shetland und Norwegen: Fr. 6.00 – Mo. 9.00 = 3 Übernachtungen
Shetland–Dänemark: Mi. 15.00 – Fr. 9.00 = 2 Übernachtungen
Solltest du auf die Idee kommen, durch eine Kombination der Überfahrten von der DFDS und der Smyril-Line die Stop-Over-Zeit in Tórshavn zu verkürzen, dann muß ich dich gleich enttäuschen: Erstens bringt es nur unwesentliche Zeitgewinne und zweitens verteuert es die Fahrtkosten. Der Vorteil, der letztendlich bleibt, ist die etwas kürzere Anfahrt von Mitteleuropa nach Esbjerg im Verhältnis zu der nach Hanstholm. Mehr zu den Seeverbindungen im allgemeinen Teil.
Ankunft und Abfahrt sind immer im Hafen der Hauptstadt Tórshavn. Dort kann man auch am besten Geld wechseln. Beide Währungen (die Färöer-Kronen und die Dänen-Kronen) sind auf den Inseln offizielle Zahlungsmittel und haben zueinander den Kurs 1:1. *Vom Postsparbuch der Deutschen Bundespost kann man nur in Tórshavn Geld abheben.*
Ich gehe einmal davon aus, daß man bei einem „Stop-Over" die Kosten so gering wie möglich halten möchte, also zusätzliche größere Fahrtkosten vermeiden will. Das schränkt den Bewegungsraum auf die beiden Hauptinseln ein, die durch eine Brücke verbunden sind. Preiswerte Übernachtungsmöglichkeiten bieten sich auf diesen beiden Inseln in den Jugendherbergen Tórshavn, Streymnes (beide Insel Streymoy), Gjógv und Oyndarfjördur (beide Insel Eysturoy). Einen Zeltplatz gibt es in Tórshavn. *Außerhalb der Hauptstadt kann frei gezeltet werden.* Gut geeignete Stellen gibt es im Saksun-Tal (Streymoy; Straße 10 bis Hvalvik, dann Abzweiger auf Straße 592) und nördlich des Dorfes Eidi (Eysturoy; Straße 10 bis zur Brücke, dann Abzweiger auf Straße 62). (Details zu Verbindungen und Preisen für Fahrten zu anderen Inseln und zu Übernachtungsmöglichkeiten findest du unter „Färöer A–Z".)
Die meisten Durchreisenden verbringen ihren Aufenthalt in Tórshavn. Dort bekommt man im SMS-Einkaufscenter alles, was man für die maximal drei Tage braucht. Das Selbstbedienungsrestaurant in dem Center ist – besonders bei schlechtem Wetter – ein Anlaufpunkt für viele „Stop-

Over-Leute". Man kann dort preiswert essen und trifft eigentlich regelmäßig bekannte Gesichter von der „Norröna".
In Tórshavn solltest du einen Besuch in der *Altstadt* nicht vergessen. Sie liegt auf Tinganes, einer Halbinsel im Hafen. Die braunen Häuser mit den grünen Dächern auf der Spitze dieser Halbinsel – sie fallen schon bei der Ankunft im Hafen auf – bilden das Regierungsviertel. Bei einem Besuch im *Nationalmuseum* mit seiner volkskundlichen Abteilung und einer großen Bootsausstellung vergehen auch ein oder zwei Stunden. Und wenn du dann noch durch den *Stadtwald* läufst (auf den Inseln gibt es eigentlich keinen natürlichen Baumbewuchs!) oder/und *am Hafen* entlangspazierst, hast du schnell einen Wartetag ausgefüllt.
Zu einem Färöer-Kurzprogramm sollte unbedingt ein Besuch in **Kirkjubøur** (am Ende der Straße 54) gehören. Es ist der historisch bedeutendste Ort der Färöer und liegt etwa 15 km südwestlich von Tórshavn. Die Ruinen der Magnus-Kathedrale aus dem 13. Jahrhundert, ein Könighof mit einem kleinen Museum und die Ortskirche aus dem 12. Jahrhundert, die zuletzt 1967 renoviert wurde, können besichtigt werden.
Wer das „Innere" der Färöer bei einem Kurzaufenthalt kennenlernen möchte, sollte Saksun oder die Jugendherberge in Steymnes (Straße 10 beim Abzweiger nach Saksun) zum Standort machen.
Saksun ist Start- und Zielpunkt für eine Reihe Wanderungen verschiedener Schwierigkeitsgrade.
Tjörmuvik (Straße 10, vor der Brücke Abzweiger auf Straße 594) an der Nordspitze von Streymoy ist einen Besuch wert, wenn man gute Sicht hat. Dem Ort gegenüber liegt die Nordspitze Eysturoys mit Risin und Kellingin, zwei sagenumwobenen Felsen vor dem 343 m hohen Kap Kollur.
Wer die schroffen Küsten Nordeuropas gern mag, der sollte bei **Eidi** sein Zelt aufschlagen bzw. in den Jugendherbergen von **Oyndarfjördur** oder Gjógv (alles Eysturoy; Straße 10, Abzweiger Straße 645) übernachten. Von diesen Orten führt eigentlich jeder Wanderweg an Steilküsten vorbei mit guter Sicht auf Fjorde und andere Inseln. Straßenverbindungen erschließen die schönsten Stellen im Norden von Eysturoy. Zu empfehlen sind Besuche in der Dörfern **Gjógv** (Straße 662 von Eidi), **Funningur** (erst wie Gjógv, dann Abzweiger Straße 632) und **Elduvik** (Straße 10, Abzweiger Straße 634).
Auf der Straße 10 kommt man am **Skalafjord** entlang in das relativ dicht besiedelte Gebiet von **Runavik.** Von dort gibt es mehrmals täglich eine Fährverbindung nach Tórshavn, wenn man nicht auf der Straße zurückfahren will. Die beiden färöischen *Wollfabriken mit Direktverkauf* findet

man in der Nähe des Skalafjord, und zwar in **Strendur** (Straße 69; von dort ebenfalls Fähre nach Tórshavn) und in **Sudragötu** (Straße 70). Bei der Reiseplanung sollte man bedenken, daß das längste Straßenstück der Färöer 72 km lang ist (die Straße 10 von Tórshavn nach Toftir bei Runavik). Man kann natürlich alles in einem Tag „abreißen" – man kann, man muß aber nicht.

Wer vom Schiffahren nicht genug hat, wenn er auf den Färöer-Inseln ankommt, kann die „Stop-Over-Zeit" für eine Minikreuzfahrt auf einem der Postschiffe nutzen. Für knapp 10 DM kannst du die *Route Tórshavn–Hestur–Koltur–Tórshavn* befahren. Lohnend ist auch ein Aufenthalt auf der kleinen Insel *Nolsoy* mit ihren einfachen Wanderstrecken. Einmal in der Woche (Di.) gibt es die Möglichkeit zu einer fünfstündigen Rundfahrt nach *Skuvoy* entlang der Küsten von Hestur und Sandur.

Dies war nur eine Auswahl der Möglichkeiten, die man während eines „Stop-Overs" hat. Mit Hilfe des folgenden Kapitels „Färöer für Fortgeschrittene" kannst du dir auch ein eigenes Programm zusammenstellen. *Dort sind einige Inseltouren beschrieben, bei denen die Verbindungen sehr unsicher sind und von Strömungen und Wetter abhängen. Denke bei Ausflügen zu solchen Inseln daran, daß die „Norröna" nicht wartet, wenn du festsitzt!*

Färöer für Fortgeschrittene

Streymoy

Man kommt, hat man den Seeweg gewählt, immer auf der Insel Streymoy an, und zwar in Tórshavn, der Färöer-Hauptstadt. Für die „Flieger" wird **Streymoy** in der Regel auch das erste Ziel sein. Der Flughafenbus vom Airport auf der Insel Vagar bringt dich in kurzer Zeit dorthin, eine Fährüberfahrt eingeschlossen. Und ein Antrittsbesuch in Tórshavn ist auch zu empfehlen, allein schon zur Orientierung, denn alle aktuellen Informationen bekommt man dort in der Touristeninformation gebündelt. Streymoy ist mit einer Landfläche von 373,5 Quadratkilometern die größte Insel der Färöer, und sie hat mit etwa 19.000 Einwohnern auch die meisten Bewohner, etwa ein Drittel aller Färinger. Davon wohnen fast

15.000 in Tórshavn, dem wichtigsten Zentrum der ganzen Inselgruppe. Hier laufen die Verkehrsverbindungen zusammen, hier sind die meisten Geschäfte, die Behörden und so weiter. Also zuerst einen Blick in die Stadt:

Tórshavn

Die Stadt hat den Titel „kleinste Hauptstadt Skandinaviens“, und sie bemüht sich, der Bezeichnung Hauptstadt gerecht zu werden. Sehr schön ist die Altstadt, die in unmittelbarer Nähe des Hafens liegt. Daran schließt sich ein Häuserring an, der zu Zeiten einer unkontrollierten Bauwut entstanden ist. Lange hat es keinen Bebauungsplan in Tórshavn gegeben, und dementsprechend durcheinandergewürfelt sieht ein Großteil der Viertel aus, die in den 60er und 70er Jahren entstanden. In den letzten Jahren hat man sich eines Besseren besonnen, und es sind sogar architektonisch schöne Neubauten entstanden. Dazu gehört sicher das Haus des Nordens und wohl auch das Hotel Borg.
Der Hafen ist in zwei Becken unterteilt: Eystarvág – das Ostbecken – und Vestravág – das Westbecken. Zwischen beiden liegt die Halbinsel Tinganes mit dem ältesten Teil Tórshavns und dem Regierungsviertel. Auf der Halbinsel hat das erste Thing – eine im weitesten Sinne parlamentarische Versammlung – im 10. Jahrhundert seinen Dienst aufgenommen. Ob es das erste in Europa war, was Färinger manchmal gerne behaupten, ist aber fraglich, denn die Isländer hatten regionale Thingversammlungen schon ab 900. Auf der Spitze von Tinganes sieht man ein braunes Haus mit grünem Dach. Das ist der Sitz des Landstyret, der färöischen Regierung. Von dort in Richtung Innenstadt geht es durch ein Viertel mit dem Namen Reyni. Es ist Tórshavns ältestes Wohngebiet. Die großen Häuser sind umgebaute Lagerhäuser aus dem 17. Jahrhundert, aus der Zeit des dänischen Monopolhandels. Ein Streifzug durch dieses Viertel ist auf jeden Fall zu empfehlen.
Wenn man weiter in Richtung Zentrum geht, kommt man bald an einen Platz, der Vágliđ heißt. Unter hohen Bäumen – die ja Seltenheitswert auf den Färöer-Inseln haben – liegt die Buchhandlung Jacobsen. Sie ist in einem der schönsten Gebäude der Stadt untergebracht – früher war es die Realschule. Gegenüber der Buchhandlung sieht man, etwas höher gelegen, ein Haus im traditionellen färöischen Baustil, das von einem häßlichen Betonklotz überragt wird. Das alte Haus ist das Parlamentsgebäude, das Lagtingshusiđ. Der moderne Kasten daneben ist das Gebäu-

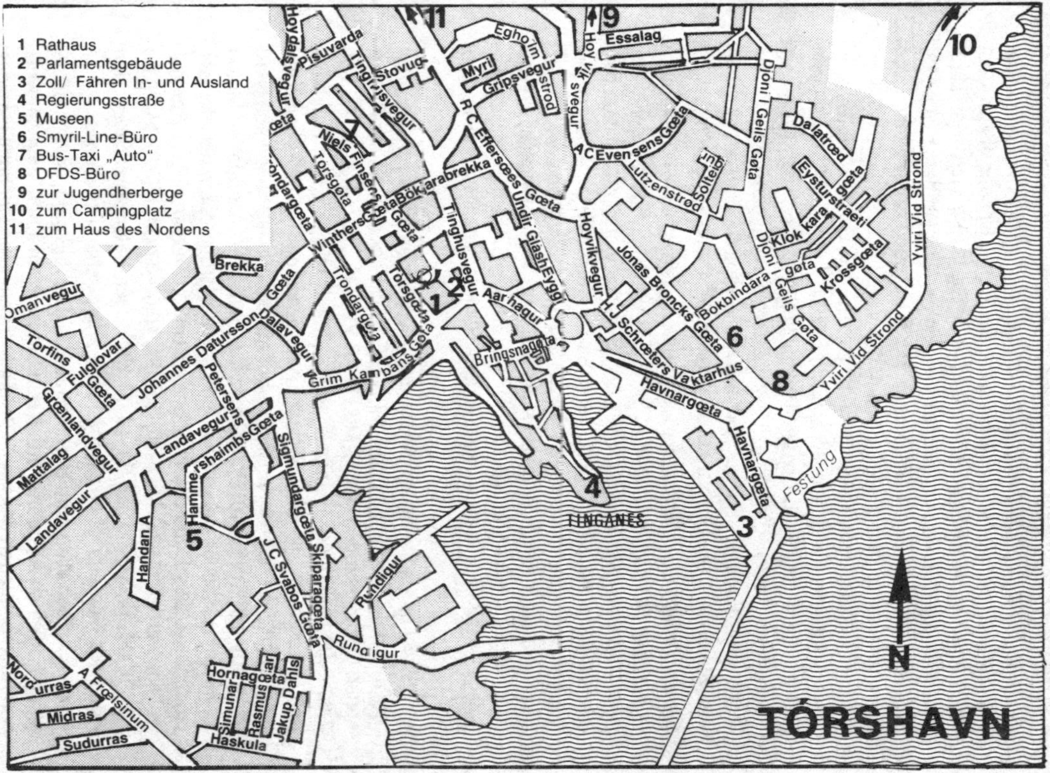

1 Rathaus
2 Parlamentsgebäude
3 Zoll/ Fähren In- und Ausland
4 Regierungsstraße
5 Museen
6 Smyril-Line-Büro
7 Bus-Taxi „Auto“
8 DFDS-Büro
9 zur Jugendherberge
10 zum Campingplatz
11 zum Haus des Nordens
TÓRSHAVN
N
Tinganes
Festung
Yviri Vid Strond
Djoni I Geils Gøta
Dalatrøed
Eysturstraeti
Krossgøta
Bokbindara gøta
Jónas Broncks Gøta
H J Schrøeters Vaktarhus
Havnargøta
Hoyvikvegur
Lutzenstrød
A C Evensens Gøta
Essalag
Gripsvegur
Myril
R C Effersøes Gøta
Undir Glashamri
Tinghusvegur
Aarhagur
Bringsnagøta
Bøkjarabrekka
Niels Finsens Gøta
Tinghusvegur
Stovugøta
Pisuvarda
Hoydalsvegur
Torsgøta
Trondargøta
Winthers Gøta
Grim Kambans Gøta
Dalavegur
Johannes Datursson
Petersens Gøta
Landavegur
Hammershaimbs Gøta
Sigmundargøta
Skipara gøta
J C Svabos Gøta
Rundingur
Handan A
Brekka
Omanvegur
Torfins
Fulglovar Gøta
Grønlandvegur
Mattalag
Nordurras
A Frælsinum
Midras
Sudurras
Hornagøta
Simunar
Rasmus
Jakup Dahls
Haskula

de der Telefongesellschaft. Das Parlamentsgebäude ist 1856 gebaut und später noch erweitert und restauriert worden.

An dem Platz beginnt dann auch Tórshavns Prachtstraße und einzige Fußgängerzone, die Niels Finsens gøta. Die Straße ist nach einem Mediziner benannt, Niels Ryberg Finsen (1860–1904). Für seine Forschungen über die Nutzung von Lichtstrahlen in der Krankenbehandlung bekam er 1903 den Nobelpreis. Finsen wurde auf den Färöer-Inseln geboren und zählt zu den großen Söhnen des Landes.
An der Fußgängerzone findet man eine Reihe von Geschäften, Banken, die Hauptpost (etwas abseits an einem Platz) und das Café Restorff. Dieses Café ist ein beliebter Treffpunkt, besonders an Tagen mit schlechtem Wetter. Eine Spezialität: Milchreis mit Kirschsoße.
Am oberen Ende der Fußgängerzone ist die zentrale Bushaltestelle der drei Stadtbuslinien. Überlandbusse halten am Osthafenbecken.

Etwas nördlich der Fußgängerzone – an der Ausfallstraße R.C.Effersøes gøta – liegt das Einkaufszentrum SMS. Ein moderner Bau mit vielen kleinen Läden. Im SMS ist ein billiges Self-Service-Restaurant, in dem man trocken und warm sitzen kann, wenn mal ein Sauwettertag ist. In der Regel trifft man hier an solchen Tagen viele Leidensgenossen, die auf Stop-Over oder einem längeren Aufenthalt sind. Man kann nicht viel machen, aber man hört Neuigkeiten für die nächsten – vielleicht schöneren – Tage. Im SMS sind auch verschiedene Banken, eine Post und die Apotheke.

Etwas weiter stadtauswärts findet man die Sportanlagen von Tórshavn und das Hallenbad (vom Ende der R.C.Effersøes gøta aus nicht zu übersehen/Öffnungszeiten 1985: Mo.–Fr. 7.00–9.00 und 14.00–20.00, Sa. 7.00–9.00 und 14.00–17.00, So. 8.00–10.00 Uhr; bis zu den Sportanlagen fahren auch alle Stadtbuslinien). Am Ende der R.C.Effersøes gøta biegt nach links der Norđari Ringvegur ab, die Ausfallstraße nach Nordstreymoy, zur Straße 10. Dort kommt man nach ein paar hundert Metern zu einem der schönsten modernen Häuser Nordeuropas, dem Norđurlandahusiđ. Das Haus des Nordens ist ein Kulturzentrum und kann besichtigt werden (1985: Mo., Di., Do., Fr. 10.00–17.00, Mi. 10.00–20.00, Sa. 10.00–16.00, So. 15.00–18.00 Uhr). Der Betonklotz neben dem Haus des Nordens ist das Gebäude des färöischen Rundfunks.

Wenn man den Weg zum Norđurlandahusiđ zu Fuß geht, sollte man auf jeden Fall einen Abstecher durch den Stadtwald machen, eine der wenigen Baumplantagen der Inseln. In der Mitte steht ein Denkmal für die im Krieg gefallenen färöischen Seeleute. Am Nordende des Waldes liegt die färöische Kunstgalerie Listaskálin (Öffnungszeiten: Di.–So. 15.00–17.00 Uhr, Eintritt).

Westlich des Zentrums prägen Neubauten das Bild Tórshavns. Auffällig ist das Krankenhaus, das wohl eines der größten Gebäude der Färöer ist. Das westliche Hafenbecken ist das Gebiet der Fischfabriken und Werften. Wer das tägliche Leben der Färöer kennenlernen will, kann dort einen Rundgang machen. Oberhalb des Westhafens liegt auf einer Anhöhe das wissenschaftliche Viertel von Tórshavn. Dort findet man die Landesbibliothek, die Universität und die Museen (V.U.Hammershaimbs gøta/J.C.Svabos gøta).

In den *Museen* (Forn- og Náttúrgripasavnið) erhält man einen umfassenden Überblick über färöische Geschichte und Kultur. In gesonderten Abteilungen wird der traditionelle Grindwalfang dargestellt (siehe dazu auch Kapitel „Färöer A–Z"), und es werden die Boote gezeigt, die auf den Inseln bekannt waren und sind. Eine naturwissenschaftliche Sammlung ist ebenfalls in den Gebäuden untergebracht (Öffnungszeiten 1985: Mo.–Fr. 13.00–17.00, Sa., So. 15.00–17.00 Uhr). Achtung: In verschiedenen Publikationen werden immer andere Namen für die Museen angegeben: Historisk Museum, Altertumssammlung, National Museum, Bootsmuseum, Naturkundemuseum usw. – gemeint ist aber immer der Komplex an der U.V.Hammrshaimbs gøta.

Gleich neben den Museen liegt die Universität der Färöer. Universität ist vielleicht etwas übertrieben – es ist genau gesagt eine wissenschaftliche Akademie, an der auf universitärem Niveau gelehrt wird und an der man eine Zwischenprüfung machen kann. Diese berechtigt dann zu einem weitergehenden Studium an Universitäten in Skandinavien. Beliebt sind bei den färöischen Studenten Kopenhagen oder Bergen.

Nicht weit von dem wissenschaftlichen Viertel Tórshavns liegt noch ein interessantes modernes Bauwerk, die Westkirche aus dem Jahre 1975. Von Tórshavn gibt es neben der Streymoy-Hauptstraße, der 10, die weiter unten beschrieben ist, noch zwei weitere Verbindungen: Die Straße 54 zu dem alten Bischofssitz Kirkjubøur (12 km), mit einem Abzweiger in das Syðradalur (Straße 536), und die Straße 550 am Meer entlang nach Kaldbak.

Kirkjubøur am Ende der **Straße 54** war früher das kulturelle Zentrum der Färöer und wohl auch der Platz der ersten Besiedlung durch irische Mönche im 8. Jahrhundert. Heute findet man in dem Dorf drei Sehenswürdigkeiten:

– den Königsbauernhof – lange Zeit auch Sitz des Bischofs. Ein Teil des Gebäudes ist zu besichtigen. Der älteste Teil stammt aus dem Mittelalter und ist über 800 Jahre alt.
– Die Ruinen der Magnus-Kathedrale. Dieser Bau wurde im späten 13. Jahrhundert in Angriff genommen, aber nie vollendet. Erst dezimierte die Pest die sowieso schon geringe Bevölkerungszahl, und dann kam – für einen katholischen Sakralbau wohl das Schlimmste – die Reformation dazwischen. Das Mauerwerk ist sehr verwittert, und man erkennt nur mit Mühe die Reste der 12 Kreuztafeln, die in das Gestein eingelassen waren. Der Heilige Magnus, dem die Kathedrale geweiht werden sollte, wurde im ganzen Nordmeerraum sehr verehrt. Die größte Kirche dieser Region, die Kathedrale in Kirkwall auf den Orkneys ist ihm ebenfalls geweiht.
– Die dritte Sehenswürdigkeit ist die alte Dorfkirche, die am Ufer unterhalb des Königsbauernhofes liegt. Sie ist dem Heiligen Olav (siehe auch Olavs-Tag) geweiht. Die ältesten Teile sollen aus dem 12. Jahrhundert stammen. Das alte Inventar ist im Nationalmuseum in Kopenhagen zu sehen, Kopien hat man den Färingern gelassen, sie sind im Museum in Tórshavn zu finden. Das Innere der Kirche ist nach einer Renovierung 1967 heute sehr modern gestaltet.

Von Tórshavn kann man auch gut nach Kirkjubøur laufen: entweder über die Straße oder über zwei Wanderwege. Besonders schön ist der Abschnitt oberhalb des Hestfjørdur, wenn die Sicht auf die Inseln im Süden frei ist.

Die **Straße 550** führt von Tórshavn 16 Kilometer am Meer entlang durch die Siedlungen Hoyvik, Hvitanes, Sund, Kalkbaksbotnur nach **Kaldbak.** Diese Straße ist für einen Fahrradausflug gut geeignet, da es keine wesentlichen Steigungen gibt. Die Küste ist in dieser Region natürlich nicht mit den hohen Steilküsten im Norden der Färöer zu vergleichen, aber die vielen kleinen Felsen, die vorgelagert sind, lohnen auch einen Blick. Es ist mehr eine Straße für ruhige Tage.

Die Hauptverbindung auf Streymoy ist die **Straße Nr. 10,** die von Tórshavn über die Insel in den Nordosten führt und von dort über eine Brükke hinüber auf die zweitgrößte Insel, Eysturoy.

Gleich am Ende der Stadt steigt die Straße auf über 300 Meter an. Du kommst dabei am Hotel Borg vorbei, einem Hotel der gehobenen Klasse. Auch für den, der sich einen Aufenthalt darin nicht leisten kann, ist ein Blick lohnend. Vergleicht man das Hotel Borg mit Hotels in Mitteleuropa, so muß man anerkennen, daß die Architekten sich viel Mühe gegeben haben, das Haus der Umgebung anzupassen. Wer nicht zu knapp

bei Kasse ist, der kann dem Restaurant einen Besuch abstatten – man hat von dort einen fantastischen Blick über die Stadt.
Gleich hinter dem Hotel hat die Straße ihre schlimmste Steigung hinter sich – Radfahrer können aufatmen und aufsteigen. Wenn man Glück hat, ist es gerade nicht neblig, denn die meisten – so ist meine Erfahrung – sehen hier oben nur weiß. Nach einigen Kilometern biegt eine schmale und enge Straße zu den beiden Ansiedlungen **Norđradalur** und **Úti á Fløtum** ab. Bei guter Sicht lohnt der Abstecher, da man von dort die Inseln im Süden gut sehen kann.
Ein weiterer Abzweiger führt auf den 749 m hohen Sandfelli, auf dem sich aber schon eine NATO-Station breit gemacht hat – und deren Betreiber sehen Besucher nicht unbedingt gerne. Man kommt auf der Straße 10 auch an einem größeren Flachbau mit Grasdach vorbei. Dort sind die Soldaten untergebracht, die oben auf dem Berg nach Feinden Ausschau halten.

Die Färöer-Inseln sind Mitglied der NATO, brauchen aber selbst keine Soldaten zu stellen. Die NATO nutzt die Inseln dafür als wichtiges Bindeglied in der Nordatlantik-Überwachung. Da jedes UdSSR-Schiff, das Murmansk, den einzigen eisfreien Atlantikhafen der Sowjetunion, verläßt oder anläuft, irgendwo die Kette Amerika–Grönland–Island–Färöer–Shetland–GB/Norwegen durchfahren muß, ist jedes Glied in dieser Kette wichtig, also auch die Station auf den Färöer-Inseln. Die Färinger haben sich als Gegenleistung für die Station die Infrastruktur ausbauen, so zum Beispiel die Straßen verbessern lassen. Erfreulich ist, daß die Soldaten im täglichen Leben auf den Inseln überhaupt nicht auffallen.

20 km von Tórshavn entfernt kommt die Straße wieder von den Bergen herunter. An einer Esso-Station biegt die Straße 40 nach Vestmanna ab (dazu im Kapitel: „Die westlichen Inseln" etwas mehr). In der Esso-Station bestehen Übernachtungsmöglichkeiten, und es gibt eine Cafeteria. Die Straße 10 führt von dieser Kreuzung aus weiter in Richtung **Kollafjörđur,** ein sehr langgezogenes Dorf an dem gleichnamigen Fjord. Der Ort hat eine der alten, typisch färöischen Holzkirchen. Sie stammt aus dem Jahre 1837 und ist von der Straße aus nicht zu übersehen.
Von Kollafjørđur führt die Straße weiter am Ufer des Sundini entlang durch die Orte Hósvik, Viđ Air, Hvalvík und Streymnes zur Sundbrücke. **Viđ Air** ist die alte Walfangstation der Färöer. Seit die Färinger den Walfang auf dem offenen Meer aufgegeben haben und nur noch dem küstennahen Grindwalfang nachgehen, hat die Anlage eine wechselhafte Geschichte hinter sich – zur Zeit ist dort eine Fischbrutfarm.

In **Hvalvík** findet man die älteste noch erhaltene Holzkirche der Färöer. Sie befindet sich an der Ortsdurchfahrt, nicht an der Hauptstraße, die am Ort vorbeiführt. Das Holz, mit dem sie 1828 gebaut wurde, stammte von einem gestrandeten Schiff.

Streymnes liegt am anderen Ufer der Stórá, Hvalvik gegenüber. In Streymness ist eine Außenstelle der Jugendherberge von Tórshavn. Anmeldung und Bezahlung in Tórshavn.

In Hvalvík ist der Abzweiger der **Straße 592** nach **Saksun**. Diesen Abstecher empfehle ich jedem, der sich intensiver mit den Färöer-Inseln befaßt. In Saksun ist ein Bauernhausmuseum (Eintritt ca. 3–4 DM, täglich 14–16 Uhr). Von dem Ort führen in alle Richtungen Wanderwege. Einige davon sind aber mit Vorsicht zu genießen, besonders der nach Tjørnuvik. Er führt in etwa 500 m Höhe über einen Paß, und diese Stelle ist ein bekanntes Nebelloch. Findet man den richtigen Abstieg nicht, kommt man leicht in das Steilküstengebiet nördlich von Tjørnuvik.

Ungefährlich ist der Weg am Fjord unterhalb des Dorfes, vorbei zum offenen Meer (hin und zurück ca. 4 km). Bei Ebbe kann man gut am Ufer durch den fast schwarzen Sand gehen, bei Flut muß man am Hang einem Weg folgen (nicht ganz so gemütlich wie bei Ebbe). Wer sich im Gelände überhaupt nichts zutraut, der kann sehr gemütlich an der Straße Saksun–Hvalvík entlang wandern (11 km).

Von der Hauptstraße Nr. 10 biegt vor der Sundbrücke die **Straße 594** nach **Haldarsvík** und **Tjørnuvik** ab. Die Straße ist 13 km lang. Sie führt an dem höchsten Wasserfall der Färöer vorbei, am Fossa, der über mehrere Absätze etwa 140 m tief fällt.

Die Straße schlängelt sich an den Hängen oberhalb des Sundini entlang, und man hat eine gute Aussicht auf diesen Meeresarm und auf die gegenüberliegende Insel Eysturoy mit dem Dorf Eiđi an der Nordspitze. Von Tjørnuvík gibt es auch einen sehr guten Blick auf die beiden Felsen Risin und Kellingin („Riese und Hexe"), die nördlich von Eiđi vor Kap Kollur im Meer stehen.

Tjørnuvík selbst ist ein sehr düster liegendes Dorf – düster, weil nach Westen hin Berge bis über 700 m schon sehr früh am Nachmittag die Sonne wegnehmen. Im Dorf gibt es noch viele grasgedeckte Häuser. Am Rand des Dorfes hat man vor einigen Jahren ein Gräberfeld aus der Wikingerzeit gefunden und darin auch keltische Gegenstände. Die Fundgegenstände aus den Gräbern sind in der Altertumssammlung in Tórshavn zu sehen.

Von Tjørnuvík führt ein schöner Wanderweg nach Saksun (s. dort). Wanderungen im Gebiet nördlich des Dorfes sind gefährlich, und man sollte dort auf keinen Fall allein rumkraxeln, besonders wenn man nur wenig Erfahrung im Gelände hat.

Der Anhang – Nolsoy, Hestur und Koltur

Die drei Inseln, die man regelmäßig mit dem Boot von Tórshavn erreichen kann, will ich hier als Anhang der Hauptinsel Streymoy bezeichnen, ohne sie damit herabsetzen zu wollen. Ich habe zum Beispiel auf Koltur eine Reihe sehr schöner Tage verbracht und meine, daß jede Insel natürlich auch für sich ein Reiseziel ist und eben nicht nur Anhang. Ich habe sie nur an diese Stelle gesetzt, weil sie verkehrstechnisch eben von Streymoy, genauer von Tórshavn, zu erreichen sind.

Nolsoy ist die größte der Anhang-Inseln. Sie wird mehrmals täglich von Tórshavn angefahren, und man kann gut zwischen dem ersten und letzten Boot eine längere Inselwanderung machen, eventuell über den gut ausgezeichneten Weg zur Südspitze. Aber sei gewarnt! Du wärst nicht der erste und nicht der letzte, der auf Nolsoy von plötzlich aufkommendem Nebel überrascht wird, den Weg nicht mehr findet und dann das Boot verpaßt. Passiert es dir mit dem Nebel, dann versuche, dich vorsichtig von Steinhaufen zu Steinhaufen weiterzubewegen. Wenn du plötzlich keinen mehr findest, gib auf und warte oder versuche, den ständig bemannten Leuchtturm am Kaplin-Felsen zu erreichen, das ist der erste von den beiden Türmen im Süden. Gefahrloser ist natürlich der kurze Weg zur Nolsoy-Nordspitze. Und wer gar nicht laufen will, der kann sich ja den Ort ansehen, der noch viele alte Gebäude hat. Die Bootsschuppen am Hafen zum Beispiel. Zwischen den Schuppen fällt ein Tor auf, es ist aus den Gebeinen eines riesigen Wales.

Hestur und **Koltur** erreicht man mit dem gleichen Boot. „Das Pferd und das Fohlen" – so heißen sie übersetzt – liegen südwestlich von Streymoy. Auf beiden Inseln bestehen gute Wandermöglichkeiten im Gelände. Beide Inseln sind so handlich (6 qkm und 2,5 qkm), daß man die Chance hat, sie mit einigen Touren ganz zu erkunden. Die Südküsten beider Inseln sind sehr zerklüftet, und bei etwas Wind von Südwest hat man an vielen Stellen – besonders auf Koltur – gute Sicht auf die weißschäumende Brandung an den Felsen.

Auf beiden Inseln gibt es Übernachtungsmöglichkeiten: Auf Hestur im Gemeindezentrum an der Schwimmhalle, mit Dach über dem Kopf. Zum Zelten ist das südöstliche Hochplateau gut geeignet. Ein Weg führt dorthin.

Auf Koltur ist die Auswahl begrenzt, da nur noch eine Familie auf der Insel lebt. Sie bietet Kost und Logis oder auch Übernachtungen mit Selbstverpflegung. Campinggelände stellt sie ebenfalls zur Verfügung.

Eysturoy

Mit 286 Quadratkilometern Fläche ist die Ostinsel (= Eysturoy) die zweitgrößte der Färöer-Inseln. Etwa 9.800 Einwohner leben darauf, in 35 Gemeinden und Siedlungen. Man erreicht die Insel über die Sundbrücke auf der Straße 10 oder mit der Fähre von Tórshavn. Die Fähre legt in **Toftir** und **Strendur** an, zwei Dörfern am 16 km langen Skálafjørdur, dem dichtest besiedelten Gebiet auf der Insel. Die meisten werden aber sicher auf der Straße über die Sundbrücke kommen.
Durch die Brücke ist das Gebiet an beiden Ufern des Sundini plötzlich zu einem Verkehrsknotenpunkt geworden. Dort entsteht zur Zeit ein neues Dorf, dessen Erwerbsgrundlage im Servicebereich liegt. Hier siedeln sich die an, die mit ihren Dienstleistungen von einem einzelnen Dorf nicht leben können, jetzt an der Brücke aber zentral für ein großes Gebiet auf beiden Hauptinseln gelegen sind. Das ist das gegenteilige Beispiel zur Flucht aus den abgelegenen Dörfern, die man sonst oft beobachten kann.
Von der Brücke zweigt die **Straße 62** nach Norden ab. Am Ufer des Sundini entlang erreicht man dort **Eidi,** ein wachsender Ort mit einem neuen Hotel, das oberhalb an einem Hang liegt. Die Halbinsel nördlich von Eidi endet in dem Kap Kollur (343 m), dem Risin und Kellingin, zwei sagenumwobene Felsen, vorgelagert sind. Es sollen zwei versteinerte Wesen aus grauer Vorzeit sein, ein Riese und eine Hexe. Die hatten den Auftrag, die Färöer-Inseln zu fangen und nach Island zu bringen. Wie so oft bei derartigen Gestalten, waren die beiden im wahrsten Sinne des Wortes Schwarzarbeiter. Nur nachts konnten sie tätig werden, denn Tageslicht vertrugen sie nicht. Aber Risin und Kellingin trödelten, wurden von der Morgendämmerung überrascht und kamen nicht mehr schnell genug nach Hause. Sie wurden zu Stein. Und wenn der Atlantik ihnen nicht zu sehr zusetzt, stehen sie noch lange da. Es ist sicher eine schöne Bergtour auf Kap Kollur hinauf und an die Steilküste oberhalb der beiden Felsen. Um Risin und Kellingin richtig sehen zu können, muß man aber von der Seite schauen. Einen Aussichtspunkt habe ich schon oben beschrieben, den Ort Tjørnuvík auf der Nachbarinsel Streymoy.

Das Hotel „Eiði“ organisiert Fahrten mit dem Boot um die Nordspitze der Insel.

Schön ist ein Spaziergang von Eiði an dem kleinen Dorfsee vorbei zur Nordküste und dort dann Richtung Osten in die Berge. Von oberhalb der Steilküste kann man die beiden Felsen dann gut sehen, und besonders an sonnigen Abenden wird es hier postkartenschön.

Wer keine Lust zum Spazierengehen hat, der kann natürlich auch zu Aussichtspunkten fahren. Die liegen entlang der **Straße 662.** Die zweigt kurz vor Eiði nach Norden ab, wendet sich aber bald nach Osten. Du erreichst darauf Funningur und über eine weitere Nebenstraße auch Gjógv. Die sehr schmale Straße ist schon ein Erlebnis. Sie schlängelt sich am Slættaratindur, dem höchsten Berg der Färöer, vorbei. Diesen Berg kann man auch relativ einfach besteigen, besonders dann, wenn man schon mit dem Wagen bis zur höchsten Stelle der Straße am Paß Eiðisskarð gefahren ist. Dort, wo die **Straße 632** geradeaus nach Gjógv führt und die 662 nach Funningur abknickt, hast du einen guten Blick auf die Straßenführung. Wie ein beidseitig gestepptes Band sieht die Straße aus, die in Serpentinen an den Fjord hinabführt. **Funningur** ist ein kleines Dorf, das seinen alten Charakter bewahrt hat. Von dort soll die Straße 662 irgendwann auch am Ufer des Funningsfjørður weiter bis in das gleichnamige Dorf an der 634 führen. Gebaut wird schon lange.

Gjógv am Ende der 632 ist ein sehenswerter Ort. Er ist nach seinem Hafen benannt, einer großen Felsspalte, die vom Meer her ins Land ragt. Diese Art Spalten oder Meerescañons heißen auf den Färöer-Inseln Gjógv. In dem Ort ist 1984 eine sehr gut eingerichtete und behindertengerecht geplante Jugendherberge eröffnet worden. Dort weren auch Hotelzimmer vermietet. Das Haus, am oberen Ende des Dorfes, ist nicht zu übersehen – es sieht aus wie ein Schwarzwaldhof, und es ist für färöische Verhältnisse sehr viel Holz verbaut. Gjógv hat ein sehr großes Gebiet innerer Felder im Tal des Talbaches (= Dalsá). Man sieht dieses bebaute Gebiet schon, wenn man über die Straße das Tal hinab in den Ort kommt. Im Gebiet um Gjógv gibt es keine gekennzeichneten Wanderwege, aber die Berge hier sind relativ leicht zu besteigen. Vorsicht ist an den hohen Steilküsten nordwestlich des Dorfes geboten.

Solange die Straße Funningur–Funningsfjørður nicht fertig ist, wirst du an Eiði vorbei zur Straße 10 zurückmüssen, es sei denn, du willst durch die Berge laufen. Die Straße 10 steigt gleich hinter der Sundbrücke auf etwa 200 Meter Höhe und verschwindet in einem zweieinhalb Kilometer langen Tunnel (sieben Meter breit, in der Regel durchlüftet). Kurz hinter dem Ostende des Tunnels erreicht man den Abzweiger nach **Fun-**

ningsfjørdur und **Elduvík** (Straße 634/9 km). Elduvík, das Dorf am Ende der Straße, ist für mich eines der schönsten Dörfer auf den Färöer-Inseln, wohl weil dorthin erst relativ spät die Straße gebaut wurde. Dadurch konnten die Elduviker aus den Fehlern anderer Dörfer lernen und machten nicht alle Wege autogerecht (bis jetzt jedenfalls nicht). Von der Dorfmitte führt ein Weg ein kurzes Stück westwärts an der Küste entlang zum Hafen. Dieser liegt sehr schön in einem schmalen und hohen Gjógv. Ein lohnender Abstecher, den man nicht verpassen sollte.
Die Straße 10 folgt weiter einem Tal, und nach drei Kilometern zweigt die **Straße 645** nach **Oyndarfjørdur** und **Hellur** (Straße 647) ab. In Oyndarfjørdur ist eine Jugendherberge. Dort kann man auch Privatzimmer bekommen und etwas zu essen, auf Anfrage auch färöische Spezialitäten.
In Oyndarfjørdur ist der „Wackelstein" (Rukusteinar) – der Sage nach ein versteinertes Piratenschiff – eine Attraktion. Wenn der Rukusteinar wackelt, dann ist das mit bloßem Auge kaum wahrnehmbar. Es sollte ein Tau vom Stein zum Ufer gespannt sein, an dem in der Mitte ein kleiner Stein hängt. Wenn der Rukusteinar jetzt wackelt, spannt oder entspannt sich das Seil und der daranhängende kleine Stein geht auf und nieder. Der Rukusteinar liegt kurz vor dem Ortseingang unterhalb der Straße am Ufer. Von Oyndarfjørdur gibt es gute Wandermöglichkeiten nach Elduvik oder am Fjord entlang nach Hellur und von dort über die Berge nach Fuglarfjørdur. An einigen Stränden (geschützte Stellen) am Ende des Oyndarfjørdur wird gerne ge(sonnen)badet.
Für mich ist der nördliche Teil Eysturoys der schönere der Insel. Er ist landschaftlich eindrucksvoller und die Dörfer Gjøgv, Funningur und Elduvik sind einfach schön.
Der Süden ist vergleichsweise flacher und auch dichter besiedelt. Für die, die gerne wandern, aber dabei nicht bergsteigen wollen, bietet sich das Gebiet östlich des langgestreckten **Skálafjørdur** zwischen Lambareidi und Œduvik an. Ziehe dort aber Gummistiefel an. Rund um den Skálafjørdur läßt es sich gut radeln. Es ist zwar nicht so flach wie Holland, aber auch nicht sehr steil.
Im **Strendur** am Westufer des Fjordes **(Straße 69)** und in **Sydragøtu** an der Bucht Gøtavik **(Straße 70)** sind Wollfabriken, wo man Wolle und fertige Strickwaren kaufen kann. Die Wolle ist preiswerter als in Mitteleuropa, aber die Pullover lohnen kaum. Die aus der großen Fabrik in Sydragøtu gibt es in deutschen Kaufhäusern fast zum gleichen Preis.
Nordragøtu, am Eingang des neuen Tunnels nach Leirvik, ist ein Ort, der schon in der Färinger-Saga bekannt wurde. Hier lebte der mächtige

Wikinger Trondur. In dem Dorf gibt es ein kleines lokales Museum, Blásastova (vorher Öffnungszeit in der Touristeninformation Tórshavn absprechen).

Über die **Straße 65** gelangt man in die Stadt **Fuglafjørður,** an dem gleichnamigen Fjord. Kurz hinter Norðragøtu (2 km) zweigt die alte Straße ab, die bis zur Tunneleröffnung die Hauptstraße nach Leirvík war. Sie galt wegen ihrer Enge und der Steinschlaggefahr als sehr gefährlich. Radfahrer – und Autofahrer natürlich auch – können darauf weiterhin den Tunnel umfahren. Von Leirvík fährt regelmäßig eine Fähre nach Klaksvík, dem Zentrum der Nordinseln.

Die Nordinseln

Das Zentrum der Nordinseln ist die 5000-Einwohner-Stadt **Klaksvík,** die zweitgrößte Stadt der Färöer und ständig im Wettstreit mit der Hauptstadt Tórshavn: Welche Stadt ist schöner, welche Stadt hat was zuerst usw. Klaksvík – und da ist es wirklich etwas Besonderes – leistete sich als letzte Stadt Nordeuropas Anfang der 50er Jahre einen kleinen Partisanenkrieg gegen die Bevormundungen aus Kopenhagen und Tórshavn. Da saßen die Repräsentanten Dänemarks als Geiseln fest, da wurde die Hafeneinfahrt vermint, und dabei ging alles nur um einen Arzt am Krankenhaus, so man heute noch Licht in dieses dunkle Kapitel der Stadtgeschichte bringt. Das Krankenhaus hat den Streit überstanden und ist erhalten geblieben (Vikavegur, Tel. 55464).

Heute ist Klaksvík die Fischereimetropole der Färöer. Der gute Naturhafen – die ganze Bucht, an der der Ort liegt, mit der Insel Kunoy als Wellenbrecher davor – begünstigte die Entwicklung. Es ist ein schöner Spaziergang an den Kaimauern entlang, an denen die vielen Kutter liegen. In Klaksvík gibt es Fischfabriken und Werften. Dinge also, die die Stadt selbst nicht gerade schöner machen.

Sehenswert ist die moderne Christianskirche (1963 geweiht). In der Kirche sind drei alte Gegenstände: Unter der Decke hängt das Boot des Pfarrers von Viðareiði, mit dem er bis Anfang dieses Jahrhunderts seine Schäflein auf den kleineren Inseln besuchte. Der Altar ist eine dänische Arbeit und stand früher in der Domkirche von Viborg und schließlich der Taufstein, der wahrscheinlich rund 4000 Jahre alt ist und wohl in seinen ersten Tagen als Opferschale gedient hat.

In Klaksvík gibt es mehrere Unterkunftsmöglichkeiten, darunter eine Jugendherberge (siehe unter „Unterkunft"). Sensationell für die Färöer ist die Existenz einer öffentlichen Kneipe. Im Restaurant Roykstovan am Klaksvíkvegur gibt es sogar Bier vom Faß – Dünnbier allerdings. Roykstovan trägt den Namen Restaurant, weil eine Eßstätte nunmal so heißt. Das ist dann auch schon die ganze Ähnlichkeit mit einem Restaurant mitteleuropäischer Prägung. Versprich dir also nicht zuviel davon. Einen preiswerten Imbiß bekommt man auch jederzeit im Soli Deo Gloria (der Name sagt ja einiges über den Hintergrund dieses Lokals), daß oberhalb des Fähranlegers liegt, dort auch preiswerte Übernachtungen.
Von Klaksvík sind Wanderungen möglich. Wer mal wieder eine schöne Aussicht genießen will, kann auf den 414 Meter hohen Klakkur, die Bergspitze nordwestlich der Stadt steigen.
Besser als die Ausflüge zu Fuß sind aber Ausflüge mit dem Boot – und da kann man dann immer noch wandern. Von Klaksvík verkehrt regelmäßig ein kleines Boot zu den Inseln **Kalsoy** und **Kunoy.** Es macht zwei verschiedene Fahrten. Mindestens einmal täglich wird Haraldssund (Kunoy) angelaufen (solange die geplante feste Verbindung nicht fertiggestellt ist!), und zwei- bis dreimal pro Tag macht das Boot eine Tour zu den zwei südlichen Orten auf Kalsoy und zu dem Ort Kunoy. Auf Kalsoy wurde 1985 das Straßen-/Tunnelnetz fertig, und dadurch hat sich auch für die Bootsverbindungen viel geändert, man läuft leider die beiden Nordorte Mikladalur und Trøllanes nicht mehr an. Es ist auch damit zu rechnen, daß bald eine Autofähre nach Kalsoy zum Einsatz kommt. Nachdem Kalsoy durchbohrt ist, wühlen sich die Tunnelmaulwürfe jetzt nebenan auf Kunoy von Haraldssund in den Ort Kunoy. Zu diesem Tunnelprojekt gehört auch die Planung einer festen Verbindung zwischen Bordoy und Kunoy. Verkehrsmäßig ist auf diesen beiden Inseln also viel Unruhe, schwer hier Verbindliches zu schreiben. Möglich ist es aber wohl, von Klaksvik zu einer der Inseln zu kommen, dort ein paar Stunden zu bleiben und mit einem späteren Boot zurückzufahren.
Die vier Kalsoy-Orte (von Süd nach Nord: Sydradalur, Húsar, Mikladalur und Trøllanes) sind durch vier Tunnel miteinander verbunden, die insgesamt 5250 m unter der Erde entlangführen (1200 m/ 700 m/ 1100 m/ 2250 m), wobei der nördlichste eine Besonderheit hat, einen Stichtunnel in das unbewohnte Djupidalur (damit die zuständigen Bauern nicht mehr über die Berge auf ihre Felder müssen). Trøllanes war bis zur Tunnelfertigstellung eines der abgelegensten Dörfer der Färöer, im Winter oft wochenlang nur über einen schwierigen Bergpfad zu erreichen. Diese Bergtour von Mikladalur nach Trøllanes ist natürlich immer noch gehbar,

nur sollte man absolut gutes Wetter haben (bei Nebel lebensgefährlich!), man sollte unbedingt schwindelfrei sein und gute Bergerfahrung haben. Der Weg führt an ungesicherten Steilhängen entlang.
Trøllanes hatte zuletzt 20 Einwohner. Ob die bessere Verbindung zur Außenwelt dem Ort neue Bewohner bringt, wird sich noch zeigen müssen. Trøllanes Reiz liegt in dem Nordkap von Kalsoy, das leicht zugänglich ist. Von dort hat man eine unbeschreibliche Sicht auf alle Kaps des Nordens: im Westen Sátan (471 m) bei Gjógv, Kollur (343 m) mit Risin und Kellingin bei Eiði und Streymoys Nordspitze Mylingur (564 m); im Osten das höchste Kap der Färöer, Kunoyarnakkur (820 m), dann Kap Enniberg (750 m) und über die Talsenke bei Viðareiði noch Fugloys Norðberg (420 m).
Einkaufen kann man auf Kolsoy nur in den Orten Húsar und Mikladalur. In Mikladalur besteht eventuell Übernachtungsmöglichkeit in Privatzimmern; Anfrage über Touristeninformation Tórshavn.
Das Schiff, das Kolsoy anläuft, stoppt auch in dem Ort Kunoy auf der gleichnamigen Insel. **Kunoy** ist von hohen Bergen umrahmt und bietet vom Meer aus einen faszinierenden Anblick. Über die Berge führt ein sehr schwieriger Pfad in das verlassene Dorf Skarð. Es entvölkerte, als 1913 alle männlichen Bewohner mit einem Boot untergingen. Der Weg Kunoy–Skarð durch die Berge gehört zu den schwierigsten auf den Färöer, und du solltest wirklich Ahnung von Bergen haben. Fast unmöglich sind Touren in den Nordteil der Insel. Dort gibt es keine gekennzeichneten Pfade mehr, und die Gegend ist absolut nichts für Leute, die nur Verbalerfahrung haben. Verhältnismäßig leicht ist die Umrundung der Südspitze auf einem Pfad, der immer etwas oberhalb des Ufers verläuft. Von Kunoy aus erreicht man den zweiten bewohnten Ort Haraldssund und von dort auch Skarð. Haraldssund hat ebenfalls regelmäßige Bootsverbindungen mit Klaksvík.
Organisierte Touren mit dem Boot um die Nordkaps der Färöer sowie mit Boot und Bus auf die Insel Kalsoy organisiert das Informationsbüro in Klaksvík.
Die **Straße 70** ist die Nordinselstraße. Sie führt von Klaksvík nordwärts, durchquert die Insel **Bordoy** in zwei gespenstischen Tunnels (dazu mehr im Kapitel „Fortbewegung" unter den Stichwörtern „Auto- und Radfahren"). Auf Bordoys Westseite führt die Straße zu einem Damm bei **Hvannasund,** und darüber ist die Insel **Viðoy** zu erreichen. Vor dem Damm zweigt eine neue Straße nach Norden ab, in den Ort Múli. Múli war vor der Fertigstellung der Straße fast verlassen, soll sich jetzt wiederbeleben.

Die Insel ist im Nordteil, oberhalb des Tals von **Viðareiði** sehr hoch und endet im 750 Meter hohen Enniberg, dem Färöer Nordkap. Davor sind noch einige über 100 Meter hohe freistehende Felsen. Wie harmlos macht sich doch dagegen das vielbesuchte – und bestaunte – Nordkap an der Nordspitze Norwegens aus: Es ist 307 Meter hoch.
Mit der nötigen Kondition und Erfahrung kann man im Nordteil von Viðoy klettern. Es gibt aber keine Wege. Nur sollte man natürlich um so vorsichtiger sein, je näher man den Klippen kommt.
In Viðareiði gibt es ein kleines Hotel. Von dem Ort sind einfache Wanderungen an die Viðoy-Ostküste auf der Fahrspur nach Dalar möglich. Von da besteht gute Sicht auf die östlichen Außenposten der Faröer: Svinoy und Fugloy. Viðareiði ist durch seine Lage ein schönes Dorf. Wenn man

Hafenszene in Klaksvik

schon auf den Nordinseln ist, sollte man einen Besuch nicht auslassen. Von **Hvannasund,** wo der Damm die beiden großen Nordinseln verbindet, bestehen Möglichkeiten, mit dem Boot zu den beiden östlichsten Inseln **Svinoy** und **Fugloy** zu kommen. Svinoy hat nur einen Ort mit gleichem Namen. Der Ort hat – wohl mangels Autoverkehr auf der Insel – sein altes Bild bewahren können. Auf der Insel bieten sich Wanderungen mit verschiedenen Schwierigkeitsgraden an. Vom Spaziergang über Fahrwege der Bauern bis zur Bergtour in den tristen Westteil der Insel. Auf der Insel besteht nur eine sehr begrenzte Einkaufsmöglichkeit in einem Kiosk. Eine gute Stelle zum Zelten findet man in der Nähe des Schwimmbades. Das Gras sollte aber gemäht sein, und man sollte um Erlaubnis fragen. Das Schwimmbad ist kostenlos zu benutzen. Es ist ein kalter Bergbach, der mit einer Betonmauer aufgestaut ist.
Fugloy, der nun wirklich östlichste Fleck der Färöer, hat zwei Orte, die durch einen Fahrweg miteinander verbunden sind: Kirkja und Hattarvík. In beiden Orten wohnen zusammen nur rund 60 Menschen. Einkaufsmöglichkeiten findet man trotzdem in beiden Orten. Längere gekennzeichnete Wege gibt es auf Fugloy nicht. Schön sind aber Touren in den Norden der Insel. Bis zur Eidsvík-Bucht ist es relativ flach. Welcher Ort auf Fugloy vom Boot angelaufen wird, ist sehr wetterabhängig – manchmal keiner!

Die Westinseln

Die Westinseln fangen in dieser Beschreibung schon sehr früh an, noch mitten auf Streymoy. An der Tankstelle oberhalb des Kollafjørdur, da wo die Straße 10 von den Bergen herunterkommt, zweigt die **Straße 40** nach Westen ab. Am Lachssee **Leynarvatn** (Anglererlaubnis an der Tankstelle) verschwindet die Straße in einem Tunnel, der für Radfahrer keine Schwierigkeiten bereitet. Man kann ihn aber umgehen, indem man der alten Straße am Seeufer entlang folgt. Vom Leynarvatn führen Wanderwege nach Vestmanna und Streymnes. Die 40 erreicht anschließend den Ort Leynar am Vestmannasund, führt danach relativ hoch am Ufer entlang, auch oberhalb des Ortes **Kvivik** vorbei. Kvivik war schon zur frühen Wikingerzeit als Siedlungsplatz bekannt. Bei Ausgrabungen hat man Hausreste aus dem 11. Jahrhundert freigelegt. Eine Stichstraße zweigt in den Ort ab. Zwölf Kilometer hinter Kvivik erreicht man **Vestmanna**, das Energiezentrum der Färöer. Hier sind die Flüsse, die von den Seen oberhalb der Stadt herunterkamen, industrialisiert, d.h. zur

Energiegewinnung verrohrt. Schöner ist Vestmanna dadurch nicht geworden. Im Ort findest du außerdem noch Werften und Fischfabriken sowie den Anleger der Fähre nach Vagar.

Sehr zu empfehlen ist ein nicht gerade preiswerter Bootstrip von Vestmanna an die Felsen- und Höhlenküste nördlich des Ortes. Bei entsprechender See fährt das Boot in Höhlen hinein (3 Std., täglich bei ausreichender Teilnehmerzahl, 1986 pro Person 100 DKr = ca. 30 DM).

Auf **Vagar** wird **Oyargjóv** angelaufen. Mehr als der Anleger ist dort nicht. Die Straße steigt am Ufer entlang an, überquert in einer Senke die Hügel und erreicht schließlich **Sandavágur** und gleich dahinter **Miðvágur.** Beide Orte gehen fast ineinander über. Die Bucht, an der die Orte liegen, ist als besonders guter Grindwal-Fangplatz bekannt. Östlich der Bucht steht vor der Küste eine imponierende Felssäule, der 313 Meter hohe Trollkonufingur (Finger der Trollfrau). Er soll einmal bestiegen worden sein, mit tödlichem Ausgang im Jahre 1844.

Gleich hinter den letzten Häusern von Miðvágur erreichst du den **Leitisvatn,** den größten Binnensee der Färöer. An seinem Ostufer entlang kann man leicht zum Meer kommen. Aus dem See heraus stürzt sich Bøsdalafossur, ein schöner Wasserfall, ins Meer. Interessant ist auch die 146 Meter hohe Klippe Trælanipa östlich des Falls, wohl schon durch die Tatsache, daß dort in rauhen Wikingertagen angeblich eine grausame Lösung der Rentenprobleme praktiziert wurde. Arbeitsunfähige Sklaven wurden die Klippe hinuntergestürzt.

Die Straße führt am See entlang nach Norden und kommt dort in die einzige Binnensiedlung der Färöer, nach Vatnsoyrar. Ein kurzes Stück weiter passiert man den *internationalen Flughafen Vagar.* Die Piste entstand im Zweiten Weltkrieg während der englischen Besatzung. Der Flugbetrieb wird oft durch schlechtes Wetter, insbesondere durch Nebel, behindert. Starts und Landungen sind manchmal tagelang nicht möglich. Im Sommer sind solche Perioden aber glücklicherweise selten. Trotz der schlechten Bedingungen ist Vagar – im Verhältnis zur Bevölkerungszahl gesehen – ein geschäftiger Flugplatz: 1984 wurden insgesamt 61.377 Passagiere gezählt, bei 45.464 Einwohnern. Ende der 70er Jahre entstanden Tower, Abfertigungsanlagen und ein Hotel.

Vom Flughafen ist es dann nicht mehr weit bis **Sørvagur,** einem Ort mit etwa 1000 Einwohnern. Er erstreckt sich am Ufer und den darüber liegenden Hängen rund um das Ende des langen Sorvagsfjørður. Vor dem Fjord fällt sofort ein Klotz auf, der mitten in der Einfahrt liegt: die Vogelinsel Mykines – Traumziel aller Färöer-Urlauber – zu erreichen an vier Tagen in der Woche mit dem Boot von Sørvagur. Bisher ist die Platzkapazi-

tät sehr gering, und es ist zu empfehlen, rechtzeitig Plätze zu bestellen, besonders wenn man an einem Tag, an dem das Boot zweimal fährt, die erste Tour hin- und eventuell die zweite zurückfahren will. Platzbestellung über Touristeninformation Tórshavn oder die Reederei (Binnenverkehr). **Mykines** ist ein sehr beliebtes Ziel, nicht nur bei Ausländern, sondern auch bei Färingern. Aber es ist nur als Ausflugsziel beliebt, nicht mehr als Wohnort. Die Einwohnerzahlen gehen ständig zurück, und es scheint nur eine Frage der Zeit zu sein, wann die Insel im Winter menschenleer sein wird.
Schon die Überfahrt von Sørvagur zur Insel ist ein Erlebnis in jeder Hinsicht. Solange noch das alte Postboot Súlan verkehrt, ist es recht abenteuerlich, mit dem kleinen Boot in die meist unruhige See hinauszufahren. (Man diskutiert die Anschaffung eines neuen, größeren Bootes.) Die Súlan hat übrigens nur sehr begrenzt Platz unter Deck, und man muß damit rechnen, die eineinhalbstündige Fahrt im Freien zu verbringen, stelle dich also kleidungsmäßig darauf ein. Am Ende des Fjords sieht man südlich der Fahrtroute einige bizarre Schären und freistehende Felsen. Die ersten nach der Hauptinsel sind die Drangarnir, wovon der größte Felsen ein Loch hat. Tindholmur ist mit 262 m Höhe die größte der Schären, und wenn mich meine Augen nicht getäuscht haben, sogar bebaut. Die Schäre wirkt an der Südseite wie abgeschnitten. Schließlich

Zwischen Vagar und Mykines

sieht man Gasholmur, mit einem Leuchtfeuer, die letzte der Schären. Ist das Boot soweit gekommen, lohnt sich auch ein Blick in die anderen Richtung, nach Norden, wo in einem Tal über den Klippen das isolierte Dorf Gásadalur liegt. Die Straße 40 soll bis Gásadalur verlängert werden, und man baut seit langem daran herum. Ob das Dorf also noch isoliert ist oder nicht, hängt von der Geschwindigkeit des Straßenbaus ab. Achte während der Bootsfahrt auch auf die Tiere, z.B. die Papageitaucher, die in tolpatschiger Art auf dem Wasser herumdilletieren. Papageitaucher sind ganz tolle Unterwasserflieger, aber in der Luft sind sie nicht so gut. Vor allem haben sie Startschwierigkeiten, wenn sie vom Wasser hochkommen wollen. Sie patschen dann mit ihren hektischen Flügelschlägen auf dem Wasser 'rum, und manchmal überlegen sie es sich anders, brechen einen Startversuch einfach ab und tauchen plötzlich weg. Neben den Papageitauchern sind natürlich auch andere Seevögel zu sehen, z.B. Krähenscharben, eine kleine Kormoranart, die gerne auf den unteren Felsen der Vogelklippen stehen. Diese Plätze teilen sich die Krähenscharben mit Robben, die du vielleicht zu sehen bekommst.

Das Boot fährt an der steilen, unzugänglichen Südküste von Mykines vorbei zu dem Anleger, der unterhalb des Dorfes, fast am Westende liegt. Strömungen und schon geringfügiger Seewind machen eine Landung auf Mykines oft unmöglich. Die Insel ist wegen ihrer schlechten Landungsmöglichkeiten manchmal tagelang von der Außenwelt abgeschnitten. Wenn du vom Boot den Sprung auf den Betonsteg in die Arme der hilfreichen Inselbewohner machst, kannst du nicht sicher sein, daß das Boot fahrplanmäßig zurückkommt. Ein Mykines-Besuch am Ende eines Färöer-Urlaubs, wenn die Rückreiseplätze gebucht sind, ist daher nicht zu empfehlen, die Zeit könnte knapp, vielleicht zu knapp werden. Und auf den Hubschrauber als Notlösung ist kein Verlaß. Bei Nebel oder starkem Seewind läßt der sich nämlich auch nicht sehen.

Vom Anleger geht eine steile Treppe ins Dorf hinauf. Oben ist eine Informationstafel, auf der die Wanderwege der Insel eingezeichnet sind und die Stellen, wo man übernachten kann. Wenn du einen längeren Aufenthalt auf Mykines vorhast, bringe genug Verpflegung mit. Einen Laden gibt es nicht. Dies solltest du aber vorher bei der Touristeninformation in Tórshavn noch einmal überprüfen, vielleicht macht ein Laden – den es vor einigen Jahren noch gab – wieder auf.

Das Dorf Mykines ist sehr schön und weitgehend im traditionellen Stil der Färöer erbaut. Viele Grasdächer sind zu sehen. Der Ort ist natürlich nie dem Autoverkehr angepaßt worden, und die Häuser stehen dicht beieinander. Geht man dazwischen herum, weiß man nie, ob man auf einem Weg oder schon auf dem Hof eines Hauses ist. Diese Enge bereitet natürlich eine Schwierigkeit: Da immer mehr Touristen auf die Insel kommen und dann auch einmal einen Bummel durch den Ort machen, wird das Leben dort immer beobachteter. Ein volkskundliches Freiluftmuseum ist Mykines aber (noch) nicht, und man sollte etwas Rücksicht nehmen. Die vielbeschworene Freundlichkeit gegenüber Besuchern auf den Färöer-Inseln läßt nämlich mit der steigenden Zahl der Fremden nach, schlägt zwar sicher nicht in Ablehnung, aber in Reserviertheit um. Verständlich, finde ich.

Mykines ist aber sicher mehr als nur das Dorf. Wanderungen sind überall auf der Insel möglich, nur muß man im Bereich der inneren Felder auf den Wegen bleiben, die vorhanden sind. Nach Westen, auf die Mykines-Vorinsel **Mykinesholmur,** führt der sicher schönste Weg. Er ist auch so gesichert, daß jeder gefahrlos darauf gehen kann, höchstens kommt man bei den Steigungen ins Schwitzen. Du kommst durch Papageitaucherkolonien, wo man die Vögel aus nächster Nähe beobachten kann. Dann überquert man auf einer Eisenbrücke den Sund, eine tiefe Spalte, zwischen Mykines und Mykinesholmur. Von dort ist es noch rund einen Kilometer, und du bist an der westlichsten Stelle. Von dem Leuchtturm oben auf den Klippen gibt es eine gute Sicht auf die flachen Felsen, die noch vorgelagert sind. Und wenn das Meer ruhig ist, sieht man an der Oberfläche deutlich die Strömungen, die hier um die Insel streichen. Auf Mykinesholmur sind auch Baßtölpel zu Hause, besonders an der nördlichen Steilküste.

Aber zurück auf die Haupt-Westinsel Vagar. Von Sørvagur führt die **Straße 40** nur noch wenige Kilometer weiter nach Westen. Bis zum Ort **Bøur** ist die Straße auf jeden Fall fertig. In dem Ort fallen die vielen alten Häuser mit Grasdächern auf. Schön ist auch die Holzkirche aus dem Jahre 1865. Nach Süden hat man Sicht auf den Sørvágsfjørdur und die Schären im Süden, Dranganir, Tindhólmur und Gráshólmur. Die Straße nach Gásadalur ist seit langem im Bau, bereitete aber bisher einige Schwierigkeiten.

Der Norden von Vágar ist ein rauhes Bergland mit Höhen von über 700 Metern. Darin liegen einige Seen, wie der große Fjallavatn. Die Nordostspitze Slættanes hat noch ein bißchen tieferliegendes Grasland zu bieten. Eine Reihe von Wanderwegen durchziehen den Norden, die aber meist höhere Ansprüche stellen. Das Gebiet ist von mehreren Stellen aus zu erreichen. Der schwerste Weg ist sicher von **Gásadalur** aus nach Norden. Einfacher, weil nicht so steil, sind die Wege von Sørvagur und

Vatnsoyrar. Ein Weg steigt direkt vom Anleger in Oyrargjóv westwärts in die Berge.
Zu Übernachtungsmöglichkeiten, außer dem Flughafenhotel, sollte man sich bei der Touristeninformation in Tórshavn erkundigen. Es gibt – auch auf Mykines – Privatunterkünfte.

Die Südinseln

Fünf Inseln zähle ich hier zu den Färöer-Südinseln, vier davon sind bewohnt: Sandoy, Skuvoy, Stóra Dimun und Suðuroy. Unbewohnt – wenn man mal von den im Sommer dort grasenden Schafen und den Seevögeln absieht – ist Litla Dimun. Die bewohnten Inseln kann man mit Ausnahme von Stóra Dimun mit regelmäßig verkehrenden Schiffen erreichen. Der Verkehr zwischen den großen Südinseln Sandoy und Suðuroy erfordert aber einen Umweg über Tórshavn. Ein Inselspringen ermöglicht der Hubschrauber, mit dem man auch Stóra Dimun erreichen kann.
Sandoy – die Sandinsel – ist trotz ihres Namens, der ja eher Gegenteiliges erwarten läßt, die fruchtbarste Insel der Färöer. Den sandigen Namen hat die Insel wohl hauptsächlich wegen der Dünen beim Ort Sandur – es sind die einzigen auf den Färöer-Inseln, wo sonst Felsen das Bild bestimmen. Sandoy ist relativ flach, und die Straßen folgen weitgehend den beiden Tälern, die die Insel durchziehen. Lediglich Dalur, an einer Bucht im Südwesten gelegen und als eines der schönsten Dörfer der Färöer angesehen, liegt abseits dieser Haupttäler.
Sandoy ist für Radtouren ein gut geeignetes Gelände, da auf den Straßen die großen Steigungen fehlen. Wanderwege abseits dieser Straßen gibt es besonders im Süden der Insel, z.B. von Skaranes nach Húsavik oder Dalur und von Skálavik nach Húsavik. Da es dabei aber nirgendwo in schwindelnde Höhen geht, eignen sich die Wege auch für Wanderer, die noch nicht sehr viel Erfahrung haben (max. Höhe ca. 280 m). Platz zum Zelten findet sich genug in den Tälern, z.B. an den vielen Seen, die es dort gibt. Übernachtungsmöglichkeiten mit einem richtigen Dach über dem Kopf findet man in mehreren Inselorten, aber nur in Sandur gibt es ein Hotel. Sonst sind es Privatzimmer oder Schlafsackunterkünfte in Gemeindehäusern.
Skopun im Norden hat einen neuen Hafen, und dort wirst du wahrscheinlich ankommen – nur selten wird auch Skálavik im Westen angelaufen. Acht Kilometer südlich von Skopun erreichst du den größten In-

selort **Sandur.** Rundum liegen die sandigen Ufer, die der Insel, dem Ort, dem Sandsfjørdur und auch noch dem etwas landeinwärts gelegenen See Sandsvatn die Namen gegeben haben. Zwar muß ich jetzt davor warnen, daß ich Anglerlatein aufgesessen bin, aber an den Ufern um Sandur herum will schon so mancher Angler prächtige Salmoniden (lachsartige Fische) gefangen haben. Dabei ist natürlich wichtig zu vermerken, daß das von der Küste aus geschah, da dort angeln frei ist, während es an den Seen natürlich einer Erlaubnis bedarf. Wem das Angeln nicht so viel bringt, der kann sich in Sandur eine der schönsten färöischen Kirchen ansehen. Sie entstand 1839 auf einem Platz, von dem man inzwischen durch Ausgrabungen weiß, daß dort schon die fünfte Kirche steht seit den frühesten Tagen der Christianisierung.
Im Süden von Sandur teilt sich die **Straße 30** zweimal: Die **37** zweigt in das Nest Skarvanes ab (nach 3 km/5 km lang), und die **35** führt über Húsavik in das schön gelegene Dalur (nach 5 km/8 km lang). In **Húsavik** ist in einem mittelalterlichen Haus ein kleines Museum untergebracht. Es ist nicht regelmäßig geöffnet, aber den Schlüssel gibt es in der Nachbarschaft. Von **Dalur** am Ende der Straße führt noch ein Feldweg auf den Berg im Süden, einen guten Aussichtspunkt.
Sandoy ist in der Regel auch Transitinsel auf dem Weg nach **Skúvoy.** Von Sandur gibt es mindestens zwei Überfahrten täglich mit einem klei-

Auch die Grasdächer müssen gemäht werden

nen Boot. Die Insel, die heute etwa 90 Bewohner hat, war schon Schauplatz der Färinger Saga um 1000. Auf Skúvoy lebte Sigmundur Brestisson, der den christlichen Glauben auf den Färöer-Inseln verbreitet haben wollte. Mit der Verbreitung hat es geklappt, nur hatte Sigmundur nicht viel davon. Sein heidnischer Gegenspieler Trondur aus Gøtu überfiel Skúvoy, Sigmundur rettete sich mit einer gewagten Flucht und schwamm rüber nach Sandoy. Zwei Begleiter, die ihm folgten, ertranken, aber Sigmundur erreicht das Ufer, nur war es kein rettendes: Tórgrimur der Böse fand den erschöpften, und dessen Goldring gefiel ihm gut. Also leistete er keine Erste Hilfe, sondern ermordete Sigmundur des Ringes wegen. Aber langer Rede kurzer Sinn: Südlich der heutigen Kirche steht auf einem alten Friedhof ein Kreuzstein, unter dem Sigmundur begraben sein soll.

Sehenswert sind Skuvoys Vogelklippen am Westufer. Zwar gibt es nur wenige genau gekennzeichnete Wege dorthin, aber auf der kleinen, übersichtlichen Insel – sie ist 10 Quadratkilometer groß – kann man sich auch im Gelände verlaufen. In den Vogelfelsen sind unter anderem Papageitaucher und Trottellummen zu beobachten.

Stóra Dimun ist eine Felseninsel südlich von Skúvoy und regelmäßig nur per Hubschrauber zu erreichen. Auf der Insel ist ein Hof. Zelten ist nicht erlaubt, aber eventuell Übernachtung mit Verpflegung auf dem Hof. Anfragen dazu bei dem Bauern Janus von Dimun, Tel. 7 12 60.

Litla Dimun ist nicht einmal einen Quadratkilometer groß. Die Insel, auf der im Sommer einige Schafe zum Grasen ausgesetzt werden, ist praktisch unmöglich zu besuchen. Man müßte schon das Glück haben, von einheimischen Freunden zu einem Trip eingeladen zu werden. Dafür ist der 414 m hohe Berg, der wie ein gutgewachsener Vulkan aussieht, eine fotogene Erscheinung, wenn man mit dem Schiff nach Suđuroy fährt und ihn passiert. Oft verfangen sich Wolken in seiner Spitze, und Litla Dimun zeigt sich im Vulkanlook – ist aber alles nur Schein.

Suđuroy ist mit 166 qkm die viertgrößte Insel der Färöer-Gruppe und mit fast 6.000 Bewohnern relativ dicht besiedelt. Über ein gut ausgebautes Straßennetz – dazu gehören aber zwei Tunnelstrecken, die für Radfahrer und große Fahrzeuge nicht geeignet sind – können alle Inselorte erreicht werden. Die Orte liegen mit zwei Ausnahmen an der sanften Ostküste. Die Ausnahmen an der zerklüfteten, steilen Westküste: Famin in der Mitte und Sumba im Süden. Schon ein Blick auf die Karte läßt ahnen, daß die Insel mal viel größer war. Auch nach Westen werden Fjorde und langsam zum Meer hin abfallende Berge gewesen sein. Davon ist nur noch die Famin-Bucht geblieben. Im Laufe der Jahrtausende hat das

Meer den Westen auf eine Linie, die von Nordnordwest nach Südsüdost reicht, abgehobelt. Eine wirklich imposante Steilküste, die man an einigen Stellen sehr einfach erreichen und ansehen kann, ist das Resultat. Aus welcher Richtung die nagenden Stürme und Strömungen hier in der Regel kommen, wird sehr deutlich.

Mit dem Schiff – die *Smyril* verkehrt hier, die noch bis 1982 anstelle der *Norröna* den Nordatlantikdienst vom Kontinent nach Island aufrechterhalten hat – kommt man in Tvøroyri oder in Vágur an. Von **Tvøroyri** nach Norden erreichst du auf der **Straße 29** durch den nur 3,20 m hohen Hvalbiartunnlin (= Tunnel) das Kohlerevier der Färöer. Aus ein paar Minen oberhalb des sumpfigen Dalsá-Tals wurde Kohle für den Hausgebrauch abgebaut. Ein kommerziell sinnvoller Abbau erfolgt schon lange nicht mehr. Der letzte Kohleboom war während des zweiten Weltkrieges.

Weiter nach Norden liegen noch drei Gemeinden: **Hvalba, Nes** und **Sandvik.** Von allen Orten gibt es bei entsprechendem Wetter eine gute Aussicht auf die Dimun-Inseln im Nordosten. Litla Dimuns Wiesen gehören übrigens den Bauern von Hvalba. Aus irgendeinem Grund ist man überzeugt, daß das Gras auf Litla Dimun besonders gut ist, und deshalb bringen die Bauern in jedem Frühjahr auf recht mühsame Weise Schafe auf die Insel. Sie müssen mit einer Seilwinde die Felskanten hochgezogen werden.

In Hvalba ist die einzige Keramikwerkstatt der Färöer. Dort wird Material aus den umliegenden Bergen verarbeitet. Besucher sind willkommen.

Von Hvalba und Sandvik führen auch Wege an die sonst schwer zugängliche Westküste. Für einen Spaziergang zu empfehlen ist der Weg von Sandvik nach Westen. Es ist ein Fahrweg, der keinerlei Anforderungen stellt. In Sandvik ist ein Haus im traditionellen Baustil erhalten. Es kann besichtigt werden, wenn man den Schlüssel beim Lehrer Olsen nebenan holt. Zwischen Hvalba und Sandvik liegt übrigens der 1500 m lange und sehr kleine (Höhe 3,20 m, Breite 3,30 m) Sandvikartunnilin. Wer zu Fuß unterwegs ist, kann den Tunnel auch mit einer recht einfachen Bergtour über den Skálafjall (373 m) umgehen. Natürlich ist auch der zweite, der Hvalbatunnel südlich der Kohlegruben zu umgehen. Ein schwieriger Weg führt von Nes über die Berge nach Trongisvagur.

Der Nordteil von Suduroy ist etwas für die, die viel Zeit mitbringen. Ist sie knapp, sollte man sich besser gleich nach Süden wenden. Die **Straße 20** verbindet Trongisvagur mit dem Südende Akraberg. Das sind zwar nur 21 km Luftlinie, aber die Straßenführung macht daraus 41 km Fahrstrecke. 5 km südlich von Trongisvagur kommt die Straße durch die kleine Gemeinde **Øravik.** Dort gibt es ein Gasthaus, das alle möglichen Übernachtungsformen anbietet: Man kann ein Zimmer mieten und sich verpflegen lassen, in einer Selbstkocherküche selber etwas brutzeln und auch auf dem Gelände sein Zelt aufschlagen. Bisher wurde an dem Gasthaus immer an sieben Masten kräftig geflaggt. Flagge ist man bereits gewöhnt, aber plötzlich ist da noch eine Unbekannte im Wind. Neben Dänemark, Schwedens, Finnlands, Norwegens, Islands und der färöischen Flagge gibt es noch die der Åland-Inseln. Sie haben einen politischen Sonderstatus in Skandinavien, und die Solidarität der Kleinen ist eben groß. Mich würde nur interessieren, ob der Wirt in Øravik ab dem 21. Juni 1985 noch eine weitere Flaggenstange aufgestellt hat. Grönland zeigt sich ab dem Tag auch mit eigener Identität.

Famin liegt an der Westküste und war schon fast entvölkert, als die Straße zum Ort fertiggestellt wurde, die bei Øravik von der Hauptstraße abzweigt. Aus der straßenlosen Zeit stammen noch viele Wege, die nach Famin führen und in relativ gutem Zustand sind. Oberhalb des Ortes – genauer gesagt, oberhalb der Kirche – ist ein schöner kleiner See, der Kirkjuvatn. An dem kommt man vorbei, wenn man den schweren Weg von Trongisvagur geht oder von Øravik über den Paß kommt, über den auch die Straße verläuft. Kommst du schließlich in den Ort, wirf mal einen Blick in die Kirche, wenn sie geöffnet ist. Im Eingang steht ein Stein, der aus dem späten 16. Jahrhundert stammt und eine Besonderheit aufweist: Ein Teil der Inschrift besteht aus Runen – eigentlich für die Zeit nach der Reformation ungewöhnlich. Und dann hängt in der Kirche die erste färöische Flagge, 1919 entworfen. Diese Spezielle hat den Namen „Merkið".

Von Famin führen mehrere Fußwege nach Süden in die Orte **Hov, Porkeri** und **Vargur.** Autofahrer müssen zur Hauptstraße bei Øravik zurück. Diese Orte liegen alle an der Ostküste entlang der Hauptstraße. Vagur ist nach Tvøroyri der zweitgrößte Ort auf Suðuroy. Mehrere Wege und Fahrspuren überqueren hier die Insel zur Westküste. Die schmalste Stelle ist nur einen Kilometer breit. 6 km weiter südlich bei **Lapra** ist es nicht mal mehr soviel.

Südlich von Lopra steigt die Straße in Serpentinen auf fast 400 m Höhe. Nach 4 km biegt noch eine neue Straße nach Osten ab, in die Siedlung **Vikarbyrgi.** Die Straße kam wohl im letzten Augenblick. Noch acht Menschen wohnen dort, und das Ende war abzusehen. Mit der Straßenverbindung ist der Ort auch für jüngere Leute wieder attraktiv. Eine Straße für's Überleben, das hört sich für einen Mitteleuropäer verrückt an, wo wir uns doch eher vor noch mehr Straßen schützen müssen – um zu überleben. Nur ein kleines Stück hinter dem Abzweiger, an der höchsten

Stelle der Straße, fällt ein Sendemast auf. Hier sollte man auf jeden Fall einen Stop machen. Wenn du zu den Klippen nah bei der Straße gehst, findest du, so meine ich, den schönsten Küstenstreifen auf den Färöer-Inseln. Das Meer hat hier gute Arbeit geleistet, freistehende Säulen geschaffen und eine richtige Brücke geformt. Überragt wird die ganze Szenerie von der 469 m hohen Klippe Beinisvørð. Die Klippen kann man bei einer Bootstour auch von unten sehen. (1986 angekündigt für So., 2 Std., 50 DKr. Anmeldung Touristeninformation Tórshavn oder Unterkünfte auf Suðuroy, Abfahrt ab Sumba.)
Von dem Aussichtspunkt geht es weiter nach Süden nur noch bergab. Der Ort **Sumba,** den man schließlich erreicht, liegt an der Westküste. Vor dem Ort ist eine Schäre im Meer, die 19 m hohe Sumbiarholmur. Ganz wenige Schafe werden dort im Hochsommer zum Grasen rausgebracht. Von den vielen Vögeln gedüngt, soll das Gras besonders gut sein und das Schaffleisch anschließend sehr schmackhaft.
Oberhalb von Sumba zweigt von der Hauptstraße noch ein Weg zur absoluten Südspitze ab, nach **Akraberg.** Dort ist eine Wetterstation und ein Leuchtturm. Wer bei einer der deutschen Rundfunkanstalten, die einen Seewetterbericht senden, mal genauer hinhört, dem fällt vielleicht hin und wieder die Meldung von Suðuroy auf. Die kommt hier vom Akraberg, und somit ist es die im deutschen Rundfunk sicher am häufigsten genannte Stelle der Färöer.
Sechs Kilometer südlich von Akraberg, bei 61°20′22″ Nord (und 6°40′06″ West) ist dann wirklich Schluß mit den Färöer-Inseln. Dort liegen die Felsen **Sumbiarsteinur.**
Auf dem Sumbiarsteinur gibt es natürlich keine Übernachtungsmöglichkeit, wohl aber in einigen Orten auf Suðuroy. Neben dem Gasthaus in Øravik, das ich schon erwähnt habe, gibt es Hotels in Tvøroyri und Vagur. Über Privatunterkünfte erkundige dich bei der Touristeninformation in Tórshavn, oder sieh dort am Schwarzen Brett nach.

Der britische Teil des Nordatlantik

Die britischen Nordatlantik-Inseln, insbesondere die Sheltands, sind durch die Fahrtroute der *Norröna* näher an die Färöer-Inseln und an Island herangerückt. Deshalb habe ich hier eine Beschreibung angefügt. Der Teil mit den allgemeinen Reisehinweisen ist relativ knapp gehalten; hier sollen wichtige Hinweise für eine Reise auf den Shetland- und Orkney-Inseln gegeben werden, aber keine Großbritannien-Infos von A–Z. Wenn du die Shetland- und Orkney-Inseln als Teil eines Schottland-Urlaubs besuchen willst, dann empfehle ich den Schottland-Reiseführer aus der Serie Preiswert Reisen von Margit Dolezalek-Molsich. Die Autorin gibt viele Informationen über öffentlichen Transport in Schottland, die Angebote für Rundreisetickets und viele Möglichkeiten für die Anreise. Natürlich kann man von diesen Angeboten auch einige auf den Shetland- oder Orkney-Inseln nutzen, z.B. den Highlands and Islands Travelpaß. Aber wenn du die britischen Nordatlantik-Inseln im Zusammenhang mit den Färöer-Inseln und Island bereisen willst, dann sind die schottischen bzw. britischen Ermäßigungen und Rundreisepässe unwichtig, weil sie sich nicht lohnen. Selbst ein schottisches Jugendherbergsverzeichnis ist überflüssig, denn die vier Jugendherbergen, die es zur Zeit auf den Orkney- und Shetland-Inseln gibt, findest du auch in den folgenden Kapiteln über die beiden Inselgruppen.

Orkney- und Shetland-Inseln von A–Z

Adressen

Konsulate der BR Deutschland auf den Inseln:
Kirkwall (Orkney), Shore Street, Tel. Kirkwall 29 61
Lerwick (Shetland), Magnus M. Shearer, Gerthpool, Tel. Lerwick 30 70
Botschaften für Großbritannien allgemein:
BR Deutschland: 35 Belgrave Square, London SW 1 X8PZ, Tel. 235/ 50 33

Österreich: Belgrave Mews West, London SW 1 X8HU, Tel. 235/ 37 31
Schweiz: 16–18 Mantagu Place, London W 1 H2BQ, Tel. 732/ 07 01
Touristeninformationen vor Ort
Orkney Tourist Board, Kirkwall, Orkney Islands, Kw 15 INX
Shetland Tourist Organisation, Lerwick, Shetland Island, ZE1 OCU

Anreise

Viele Wege führen nach Großbritannien. Die Informationsbroschüre „Autofähren nach Großbritannien und Irland" führte zwischen dem Kontinent und England fast dreißig Linien auf, die nördlichste vom dänischen Esbjerg nach Newcastle, die südlichste von Roscoff in der Bretagne nach Plymouth in Südwestengland. Hinzu kommt natürlich auch noch die *Norröna,* die von Hanstholm auf der dänischen Halbinsel Jütland über Tórshavn auf den Färöer-Inseln nach Lerwick auf Shetland fährt.
Bei einem so vielfältigen Angebot lohnt sich natürlich ein Preisvergleich vor der Abreise. Wenn du dich informierst, dann beachte folgendes:

- Lange Fährüberfahrten sind teurer als kurze, sparen aber eventuell viele Autokilometer und manchmal auch eine Übernachtung auf der Fahrt. So kann es für Norddeutsche, die nach Nordschottland wollen, günstiger sein, mit der teuren Fähre Esbjerg-Newcastle zu fahren als mit der billigen Sally the Viking Line von Dünkirchen nach Ramsgate.
- Die bekannten, traditionellen Linien im Englandverkehr sind oft nicht die billigsten. Newcomer auf dem Markt müssen mit Billigangeboten die etablierte Konkurrenz ausstechen, wovon du dann profitieren kannst. So ist die relativ junge Sally the Viking Line von Dünkirchen nach Ramsgate preiswerter als die benachbarte, alteingesessene Staatsreederei-Linie von Ostende oder Calais nach Dover.
- Wenn du für ein paar Mark Ersparnis deine Reise jederzeit umplanen willst, dann achte auch darauf, daß einige Fähren frühe oder späte Abfahrten verbilligen. Die Regel dabei: Am teuersten sind die Abfahrten, die eine bequeme An-/Abreise zum/vom Fährhafen im Laufe des Tages zulassen. So gibt es z.B. für die Abfahrten in den Morgen- und Abendstunden ab Dünkirchen bei der Sally Line (s.o.) einen Spartarif, der einen Autotransport deutlich billiger macht gegenüber den Abfahrten zur Mittags- und Nachmittagszeit. Auf den längeren Strecken sind dafür Nachtfahrten teurer als Tagesfahrten, dies gilt unter anderem für Vlissingen–Sheerness und Hoek van Holland–Harwich. Hier soll der Kunde dafür mehr zahlen, daß er ausgeruht nach einer gemütlichen

Nacht an Bord im Reiseland ankommt. Ein PKW kostet dann bei einer Tagesabfahrt zwischen 50 und 70 DM weniger pro Strecke.

- Studentenermäßigungen auf die Personenpassage geben wenige Linien. Du solltest bei der Buchung aber immer danach fragen. Zu Studentenermäßigungen auf der DFDS-Linie Esbjerg–Newcastle findest du mehr unter dem Stichwort „Anreise Färöer", da die gleichen Besonderheiten gelten wie auf der Route nach Esbjerg–Tórshavn!
- Wenn du mit dem Auto unterwegs bist, achte bei Preisvergleichen darauf, wieviele Personen im Preis für das Auto eingeschlossen sind bzw. ob es ein Sonderangebot für einen PKW + eine bestimmte Anzahl Insassen gibt. Eventuell wird auch der PKW bei einer bestimmten Anzahl Insassen billiger transportiert. Zum Beispiel werden PKW bis 1,85 m Höhe auf den DFDS-Linien von Hamburg nach Harwich und von Esbjerg nach Newcastle bei vier zahlenden Insassen gratis befördert.
- Und schließlich solltest du bei Preisvergleichen darauf achten, daß bei einigen Überfahrten Mahlzeiten und Schlafsessel inklusiv sind, so z.B. auf den Schiffen der North Sea Ferries von Rotterdam und Zeebrügge nach Hull und bei der Norfolk Line von Scheveningen nach Great Yarmouth.

Wenn du ohne eigenen PKW anreist, dann gibt es neben dem Trampen noch die Möglichkeit, mit der Bahn oder dem Fernreisebus nach England und von dort weiter nach Thurso oder Aberdeen zu kommen. Hinzu kommen Reisewege mit dem Flugzeug.

Einige grundsätzliche Tips: Bahnfahren ist in Großbritannien kein billiges Vergnügen. Eine reguläre Fahrkarte von Köln zu den Fährhäfen Richtung Orkney- oder Shetland-Inseln kostet etwa 280 DM. Für unter 26-jährige ermäßigt sich dieser Preis beim Kauf der einschlägigen Billigfahrkarten um bis zu 100 DM. Preisbrecher sind in Großbritannien die Überlandbusse verschiedener Gesellschaften, die von London nach Schottland fahren. Man kann also eine Bahnanreise nach London mit einem preiswerten Bus ab dort kombinieren oder mit dem Europa Bus der „Deutschen Touring GmbH" schon ab einigen deutschen Städten per Bus reisen. Für den Streckenabschnitt bis London spart die Busreise aber nur wenig Geld.

Über Bahn- und Busanreise kann jedes Reisebüro in Deutschland ohne Schwierigkeiten informieren. Probleme gibt es aber mit den weiteren Verbindungen nach Schottland, besonders wenn man mehr wissen will als nur den regulären Fahrpreis. Wer den Gedanken verkraftet, ohne eine perfekt gebuchte Fahrt auf Tour zu gehen, der sollte sich in London

vor Ort nach einer Weiterreisemöglichkeit umsehen. Für die Bahnreisen solltest du dich nach Sondertarifen erkundigen, die aber nicht für alle Züge gelten (z.B. Intercity Saver für Hin-/Rückfahrkarte oder Nightrider für einfache Fahrt über Nacht. Nightrider London–Aberdeen z.B. ca. 75 DM). Für unter 26-jährige gibt es im Viktoria Bahnhof eine Verkaufstelle von Transalpino.
Während Bahnreisende nur auf den nächsten Bahnhof zu gehen brauchen – Richtung Ostschottland empfiehlt sich gleich der entsprechende Londoner Bahnhof Kings Cross – um eine Fahrkarte und die notwendigen Informationen zu bekommen, ist das mit den preiswerteren Bussen schon schwieriger. Sie fahren von verschiedenen Stationen innerhalb Londons ab.
Hier die wichtigsten Abfahrtsstellen und die Anschriften für die Busse, die für eine Anreise Richtung Shetland- oder Orkney-Inseln wichtig sein können:
Newton's Coaches fahren ab dem Royal National Hotel, off Russel Square, und haben ihr Hauptquartier in Dingwall IV15 9QF, Tel. 03 49/ 6 30 00 (London–Inverness ca. 65 DM. Anschluß nach Wick/Thurso ca. 20 DM).
Stagecoach startet in London vor der Midland Road, Kings-Cross, und hat das Hauptquartier in Perth PH2 8AG, Tel. 07 38/ 3 34 81 (London–Aberdeen ca. 55 DM).
Und die Scottish-Bus-Group läßt ihre Busse von der Victoria Coach Station in London abfahren, während das Hauptquartier in Edinburgh EH2 4LX, Tel. 031/ 2267491 zu erreichen ist.
Bei allen Bus- und Zugverbindungen ist ein Umsteigen in London unumgänglich, Richtung Orkney auch in Inverness. Bei den Busverbindungen muß man eventuell auch Strecken in Schottland mit Bussen anderer Gesellschaften zurücklegen. Stagecoach fährt z.B. nur bis Inverness, wenn man zu den Orkneys will.
Ich habe die Erfahrung gemacht, daß leider auch das Britische Fremdenverkehrsamt in Frankfurt überfordert ist, wenn man nach einer aktuellen Übersicht über das Busangebot fragt. Dabei sind gerade die privaten Preisbrecher interessant. Nicht nur weil sie das Reisen billiger machen, sondern auch weil sie versuchen, mit ihren Serviceleistungen die Konkurrenz auszustechen. Da wird man während der Fahrt von netten Bushostessen umsorgt, während man sich per Video von Filmen berieseln lassen kann.
Wer sich vor Ort nach den Preisen erkundigt, sollte anfragen, ob die jeweilige Gesellschaft Studentenermäßigungen gibt. Bei der Scottish-Bus-

Group gibt es das zum Beispiel: Studenten mit einem Internationalen Studentenausweis (ISTC) zahlen hier etwa zwei Drittel des normalen Preises. Busfahrkarten kosten, je nach Linie und Gesellschaft, etwa 50 bis 75 % einer Eisenbahnfahrkarte.
Der letzte Sprung auf die Inseln erfolgt für Auto-, Zweirad-, Bahn-, Bus- und Trampreisende mit den Schiffen ab Scrabster und John O'Groats Richtung Orkney und ab Aberdeen Richtung Shetland. Die Fähre ab John O'Groats befördert keine PKW. Zwischen den nächstgelegenen Bahnhöfen und den Fähranlegern bestehen Busverbindungen.
Wer durch die Luft auf die Orkney- oder Shetland-Inseln reisen möchte, kann dabei nicht mit einem einfachen Direktflug rechnen und vor allem nicht mit billigen Charterflügen. Es gibt einen Charterflug über den Kanal, und man bekommt ihn ohne Probleme, wenn man in das nächstbeste Reisebüro geht. Aber dann wird es schwierig: Wie kommt man nach Schottland und wie von dort auf die Inseln?
Fast alle Wege führen über London. Nur einmal pro Werktag gibt es von Düsseldorf einen Flug über Birmingham nach Edinburgh und einen über Manchester nach Glasgow. Wenn man über London fliegt, muß man dort das erste Mal umsteigen. Ein zweites Umsteigen ist dann auf einem schottischen Flughafen erforderlich. Zwei Gesellschaften fliegen letztendlich auf verschiedenen Routen die Inseln an:

- Loganair, nach der Eigenwerbung „Scotland's Airline", fliegt regelmäßig von Inverness und Edinburgh über Wick die Orkneys an und von Edinburgh auch Lerwick (Tingwall Airfield) auf den Shetlands. Die Loganair bietet einen sogenannten „Non Directional Return" als Möglichkeit, Geld zu sparen: Danach muß man mindestens fünf Tage, höchstens einen Monat am Zielort bleiben. Zwischen Hin- und Rückflug muß ein Wochenende liegen. Ein „Non Directional Return" Edinburgh–Lerwick kostete 1986 zum Beispiel 126,50 £, ein einfaches Tikket 94,50 £ für die gleiche Strecke.

- British Airways betreibt mit ihrer Highland Division Fluglinie von Edinburgh und Glasgow über Aberdeen und Inverness nach Kirkwall und Sumburgh (Shetland). An Werktagen zweimal, samstags einmal gibt es Flüge vom schottischen Festland nach Sumburgh mit Zwischenlandung in Kirkwall. British Airways bietet auf Flügen zu den Orkneys und den Shetlands zwei Rabattmöglichkeiten: Der „New UK Savers" bietet eine Ermäßigung bei Hin- und Rückflugtickets. Dabei muß zwischen Hin- und Rückflug mindestens eine Samstagnacht liegen, höchstens ein Monat. Der „Early Saver“ bietet Rabatt, wenn das Tikket mindestens einen Monat, in manchen Fällen 14 Tage, vor dem Abflug gebucht und bezahlt wird. Zum Beispiel soll 1986 ein Flug Glasgow–Sumburgh kosten: regulär einfach 107 £, hin und zurück mit dem „New UK Saver“ 140 £ und bei Buchung und Bezahlung 14 Tage vor Flug 121 £. Ein einfacher Flug, einen Monat voraus gebucht und bezahlt, kostet rund zwei Drittel des normalen Tickets.

Über aktuelle Preise und Abflugzeiten kann man sich in den Büros der British Airways oder bei den zuständigen Hauptverwaltungen der Fluglinien informieren. Dort sollte auch im Frühjahr bekannt sein, ob British Airways die 1985 eingeführten Flüge einmal pro Woche zwischen Bergen (Norwegen) und Shetland weiterführt.

Die wichtigsten Anschriften für den Flugverkehr: British Airways, Glasgow Airport, Paisley, Renfrewshire, Tel. 0 41/ 8 87 11 11.

Loganair, Glasgow Airport, Paisley, Renfrewshire, Tel. 0 41/ 8 89 31 81.

Und die Telefonnummern der Gesellschaften auf den wichtigsten Flugplätzen:

British Airways, Aberdeen, Dyce Airport, 02 24/ 72 23 31
British Airways, Edinburgh Airport, 0 31/ 3 33 10 00
British Airways, Glasgow Airport, 0 41/ 8 87 11 11
British Airways, Inverness, Dalcross Airport, 0 66 76/ 22 80
British Airways, Kirkwall Airport, 08 56/ 22 33
British Airways, Sumburgh Airport, 0 95 06/ 3 45
Loganair Edinburgh, 031/ 3 44 32 82
Loganair Inverness, Dalcross Airport 0 66 76/ 23 31
Loganair Kirkwall, 08 56/ 30 25
Loganair Lerwick, Tingwall Airport 05 95 84/ 2 46

Achtung: Sumburgh Airport wird international als „Lerwick“ geführt! Bei Anfragen darauf achten!

Naturschutz

Die Natur ist auf den britischen Nordatlantik-Inseln interessant, aber auch schützenswert. Und selbst die Ölverschiffungsanlagen von Sullom Voe vor Augen, müssen folgende Regeln beachtet werden:

- Keine wilden Tiere in ihren Behausungen stören oder die Behausungen und ihre Zugänge in irgendeiner Weise verändern.
- Eine Reihe von Tieren steht unter Schutz, und damit nicht versehentlich ein falsches getötet wird, solltest du am besten alle am Leben lassen.

- Viele Pflanzen sind ebenfalls geschützt, und hier gilt das gleiche, was auch bei den Tieren gilt: Wer nichts abpflückt, kann auch nichts Falsches abpflücken. Wilde Pflanzen dürfen auf keinen Fall mit der Wurzel aus der Erde gerissen werden.
- Wer nistende Vögel fotografiert, kann mit dem Gesetz in Konflikt geraten, soweit es sich um geschützte Vögel handelt. In solchen Fällen benötigt man die Genehmigung zum Fotografieren vom Nature Conservancy Council, 12 Hope Terrace, Edinburgh EH9 2AS. Dort bekommt man auch genaue Listen der gesetzlich geschützten Tiere und Pflanzen.

Besondere Rücksicht wird natürlich in den Naturschutzgebieten erwartet.

Notfälle

Großbritannien hat ein zentralisiertes staatliches Gesundheitswesen. Du wirst in Notfällen kostenlos behandelt.
In den großen Orten wie Kirkwall, Stromness auf den Orkney- und Lerwick, Scalloway auf den Shetland-Inseln sind in den örtlichen Krankenhäusern täglich Ärzte bereit. Auf die kleineren Inseln kommen sie aber meist nur einmal pro Woche. Erkundige dich bei Einheimischen, wenn nötig, wann und wo ein Arzt zu treffen ist. Auf Anfrage erhält man auch bei den Touristeninformationen in Kirkwall oder Lerwick aktuelle umfassende Information.
In der Regel ist in Großbritannien der Notruf über 999 zu erreichen. Regionale Abweichungen sind in Telefonhäuschen deutlich sichtbar angegeben. Außerdem gibt es überall auf den Inseln noch Handvermittlungen (Operator), die in Notfällen die richtige Verbindung herstellen.

Öffnungszeiten

Banken

Banken haben in Großbritannien Mo.–Fr. von 9 bis 12.30 und von 13.30 bis 15.30 Uhr geöffnet, donnerstags bis 18.30 Uhr. Auf den Inseln gibt es nur in größeren Orten Bankfilialen. Auf dem Land und auf den kleineren Inseln kommen mehr oder minder häufig fahrende Banken vorbei.

Geschäfte
Die genauen Öffnungszeiten lassen sich nicht generell bestimmen. Aber zwischen 9 und 17.30 Uhr findet man die meisten Geschäfte geöffnet vor. Es wird aber oft eine Mittagspause gemacht.
In der Woche gibt es in allen größeren Orten einen Early Closing Day, einen Tag, an dem die Geschäfte früher schließen. In Lerwick und in Kirkwall ist es der Mittwoch. Informiere dich vor Ort.
Das gleiche gilt für die nicht genau aufzulistenden Bank-, Public oder Local Holidays. Die Touristeninformationen haben in der Regel in ihren jährlichen Broschüren die Daten aufgelistet, an denen die Geschäfte, Banken usw. geschlossen sind.

Kneipen
siehe unter Pubs

Post
Die Posthäuser haben Mo.–Fr. von 9 bis 12.30 und von 13.30 bis 17.30 Uhr und samstags von 9 bis 12.30 Uhr geöffnet. Auf dem Land sind die Posthäuser nicht unbedingt in eigenen Gebäuden untergebracht. Oft sind sie Teil eines Ladens, der dann aber durch ein Postzeichen kenntlich gemacht ist.

Pubs
Über die Öffnungszeiten oder besser über die Schließzeiten der Pubs können sich ausländische Touristen stundenlang unterhalten. Aber ändern tut das nichts. Von 11 bis 14.30 und von 17 bis 23 Uhr darf ausgeschenkt werden, danach muß man selbst sehen, wie und wo man weitertrinkt. Der Ausschankschluß wird meist durch ein unüberhörbares Signal angekündigt. Wer nicht kapiert, was das bedeutet, der sollte sich die Einheimischen ansehen, die dann nämlich schnell noch einmal bestellen.

Restaurants
Die Öffnungszeiten lassen sich nicht generell bestimmen. In der Regel gibt es im Laufe des Vormittags den sogenannten Morning Coffee bis etwa 12 Uhr. Lunchtime, die Zeit des leichten Mittagessens, ist selten länger als bis 14 Uhr. Am Nachmittag – wird aber nicht überall angeboten – gibt es den Afternoon-Tea und mit Öffnungszeiten bis maximal 23 Uhr am Abend das Dinner. Die Öffnungszeiten von Schnellrestaurants passen sich meist den Eßzeiten der Einheimischen an, aber hier ist es fast unmöglich, irgendwelche Regeln aufzustellen.

Reisen zwischen den britischen Nordatlantik-Inseln

Zwischen den Orkney- und den Shetland-Inseln sind die Verbindungen dürftig, so sieht es auf jeden Fall bei Redaktionsschluß dieses Buches aus. Der 1985er Versuch, eine regelmäßige Schiffsverbindung zwischen den Inselgruppen einzurichten, ist nach der Hälfte der Saison kläglich gescheitert, die Reederei stellte kurzerhand den Dienst ein. Dabei lag es nicht am Passagiermangel, sondern an mangelnden Subventionen. Sollte die öffentliche Hand sich noch spendabel zeigen, ist vielleicht noch irgendwann mit einer Neuauflage zu rechnen. Eine Anfrage bei den örtlichen Touristenbüros kann nicht schaden, die werden es sicher früh wissen.

Wenn man nicht den Umweg über Aberdeen machen will, bleibt also nur der Weg durch die Luft mit den Flügen der British Airways. (Voraussichtliche Preise 1986: einfach 39 £, Early Savers return 46 £. 14 Tage voraus gebuchter Einfach-Flug etwa zwei Drittel des regulären.) Wer viel Glück hat und ein notwendiges Stehvermögen, der kann auch eine der zwölf wöchentlichen Passagen auf der St. Magnus bekommen. Die fährt aber nur in Nord-Süd-Richtung, also von den Shetlands zu den Orkneys. Das ist eine Teilstrecke des wöchentlichen Rundkurses, den der Roll-on-Roll-off-Frachter absolviert. Eine Überfahrt auf der St. Magnus kostete 1985 pro Person inklusive Kabine 25.90 £. PKW konnten zum Preis von 63 £ mitgenommen werden. Passagen auf der St. Magnus sind nur schwer zu buchen. Man kann sich etwa eine Woche vor der voraussichtlichen Abfahrt in eine Interessentenliste eintragen lassen und dann am letzten Werktag vor der endgültigen Abfahrt das Ticket kaufen. Diese Prozedur erfordert mehrere Gänge zum Büro der P&O Ferries in Lerwick am Hafen. Es ist also einige Zeit aufzuwenden, die man dann auch in Lerwick gebunden ist.

Telefonieren auf den Orkney- und Shetland-Inseln

Neben den bekannten roten Telefonzellen gibt es wohl in fast allen Hotels und Pubs öffentliche Münzfernsprecher sowie Telefone ohne Münzeinwurf auf den Postämtern. Münzfernsprecher können angerufen werden, wenn sie nicht den Vermerk „Outgoing calls only“ auf der Mitte der Wählscheibe tragen. Die Nummer des Anschlusses und das Ortsnetz findet man ebenfalls in der Mitte der Wählscheibe. Die Nummer des

Ortsnetzes muß man dann gesondert herausfinden. In den roten Telefonzellen stehen sie auf einer Liste an der Wand. Zur Verwirrung Fremder gibt es in Großbritannien aber Nahbereichsvorwahlen und Fernvorwahlen. Auf den Schautafeln der Telefonzellen sind die Nahbereichsvorwahlen besonders hervorgehoben, die wichtigen Fernvorwahlen findet man im Kleingedruckten. Im Zweifelsfall kann man die Ortsnetzkennzahl bei „Enquiries“ erfragen (Nummer ist bei Münzfernsprechern angegeben).
Münzen werden in Großbritannien erst in den Münzautomaten gedrückt, wenn die Verbindung zustandegekommen ist. Solange das Geld durchfällt, ist die Verbindung unterbrochen. Ein Piepton kündigt das Gesprächsende an, falls nicht nachgedrückt wird. Zuviel gezahltes Geld wird nicht erstattet. Verbindungen von und nach den Shetland- und Orkney-Inseln sind in der Regel gut, Schwierigkeiten bereiten dagegen oft die Münzautomaten (Geld klemmt usw.).
Beispiel für Anruf von der BR Deutschland nach Lerwick/Shetland 05 95 / 43 21: Internationales Netz 00, Vorwahl GB 44, Vorwahl Lerwick ohne 0 595, Anschluß 43 21 = 00 44/ 5 95/ 43 21.
Hier die wichtigsten **Vorwahlnummern:**
Von den Inseln ins Ausland
BR Deutschland 010-49-
Österreich 010-43-
Schweiz 010-41-
Innerhalb der Inseln
Die Ortskennzahl des Ortes, den man anrufen will, ist der Schautafel in den Telefonzellen zu entnehmen oder bei der Telefoninformation zu erfragen. Ich habe in der folgenden Beschreibung meist nur die Teilnehmernummern angegeben und den Namen des Ortsnetzes. Innerhalb der einzelnen Inselgruppen haben in der Regel Nahbereichsvorwahlen Gültigkeit, Ausnahmen sind abgelegene Inseln wie Fair Isle und Foula bei den Shetlands.

Orkney

Die Orkney-Inseln sind eine Gruppe von 67 Inseln, die eine Fläche von 974 Quadratkilometern bedecken. Sie liegen an der kürzesten Stelle 9,6

Kilometer nördlich des schottischen Festlandes. Etwas mehr als 19.000 Menschen leben auf den Inseln, die meisten von Ackerbau und Viehzucht. Die Fischerei hat wenig Bedeutung, wenn, dann nur bezüglich Spezialitäten wie Hummer und Krabben oder zur Unterhaltung der Touristen.
Die größten und wichtigsten Orte sind Kirkwall (6.700 Einwohner) und Stromness (2.150 Einwohner).

Aktivitäten

Wer nicht nur schauen will, der kann auch an einigen Aktivitäten teilnehmen, unter anderem: Golf auf vier Golfbahnen (Kirkwall, Stromness, Sanday, Westray), Segeln, Tauchen, Reiten und Angeln. Informationen zu den jeweiligen Dingen über die Touristeninformationen.

Anreise

Der letzte Sprung auf die Orkneys kann mit dem Schiff von Süden kommend über Scrabster (bei Thurso) oder über John O'Groats geschehen. Von Scrabster fährt 1–3mal täglich ganzjährig eine Autofähre der P&O Lines nach Scrabster. Fahrzeit ca. zwei Stunden. Preise: PKW einfache Fahrt ab 95 DM, Hin- und Rückfahrt ab 165 DM, Wohnmobil einfache Fahrt ab 146 DM, Hin- und Rückfahrt ab 247 DM, pro Person einfache Fahrt 29 DM. Fahrräder einfache Fahrt 10 DM, Hin- und Rückfahrt 17 DM. Alle Angaben 1986 Hochsaison (1.6.–30.9.) nach Auskunft des deutschen Agenten der P&O: J.A. Reinecke, Hamburg (siehe unter Adressen).
Von John O'Groats fährt mehrmals täglich eine Passagierfähre nach Burwick auf South Ronaldsay. Von Thurso Bahnhof und von Kirkwall bestehen Busverbindungen zu dieser Fähre. Fahrzeit 45 Minuten, Preis ca. 20 DM, keine Vorbestellungen möglich.
Zur Fluganreise s.o. Orkney und Shetland von A – Z unter „Anreise".

Essen

Die Liste der Restaurants, Cafés und Pommes Buden ist lang. Auch in den Hotels kann man preiswert essen, besonders das täglich wechseln-

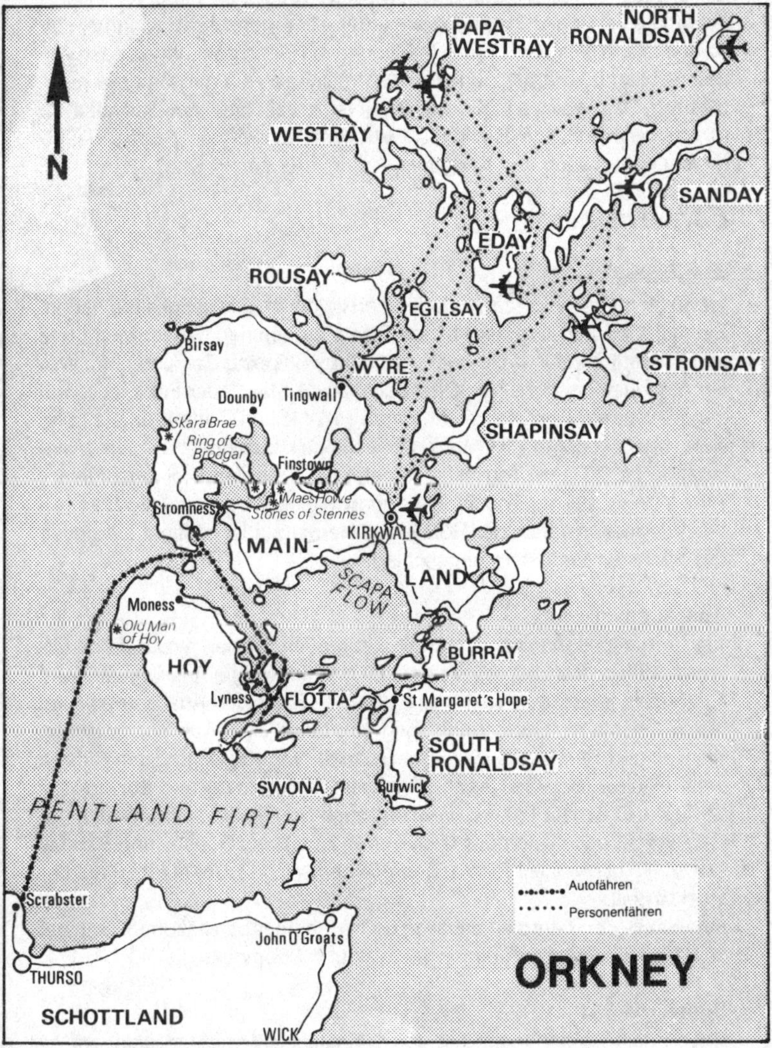
N
PAPA WESTRAY
NORTH RONALDSAY
WESTRAY
SANDAY
EDAY
ROUSAY
EGILSAY
Birsay
WYRE
STRONSAY
Dounby
Tingwall
Skara Brae
Ring of Brodgar
SHAPINSAY
Finstown
Maes Howe
Stones of Stennes
Stromness
KIRKWALL
MAIN-
LAND
SCAPA FLOW
Moness
Old Man of Hoy
HOY
BURRAY
Lyness
FLOTTA
St. Margaret's Hope
SOUTH RONALDSAY
SWONA
Burwick
PENTLAND FIRTH
Autofähren
Personenfähren
Scrabster
John O'Groats
THURSO
ORKNEY
SCHOTTLAND
WICK

de Mittagsangebot. Ich kann eigentlich keinen Tip geben, weil ich bei diesem großen Angebot natürlich nicht alles selbst kennengelernt habe. Ich fand es aber nirgendwo extrem teuer – und wenn du vom Norden, also aus Island, von den Färöer-Inseln und mit Einschränkungen auch von den Shetlands kommst, dann ist das Preisniveau auf den Orkneys paradiesisch. Das, was ich in Kirkwall im Hotel zu essen bekam, das hätte ich für das gleiche Geld in Island nicht selbst kochen können: Suppe, Hauptgericht – Kochfisch und Kartoffeln – Kaffee für ca. 10 DM.

Fortbewegung

Autofahren

Wenn du immer links fährst, dürftest du keinerlei Schwierigkeiten haben. Ein Auto mit auf eine der kleinen Inseln zu nehmen, ist schwierig und teuer. Informationen dazu über die Orkney Shipping Company Ltd. Wer ein Auto leihen will, hat die Qual der Wahl. An fast jeder Ecke, auch auf den kleinsten Inseln, kann man einen PKW leihen. Jede Werkstatt und viele Hotels verleihen PKW. Die Preise liegen, zumindest auf dem Mainland, bei ca. 20 £ pro Tag inkl. Kilometer. Hier alle Verleiher aufzuführen, wäre sinnlos, bei der Touristeninformation gibt es eine aktuelle Liste. An den Informationstafeln der Hotels und Herbergen ist häufig die Adresse des nächsten Verleihers angeschlagen.

Busse, öffentliche

Die Verbindungen mit öffentlich verkehrenden Bussen sind auf den Orkneys dürftig. Sie beschränken sich – bis auf wenige Ausnahmen – auf das Mainland und dort auch nur – wieder mit wenigen Ausnahmen – auf die Wochentage. Gute Verbindungen gibt es eigentlich nur zwischen Kirkwall und Stromness (Mo.–Sa. 5–7mal), von Kirkwall zu den Fähren nach Houton (Mo.–Sa. 2mal), Tingwall (täglich 2mal) und Burwick (zu den John O'Groats Fähren, verkehrt auch So.) sowie am Kirkwall Flugplatz vorbei nach Deerness (Mo.–Sa. 2–3mal). Auf Rousay und Sanday gibt es ein begrenztes Platzangebot in dem Wagen, der die Post auf der Insel verteilt.
Einen aktuellen Fahrplan mit allen wichtigen Angaben bekommt man bei den Touristeninformationen in Kirkwall und Stromness.

Busse, Touren

Neben den Verbindungen mit den öffentlichen Verkehrsmitteln gibt es sehr preiswerte Rundfahrten zu den Hauptsehenswürdigkeiten des

Mainlands. James D. Peace & Co, Junction Road, Kirkwall, fährt täglich von Kirkwall aus eine Tour über das Westmainland (Mo.+Do. im Sommer auch ab Stromness). Buchungen sind empfehlenswert.
Go-Orkney, 6 Old Scapa Road, Kirkwall, Tel. 42 60, bietet ein täglich wechselndes Programm, bei dem alle Sehenswürdigkeiten besucht werden. Die Preise (1985) liegen zwischen 2.50 £ (Studenten 1.50) für eine zweistündige Fahrt und 6 £ (Studenten 4.50) für eine Tagesfahrt von sieben Stunden. Bei einem Teil der Fahrten ist ein Zustieg in Stromness möglich. Informationen und Buchungen über Go-Orkney direkt oder über die Touristeninformationen. Eine Platzbestellung ist zu empfehlen, da bisher nur mit einem 19-Sitzer gefahren wird. Die Fahrten von Go-Orkney sind gut geführt und meines Erachtens sehr zu empfehlen.

Fliegen

Loganair fliegt von Kirkwall verschiedene Nordinseln an (siehe dort). Air Orkney ist eine Flugtaxi Firma, die ebenfalls ab Kirkwall Flugplatz operiert.

Schiffahren

Die wichtigsten Dinge zu den Schiffsverbindungen habe ich in der Beschreibung der Reiseziele angegeben. Deshalb hier nur die Adressen der Reedereien:
Für Passagiere und Fracht zu den Nordinseln sowie Autofähre von Houton zu den Südinseln: Orkney Islands Shipping Company Ltd., 4 Ayre Road, Kirkwall, Tel. Kirkwall 20 44 (Vorwahl 08 56)
Für Passagierdienst zu den Nordinseln: Wide Firth Ferry Ltd., Horries, Deerness, Tel. Deerness 3 51 (Vorwahl 08 56 74)
Für Rousay, Egilsay und Wyre: Flaw Ferries, Castehall Wyre, Tel. Wyre 213 (Vorwahl 085682).
Für Hoy ab Stromness: Captain Sutherland, Hoy Sailings, 126 Victoria Street, Stromness, Tel. Stromness 850678 (Vorwahl 0856).

Trampen

Habe ich versucht, weil die Busse so selten fuhren, und es hat prima geklappt.

Übernachtungen

Orkney Tourist Board gibt in jedem Jahr eine aktuelle Liste mit fast allen Übernachtungsmöglichkeiten auf den Inseln heraus. Darin sind neben

Hotels und Pensionen drei Arten von Übernachtungsmöglichkeiten enthalten, die ich hier nicht im Detail aufführen will: alle B&B Häuser, alle Häuser mit Selbstversorgung und alle Mietwohnwagen. In der Liste des Tourist Board (Titel: „Where To Stay In 19..) fehlen die preiswertesten Übernachtungsstellen, die zahlreichen Herbergen, die nur zum Teil dem Jugendherbergsverband angeschlossen sind. (Eine Hotelliste im Anhang)

Pensionen und Herbergen folgt am Ende des Kapitels.

B&B (Bed & Breakfast) ist das Zeichen für Privatzimmer, die für eine oder mehrere Nächte inkl. Frühstück vermietet werden. Die Preise auf den Orkneys liegen ab 5 £ aufwärts. In einigen Häusern – obwohl es eigentlich die traditionellen B&B-Grenzen überschreitet – gibt es auch ein Abendessen. Die Preise liegen dann bei etwa 10 £. Die meisten angebotenen B&B-Zimmer sind Doppelzimmer, du kannst sie in der Regel aber auch alleine mieten. Natürlich werden Einzelreisende erst in den Abendstunden gerne aufgenommen, wenn der/die Vermieter/in merkt, daß das Zimmer an ein Paar nicht mehr zu vermieten ist.

Häuser mit Selbstversorgung (Self Catering) gibt es wochenweise zu Preisen zwischen 30 £ und 180 £ pro Woche zu mieten. **Mietwohnwagen (Caravans for hire)** kosten zwischen 10 und 70 £, wobei Preise von 25/30 £ normal sind. Häuser und Wohnwagen sollte man frühzeitig buchen, besonders für die Monate Juli und August. Buchungen aus dem Ausland sind am sichersten über Orkney Tourist Board, da von dort ein vergleichbares Angebot gemacht wird, wenn das Gewünschte schon vermietet ist. Buchungen direkt beim Vermieter sind natürlich auch möglich.

Camping

Man kann auf den Orkneys eigentlich überall zelten, nur sollte man auf jeden Fall erst den Landbesitzer um Erlaubnis fragen, und einen Besitzer gibt es auf den Orkney-Inseln für fast jeden Flecken Erde, auch wenn das Land nicht unbedingt sehr kultiviert aussieht. Auf dem Mainland und auf einigen der kleineren Inseln gibt es Campingplätze. Die Übernachtung kostet pro Zelt 1.50 bis 2.05 £.

Campingplätze Mainland: Kirkwall, Pickaquoy Park, Pickaquoy Road (nahe der Straße A965 Stromness–Kirkwall); Stromness, Ness Site (am Südende von Stromness).

Süden, Insel Hoy: Burnmouth Cottage, Rackwick.

Norden, Insel Shapinsay: Whitecleat.

Reisen auf den Orkney-Inseln

Spuren haben schon viele auf den Orkneys hinterlassen. Auf Papa Westray, ganz im Norden der Inselgruppe, glauben Forscher, die ältesten Häuser Nordwesteuropas entdeckt zu haben: Knap of Howar. Untersuchungen haben ergeben, daß die Häuser, deren Reste man dort auf Papa Westray sehen kann, zwischen 3500 und 3100 v.Chr. entstanden sind. Etwas später entstand wohl Skara Brae, die für mich eindrucksvollste Hinterlassenschaft der Frühzeit-Siedler.

Und dann haben sie alle irgendetwas stehen lassen, haben die Orkneys zu einem historischen Freiluftmuseum gemacht. Stein- und Bronzezeitler haben Hügelgräber, Erdhäuser, steinerne Kultstätten gebaut. Pikten haben Brochs hinterlassen, Wikinger Reste ihrer Langhäuser. Nach der Christianisierung kamen Kirchen und Kapellen hinzu, und die schottischen Grafen, die im Mittelalter die Macht von den Wikingern übernahmen, bauten später Burgen und Schlösser. Die Neuzeit brachte die Hinterlassenschaft des Zweiten Weltkrieges, die „Churchill Barriers", Barrieren zum Schutz des Flottenstützpunktes Scapa Flow vor feindlichen, damals deutschen, U-Booten. Und heute, da errichten auf den südlichen Inseln die Öl- und Gasleute ihre Monumente.

West-Mainland

Stromness

Kommt man mit der großen Fähre von Scrabster, so hat man schon vom Schiff einen Blick auf das langgestreckte **Stromness,** den wichtigsten Ort des West-Mainland mit dem besten Hafen der Orkneys. Eine graue Stadt zeigt sich, aber nicht grau im mitteleuropäischen Sinne, also trist und verdreckt, sondern grau, weil aus einem einheitlichen Baumaterial, aus grauem Stein, erbaut.

Die ältesten Häuser des heutigen Stromness sind zwar nur rund 300 Jahre alt, aber der Ort ist schon seit der Wikingerzeit als Siedlungsplatz bekannt. Die Bucht, an der Stromness liegt, hat den alten nordischen Namen Hamnavoe. Die Saga der Orkneyleute (Orkneyinga Saga) erwähnt ein Cairston, eine Stelle nicht weit vom heutigen Stromness, am Ostufer der Hamnavoe. Die große Zeit von Stromness begann Ende des

17. Jahrhunderts. Die Orkneys wurden damals Station für Schiffe, die von der englischen Westküste nach Nordamerika fahren, die letzte Stelle, wo es Frischwasser gab. Bis zum Anfang unseres Jahrhunderts hatte die Hudson Bay Company eine Station in Stromness. Bis 1891 bunkerten alle Schiffe der Gesellschaft dort Frischwasser. Am Südende von Stromness erinnert eine Gedenktafel an diese Zeiten. Und nicht nur die Hudson Bay Company Schiffe machten hier Station, auch – so steht es auf der Tafel an der Locin's Well – 1780 die Schiffe des britischen Entdeckers Captain Cook. Wohl aber ohne ihren berühmten Chef, denn den hatten Eingeborene schon im Jahr zuvor auf Hawaii erschlagen (gestorben 14. Februar 1779). 1780, als sie in Stromness Station machten, waren die Schiffe der III. Cook-Expedition auf der Rückfahrt vom Pazifik nach England. Und die Schiffe des John Franklin, eines Admirals und Polarforschers, holten sich hier in Stromness ihr letztes Wasser, bevor die Expedition auf der Suche nach der Nordwestpassage (um Kanada vom Atlantik in den Pazifik) im ewigen Eis verschwand. Bis auf wenige Ausrüstungsgegenstände und ein paar Tagebuchaufzeichnungen wurde von dieser Expedition nichts mehr gesehen – etwas, was die Tafel in Stromness verschweigt. Wer weist schon gerne auf Katastrophen und Tote hin?

Stromness profitierte später sehr vom Unglück der Welt. In den Weltkriegen ist in der Stadt das Hauptquartier der in Scapa Flow stationierten Flottenverbände der britischen Marine. Scapa Flow wird zweimal Kriegsschauplatz, aber Stromness passiert nichts. Im Stadtmuseum (Alfred Street, Mo.–Sa. mehrere Stunden täglich geöffnet) kannst du dich über die Geschichte der Stadt und das Leben in den vergangenen Tagen ausgiebig informieren. In dem Museum sind auch verschiedene Gegenstände deutscher Herkunft ausgestellt. Stücke von den Schiffen der deutschen Marine, denen nach dem I. Weltkrieg in der Bucht von Scapa Flow die Stöpsel gezogen wurden – Selbstversenkung heißt das in der Fachsprache der Militärs, eine ehrenhafte Tat: Man ergibt sich nicht dem Feind.

Stromness hat aber nicht nur Altes zur Schau zu stellen. Eine englische Kunstsammlerin, die bei vielen Ferienaufenthalten die Inseln lieben gelernt hatte, vermachte der Gemeinde Stromness eine nicht unbedeutende Sammlung britischer Kunst des 20. Jahrhunderts. Die Sammlung ist im „The Pier Arts Centre“ untergebracht, einem Haus nah beim Anleger der Fähre aus Scrabster (ganzjährig Di.–Sa. 10.30 bis 12.30 und 13.30 bis 17.00 Uhr geöffnet; im Sommer auch So. 14 00 bis 17.30 Uhr).

Ich persönlich finde, Stromness ist auch ohne die Museen, ohne die besonderen Sehenswürdigkeiten schön. Die ganze Innenstadt steht unter Denkmalschutz. Es ist einfach gemütlich, durch die engen Straßen zu schlendern, die zum Glück nie dem Autoverkehr des 20. Jahrhunderts angepaßt worden sind. Es macht Spaß, in den kleinen Läden zu stöbern, auch wenn mancher davon deutlich für den Touristengeschmack eingerichtet ist. Und in Stromness kann ich auch mit wenigen Schritten einen Sprung in einen anderen Teil der Welt machen: Ich brauche nur eben von der Hauptstraße abzubiegen, und schon bin ich auf dem Khyber Paß. Niemand braucht in das Krisengebiet zwischen Afghanistan und Pakistan zu reisen, wenn er diesen legendären Paß bezwingen will. Khyber-Paß heißt eine der kleinen Verbindungen zwischen der Hauptstraße in der Unterstadt und den Wohngebieten auf dem Stadthügel.

Stromness hat preiswerte Unterkunftsmöglichkeiten in der Jugendherberge des schottischen Jugendherbergsverbandes, in einer privaten Herberge (Mrs. Brown, 47 Victoria Street) und in mehreren B&B-Häusern. Am Hafen, direkt beim Anleger der P&O-Fähre aus Scrabster ist eine Touristeninformation, die Unterkünfte vermittelt. Die Information ist bei Schiffsankünften (außer nach 22 Uhr) geöffnet.

Aufs Land

Aus eigener Erfahrung der Tip: Mach die erste Bekanntschaft mit den Orkneys per Rad. Bei meinen ersten beiden kurzen Orkney-Besuchen habe ich nur von Stromness aus Fahrradtouren gemacht, habe Kirkwall erst beim dritten Aufenthalt besucht und die kleinen Inseln dann bei der vierten Reise:

An der **A 965,** knapp 4 km von Stromness entfernt, kurz hinter der Bridge of Waithe, liegt das Unstan-Kammergrab auf einer Landzunge, die in das Loch of Stenness hineinragt. Bei dem Gehöft vorn an der Straße gibt es die Schlüsel.

Das Grab von Unstan gehört zur Gruppe der Orkney-Cromarty–Hebridian-Gräber. Dies ist eine wissenschaftliche Klassifizierung für einen Kammergrab-Typ der Megalithkultur, der im atlantischen Teil Nordeuropas weit verbreitet ist. Neben dem Unstan-Grab gibt es im Bereich der Orkneys auf der Insel Rousay (Nordinseln) noch vier Gräber dieses Typs. Die zentrale Grabkammer ist gangförmig, und durch hohe, flache Steine sind einzelne Abteilungen entstanden. In Unstan erfolgt der Eingang in die eigentliche Grabkammer von der Seite, während bei anderen Gräbern dieses Typs (z.B. Knowe of Yarso und besonders Midhowe – beide auf Rousay) die Grabkammern und der Eingangsstollen auf einer Graden liegen.

Das Unstan-Grab ist über 13 m im Durchmesser. Der Eingangsgang, durch den man sich zwängen muß, ist 5,9 m lang. In der dem Eingang gegenüberliegenden Wand ist eine Seitenzelle eingelassen. In Unstan wurden bei den Ausgrabungen 1884 Tonschalen gefunden, die als „Unstan Ware" einen bestimmten Typus von frühzeitlichem Steingut den wissenschaftlichen Namen gaben. Das Grab von Unstan wird vielleicht 4–5000 Jahre alt sein, eine genaue Datierung gibt es nicht.
Fährt man von Unstan auf der A 965 weiter Richtung Kirkwall, liegt nach etwas mehr als drei Kilometern links von der Straße ein weiteres Kammergrab, **Maes Howe.** Maes Howe gab seinen Namen einer ganzen Klasse von Megalithgräbern. Der Maes-Howe-Typ hat einen langen Gang, der in eine zentrale Grabkammer führt, in deren Wände einzelne Bestattungszellen eingelassen sind. Drei sind es in Maes Howe. Der Gang, der in den Hügel, hinter dem Maes Howe liegt, hineinführt, hat es schon in sich. Ein ausgeklügeltes Türsystem und die geniale Verbindung dreier riesiger Steinplatten (eine davon 5,6 m x 1,3 m x 0,18 m) zu einem Gang zeigen, daß hier Baumeister am Werk waren, die den Vergleich mit ihren Kollegen dieser Zeit im Mittelmeerraum nicht zu scheuen brauchen, zumal Maes Howe – so zeigen Radiocarbon-Analysen – vor 2700 v.Chr. entstanden ist, also etwa zeitlich mit den ersten Pyramiden in Ägypten.
Maes Howe konnte aber das nicht nicht bieten, wofür es gebaut war: ewige Ruhe für die Begrabenen. Im 12. Jahrhundert plünderten Wikinger das Grab. Sie kritzelten die Wände voll mit sinnigen und unsinnigen Stories: „Der ist gut drauf, der den großen Schatz findet" und „Hakon brachte den Schatz allein aus dem Hügel". Später kratzten Kreuzfahrer Sprüche in die Wände. All diese Spuren sind als Runeninschriften heute Objekte der Wissenschaftler, die natürlich auch in das Kammergrab eingedrungen sind. 1861 krabbelten die ersten von oben hinein – weshalb das Dachgewölbe (meist geweißt) rekonstruiert ist. Später, von innen nach außen forschend, entdeckten sie auch den Eingang, durch den man sich jetzt für einen geringen Eintritt in die Grabkammer führen lassen kann (0.50 £ Sommer Mo.–Sa. 9.30 bis 19 Uhr und So. 14 bis 19 Uhr).
Von Maes Howe in westlicher Richtung, an der Nebenstraße **B 9055,** sieht man schon die Stones of Stenness und vielleicht auch, wenn das Wetter gut ist, den Ring of Brodgar. Zwei Landzungen, die mit einer kleinen Brücke verbunden sind, trennen die beiden Lochs of Harray und of Stenness. Auf der östlichen Landzunge findet man die **Stones of Stenness,** hohe Steine, die sehr eindrucksvoll in der Umgebung erscheinen und doch nur die Reste einer ehemals viel größeren Kultstätte sind. Es

waren wohl im Original zwölf Steine, aber nur noch die beiden südlichen, die zur Straße hin, sind unverändert an ihrem Platz. Die anderen, die heute noch zu sehen sind, sind schon einmal umgefallen bzw. umgestoßen und später wieder aufgestellt worden. Die Stones of Stenness sind wahrscheinlich zu Beginn des 3. Jahrtausends vor unserer Zeitrechnung entstanden. Folgt man der Straße weiter nach Westen, zum **Ring of Brodgar** hin, kommt man zu der Brücke, über die es zur westlichen Landzunge hinüber geht, an einem sogenannten Watch-Stone – Beobachtungsstein – vorbei. Irgendwie gehört er sicher zu einer großen Anlage, aber was das alles zu bedeuten hat, das weiß niemand so recht zu sagen. Der Watch-Stone weist den Weg zwischen den Stones of Stenness und dem Ring of Brodgar.

Dieser Ring of Brodgar, der Ring der Steine auf der westlichen Landzunge, ist für mich das Geheimnisvollste auf den Orkneys. In einem Kreis von etwas mehr als 100 m Durchmesser stehen 36 Steinblöcke. Das Ganze ist umgeben von einem Graben. Einige Hügel, auch offensichtlich nicht ganz natürlicher Herkunft, liegen in der Nähe. Was weiß man heute über den Ring of Brodgar? Daß es einmal 60 Steine waren; daß der Graben früher über drei Meter tief und neun Meter breit war und in den Felsen des Untergrundes gehauen ist. Fakten also, Offensichtliches. Aber was bedeutete der Kreis? Kultstätte war er sicher, aber wofür? War es der Orkneyzentralfriedhof der Steinzeit? Eine Reihe von Gräbern in der Umgebung läßt darauf schließen. Vielleicht war es aber auch ein Mondobservatorium – es gibt eine solche Theorie.

Wer jetzt wissen wil, wo die Menschen lebten, die am Ring of Brodgar getrauert, gebetet, observiert oder was auch immer gemacht haben, der sollte auf der Straße B 9055 ganz nach Westen fahren, radeln, trampen oder wandern – nach **Skara Brae.** An der Bucht mit dem heutigen Namen Bay auf Skaill fanden schon vor 5000 Jahren Menschen Gefallen – oder war es damals keine Meeresbucht, sondern ein kleiner Binnensee, wie Wissenschaftler meinen? Auf jeden Fall, so haben Radiocarbon-Tests bewiesen, sind die Häuser von Skara Brae, die da am Strand von der Bay of Skaill liegen, zwischen 3100 und 2450 v.Chr. bewohnt gewesen. Dann hat Sand das Dorf bedeckt, wahrscheinlich bei einem kräftigen Sturm. Eine Düne entstand. Unter dem Sand schlummerten die Mauern gut geschützt bis zum Winter 1850. Wieder standen die Zeichen auf Sturm, ein kräftiger Wind verblies die Düne, und das Dorf kam nach über 4000 Jahren wieder zum Vorschein. 1868 erfolgten Ausgrabungen. Aber erst nachdem sich 1925 bei einem erneuten großen Sturm das Meer an den Rändern von Skara Brae zu schaffen gemacht hatte, wurde

das prähistorische Dorf systematisch geschützt (Mauern zum Meer hin) und untersucht. Letzte große Ausgrabungen 1972/73 mit modernsten Mitteln brachten dann zum Beispiel Erkenntnisse über den Zeitraum, in dem das Dorf bewohnt wurde.
Sicher ist Skara Brae eine der besterhaltenen Siedlungen aus prähistorischer Zeit in Nordeuropa. Das Dorf wurde offensichtlich nicht angegriffen, sondern es wurde bei einer Naturkatastrophe verschüttet, also konserviert. So wie Pompeji und Herkulaneum fast zweieinhalb Jahrtausende später. Noch einmal waren aber Menschen bei Skara Brae: Kurz nach Beginn unserer Zeitrechung muß es im Sand der Düne eine Beisetzung gegeben haben. Ein alter Mann und eine junge Frau fanden hier ihre letzte Ruhe – bis die Ausgräber kamen. Skara Brae kann besichtigt werden (0.70 £/im Sommer Mo.–Sa. 9.30 bis 19 und So. 14 bis 19 Uhr).
Auf der Nordwestspitze des Mainland liegt der kleine Ort **Birsay** (Straßen A 967/A 966). Unübersehbar ist der Earl's Palace im Dorf, die Ruinen eines Palastes, den die Earls of Orkney im späten 16. Jahrhundert benutzten. Den Orkney-Leuten waren diese Earls von Schottlands Gnaden nicht geheuer, und auch der unbeliebteste unter den Earls of Orkney, Earl Patrick Stewart, der Erbauer des Earl's Palace in Kirkwall, hat wohl mit dem Palast in Birsay zu tun gehabt und dort zeitweilig gelebt. Die Earls ließen die Orkney-Leute arbeiten und machten sich ein schönes Leben auf deren Kosten. Ein Leben, das aber nicht immer schön endete: Earl Patrick Stewart hatte es so toll getrieben, daß er 1615 in Edinburgh hingerichtet wurde. Die Bauten seiner Zeit verzieren aber noch heute die Orkneys.
Der Palace in Birsay war aber nicht nur Palast. Beim Beliebtheitsgrad der Orkney Earls war es wohl notwendig, daß sie ihre Behausungen befestigen mußten. Schießscharten in den drei Türmen und in dem nördlichen Bauteil zeigen das.
Wer sich nun schon bis zum Earl's Palace in Birsay durchgekämpft hat, der sollte auch das letzte Zipfelchen des Mainland, den Brough of Birsay, nicht versäumen. Der Brough of Birsay ist aber nur bei Ebbe ein Zipfelchen, bei Flut ist es eine dem Mainland vorgelagerte Insel. Der Zugang ist, wie es in der Sprache der Küstenanrainer heißt, tideabhängig. Für den Binnenländler übersetzt heißt das: Zum Brough of Birsay kann man nur hinübergehen, wenn das Wasser weg ist (Ebbe). Etwa von drei Stunden vor Hochwasser bis etwa drei Stunden nach Hochwasser ist die Insel nicht zu Fuß zu erreichen, zumindest nicht trockenen Fußes. Die genauen Zeiten für einen Besuch auf dem Brough of Birsay erfährt man von der Touristeninformation. Wer es selbst ausrechnen will: Die Zeiten

für das tägliche Hochwasser kann man beim Hafenmeister in Kirkwall erfahren; der höchste Wasserstand bei Birsay ist etwa eine Stunde vor dem von Kirkwall.
Warum aber der ganze Aufstand? Was ist besonders am **Brough of Birsay?** Vielleicht, daß man an der steilen Westküste (40 m) Papageitaucher sehen kann. Vielleicht aber auch, daß dort einer der interessantesten historischen Siedlungsplätze der Orkneys ist.
Zuerst hatten sich irische Mönche hier niedergelassen, wohl ab etwa 600 n.Chr. Sie hatten aber keinen nachhaltigen Einfluß, Keltisches findet sich kaum auf den Orkneys. Den Iren folgten die Norweger-Wikinger. Die Orkneyinga-Saga erwähnt Birsay als Siedlungsplatz, und später residierten hier die ersten christlichen Bischöfe, bevor sie nach Kirkwall umzogen.
Die Saga erzählt von einem Torfinn, einem Christen, der um 1000 auf dem Brough of Birsay gelebt haben soll. Er baute eine Kirche, die später zur Kathedrale der Orkneys wurde, und deren Ruinen heute auf dem Brough of Birsay zu besichtigen sind. Daneben findet man Reste von Siedlungen verschiedener Zeiten, darunter Langhäuser der Wikinger. Die Anlage kann während der Tagesstunden bei Niedrigwasser besucht werden. Ein Wärter macht rechtzeitig bei aufkommender Flut darauf aufmerksam, daß die Insel zu verlassen ist bzw. daß man sonst noch sechs Stunden warten muß (Eintritt 0.40 £).

Earl's Palace in Birsay

Wer Zeit und Lust hat, der sollte einmal auf der Straße **B 9057** von Dounby nach Evie oder umgekehrt fahren. Für Orkney-Verhältnisse ist das eine Paßstraße. Sie führt über einen 170 m hohen Hügel durch ein Torfgebiet. Hier wird noch wie in alten Zeiten viel Torf zum Verfeuern gestochen. Wer nicht mehr auf die Shetlands fährt, wo die Torfstecherei noch sehr viel mehr verbreitet ist, der sollte es sich hier anschauen.
Etwa dreieinhalb Kilometer von Dounby entfernt liegt nahe der Straße in einer Wiese die Click Mill. Es ist ein Nachbau, der aber auch schon recht betagt ist, aus dem frühen 19. Jahrhundert. Die Click Mill ist nach dem Prinzip der einfachsten Wassermühlen entstanden, die wohl zuerst von Wikingern auf den Orkneys gebaut wurden. Die schöne Mühle ist ständig geöffnet und höchstens von einigen Rindern bewacht.
Bei **Evie,** da wo die Straße B 9057 auf den Ostküsten-Highway **A 966** trifft, zweigt ein Weg zum Aiker Ness ab. Dort kann man eine Rundreise „Historisches Orkney" komplettieren mit einem Besuch des **Gurness Broch.** Brochs, zu Beginn des ersten Jahrhunderts entstandene Wehrtürme, sind im ganzen Norden Britanniens bekannt. Über 500 der Steintürme kann man heute lokalisieren, etwa 100 davon auf den Orkneys. Aber nur wenige der Reste – oft sind es nur die Grundmauern oder Andeutungen davon – sind so aussagekräftig wie der Broch of Gurness. Hier haben bis ins zweite Jahrtausend hinein Menschen gesiedelt, haben den Broch als Steinbruch genutzt, ohne ihn ganz verschwinden zu lassen. Zu der Anlage gehört ein kleines Museum mit Ausgrabungsfundstücken (0.25 £ im Sommer Mo.–Sa. 9.30 bis 19 und So. 14 Uhr).
In Evie ist eine preiswerte Übernachtungsmöglichkeit in einer privaten Herberge (Mrs. Taylor, Evie Hostel, Flows, Tel. Evie 208).

Es ist sicher eine etwas ungewöhnliche Herberge, Evie Hostel. Alles wirkt alt und oft gebraucht. Warm ist es auch nicht gerade, wenn das Wetter die große Heizung abstellt. Am Hof gegenüber wird bezahlt, bei Mrs. Taylor. Wer will, der kann gleich frische Milch und Eier kaufen. Für den Übernachtungspreis gibt es ein paar Stück Torf, und wenn damit abends der Herd in der Küche angeheizt wird, dann breitet sich die ländliche Gemütlichkeit aus, nach der so viele Stadtmenschen lange suchen. Die Küche ist mit Stühlen und Sesseln vollgestellt, jeder soll seinen Platz am Herd haben. Wenn dann der Wasserkessel auf dem Herd zu singen anfängt, dann kann man vielleicht verstehen, warum ich bei meinem letzten Orkneybesuch todtraurig war, nicht die Zeit zu haben, im Evie-Hostel wenigstens eine Nacht zu verbringen, so wie sonst bei jeder Reise zuvor.

Südlich von Evie, vom Tingwall Pier, geht zweimal täglich ein Boot nach Rousay und Wyre sowie einmal wöchentlich (Do.) auch nach Egilsay. Die drei Inseln sind archäologische Freiluftgärten (nähere Beschreibung siehe unter „Nordinseln“).

Der Süden des West Mainland

Das Gebiet zwischen Stromness und der Inselhauptstadt Kirkwall ist relativ hügelig. Diese Hügel bieten natürlich einige Aussichtspunkte, die man wandernd ganz gut erklimmen kann, z.B. den Wideford Hill. An der Nordwestseite des Hügels findet man ein Kammergrab vom Maes Howe Typ (**Straße A 965,** 4 km westlich von Kirkwall). Unterhalb des Wideford Hill, zum Meer hin, kann man noch eine Variante prähistorischer Baukunst besuchen, eine Erdwohnung, ein unterirdisches Appartment der ... Ja, wenn man das wüßte, wer die frühen Vorläufer unserer Bunker erbaut hat. Man nimmt an, daß sie nach den Brochs entstanden sind, aber Genaues weiß man nicht. Das Rennibister Erdhaus, 1926 durch Zufall entdeckt, als ein Bauer mit seinem Traktor durch das Dach einbrach, wurde aber nicht nur zu Wohnzwecken benutzt, sondern später auch als Grabstätte zweckentfremdet. Knochen von sechs Erwachsenen und zwölf Kindern wurden dort gefunden. Das Haus kann ständig besichtigt werden.

Zwei andere Hügel mit guter Aussicht liegen an der Südküste und bieten einen Blick über die **Scapa Flow:** Hill of Dale und Hill of Midland. Von der Straße A 964 sind sie leicht zu erreichen. Unterhalb dieser 120/150 m hohen Hügel liegt Orphir am Meer. Eine frühe Siedlungsstätte. Vielleicht ist es jene Residenz der Wikingerhäuptlinge, von der die Saga der Orkney-Leute schreibt, daß sie neben einer ungewöhnlichen Kirche liegen soll. In Orphir gibt es die Ruinen einer ungewöhnlichen Kirche, nämlich der einzigen mittelalterlichen Rundkirche Schottlands. Das ist ein Kirchentyp, der sich in der Zeit der Kreuzzüge überall in Europa verbreitete. Es ist noch jene Wand zu sehen, in die der Altarraum eingelassen war und den Grundriß der restlichen Mauer. Diese ist verschwunden, wohl auf die gleiche Weise, wie viele mittelalterliche Bauten: Sie dienten später als Steinbrüche für die Anwohner.

In der Nähe von Orphir liegt der Anleger von Houton, von wo eine Autofährverbindung nach Hoy und Flotta (siehe Südinseln) besteht.

Kirkwall

Die Hauptstadt der Orkneys, **Kirkwall,** liegt auf einer Landzunge zwischen der Scapa Flow und der Bay of Kirkwall. Dieser Isthmus soll, so sagen die Touristenmanager von Kirkwall, die Grenze zwischen Nordsee und Atlantik sein. Diese Meeresgrenze scheint für Briten ein sehr wichtiger Ort zu sein, denn sonst kann ich mir nicht erklären, warum auf den britischen Inseln so gerne darauf hingewiesen wird, denn auch die Shetlands haben eine Nordsee-Atlantik-Grenz-Landenge.
Die Gemeinde, zu der der Ort Kirkwall gehört, schließt noch das Umland – zu jeder Richtung etwa vier bis fünf Kilometer – ein und heißt dann Kirkwall & St. Ola. Rund sechseinshalbtausend Menschen leben hier.
Kommt man über die Straße A 965 vom West-Mainland nach Kirkwall, dann hat man schon von der Straße aus einen Eindruck von der Hafenstadt. Die Straße führt über eine teilweise künstliche Dammbrücke, die 1858 entstand. Bis zu diesem Zeitpunkt reichte das Meer noch weiter ins Land hinein, in die sogenannte Peerie-Sea. Eine schmale Landzunge bildete eine geschützte Bucht, wohl der Grund, warum hier wahrscheinlich schon im 8. Jahrhundert eine Siedlung entstand.
Auch Kirkwall hat seine Erinnerung an die Vorzeit. Am Ortseingang, am Westende der Dammbrücke, liegt das Grain-Earth-House (Schlüssel beim Nachbarn/ im Sommer Mo.–Sa. 9.30 bis 19 und So. 14 bis 19 Uhr). Aber dieses Erdhaus am Ortseingang übersehen die Leute in Kirkwall fast. Sie haben so viel vorzuzeigen.
Der Stolz der Stadt ist die Kathedrale und das zu Recht. Die St. Magnus Kathedrale gefällt mir so gut, weil sie so schlicht ist, gebaut aus dem roten Sandstein der Orkneys. Sie ist in verschiedenen Epochen gebaut worden. Angefangen mit der Bauerei hat 1137 ein christlicher Wikinger, Rognvald Kolsson. Rognvald weihte die Kathedrale seinem Onkel Magnus, der 1115 auf Egilsay ermordet worden war (siehe auch unter Egilsay „Nordinseln"). Magnus war schon bald nach seinem Tode zu einem beliebten Heiligen im ganzen Nordmeerbereich geworden. Ihm sollte auch die Kathedrale in Kirkjuböur auf den Färöer-Inseln geweiht werden (siehe dort). Bis ins 15. Jahrhundert baute man an der Kathedrale in Kirkwall, über zwei – wenn man die Frühgotik oder Übergangszeit als eigene Epoche auffaßt, gar über drei – Epochen, von der Romanik bis zur Gotik. Und man baute mit einheimischem Material, gelbem und rotem Sandstein der Orkneys (Mo.–Sa. 9 bis 13 und 14 bis 17 Uhr).
Die Kathedrale ist nicht zu übersehen. Sie überragt die Altstadt, ist sogar auf einer kleinen Anhöhe gebaut. Sie bildet den Mittelpunkt einer unter

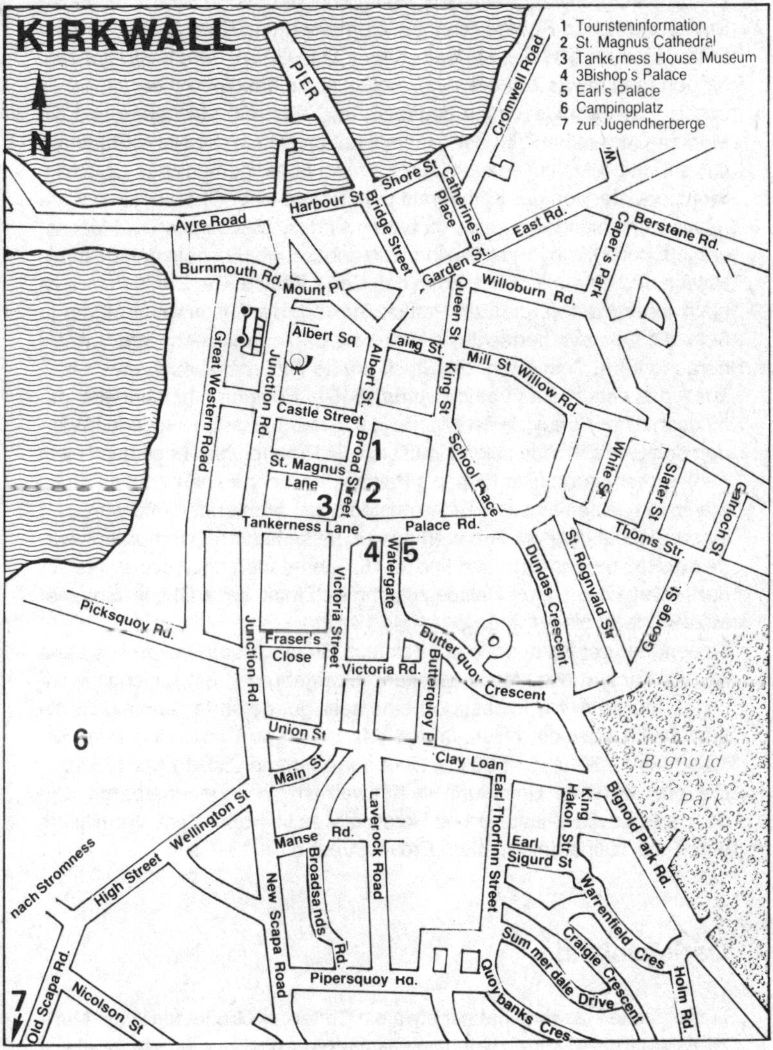
KIRKWALL
N
1 Touristeninformation
2 St. Magnus Cathedral
3 Tankerness House Museum
4 3Bishop's Palace
5 Earl's Palace
6 Campingplatz
7 zur Jugendherberge
PIER
Cromwell Road
Shore St
Harbour St
Bridge Street
Catherine's Place
Ayre Road
East Rd.
Caper's Park
Berstane Rd.
Burnmouth Rd.
Garden St.
Mount Pl
Queen St
Willoburn Rd.
Albert Sq
Laing St.
Junction Rd.
Albert St.
King St
Mill St
Willow Rd.
Great Western Road
Castle Street
Broad Street
School Place
White St
Slater St
Garrioch St
St. Magnus Lane
Tankerness Lane
Palace Rd.
Thoms Str.
Watergate
Dundas Crescent
St. Rognvald St
George St.
Picksquoy Rd.
Victoria Street
Junction Rd.
Fraser's Close
Victoria Rd.
Butterquoy Crescent
Union St
Main St
Clay Loan
Bignold Park
6
Wellington St
Laverock Road
Earl Thorfinn Street
King Hakon Str
Bignold Park Rd.
Manse Rd.
Earl Sigurd St
nach Stromness
High Street
Broadsands Rd.
New Scapa Road
Warrenfield Cres
Craigie Crescent
Summer dale Drive
Old Scapa Rd.
Nicolson St
Pipersquoy Rd.
Quoybanks Cres
Holm Rd.
7

Denkmalschutz stehenden Zone, deren Achse sich entlang der Hauptstraße durch Kirkwall zieht: vom Hafen über die Bridge Street, die Albert Street, die Broad Street (Touristeninformation und Kathedrale), die Victoria Street bis zur kleinen Main Street. Das Ganze ist ein Straßenzug, für den man etwas Zeit einplanen sollte. Rund um die Kathedrale hat es schon früh viele Geschäfte gegeben, und auch die Mächtigen und die Möchte-Gern-Mächtigen der Orkneys haben sich in der Nähe Stadthäuser gebaut. Alles zusammen ergibt ein schönes, gemütliches Stadtbild.
Wenige Meter von der Kathedrale entfernt, an einer Straße mit dem anrüchigen Namen *Watergate,* da hatten sich die Mächtigsten der Mächtigen auf den Orkneys ihre Residenzen gebaut: die Bischöfe den Bishop's Palace und die weltlichen Herren den Earl's Palace. Der Earl's Palace ist einer jener Bauten, die Earl Patrick Stewart, der finsterste Graf, der je über die Orkneys herrschte, aus seinen Untertanen mehr oder minder herauspreßte. Sein Pech: ein Strick preßte ihm später auch etwas heraus – das Leben. Earl Patrick wurde 1615 in Edinburgh hingerichtet (dazu auch unter Birsay „West-Mainland"). Schießscharten in einigen Wänden des Earl's Palace zeigen, daß sich die Erbauer ihrer Lage auch nicht ganz sicher waren. Der Bishop's Palace direkt neben dem Earl's Palace stammt in seinen ältesten Teilen aus dem 12. Jahrhundert und wurde für einen Bischof William den Alten erbaut. Im späten 15. Jahrhundert wurde der Bau rundum erneuert und im 16. Jahrhundert noch einmal restauriert. (Earl's & Bishop's Palace zusammen Eintritt ca. 4 DM, im Sommer Mo.–Sa. 9.30 bis 19 und So. 14 bis 19 Uhr).
Gegenüber der Kathedrale, im Eckhaus Broad Street/Tankerness Lane ist das Tankerness House Museum untergebracht, ein nationalhistorisches Museum. Du findest dort eine sehr gut geführte Sammlung, die ausführlich über die Orkneys und das Leben dort informiert (Mo.–Sa. 10.30 bis 12.30 und 13.30 bis 17 und im Sommer So. 14 bis 17 Uhr).
Die preiswerteste Unterkunft in Kirkwall ist die Jugendherberge, Old Scapa Road. B&B-Häuser und Hotels gibt es in großer Zahl, Vermittlung durch die Tourist Information, Broad Street 6.

Ost-Mainland

Das östliche Mainland hat nur etwa ein Drittel der Größe des West-Mainland. Was historische Hinterlassenschaften angeht, kann dieser kleine Osten mit dem großen Westen bei weitem nicht konkurrieren. Das Ost-

Mainland ist eine bäuerliche Region. Dazu gehört auch **Deerness,** eine Fast-Insel, die nur über eine schmale Landverbindung auf der Straße **A 960** zu erreichen ist. Die Ostküste, und dort besonders der Norden von Deerness, ist einen Abstecher wert. Am Mill Head, der Nordspitze, kann man gut Vögel beobachten, bis Ende Juli in der Regel auch Papageitaucher. Etwa einen Kilometer südlich von Mill Head ist eine frühchristliche Siedlungsstelle. Die Reste auf dem Felsen sind aber kaum zu erkennen. Wieder ein Kilometer weiter im Süden ist der Gloup, eine eingebrochene Höhle. Sie ist am besten von der See her zu sehen. Von Skail aus werden Ausflugsfahrten mit dem Boot unternommen (Kontakt: Foubister, Deerness, Tel. Deerness 252 oder 239. Zeiten nach Absprache, Preis etwa 6 DM bei mindestens 5 Personen).
Deerness vorgelagert ist die Insel Copinsay, ein Naturschutzgebiet, das ebenfalls mit dem Ausflugsboot von Skail aus zu erreichen ist.

Südinseln

Über die Straße **A 961** kann man einen Teil der Südinseln erreichen: Burray, South Ronaldsay und die beiden besseren Sandbänke Lamb Holm sowie Glims Holm. Alle sind durch die Churchill Barriers miteinander verbunden. Nach einem deutschen U-Boot-Angriff im II. Weltkrieg auf die britische Flotte in der Scapa Flow, bei der die „Royal Oak" mit über 800 Mann versenkt wurde, ließ Churchill die Durchgänge zwischen den Südinseln zuschütten. Durch eines dieser Löcher war das deutsche U-Boot geschlüpft, das den Briten ihr „Pearl Harbour" bescherte. Als Sofortmaßnahme wurden einige Schiffe vor den Zugängen versenkt, deren Reste noch gespenstisch aus dem Wasser ragen – nach rund 45 Jahren. Beim Bau der Churchill Barriers, über die heute die Straße A 961 verläuft, wurden italienische Kriegsgefangene eingesetzt, die in der Zeit auch die italienische Kapelle (Italian Chapel) bauten. Diese Kapelle ist auf **Lamb Holm** zu sehen. Von außen Wellblech, überrascht das Innere mit Malereien, die gar nicht in diese Gegend passen. Die Italiener haben sich hier ein Stück Heimat geschaffen. Auf Lamb Holm war seinerzeit das Lager der Kriegsgefangenen, die jetzige Kapelle war eine der Lagerhütten.
Wer Glück hat, kann an den Barriers Otter beobachten, einer der Lieblingsplätze dieser putzigen Tiere.

Auf der Insel **Burray** findet man an der Nordostspitze bei Northfield die Reste eines Brochs. Die Ostspitze von Burray, Burray Ness, ist ein kleines Seevogelparadies. Geschäfte, Post, Übernachtungs- und Eßmöglichkeiten gibt es in dem sehenswerten Inseldorf Burray an der Südküste der Insel.
Die Churchill Barrier Nr. 4 bildet den Übergang zwischen Burray und South Ronaldsay. Gleich südlich des Damms liegt ein kleines Bauernmuseum. Der malerische Hauptort von **South Ronaldsay** ist St. Margaret's Hope im Norden der Insel. Dort gibt es Geschäfte, eine Post sowie Übernachtungs- und Eßmöglichkeiten.
Die Straße A 961 führt weiter in den Süden der Insel nach Burwick, dem Anleger der Fähre von John O'Groats.
South Ronaldsay bietet für Küstenliebhaber zweierlei: sandige Buchten im Nordwesten und felsige, teilweise steile Klippen im Süden und Südosten. Die Wind Wick Bucht ist als Seehundkolonie bekannt. Etwas nördlich dieser Bucht liegt der 118 Meter hohe Ward Hill, ein Aussichtspunkt, von dem man bei gutem Wetter bis zum schottischen Festland, über die Scapa Flow und auf die Nordinseln blicken kann.
Eine termingebundene Sehenswürdigkeit ist der Kinder-Pflug-Wettbewerb und das Pferdefestival am Nordstrand der Widewall Bay (Sands O'Right) an einem Sonntag Mitte August. Das Interessante sind sicher die Kinder, die mit kleinen Pflügen genaue, gerade Furchen in den Sand ziehen müssen. Die Pferde, die auf dem Pferdefestival zu sehen sind, werden aber sicher auch ihre Fans haben.
Auf South Ronaldsay gibt es zwei preiswerte private Herbergen: Hikers Hostel in Heston (Tel. St. Margaret's Hope 208) und Tormison Academy (Tel. St. Margaret's Hope 315).
Die größte der Südinseln ist **Hoy,** die alpine Region der Orkneys. Mit Höhen bis zu 479 Metern (Ward Hill) überragt Hoy die restlichen Orkney-Inseln bei weitem. Hoy ist von Stromness (bis 3mal täglich/ca. 15 DM hin und zurück) oder von Houton (Autofähre, bis 4mal täglich/Erwachsene ca. 10 DM, PKW ca. 40 DM hin und zurück) zu erreichen.
Hoy ist ein beliebtes Ziel für Wanderer. Rad- oder Autofahren kann man natürlich auch, aber ein Blick auf die Karte zeigt, daß nur die Ostküste und das südliche Anhängsel **South Walls** einigermaßen erschlossen sind (Fahrradverleih: Buura House, North Hoy, Tel. Hoy 266; Autoverleih: Halyel Car Hire, St. John's Manse, Lyness, Tel. Hoy 266 und BU Farm, North Hoy, Tel. Hoy 263).
Die schwerer zugängliche Westküste mit dem 346 Meter hohen Steilkliff St. John's Head im Norden und dem etwas weiter südlich gelegenen Old

Man of Hoy, einer 137 Meter hohen Sandsteinsäule vor der Küste, gehört zu den eindrucksvollsten Küstenstreifen Schottlands. An dieser Westküste liegt nur ein Ort, **Rackwick** (Herberge, Campingplatz, Geschäft, Telefon). Rackwick ist über einen Fahrweg südlich oder über einen Fußweg nördlich des Ward Hill von Moness (Anleger der Stromness-Fähre) zu erreichen. Nahe dem Fahrweg, etwa 4 Kilometer von Moness entfernt, liegt ein großer Steinblock aus Sandstein, in dem ein Loch ist. Dieses Loch entpuppt sich bei genauerem Hinsehen als prähistorische Grabstätte. Der Stein heißt Dwarfie Stane und ist wohl um 1900 v.Chr. entstanden, das heißt, zu der Zeit hat man in den Steinblock die Grabkammer hineingeschlagen.
Der Süden von Hoy und das Anhängsel South Walls sind relativ dicht besiedelt und mit Erinnerungen an kriegerische Zeiten bestückt. In Lyness war in beiden Weltkriegen ein Flottenstützpunkt der britischen Marine. Etwas weiter südlich, auf den Landspitzen Crockness und Hackness, die den Eingang in die North Bay und nach Longhope bilden, stehen zwei Wehrtürme aus der Zeit der napoleonischen Kriege. Die Türme sind als Martello Towers bekannt. Die Mauern zur Seeseite hin, zu der Seite also, von wo man damals Angriffe erwarten konnte, sind etwa doppelt so dick wie die zur Landseite.
Fast hätte ich eine sehr wichtige Insel vergessen: **Flotta,** den Standort des Orkney Oilterminals und deshalb so wichtig – für die Wirtschaft zumindestens.

Die Nordinseln

Die Nordinseln waren lange für Reisende schwer zu erreichen, weil die Verbindungen schlecht oder teuer waren. Es gab lange nur zeitraubende und seltene Fahrten mit Schiffen, die mehr Frachter als Fähre waren. Dazu gab es Flüge, die nicht gerade billig waren. Seit wenigen Jahren ist jetzt aber die Wide Firth Ferry Line aktiv, die mit dem 65-Personen-Boot „Golden Mariana" einen Teil der Inseln von Kirkwall aus erschließt: Shapinsay, Stronsay, Eday, Sanday, Westray und Papa Westray. Alle Inseln werden mehrmals pro Woche angelaufen, meist an einem Tag auch zweimal, so daß ein Tagesausflug möglich ist. Die Preise sind je nach Fahrtzeit/-Entfernung zwischen 10 und 50 DM für ein Retour-Ticket. Macht man nur eine Minikreuzfahrt, fährt also nur hin zu einer Insel und sofort zurück, gibt es eine geringfügige Ermäßigung.

Die Inseln Rousay, Egilsay und Wyre kann man mit der MV Shalder der Flaw Ferries von Tingwall (dorthin Busverbindung ab Kirkwall) erreichen: Wyre und Rousay täglich 2mal, ca. 12 DM hin und zurück; Egilsay mindestens 1mal wöchentlich oder auf Anfrage.
Von Shapinsay fährt neben der Golden Mariana auch noch die Clytus 1- bis 3mal täglich nach Kirkwall (Mo.–Sa.) bzw. die MV Jenny Lee (So.).
Die Fracht-/Fährschiffe der Orkney Island Shipping Company fahren mehrmals wöchentlich Teile der Nordinseln ab. An einigen Tagen sind Rundfahrten möglich, ca. 30 DM. Diese Fahrten sind etwas für Frühaufsteher, denn es geht um ca. 6.30 Uhr los. Genaue Abfahrtszeiten und Bedingungen (teilweise nur 12 Passagiere) erfährt man bei der Reederei (4 Ayre Road, Kirkwall, Tel. 20 44).
Wer die Nordinseln im Fluge erobern will, der kann mit Loganairs Orkney-Inter-Island-Service von Insel zu Insel springen: Mo.–Sa. mehrere verschiedene Flugmöglichkeiten täglich. Der Flugpreis zu einer Insel von Kirkwall aus beträgt rund 60 DM einfach. Preise zwischen den Inseln auf Anfrage bei Loganair (Kirkwall Airport, Tel. 34 57). Eine der Fluglinien zwischen den Nordinseln findet man auch im Guiness Buch der Rekorde in der Rubrik „Kürzeste Fluglinie der Welt“:

Di.+Do.	Flug 651 Westray ab	8.49 Uhr, Papa Westray an	8.51 Uhr
	Flug 657 Westray ab	14.59 Uhr, Papa Westray an	15.01 Uhr
Sa.	Flug 623 Westray ab	9.54 Uhr, Papa Westray an	9.56 Uhr

Und was gibt es auf den Nordinseln? Ruhe natürlich, denn nur die Fähre bringt ein- vielleicht zweimal am Tag etwas Aufregung. Was es im einzelnen an interessanten Dingen gibt, das kannst du sehr detailliert in Broschüren nachlesen, die es bei der Touristeninformation in Kirkwall über jede der Nordinseln gibt. Im folgenden das Wichtigste:
Shapinsay ist die touristisch erschlossenste Nordinsel. Die zahlreichen Bootsverbindungen locken viele zu einem kurzen Inselabenteuer. Die Überfahrtzeit beträgt 25 Minuten. Schon von weitem fällt das dominierende Bauwerk der Insel ins Auge, das Mitte des 19. Jahrhunderts entstandene Schloß Balfour. Der letzte Sproß der Erbauerfamilie, David Hubert Lignour Balfour, starb 1961, ohne einen Erben zu hinterlassen. Seitdem wird das Schloß von einer Familie mit dem unbritischen Namen Zawadzki geführt. Das Schloß kann besichtigt werden (organisierte Fahrten mit dem Schiff ab Kirkwall). Wer nicht nur das Schloß sehen will, kann die Insel sehr leicht auf Wanderungen, mit dem Fahrrad oder mit dem Auto erkunden (Fahrrad- und Autoverleih: J.W. Sinclair, Balfour Village). Die Insel ist sehr flach (maximal 64 m am Ward Hill), und vom An-

leger bis zur Nordostspitze sind es nur knapp zehn Kilometer Straße. Rund um die Insel gibt es eine Reihe schöner Sandstrände.
Auf Shapinsay findet man Geschäfte, Post, Arzt, Restaurants und Übernachtungsmöglichkeiten (Camping, Ferienhaus und B&B).
Stronsay ist von Links Ness im Nordwesten bis Lamb Ness im Südosten knapp 12 Kilometer lang und von Rothiesholm Head im Südwesten bis Odness im Osten 10 Kilometer breit, aber überall gibt es sandige Buchten, und so ist Stronsay eigentlich eine schlanke Insel – mit diversen „Armen" und „Beinen". 46 Meter ist der höchste Punkt, der – welch ein Wunder – nicht Ward Hill, sondern Burgh Hill heißt. Der Hauptort – soweit man einen solchen auf der Insel überhaupt lokalisieren kann – ist Whitehall auf dem Nordostarm (Hotel, Post, Laden, 1mal wöchentlich Bankdienst). Auf der Insel sind bescheidene Reste früher Besiedlungen zu sehen, z.B. entlang der Südostküste von der Odin Bay bis zum Ingale Sound und bei Hillock of Baywest, auf der Landenge des Südwestbeins (Rothiesholm). Rund um die Insel gibt es viele schöne Sandstrände, an denen man oft Seehunde beobachten kann. Ein Naturdenkmal ist die Steinbrücke an der felsigen Südostküste: Vat of Kirbister.

Auf Stronsay gibt es ein Hotel, Ferienhäuser, B&B, Boots-, Fahrrad- und Autoverleih, einen Arzt, verschiedene Geschäfte und 1mal wöchentlich Bankdienst. Einen offiziellen Zeltplatz gibt es nicht, aber Zelten ist auf Anfrage auf Privatgrund erlaubt. Weitere Informationen von der Touristeninformation in Kirkwall (Stronsay-Broschüre).

Eday ist eine in Nordsüdrichtung langgestreckte, ca. 13 Kilometer lange Insel, mit der höchsten Stelle auf dem 101 Meter hohen Ward Hill. Wie nicht anders zu erwarten, hat natürlich auch Eday Historisches zu bieten. Von prähistorischen Häuserresten im Norden bis zu den kaum erkennbaren Überbleibseln einer kleinen Wikingerburg ganz im Süden. Dazwischen gibt es diverse stehende Steine und Kammergräber. Interessant ist die Kette, die die drei Gräber von Vinquoy Hill, Huntersquoy und Braeside mit der alten Kultstätte und dem Stein von Setter bilden. Alle diese Dinge liegen auf einer Strecke von nur wenig mehr als einem Kilometer etwas nördlich des Mill Loch. Zu sehen ist für den Laien aber nicht viel.

Auf Eday gibt es Geschäfte, eine Post, einen Arzt, einen Boots-, einen Fahrrad- und zwei Autoverleiher. Über den Bootsverleih (J. Thomson, Heathercow, Tel. Eday 256) besteht auch die Möglichkeit, auf den Calf of Eday oder zu den anderen Nordinseln (z.B. auf das nahe Sanday) überzusetzen. Wer mit dem Flugzeug nach Eday kommt, sollte sich nicht durch den Namen des Flugfeldes irritieren lassen: London Airport. Das Flugfeld liegt in der Nähe einer Bucht, die Bay of London heißt.

Sanday liegt etwa zwei Kilometer westlich von Eday – oder besser, Sanday fängt dort an. Die Insel ist lang und sehr verzweigt. Über den Ost-West-Highway (B 9070/9068/9069) kann man immerhin etwa 20 Kilometer weit fahren. Sandige Buchten – bei Ebbe teilweise trockenliegend – ragen tief in die Insel hinein. Während an der Südküste Sand das Bild prägt, ist es nach Norden hin felsig, aber Ausnahmen bestätigen ja die Regel. Sanday ist nur im Südwesten etwas hügelig (65 m), während der Norden und der Osten flach sind.

Ich mag fast schon nicht mehr auf die Überbleibsel vergangener Zeiten hinweisen, die natürlich auch auf Sanday überall zu finden und kaum zu übersehen sind. Das Vorzeigestück auf Sanday ist das Kammergrab von Quoyness, auf der Halbinsel Elsness. Es ist nur eine von mehreren Grabstätten auf Elsness, aber bei weitem die eindrucksvollste. Mich beschleicht immer ein eigenartiges Gefühl, wenn ich in der zentralen Grabkammer eines solchen Hügels stehe. Wer hat die Steine so aufgeschichtet? Wie sahen die Menschen aus? Wie waren sie gekleidet? Worüber haben sie gesprochen? Was waren die Themen der Zeit? Vier Meter ist die zentrale Grabkammer von Quoyness hoch, sechs Seitenkammern sind angeschlossen. Nach der Anzahl der Skelette und Skelettreste, die bei Ausgrabungen 1867 gefunden wurden, müssen bald alle Bewohner einer Siedlung hier bestattet worden sein. Radiocarbon-Untersuchungen von Knochen ergaben, daß Quoyness etwa um 2900 v.Chr. in Gebrauch war – vor fast 5000 Jahren. Das Grab kann besichtigt werden, wenn man den Schlüssel beim Bridgend Cottage (Ketteltoft Bay) abholt. Ein prähistorischer Zentralfriedhof war auf der nordöstlichen Landzunge Tafts Ness. Über 500 Grabstätten sind hier schon gezählt worden.

Auf der Insel gibt es ein Hotel, eine Pension, mehrere B&B und Ferienhäuser, einen Fahrrad- und zwei Autoverleiher, ein Restaurant, zwei Poststellen, mehrere Geschäfte, einen Arzt und einmal pro Woche zwei Banken. Der Hauptort auf Sanday ist Ketteltoft an der Südküste, wo auch die meisten der obengenannten Dinge sind. Einen offiziellen Campingplatz gibt es nicht.

Westray und **Papa Westray** im Nordosten der Orkneys sind in den vergangenen Jahren beliebte Touristenziele geworden, nicht zuletzt durch die verbesserten Schiffsverbindungen mit der Golden Mariana, die im Süden von Westray, im Niemandsland am Rapness Pier anlegt. Von dort fährt ein Minibus zum Inselzentrum nach Pierowall. Von dort besteht dann Anschluß nach Papa Westray.

Die Nordwestspitze von Westray, Noup Head, ist ein Paradies für Ornithologen. Ein Weg führt fast bis an die Spitze, in das Vogelschutzgebiet von Noup Head. Naturgemäß sind Seevögel sehr zahlreich, darunter auch Skuas, Raubmöwen. Verschiedene Enten und Stelzvogelarten findet man eher an den Lochs im Osten der Insel. Westray ist im Osten für die Verhältnisse der Orkney-Nordinseln recht hügelig, was sich auch gleich auf die Pflanzenwelt auswirkt. In der Westray-Broschüre der Touristeninformation wird ausdrücklich auf einige alpine Pflanzenarten hingewiesen.

Westray, so abgelegen es heute noch erscheinen mag, war in den Zeiten, als das Boot das wichtigste Verkehrsmittel im Norden war, ein nicht unbedeutendes Zentrum. Die Wikinger waren hier ansässig, und die Saga der Orkney-Leute befaßt sich ausgiebig mit der Insel. Pierowall mit der geschützten Bucht war schon früh eine Siedlung der Nordmänner. Teile der St. Mary's Church stammen aus ihrer Zeit, aus dem 13. Jahrhundert. Ein weiterer Siedlungsort war bei Tuquoy, westlich der gleichnamigen Bucht. Dort stehen heute die Reste der Westside Church. Natürlich haben aber nicht nur die Wikinger etwas stehen lassen. Westray hat auch seine prähistorischen Gräber, z.B. am Point of Cott, etwa 2,5 Kilometer südöstlich von Pierowall, und es hat auch ein Schloß aus dem 16. Jahrhundert. Es liegt knapp einen Kilometer westlich von Pierowall. Was Einkaufen, Übernachten und sonstige Versorgung angeht, so gibt es auf Westray alles, was notwendig ist: ein Hotel, ein B&B-Haus, mehrere Ferienhäuser und Wohnwagen, ein Restaurant, mehrere Geschäfte, ein Hauptpostamt (dort auch Golfausrüstung!), eine Postfiliale und zwei Banken, die eine montags, die andere mittwochs und freitags. Natürlich fehlen auch Fahrrad- und Autoverleih nicht. Und für den Notfall gibt es einen Arzt. Alle Details in der Westray-Broschüre der Touristeninformation.

Der Vorort von Westray heißt **Papa Westray** oder kurz Papay und liegt etwas weiter östlich. Papay leistet sich seinerseits wieder einen östlichen Vorort, den Holm of Papa. Und – als hätten sie damals schon im Sinn gehabt, den Touristen des 20. Jahrhunderts das Leben schwer zu machen – bauten Steinzeitmenschen auf den Holm of Papa ein interessantes Kammergrab. Es ist eines vom Maes-Howe-Typ (siehe unter Maes Howe, West-Mainland). Eine zentrale Grabkammer und zwei große Seitenkammern mit insgesamt (je nach Zählweise) 12 bzw. 14 Seitenzellen bilden das Innere der Anlage. Über 20 m ist der Bestattungsraum lang. Der Holm of Papa, und somit auch das Kammergrab, ist mit

regelmäßig verkehrenden Booten nicht zu erreichen. Anfragen wegen Überfahrten an Papay Community Co-operative, Beltane House.
An der Westküste von Papa, gegenüber von Westray, liegt, wenige Meter vom Meer entfernt, in einer Wiese Knap of Howar. Die zwei Häuser dieser Steinzeitansiedlung dürften mehr als 5000 Jahre alt sein. Sie sollen, so meinen Wissenschaftler, die ältesten Hausreste Nordeuropas sein. Nach den Steinzeitbewohnern von Knap of Howar haben Pikten und Wikinger auf Papa gelebt und, wenn auch schwer erkennbar, Spuren hinterlassen. Aber nicht nur Historiker sollten sich für Papa interessieren, auch Ornithologen dürften in dem Vogelschutzgebiet der Insel auf ihre Kosten kommen.
1978 wollte auf der Insel der einzige Laden schließen. Die Inselbewohner – das Ende ihrer Heimat vor Augen – taten sich zusammen und gründeten die Papay Community Co-operative. Diese gilt heute als Vorbild für andere Inseln im Norden Britanniens, die ähnliche Probleme haben. Die Papay Co-op betreibt jetzt den Laden und ist auch touristisch aktiv geworden, denn damit schafft man ja auch mehr Kunden für das Geschäft heran: Eine Pension und eine Jugendherberge gehören inzwischen zu dem Inselkonzern. Informationen über Papa Westray bekommt man auch von dort: Papay Community Co-operative Ltd., Beltane House, Papa Westray, Orkney KW17 2BU, Tel. Westray 267 (Vorwahl von auswärts: 085 74).
North Ronaldsay liegt ganz weit draußen im Nordosten. Das Ultima Thule der Orkneys wird die Insel in einer Broschüre genannt. Nur einmal in der Woche kommt das Schiff von der Orkney Shipping Company vorbei, und an vier Tagen in der Woche landete der Inselspringer von der Loganair. 1985 gab es Ausflugsfahrten, deren Wiederaufnahme fraglich ist.
Wenn man North Ronaldsay im Meer liegen sieht, dann hat man leicht Angst, daß da mal eine große Welle drüberrauscht. Die Insel würde wenig Widerstand bieten, vergleichbar vielleicht mit einer nordfriesischen Hallig. Rund 20 m ragt der Inselgipfel über das Meer, an der Stelle, wo man – sicher ist sicher – die Kirche hingebaut hat. Was sind 20 m? Für die Versicherer der Nordseeöl-Plattformen gibt es die sogenannte „Jahrhundertwelle", der die Plattformen standhalten sollen. Diese Welle ist mit etwa 24 bis 26 m berechnet – zuviel für North Ronaldsay. Der Leuchtturm im Nordosten der Insel könnte vielleicht noch aus den Fluten ragen, er ist 109 feet (33,2 m) hoch. Der Leuchtturm entstand 1854, weil die kleine Insel North Ronaldsay wohl zu oft von Seeleuten übersehen worden war. Die Zahl der Schiffe, die vor der Insel Bruch gemacht ha-

ben, ist groß. Kaum übertroffen ist dabei die deutsche Disziplin, als am 11. März 1826 drei deutsche Schiffe, ordentlich eins nach dem anderen, aufliefen. Es wäre vermessen anzunehmen, daß sich Goethe an Bord eines dieser Schiffe befunden hat, und deshalb ist es nicht wahrscheinlich, daß er am Loch Gretchen endlich den Dreh gekriegt hat, seinen Faust zu Ende zu schreiben (1829). Das Loch im Südwesten von North Ronaldsay heißt – übrigens ohne jeden Bezug zur deutschen Literatur – Gretchen.

Das Wahrzeichen der Insel ist eine Mauer. Sie umgibt das kultivierte Land. Weniger aber, um die große Welle zu erschrecken, die ja hoffentlich nie kommt, sondern vielmehr, um die Schafe, die auf jeden Fall da sind, abzuhalten. Das North Ronaldsay Schaf ist nämlich ein besonderes, und es ißt auch Besonderes: Seegras. Die Schafe werden auf dem Küstenstreifen zwischen Mauer und Meer gehalten und ernähren sich von dem, was sie dort finden. Nur im Frühjahr, wenn die Lämmer zu erwarten sind, dürfen sie auf das richtige Gras im Inneren der Inselmauern.

Natürlich verzichtet North Ronaldsay nicht auf Historisches: Reste von verschiedenen Siedlungsepochen sind zu finden. Zwei Deiche, Muckle Gersty und Matches Dyke, trennen die Inseln in drei Teile, angeblich haben drei Brüder sich um 1000 diese Trennungsdeiche ausgedacht. Auf der Südostspitze, dem Strom Ness, findet man einen Broch, den of Burrian. Nordwestlich vom Gretchen-Loch gibt es einen stehenden Stein, der es in sich hat, nämlich ein Loch im oberen Teil. Man hält diesen Stein für den Teil einer prähistorischen Sonnenuhr.

Auf North Ronaldsay gibt es eine Pension, ein B&B-Haus, mehrere Ferienhäuser und Wohnwagen. Für ärztliche Versorgung ist gesorgt. Es gibt auch eine Post, Geschäfte, einen Fahrradverleih und – da frag ich mich aber wofür, denn die Insel ist maximal 5,5 km lang und 3 km breit – einen Autoverleih. Eine Bank kommt einmal im Monat vorbei, eine gute Entschuldigung, wenn man Rechnungen zu spät bezahlt.

Rousay, Egilsay und **Wyre,** die drei westlichen Nordinseln, bilden eine Gemeinde. Die drei werden fast immer in einem Atemzug genannt, darum auch hier. Man erreicht die Inseln von Tingwall, bei Evie auf dem West-Mainland, mit der MV Shalder, dem Post-, Last- und Passagierschiff. Zwischen Kirkwall und Tingwall bestehen Busverbindungen von und zu den Überfahrten des Bootes. Sonntags lohnt ein Tagesausflug, da dann der längste Inselaufenthalt möglich ist (mit Bus von Go-Orkney, siehe oben bei „Verbindungen").

Rousay ist die größte der drei Inseln und mit 227 m am Blotchnie Fiold sehr hoch. Egilsay (max. 35 m) und Wyre (max. 32 m) sind klein und flach. Alle drei Inseln – insbesondere aber Rousay – sind mit Hinterlassenschaften vergangener Zeiten übersät. Drei Kammergräber, Traversoe Tuick, Blackhammer und Knowe of Yarso liegen westlich des Anlegers (max. ca. 3,5 km) und sind bei einem Tagesausflug zu Fuß gut zu erreichen. Etwas weiter weg vom Anleger (ca. 8 km) liegt eines der größten Kammergräber der Orkneys, das „Totenschiff" Midhowe: 23 m lang mit 24 Grabkammern, die hintereinander angeordnet sind. Gleich neben dem Grabhügel siehst du den Midhowe Broch. Die Konstruktion des zentralen Turmbaus mit den dicken Mauern ist noch gut zu erkennen.
Das Gebiet hinter Midhowe ist für die ein Ziel, die mehr an der Natur als an der Geschichte interessiert sind.
Von der Inselringstraße, die teilweise auf über 100 m ansteigt, hat man an vielen Stellen eine gute Aussicht auf die anderen Orkney-Inseln. Eine Inselumrundung lohnt sich sicherlich, sie wird meist auch bei den Fährankünften angeboten. Wer länger auf Rousay bleiben will, der findet dort alles, was er braucht, in zwei Läden. Autos und Fahrräder können geliehen werden. Übernachtungsmöglichkeiten gibt es ebenfalls.
Auf Wyre sind die Reste der Wikingerzeit zu sehen: St. Mary's Chapel und Coobie Roo's Castle. Das Schloß des Kolbein Hruga (Coobie Roo's Castle) soll das älteste Steinschloß Schottlands sein.
Die kleine Insel Wyre kann man täglich erreichen, eine Tatsache, die wohl nur daraus resultiert, daß der Fährmann von dort kommt. Übernachten ist auf der Insel schwierig, es gibt nur ein Haus, das als Ferienhaus vermietet wird. Über Einkaufsmöglichkeiten sollte man sich bei dem Fährmann erkundigen.
Egilsay hat es mit den Verbindungen nicht so gut wie Wyre. Nach Plan kommt nur einmal pro Woche das Boot von Tingwall, auf Anfrage aber auch häufiger. Das Wahrzeichen, und wirklich schon von weitem zu sehen, ist die Ruine der St. Magnus-Kirche mit ihrem charakteristischen runden Turm, der von der Ferne wie ein Fabrikschornstein aussieht. Ganz in der Nähe hat man am 16. April 1116 Graf Magnus ermordet, der schon bald nach seinem Martyrium im ganzen Nordmeerbereich als Heiliger verehrt wurde und dem die Kathedrale in Kirkwall geweiht ist und die in Kirkjubøur (Färöer-Inseln) geweiht werden sollte. An der Stelle, wo Magnus gestorben sein soll, hat man ein Denkmal aufgestellt (1938).
Auf Egilsay gibt es einen kleinen Laden. Übernachten ist nur bedingt möglich, außer im Zelt. Campen ist nämlich auf allen drei Inseln mit Erlaubnis der Landbesitzer möglich.

Shetland

Die Shetland-Inseln (in alter Schreibweise: Zetland) sind eine Gruppe von über 100 Inseln, von denen 12 bewohnt sind. Die größte Insel ist das Mainland (Hauptland) mit der alten und der neuen Inselhauptstadt: Scalloway und Lerwick.
Insgesamt fast 5000 km Küste umgeben eine Landfläche von 1429 qkm. Von der Nordspitze der Insel Unst bis zur Südspitze des Mainland sind die Shetlands etwa 115 km lang. Würde man Fair Isle hinzurechnen, so wären es noch 39 km mehr.
Auf den Shetlands leben etwa 23.000 Shetländer, deren Lebensgrundlagen die Fischindustrie und seit einigen Jahren auch das Öl sind. Schafzucht und Wollverarbeitung bieten ebenfalls Arbeitsplätze, haben aber nicht die wirtschaftliche Bedeutung wie Fisch und Öl. Traditionell waren Mischformen im Lebenserwerb bekannt: Kleinbauerntum kombiniert mit landnaher Fischerei auf den Crofts.
Die Shetland-Inseln liegen etwa 200 km nördlich des schottischen Festlandes. Bekannt ist der Hinweis auf die zwei Bahnhöfe der Shetländer: Aberdeen ist etwa 320 km und Bergen etwa 350 km entfernt. Dieser Hinweis macht nicht nur geographische Entfernungen deutlich, sondern auch geistige Nähen. Die Bewohner der Shetlands legen Wert darauf, daß sie Shetländer sind und keine Schotten. Verbindungen und kulturelle Gemeinsamkeiten mit Skandinavien werden sehr gepflegt.

Aktivitäten

Wen das Herumschauen auf den Inseln nicht ausfüllt, der kann an einer Reihe von Aktivitäten teilnehmen. Auf den Shetlands gibt es ein ausgeprägtes Vereinsleben, an dem auch Touristen teilnehmen können. Eine Liste mit allen möglichen Aktivitäten erhält man bei der Touristeninformation in Lerwick. Einige der interessantesten Dinge: Tauchen, Bowling, Segeln, Wasserski, Angeln. Besonders gut ist das Angeln organisiert. Von vielen Orten gibt es die Möglichkeit, mit Booten auf See zu fahren. In Lerwick ist dabei ein Boot behindertengerecht ausgestattet. An den Seen im Inselinneren ist in der Regel ein Angelschein erforderlich. Die Angelrechte an den meisten Seen hat die „Shetland Anglers"-Association, aber oft liegen die Rechte auch bei lokalen Gruppen oder Privatpersonen. Informiere dich genauer in der Touristeninformation in Lerwick darüber. Dort bekommst du auch Angelscheine. (Ein Jahresangelschein für alle Shetland-Anglers-Association-Seen kostet 6 £.) Drei Grundregeln sind aber beim Angeln an den Shetland-Binnengewässern immer zu beachten: Meerforellen und Lachs dürfen nicht am Sonntag gefangen werden, Leinen dürfen nicht unbeaufsichtigt gesetzt werden, und ein Angler darf nie mehr als eine Rute zur gleichen Zeit setzen. Genauer kann man sich beim Angelverein oder in der Touristeninformation informieren.

Anreise

Dreimal wöchentlich kommt die St. Clair der P&O Ferries von Aberdeen nach Lerwick. Die Fahrzeit beträgt etwa 14 Stunden. Die Abfahrzeiten: Mo., Mi., Fr. 18 Uhr ab Aberdeen und Di., Do., Sa. 18 Uhr ab Lerwick (in einigen Wochen auch So.). Die Passagepreise sind nicht gerade billig. In der Hauptsaison (1.6.–30.9.) kostet die Überfahrt für eine Person im Schlafsessel 108 DM und für einen PKW bis 3,80 m 283 DM, für Fahrzeuge über 1,95 m Höhe und bis 3,80 m Länge 422 DM. In der Vor- und Nachsaison sind die Überfahrten etwas billiger: 97 DM/Person im Schlafsessel; 239 DM PKW bis 3,80 Länge; 357 DM PKW bis 3,80 m Länge und über 1,95 m Höhe.
Die Preise für Hin- und Rückfahrt ermäßigen sich für Fahrzeuge, bei Personen wird der einfache Fahrpreis verdoppelt: PKW bis 3,80 m Länge in der Hauptsaison 365 DM, in der Nebensaison 333 DM; PKW bis 3,80 m Länge und über 1,95 m Höhe 543 DM in der Hauptsaison und 502 DM in der Nebensaison. Bei Fahrzeugen, die länger als 3,80 m sind, erhöhen sich die Preise noch ein bißchen. (Alle Angaben Stand 1986)
Kinder 4–13 Jahre halber Personenpreis. Kabinen in verschiedenen Preisklassen vorhanden. Rechtzeitige Reservierung ist absolut notwendig. Im Sommer ist das Schiff lange voraus ausgebucht. Informationen und Buchungen in Deutschland über die P&O Generalvertretung J.A. Reinecke, Hohe Bleichen 11, 2000 Hamburg 36, Tel. 040/ 35 19 51 oder über jedes Reisebüro.
Wenn du an den Shetland-Inseln weiter nach Norden mit der „Norröna" fahren willst, erkundige dich, ob die lange erwarteten Durchbuchungstikkets endlich Wirklichkeit geworden sind.
(Zur Anreise mit der „Norröna" auf die Shetlands siehe vorne im Allgemeinen Teil unter dem Stichwort „Die Reise der Norröna". Zur Anreise nach Aberdeen mehr im Teil „Der britische Teil des Nordatlantik", Stichwort „Anreise".)

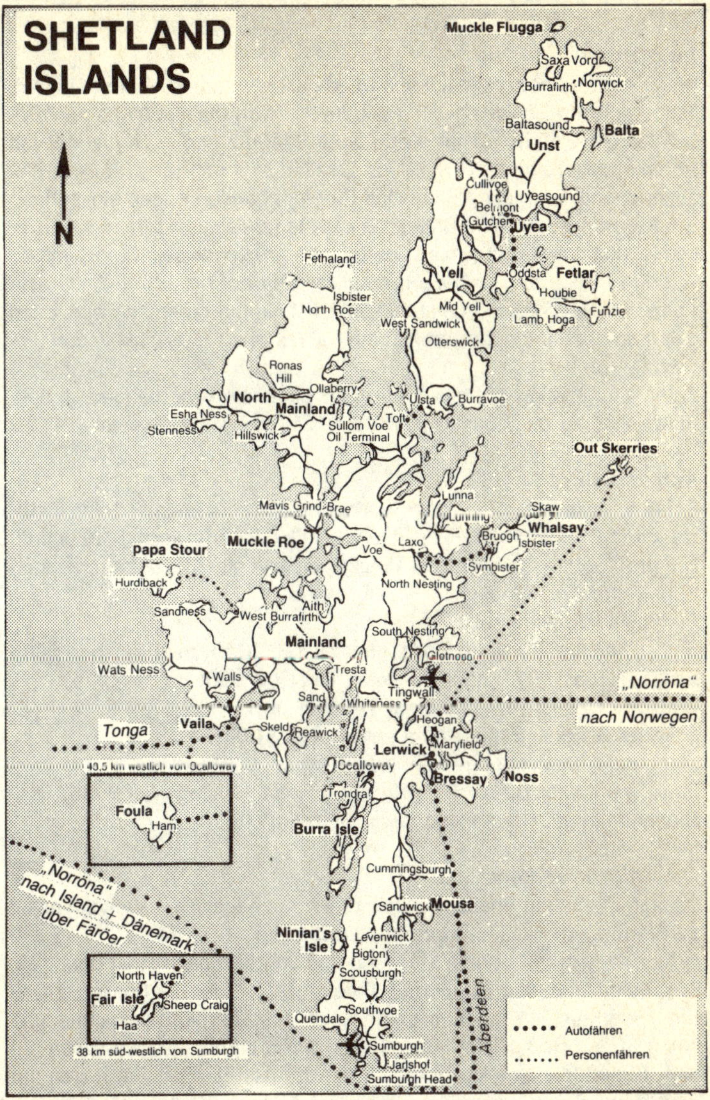

SHETLAND ISLANDS
N
Muckle Flugga
Saxa Vord
Burrafirth
Norwick
Baltasound
Balta
Unst
Cullivoe
Uyeasound
Belmont
Gutcher
Uyea
Fethaland
Yell
Oddsta
Fetlar
Isbister
North Roe
Houbie
Mid Yell
Funzie
West Sandwick
Lamb Hoga
Otterswick
Ronas Hill
Ollaberry
North Mainland
Ulsta
Burravoe
Esha Ness
Toft
Stenness
Hillswick
Sullom Voe Oil Terminal
Out Skerries
Lunna
Mavis Grind
Brae
Skaw
Whalsay
Brough
Isbister
Papa Stour
Muckle Roe
Laxo
Voe
Symbister
Hurdiback
North Nesting
Sandness
Aith
West Burrafirth
South Nesting
Mainland
Wats Ness
Tresta
Walls
Tingwall
„Norröna"
Sand
Whiteness
nach Norwegen
Tonga
Vaila
Skeld
Reawick
Heogan
Maryfield
Lerwick
40,5 km westlich von Scalloway
Scalloway
Bressay
Noss
Trondra
Foula
Ham
Burra Isle
„Norröna" nach Island + Dänemark über Färöer
Cummingsburgh
Sandwick
Mousa
Ninian's Isle
Levenwick
Bigton
North Haven
Scousburgh
Fair Isle
Sheep Craig
Aberdeen
Southvoe
Haa
Quendale
Autofähren
Sumburgh
Personenfähren
38 km süd-westlich von Sumburgh
Jarlshof
Sumburgh Head

Fortbewegung

Autofahren

Wenn man mit dem Auto auf den Shetlands herumreist, sollte es eigentlich nirgendwo Schwierigkeiten geben. Auf dem Mainland und den großen Nordinseln gibt es gut ausgebaute Straßen, und auch die meisten Nebenstraßen sind geteert. Einige Straßen sind sehr eng, aber es gibt ausreichend Ausweichstellen. Das Problem bei den engen einspurigen Straßen könnte für Nicht-Briten das Linksfahren sein, weil man leicht irritiert ist, auf welche Seite man überhaupt ausweichen soll. Die Regel: Es wird links gefahren, und wenn man vor sich auf der linken Seite eine Ausweichstelle hat, fährt man hinein, ist sie auf der rechten Seite, dann gibt man dem entgegenkommenden Fahrzeug die Möglichkeit, dort hineinzufahren.

Zum Autotransport auf den Fähren im Binnenverkehr Näheres in dem Abschnitt über den „öffentlichen Verkehr", Stichwort: „Schiffe".

Autoverleih

Ein Auto zu leihen, ist auf den Shetland-Inseln sehr preiswert. Ein Kleinwagen (z.B. Ford Fiesta) kostet je nach Leihdauer zwischen 40 und 60 DM pro Tag (24 Stunden). Im Preis sind dann alle Kilometer, aber kein Sprit enthalten. (Mindestalter 21, teilweise 25)

Autos sind zu leihen bei:

Bolt's Car Hire, 26 North Road, Lerwick Tel. 28 55, mit Filialen in Sumburgh, Tel. 6 07 77, und in Tingwall, Tel. Gott 3 23;
Eunson's Self Drive, Sumburgh, Tel. 6 02 09;
J. Leask & Sons, Esplanade, Lerwick, Tel. 31 62;
MacLeod & MacLean, 22 Commercial Road, Lerwick, Tel. 33 13;
Scalloway Motor Repair Service, Berry Road, Scalloway, Tel. 662;
Station Garage, North Road, Lerwick, Tel. 3315.

Öffentlicher Verkehr

Es stehen auf den Shetland-Inseln drei Arten öffentlicher Verkehrsmittel zur Verfügung: Busse, Flugzeuge und Schiffe.

Busse verkehren auf dem Mainland und von dort nach Unst über Yell. Die Preise sind niedrig, aber die Frequenzen, in der die Busse verkehren, leider auch. Wenn du mit dem Schiff aus Aberdeen ankommst und sofort in den Norden der Inseln reisen willst, erkundige dich schon auf dem Schiff oder am Anleger nach den Bussen dorthin. Sie halten auf dem Weg in den Norden auch am P&O-Anleger. Wenn man irgendwo

mit dem Bus fahren will, lohnt es sich, vor Ort nach Schulbussen zu fragen, die zusätzlich zu den im offiziellen Fahrplan angegebenen Zeiten verkehren und auch normal Sterbliche mitnehmen.
Wer nur kurz auf den Shetland-Inseln ist und dabei mehr als nur Lerwick sehen will, der kann sehr gut eine Bustour mit einem Ausflugbus machen. Das ist eine preiswerte Möglichkeit, die Inseln kennenzulernen, und angesichts der schlechten öffentlichen Verbindungen oft die einzige. Kommerzielle Unternehmer sind Bolt's und Leasks in Lerwick. Die Fahrten mit deren Rundfahrtbussen kosten zwischen 2.25 £ für eine Halbtagesfahrt und 6 £ für eine Ganztagesfahrt inkl. 4 Fährüberfahrten. Die genauen Programme bekommt man in der Touristeninformation in Lerwick und bei den Unternehmen:
Bolt's Coaches, 26 North Road, Lerwick Tel. 2855;
J. Leask & Son, The Esplanade, Lerwick, Tel. 3162.
Ich habe eine dieser Busfahrten mitgemacht und fand, sie war einfach organisiert, aber nett vom Busfahrer geführt. Die Ansagen erfolgten in Englisch. Was ich gut fand, waren die Hinweise auf Besonderheiten im alltäglichen Leben der Shetländer. Da wurde ein ganz gewöhnlicher Croft erklärt und auch auf Dinge hingewiesen wie die Verfärbung des Grases auf den Wiesen. Diese resultiert daher, daß vor dem Ölboom viel mehr Land kultiviert war. Als das schnelle Geld beim Ölbauboom zu verdienen war, haben die Croft-Bauern das kultivierte Land einfach verwildern lassen und sich ein paar Schafe mehr gekauft, die darauf grasen konnten. Damit war dann zu Hause weniger zu tun, und man konnte mehr auf den Baustellen arbeiten. Heute ist es sehr schwer, diese überwucherten Felder zu rekultivieren. Ich fand solche Informationen interessant, und es ist gut, so etwas auf einer Touristenrundfahrt zu erzählen.
Eine andere Möglichkeit sind die Wochenendausflüge, die von der nichtkommerziellen „Shetland Field Studies Group" organisiert werden. Das sind sehr intensiv geführte Touren von einer – in Deutschland würde man sagen: Umweltschutzgruppe. Anmeldung und Information dazu über die Touristeninformation in Lerwick.
Schnell, aber nicht gerade billig, ist das *Flugzeug* als Reisemittel. Die Gesellschaft Loganair fliegt von dem Flugplatz Tingwall bei Lerwick einige der äußeren Inseln an.
Mehrmals wöchentlich fliegt eine Maschine die Route Tingwall–Whalsay–Fetlar–Unst ab. Auf Whalsay und Fetlar wird nur auf Anfrage gelandet (request stops only). Die Preise liegen zwischen 4.90 £ für den 6-Minuten-Flug Fetlar–Unst und 21.50 £ für die 20 Minuten von Tingwall nach Unst. Verbilligte Flüge gibt es nur für die Bewohner der Inseln in der

Form, daß es ermäßigte Returntickets von den äußeren Inseln nach Tingwall gibt, nicht aber umgekehrt.
Mo. zweimal und Fr. und Sa. je einmal wird Fair Isle von Tingwall aus angeflogen. Preis 17.20 £ pro Weg.
Foula und die Out Skerries werden in einem regelmäßigen Charterverkehr auf Anfrage angeflogen. Das heißt, es gibt einen in etwa vorgegebenen Flugplan, nach dem bei Bedarf dann geflogen wird. 1985 wurde Foula Mo. und Fr., die Out Skerries Mo. und Do. angeflogen.
Genaue Flugzeiten und Preise erfährt man bei der Touristeninformation in Lerwick, bei der Fluggesellschaft Loganair auf dem Flugplatz Tingwall (Tel. Gott 246) oder im Reisebüro Leasks (Lerwick, Esplanade, Tel. 3162).

Die bewohnten Inseln der Shetlands sind auch auf dem *Seeweg* zu erreichen. Die Fährpreise sind sehr niedrig, da sie – wohl mit dem Geld aus den Öleinnahmen – vom Shetland Islands Council subventioniert sind. Ausnahmen bilden Überfahrten zu den unbewohnten Touristenziel-Inseln Noss und Mousa.
Die Angaben, die in der folgenden Liste in Klammern stehen, bedeuten Abfahrten/Fahrtdauer/Besonderheiten. In der Regel kostet die Überfahrt (1985): 0.20 £ pro Person, 0.80 £ für ein Motorrad, 1–1.50 £ für einen PKW, Fahrräder sind frei.
Bressay, von Lerwick (13mal täglich/7 Min.)
Noss, von Bressay (Di., Mi., Fr.–So. auf Anfrage/nur Personen 0.75 £ Retour)
Whalsay, von Laxo (6–8mal täglich/45 Min.)
Yell, von Toft (bis 20mal täglich/20 Min.)
Unst, von Gutcher (bis 17mal täglich/10 Min.)
Fetlar, von Gutcher (Yell) oder Bellmont (Unst) (3–4mal täglich/25 Min.)
Papa Stour, von West Burrafirth (Mo., Mi., Fr. 2mal, So. oder auf Anfrage/40 Min./nur Personen)
Mousa, von Sandwick (auf Anfrage/15 Min./Retour 2 £)
Für die folgenden drei Routen gilt, daß sie von der jeweiligen Insel zum Mainland fahren und von dort zurück. Ein Hin und Zurück an einem Tag ist also nicht möglich.
Out Skerries–Lerwick (Di., Fr./3 Std./keine PKW/ Fahrräder 1 £/Motorräder 4 £)
Fair Isle–Grutness/Sumburgh (Di., Sa./3 Std./keine PKW, Fahrräder 1 £/ Motorräder 4 £)
Foula–Walls (Di., Fr./3 Std./nur Personen)

Reservierungen für Personen sind auf den kleinen Booten nach Fair Isle, Foula und Out Skerries zu empfehlen. Um Anmeldung wird auf den Booten nach Papa Stour und Mousa gebeten. Für PKW sollten auf allen Fähren bei Abfahrten an Wochenenden oder spät am Tage Plätze bestellt worden. Bekommt man keine Platzreservierung mehr, ist Warten nicht zwecklos, da Einheimische, besonders Transportunternehmen, oft frühzeitig für mehrere Abfahrten Plätze bestellen, auch wenn nur ein Fahrzeug fahren soll.

Fahrpläne

Eine Broschüre mit allen Fahrplänen öffentlicher Verkehrsmittel bekommt man für 0.30 £ bei der Touristeninformation.

Radfahren

Wer auf den Shetlands mit dem Rad herumreisen will, dürfte höchstens mit sich Schwierigkeiten haben. Man kann überall problemlos radeln, nur muß man sich vorher darüber im klaren sein, welches Wetter einen erwarten kann.

Leihräder gibt es in Lerwick: Eric Brown, 68 Commercial Street, Lerwick, Tel. 3733.

Trampen

Mit dem Trampen habe ich keine Schwierigkeiten gehabt, wenn ich mal davon absehe, daß auf einigen Straßen recht wenige Autos fahren.

Wandern

Man kann sich auf den Shetlands überall gut zu Fuß bewegen, nur muß man bei Querfeldein-Touren mit Zäunen rechnen. Gatter oder Tore müssen auf jeden Fall wieder geschlossen werden.

Manchmal sieht Gelände auf den Shetlands sehr einfach aus, aber ungeübte Wanderer werden in den dicht bewachsenen Heidegebieten und besonders in den Mooren Schwierigkeiten haben. Wer sich nicht auskennt, sollte Gegenden, in denen Torf gestochen wird, meiden. In Küstennähe, besonders wenn es sich um eindrucksvolle Klippenabschnitte handelt, gibt es fast immer einen Trampelpfad am Ufer oder oberhalb der Klippen entlang. Denke aber daran, daß Klippenwege immer Gefahren bergen, besonders bei schlechter Sicht.

Übernachtungen

Die Touristeninformation in Lerwick gibt in jedem Jahr eine ausführlich bebilderte Liste aller Unterkunftsmöglichkeiten auf den Shetland-Inseln heraus. Im Anhang dieses Buches gibt es eine Liste mit Hotels, Gasthäusern und Jugendherbergen als Orientierungshilfe. In der Broschüre der Touristeninformation findest du zusätzlich noch alle Bed & Breakfast-Häuser, also Privatpensionen, wo es auch Frühstück gibt. Außerdem sind dort alle Ferienwohnungen und -häuser aufgeführt, die wochenweise zu mieten sind. Es wäre sinnlos, hier alle Adressen wiederzugeben, da es gerade bei den B&B-Häusern und bei den Ferienwohnungen in jedem Jahr viele Änderungen gibt. Die ausführliche Liste kann man schon im Frühjahr bei der Touristeninformation bestellen.
Bed & Breakfast (oft als B&B an den Häusern angezeigt) kostet zwischen 5 und 10 £ pro Person und Tag. In einigen Häusern wird auch Übernachtung mit Halbpension angeboten, in der Regel mit einem Abendessen. Die Preise für einen Tag pro Person liegen etwa 2 bis 4 £ höher.
Häuser mit Selbstversorgung sind für Wochenpreise zwischen 20 und 150 £ je nach Standort und Lage zu mieten. Diese Häuser müssen sehr früh gebucht werden. Vom Ausland empfiehlt es sich, die Dienste der Touristeninformation in Anspruch zu nehmen, weil man von dort gleich ein vergleichbares Angebot machen kann, wenn das gewünschte Haus schon gebucht ist.

Camping

Du kannst auf den Shetland-Inseln prinzipiell deine Zelte überall aufschlagen, mit Ausnahme der gesamten Insel Fair Isle, Teilen von Fetlar (Dünengelände an der Südküste) und natürlich in allen Naturschutzgebieten. Wenn du frei zeltest, ist es aber notwendig, den Landbesitzer um Erlaubnis zu fragen. Auch unbebaute Wiesen gehören jemandem. Mit Wasser kann man sich – so sagen die Einheimischen – überall aus den Lochs versorgen. Es sieht aber nicht immer sehr einladend aus. Ich habe, versorgt mit einem großen Behälter, immer von nahegelegenen Gehöften Trinkwasser bekommen.
Zeltplätze gibt es auf den Shetlands zur Zeit zwei (Fetlar und Hillswick). Während der Bauperiode der Ölanlagen ist der damals bestehende Campingplatz in Lerwick so zugerichtet worden, daß man ihn geschlossen hat. Dort hatten sich viele Arbeitssuchende niedergelassen, und es war dann wohl nicht gerade ein ruhiges Plätzchen, wenn abends die Bierdosen kreisten.

Jugendherbergen
Ich fand die einzige Jugendherberge des schottischen Jugendherbergsverbandes in Lerwick sehr gemütlich und für britische Verhältnisse sehr freizügig geführt. Andere Anwesende empfanden es als störend, daß dort fast nie jemand für Recht und Ordnung sorgte.
Die privaten Herbergen (siehe Liste im Anhang) sind kaum reglementiert und auch ohne Herbergsausweis jederzeit zu besuchen.

Reisen auf den Shetland-Inseln

Der Jarlshof und Sumburgh Airport liegen in Sichtweite voneinander entfernt. Nirgendwo bei meinen Reisen habe ich die Zeiten so brutal aufeinanderstoßen sehen wie an der Südspitze des Mainland, der Shetland-Hauptinsel. Zum Jarlshof-Komplex gehören die Reste eines Hauses, das auf die Zeit zwischen 1500 und 2000 v. Chr. datiert wird. 300 vielleicht 400 m entfernt liegt hinter einer Umzäunung eine Landebahn von Sumburgh Airport, knapp 1 km entfernt sieht man die Flughafengebäude, die 1979 eröffnet wurden. Ein Beispiel der Bauwut während der Bauperiode. In dieser Bauperiode wurden die Ölanlagen im Norden der Shetlands errichtet und die Infrastruktur der Inseln grundlegend erneuert.
Geschichte, Natur und modernste Technologie treffen auf den Shetlands zusammen. Doch muß man eines sagen: Die Ölindustrie ist zwar da, aber sie beherrscht nicht die Inseln. Die Zeit der Bauperiode, als man überall hörte: Das Öl zerstört die Shetlands! ist überstanden, und wer heute sagt: „Das Öl hat die Shetlands zerstört!“, der hat unrecht. Es hat die Inseln verändert und – käme es einmal zu einer Tankerhavarie – es kann sie noch zerstören. Aber das ist bisher nicht der Fall. Genausowenig wie das Ruhrgebiet typisch für die ganze BR Deutschland ist, ist Sullom Voe typisch für die Shetlands. Über 100 Inseln, 12 davon bewohnt, bilden die Gruppe der Shetland-Islands.

Mainland

Von Nord nach Süd fast 90 km lang und zwischen östlichstem und westlichstem Punkt über 30 km breit, ist das **Mainland** das Zentrum der Shet-

lands. Überall ragen Meeresarme in die Insel hinein, und so kommt es, daß keine Stelle weiter als 5 km vom Meer entfernt ist. Die schmalste Stelle – Marvis Grind bei Brae – ist nur rund 100 m breit. Örtliche Prospekte machen Marvis Grind zu einer Attraktion: Nur einen Steinwurf voneinander entfernt liegen hier die Wellen von Nordsee und Atlantik.
Das Mainland wird in der Regel bei Beschreibungen in Teile gegliedert: Zentral-, Süd-, West- und Nord-Mainland. Ich will mich dieser Aufteilung anschließen. Beschreibungen zu einigen kleinen vorgelagerten Inseln, die man, wenn überhaupt, sicher von dem jeweiligen Mainlandteil aus besucht, habe ich dort beschrieben, von wo sie am leichtesten zu erreichen sind: Beim Zentral-Mainland findest du unter Lerwick die Inseln Bressay und Noss beschrieben und hinter Scalloway die West-Dreiergruppe Tondra, West und Ost Burra. Im Süd-Mainland Kapitel kannst du dich über Mousa und Fair Isle informieren, und dem West-Mainland habe ich Foula und Papa Stour zugeordnet. Whalsay und Muckle Roe sind im Kapitel über das Nord-Mainland erwähnt, und den Rest, Yell, Unst, Fetlar und die Out Skerries, findest du in einem eigenen Kapitel unter dem Titel Nordinseln.

Central Mainland (inkl. Bressay, Noss, Tondra, West- und Ost-Burra)
Das **Central Mainland** ist das dichtest besiedelte Gebiet der Shetlands, mit der alten und der neuen Inselhauptstadt als den beiden größten Orten: Scalloway im Westen und Lerwick im Osten.
Lerwick, seit dem 17. Jahrhundert die Hauptstadt, ist der Verkehrsknotenpunkt der Inseln. Hier werden viele den ersten Fuß auf die Shetlands setzen, denn die beiden großen Fährlinien, die P&O von Aberdeen und die Smyril-Line von Bergen bzw. Tórshavn, kommen hier an. Der Hafen ist durch die vorgelagerte Insel Bressay sehr gut geschützt. Während der Heringssaison ist es ein besonderes Schauspiel, wenn man in den Hafen einläuft. Auf der Reede, in Sicht- und Riechweite der Stadt, liegen dann die sogenannten Klondyker vor Anker. Sie sind die modernen Nachfahren der Heringsflotten, die um die Jahrhundertwende mit vielen hundert kleinen Schiffen aus ganz Europa hierherkamen. Heute sind es Fabrikschiffe – die meisten aus den Ostblockländern – die hier einheimischen Fischern den Fang abkaufen und gleich an Bord verarbeiten. Früher waren diese Schiffe selbst Fischerboote, und dabei wurde das Meer um die Insel herum überfischt. Sie haben so viel gefangen, daß die Natur die Verluste nicht mehr ersetzen konnte. Die Ausweitungen der nationalen Fischereischutzzonen und rigorose Fangbegrenzungen haben die Situation heute so geändert, daß die Fabrikschiffe vor den Shetlands

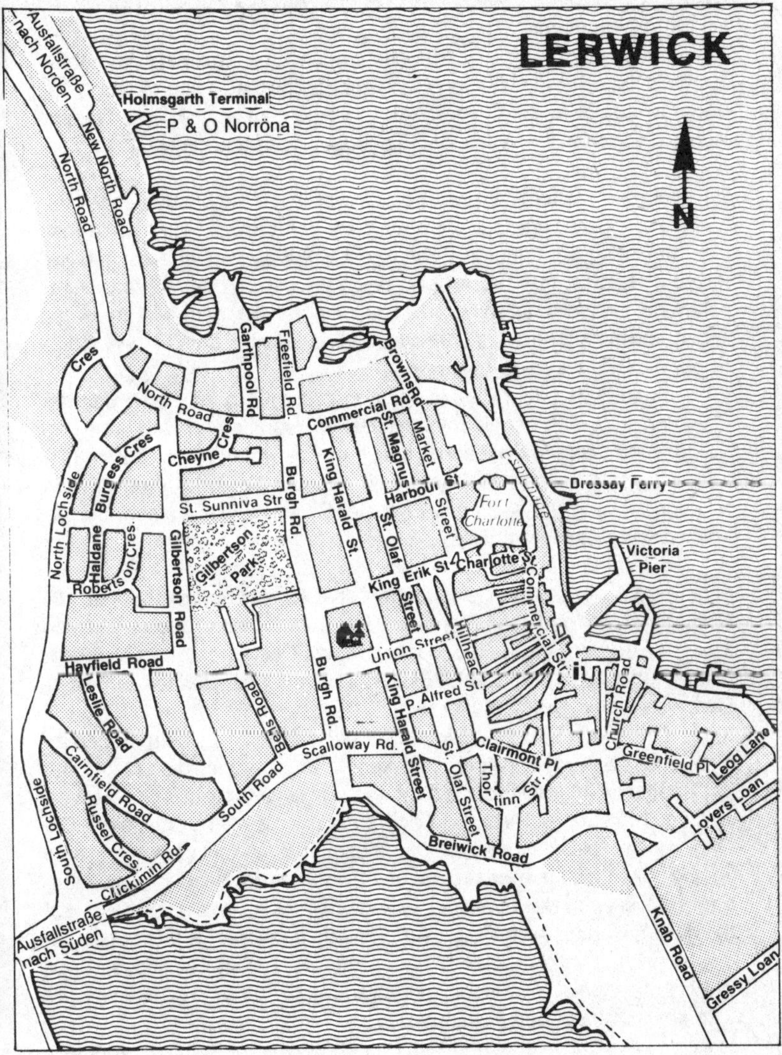
LERWICK
N
Ausfallstraße nach Norden
Holmsgarth Terminal
P & O Norröna
New North Road
North Road
Cres
Garthpool Rd
Freefield Rd.
BrownsRd
North Road
Commercial Rd
Cheyne Cres
Burgess Cres
North Lochside
Burgh Rd.
King Harald St.
St. Magnus St.
Market Street
Harbour St.
Dressay Ferry
Fort Charlotte
St. Sunniva Str
St. Olaf Street
Haldane
Robertson Cres.
Gilbertson Road
Gilbertson Park
King Erik St
Charlotte St
Commercial St
Victoria Pier
Union Street
Hillhead
Hayfield Road
Leslie Road
Bells Road
Burgh Rd.
King Harald Street
P. Alfred St.
Scalloway Rd.
Clairmont Pl
Church Road
Greenfield Pl
Leog Lane
Cairnfield Road
Russel Cres.
South Road
St. Olaf Street
Thorfinn Str.
Lovers Loan
South Lochside
Clickimin Rd.
Breiwick Road
Ausfallstraße nach Süden
Knab Road
Gressy Loan

warten müssen, bis sie den Shetländern den Fang abkaufen können. Nach langen Jahren 1984 übrigens zum ersten Mal wieder: „Der Hering ist zurückgekommen“ hieß es da.
Steht der Wind günstig – oder besser ungünstig – dann sind die Fabrikschiffe auf der Reede von Lerwick in der Stadt nicht zu überriechen. Das Zentrum drängt an den Hafen heran, einige Häuser, z.B. das Queens Hotel, sind schon ins Wasser hineingebaut, das Meer umspült die Mauern.
Bei schönem Wetter ist im *small boat harbour,* im Yachthafen, reger Betrieb, und dieser liegt fast am Marktplatz von Lerwick. Hier sollte man sich ruhig ein paar Minuten Ruhe gönnen, auf der Mauer zwischen Hafen und Stadtzentrum sitzen und das Rundherum beobachten. Dabei schmeckt ein typischer Imbiß. Du findest in den Häusern, die am Hafen liegen, bestimmt den Baked-Potatoes-Laden oder den Fish & Chips Shop, sie sind kaum zu übersehen.
Ein kleiner Platz bildet die Verbindung zwischen dem Hafen und der Commercial Street, der Haupteinkaufsstraße von Lerwick. Ich habe dort die typischen jungen Shetländer gesehen, das waren in den früher 80er Jahren solche, die sich die Haare grell gefärbt hatten und deren schwarze enge Hosen durchlöchert waren. Der Schmuck war einfach, Sicherheitsnadeln prägten das Bild.
An der Commercial Street, die von dem Platz in beide Richtungen abgeht, liegen die meisten Geschäfte Lerwicks, außerdem Banken, die Post und die Touristeninformation. Fast ein Dutzend kleine Gassen zweigen von der Straße ab und führen in die Oberstadt. Es ist ein schönes Motiv, aus einer dieser Gassen heraus über die Dächer der Unterstadt den Hafen zu fotografieren.
In der Oberstadt, auf dem Hügel also, befindet sich in einem modernen Gebäude das Lokalmuseum. Dort kann man sich über die Geschichte der Shetlands informieren. Gezeigt wird u.a. eine Kopie des Silberschatzes, der 1958 auf St. Ninian's Isle gefunden wurde (siehe auch dort). Die Originale mochte man dem kleinen Museum aber nicht lassen, sie sind im Nationalmuseum in Edinburgh aufbewahrt. In der dem Lokalmuseum angeschlossenen Bibliothek gibt es eine Sammlung lokaler Literatur, auf die die Shetländer sehr stolz sind. Sie sagen, es sei die bedeutendste dieser Art in der Welt. Das Museum und die Bibliothek sind an allen Werktagen mehrere Stunden geöffnet, der Eintritt ist frei. Gegenüber vom Museum liegt das Hallenbad.
Gleich neben dem Hallenbad liegt das 1882 erbaute Rathaus, von dessen Glockenturm du einen schönen Ausblick über die Stadt, den Hafen

und die vorgelagerte Insel Bressay hast. Interessant ist der Ratsaal, wirf ruhig einen Blick hinein und achte auf die Fenster. Das Rathaus ist während der Dienststunden geöffnet, der Eintritt ist frei.
Zwischen Rathaus und Unterstadt liegt Fort Charlotte, die historische Befestigungsanlage, die den Bressay Sund schützen sollte. Aus dieser Aufgabe resuliert natürlich, daß man von dort noch heute eine gute Aussicht über eben diesen Sund hat.
Wer British Way of Life erleben will, sollte vom Rathaus nicht Richtung Fort, sondern entgegengesetzt gehen. Nach wenigen Metern kommt man zwischen St. Olaf Street und King Harald Street an einen Park, und darin liegen Spielfelder des King George Playing Field. Dort wird auf einem Teppich, der rasengrün ist und auch nach Gras riechen soll, jene englische Version des Boccia gespielt, die Bowling heißt, aber nicht mit dem Bowling verwechselt werden darf, das man vielleicht aus Mitteleuropa kennt. Das Prinzip ist das gleiche wie beim Boccia: Die Spieler versuchen, ihre großen Kugeln möglichst nah an eine Zielkugel heranzuspielen oder gegnerische Kugeln von der Zielkugel wegzuschlagen.
In den Sommermonaten werden im Isleburgh Community Centre, gleich neben dem Park, Ausstellungen über das traditionelle Handwerk der Shetlands gezeigt. Es werden Pullover gestrickt und verkauft, und es wird Musik gemacht und erklärt. 1985 war die Ausstellung immer an zwei

Jarlshof

Abenden und einem Nachmittag pro Woche geöffnet, der Eintritt betrug 0.50 £.

Gestrickt wurde 1985 auch einmal pro Woche im Rathaussaal. Dort ist das Scottish Women's Rural Institute (SWRI) federführend. Für den Eintritt von 0.50 £ gab es nicht nur etwas zu sehen, sondern auch Hausgebackenes und Tee oder Kaffee. Diese Veranstaltungen im Isleburgh Centre wie auch im Rathaus, haben lange Tradition, und sie werden wohl auch in den kommenden Jahren in irgendeiner Form stattfinden.

Wer nur kurz auf den Shetlands ist und dabei mehr als nur die Stadt Lerwick sehen will, dem kann ich die Busrundfahrten empfehlen, die von zwei Busunternehmen angeboten werden. Sie sind preiswert und gut geführt. Es wird auch, so habe ich es erlebt, auf kleine Details hingewiesen, die das tägliche Leben auf den Inseln betreffen. Die Anschriften der Busfirmen findest du oben unter dem Stichwort „Fortbewegung".

Auch einen Ausflug wert ist die Insel **Bressay,** die nur etwas mehr als 1 km von Lerwick entfernt liegt. Fast jede Stunde, von 8 bis 22.30 Uhr, geht eine Fähre hinüber. Die Überfahrtzeit beträgt nur fünf bis sieben Minuten.

Bressay ist ein gutes Wandergebiet und auch für Radtouren geeignet. Wenn du einen Ausflug in eigener Regie machst, paß auf: Bressay ist sehr weitläufig. Ich hätte bei meinem ersten Besuch fast die letzte Fähre zur Rückfahrt verpaßt, hätte mich nicht ein Einheimischer schnell mit dem Wagen zum Anleger gebracht.

Der Süden der Insel ist relativ hügelig. Auf dem 226 m hohen Ward of Bressay gibt es einen Leuchtturm. Von hier hat man eine gute Sicht auf die Vogelinsel Noss. Gleiches gilt für den etwa 150 m hohen Ander Hill ganz im Westen, gleich gegenüber von Noss. Flach und sehr schön zu erwandern ist der Norden von Bressay, ein altes Farmland, wo heute die meisten Höfe leerstehen und verfallen sind. An der Nordküste gibt es auch schöne Sandstrände.

Noss, westlich von Bressay gelegen, ist ein Vogelreservat. Wer über den schmalen Noss Sound hinüber will, muß den Bootsmann, der auf Noss eine Wärterfunktion hat, auf sich aufmerksam machen. Zur Überfahrt dient dann ein Schlauchboot (Preis für Hin- und Rückfahrt 0.75 £; Überfahrten während der Zeiten: Di., Mi., Fr., Sa., So. 10 bis 16 Uhr). Eindrucksvoll ist die Westküste von Noss, mit dem 181 m hohen Noss Head.

Für einen Fußweg über Bressay zum Noss Sound muß man mindestens eine Stunde (5,5 km) ansetzen und für eine Tour über Noss noch einmal mehrere Stunden. Für die Überfahrt zwischen Bressay und Noss sollte

man sich auf Nässe einstellen und gutes Schuhwerk tragen, es geht über schlüpfrigen Grund zu dem Schlauchboot.
Organisierte Fahrten mit Minibussen bieten die Busunternehmen Bolts und Leasks an (siehe unter Stichwort „Fortbewegung“).
1985 wurden Bootsrundfahrten an die Küsten von Bressay und Noss ab Lerwick Yachthafen eingeführt.
Scalloway auf der Ostseite des Mainland ist die alte Hauptstadt der Shetlands. Der Ort ist heute ein wichtiger Fischereihafen. Mitten in der Stadt – das Bild beherrschend – liegt Scalloway Castle. 1600 ließ es Earl Patrick Stewart bauen und benahm sich dabei so schlecht, daß er noch heute für die Abneigung der Shetländer gegenüber den Schotten verantwortlich gemacht wird. Earl Patrick ist auch als grausamer Bauherr in Kirkwall auf den Orkneys aufgetreten, und er wurde schließlich in Edinburgh hingerichtet (siehe auch unter „Orkney, Kirkwall und Birsay“). Scalloway verlor im Laufe des 17. Jahrhunderts seine führende Rolle auf den Shetlands an Lerwick.
Im II. Weltkrieg war Scalloway Basis für Operationen gegen die Nazi-Truppen in Norwegen. Shetland Bus war der Deckname für die Bootsausflüge damals. Am Ostufer der Hafenbucht, dem Schloß gegenüber, soll man noch Reste der Shetland Bus Station sehen können. Ich habe mir das mal angeschaut, es lohnt den Weg nicht. Mehr als alten Beton gibt es nicht zu sehen.
1985 eröffnete ein lokales „Scalloway Museum“.
Überhaupt – so finde ich – ist Scalloway, vom Schloß einmal abgesehen, nicht unbedingt ein Ort, den man gesehen haben muß.
Kommt man auf der Straße **A 970** nach Scalloway hin, dann biegt kurz vor dem Ort die Straße zu den flachen, grasbewachsenen Inseln **Tondra, West-** und **Ost-Burra** ab. Für diejenigen, die gerne spazierengehen, ohne sich anstrengen zu müssen, sind die drei Inseln ideal. Der größte Ort ist das Fischerdorf Hamnavoe mit einem schönen Naturhafen am Nordende von West-Burra.
Das Gebiet von **Tingwall** ist auch noch zum Central Mainland zu zählen. Hier, am Nordende des Loch of Tingwall, soll das Thing der Shetland-Wikinger getagt haben, eine parlamentarische Versammlung der freien Männer der Zeit. Das Thing auf den Shetlands hat aber nie die Bedeutung gehabt wie das auf Island oder den Färöer-Inseln, denn die Shetlands waren nie vom Mutterland des Wikingerreiches, von Norwegen, unabhängig (siehe auch im Kapitel „Geschichte“).
Heute dominiert der Flugplatz das Tal von Tingwall. Nirgendwo auf der Welt ist die Fliegerei dem Himmel so nah wie hier auf dem Flugplatz von

Tingwall: Alle Telefonnummern gehören zum Ortsnetz „Gott". Von dem Flugplatz operiert die schottische Gesellschaft Loganair (Tel. Gott 246), die dieses kleine Flugfeld dem modernen Sumburgh Airport im Süden vorzieht. Ob es nur ein Gerücht ist, daß auf Sumburgh die Flughafengebühren so hoch sind und die kleinen Fluggesellschaften deshalb den Platz dort meiden, vermag ich nicht zu beurteilen, ich kann es hier nur erwähnen.

Die Siedlung neben dem Flugplatz heißt nicht Tingwall, sondern offiziell Veensgarth. Dort gibt es ein Bauernmuseum (Di., Do., Sa. 10 bis 13 und 14 bis 15 Uhr, Eintritt 0.50 £), in dem regelmäßig Heimatabende veranstaltet werden. Ticket in der Touristeninformation.

Süd-Mainland (inkl. Mousa und Fair Isle)

Das **Süd-Mainland** erreicht man von Lerwick über die **A 970,** eine gut ausgebaute Straße, die bis zum Südende bei Sumburgh führt. Wenn es möglich ist, solltest du einen Abstecher von der Hauptstraße durch eines der Dörfer machen, die am Ostufer der Insel liegen, z.B. durch Fladdabister oder Sandwick. Dort findet man zwar nicht *die* Sehenswürdigkeit, aber sehenswert sind die Dörfer allgemein.

Von Sandwick besteht eine Bootsverbindung auf die vorgelagerte Insel **Mousa.** Will man übersetzen, muß man sich mit Tom Jamieson in Verbindung setzen (Tel. Sandwick 397), der auf Anfrage die Fahrten macht (Preis ca. 2 £ hin und zurück). Schon vom Mainland aus ist die größte Attraktion von Mousa zu sehen, der Broch. Der über zwölf Meter hohe Wohn- und Wehrturm aus der Eisenzeit liegt an der Westseite der kleinen Insel. Der Mousa Broch gilt als eines der besterhaltenen Exemplare dieser Bauten in ganz Großbritannien, und es gibt davon über 500.

Neben einer Brochbesichtigung sollte man sich aber auch Zeit für einen kleinen Rundgang über die Insel nehmen. Viele Seevögel nisten auf Mousa, und an den Stränden finden sich meist Seehunde – oft in Herden. Etwas kann man nicht sehen, aber nachlesen und darüber staunen: Durch Mousa verläuft der 60ste Breitengrad, auf dem auch die Südspitze Grönlands, Kap Farvel, und Norwegens Hauptstadt Oslo liegen.

Von Sandwick weiter nach Süden verläuft der Verkehr ein kurzes Stück nur auf der Hauptstraße, bevor dann in einem Tal eine Straße in den Osten des Süd-Mainlands abzweigt. Man sollte einen Abstecher über diese Straße, **B 9122,** nicht versäumen. Zum einen können alle, die des Englischen mächtig sind, später zu Hause mit einem Foto vor dem Ortsschild „Ireland" überraschen, das in **Bigton** steht, zum anderen kann man sich **St. Ninian's Isle** ansehen, Bigton vorgelagert. St. Ninian's Isle ist dem Namen nach eine Insel. Dies ist aber nicht ganz richtig. Ein Tom-

bolo verbindet St. Ninian's Isle mit dem Mainland, und man kann immer trockenen Fußes hinübergehen. Der Tombolo ist wohl entstanden, weil um die ehemalige Insel das Meer von beiden Seiten herumspülte und dort, wo sich die Wellen trafen, haben sie Sand abgelagert. Soviel, daß schließlich eine feste Landverbindung daraus wurde. Diese Landverbindung ist etwas, wofür mir ein eindeutig deutsches Wort nicht geläufig ist: ein Strand mit zwei Ufern.
Auf St. Ninian's Isle liegt die Ruine einer Kapelle. Sensationell sind diese Kirchenreste nicht, wenn du sie, von einem Zaun geschützt, wenige hundert Meter rechts vom Tombolo gefunden hast. Sensationell war aber das, was andere dort 1958 gefunden haben: St. Ninian's Treasure. Diesen Silberschatz keltischen Ursprungs haben die letzten Besitzer dort wohl versteckt, vielleicht vor plündernden Wikingern. Heute sind die Gegenstände im National Museum of Antiques in Edinburgh untergebracht, und im Lokalmuseum in Lerwick sind Nachbildungen davon zu sehen.
Von Bigton auf der Straße B 9122 nach Süden fahrend, kommt man am **Loch of Spiggie** vorbei, einem Vogelschutzgebiet. Dort gibt es ein Hotel. Die Straßenränder in dem Abschnitt am Loch of Spiggie entlang und auch schon etwas nördlich davon, gelten zur Zeit der Wildblumenblüte als die schönsten der Shetlands. Und wenn man dort entlangfährt, sollte man an der Bay of Scousburgh – das ist dort, wo die Straße ganz nah oberhalb des Meers entlangführt – auch mal die Steilküste herunterschauen. Dort liegen auf den Felsen bestimmt ein paar Seehunde rum.
Wo die Straße B 9122 wieder auf die Hauptstraße trifft, liegt das Dorf **Boddam,** in dem es ein Croft-Museum gibt. Crofts sind die kleinen Höfe, die sich häufig auf den schottischen Inseln finden. Früher lebten die Menschen auf den Crofts teilweise vom Land und vom Meer. Wie sie lebten, ist in dem Museum dargestellt (Di.–So. von 10 bis 13 und von 14 bis 17 Uhr geöffnet; Eintritt 0.50 £). Nicht weit von dem Croft Museum gibt es eine kleine Mühle zu sehen. Es ist ein restauriertes Exemplar des Typs, den Wikinger wahrscheinlich auf den schottischen Inseln eingeführt haben und der dann unverändert noch bis ins 19. Jahrhundert hinein verwendet wurde.
Von Boddam nach Süden gibt es zur Hauptstraße keine Alternative, aber es ist auch nicht mehr weit bis **Sumburgh,** dem Südende des Mainlands. Dort ist der Flugplatz nicht zu übersehen. Er scheint reichlich überdimensioniert, wenn man an die wenigen Linienmaschinen denkt, die dort noch täglich landen. Das war aber nicht immer so: Während der Bauperiode in den 70er Jahren war Sumburgh einer der geschäftigten Flugplätze Europas. Nur haben sich die Zeiten geändert, und die Hub-

schrauber, die die Ölplattformen versorgen, sind heute so groß und leistungsfähig geworden, daß sie von Aberdeen direkt zu den Plattformen fliegen. Das ist billiger, als wenn man Menschen und Material erst nach Sumburgh fliegt und dort umlädt. Sumburgh scheint eine große Fehlplanung zu sein.

Gleich neben der Nordsüd-Landebahn, am Ufer des West Voe of Sumburgh, findet man das bedeutendste historische Bauwerk der Shetlands, den Jarlshof. Man sollte aber wohl besser von dem Jarlshof-Gelände sprechen. Hier haben über mehrere Jahrtausende Menschen gewohnt, haben neben- und übereinander Gebäude errichtet.

Über viele Jahrhunderte war nur das letzte Bauwerk bekannt, ein Herrenhof aus dem Mittelalter. Dieser hat den Namen **Jarlshof** nicht von sich aus getragen, sondern dieser Name stammt wohl von Sir Walter Scott. Er benutzte diesen skandinavisch klingenden Namen für das Bauwerk in seinem Roman „Der Pirat", ohne zu wissen, was der Untergrund noch an Skandinavischem barg. Das kam erst Anfang dieses Jahrhunderts ans Tageslicht, als das Meer bei einem Sturm mal wieder ein Stück Shetland fraß und dabei auf unbekannte Mauerreste biß. Systematische Ausgrabungen legten dann den Komplex der in- und übereinander gebauten Wohnanlagen frei, die zeigen, daß seit der Bronzezeit Menschen an diesem Platz ansässig waren (im Sommer täglich von 9.30 bis 19.30 Uhr geöffnet; Eintritt 0.50 £). An der Kasse gibt es für wenig Geld eine Broschüre, in der ein Rundgang beschrieben ist (in Englisch). Neben dem Jarlshof liegt ein Hotel mit Pub.

Die Straße führt noch weiter, schmaler werdend, zum Leuchtturm (von 1821) auf der zerklüfteten Südspitze Sumburgh Head. 39 km südwestlich von Sumburgh Head liegt Fair Isle, etwa auf halbem Wege zu den Orkneys. Vom Grutness Pier, gleich hinter dem Flughafen, besteht zweimal wöchentlich eine Verbindung auf die kleine Insel.

Fair Isle wird von knapp 80 Menschen und einer Unzahl Seevögeln bewohnt. Über 300 Arten hat man gezählt. Das Vogelleben ist sicher das, was Fair Isle weltberühmt macht, zumindest für Ornithologen. Aber auch für diejenigen, die sich nicht unbedingt für Vögel interessieren, kann sich ein Besuch auf der Insel lohnen. Über 30 km Küstenlinie hat Fair Isle. Meist zerklüftet, mit Höhlen und natürlichen Felsbrücken versehen, an vielen Stellen steil und rauh. Reste von Bauwerken verschiedener Epochen sind zu sehen.

Die Insel ist nur schwer zu erreichen. Das Boot, das für den Preis von 0.20 £ (Buchungen Fair Isle: 03512/222) pro Weg Passagiere mitnimmt, gehört den Inselbewohnern. Es fährt im Sommer zweimal pro Woche von Fair Isle zum Mainland nach Grutness und von dort ca. zwei Stunden später zurück. Du mußt also, wenn du preiswert von den Shetlands nach Fair Isle und zurück reisen willst, mindestens drei Übernachtungen auf der Insel einkalkulieren. Und die sind nicht billig, denn Zelten ist verboten. Übernachtungsmöglichkeiten gibt es im Vogelobservatorium (Informationen dazu über die Touristeninfomation in Kirkwall oder direkt über das Vogelobservatorium, Tel. Fair Isle 0 35 12/ 2 58). Kürzere Aufenthalte sind mit dem Flugzeug machbar, aber teuer (Flugpreis pro Strecke ca. 70 DM). Im Sommer wird montags zweimal geflogen, mit einem Aufenthalt von über sieben Stunden dazwischen.

West-Mainland (inkl. Foula und Papa Stour)
Das West-Mainland erreicht man über die Straße **A 971,** die bei Veensgarth von der Nord-Süd-Hauptstraße A 970 abbiegt. Das West-Mainland mit seinen vielen Nebenstraßen und dem dabei relativ flachen Gelände eignet sich gut für Radtouren. Die höchsten Straßenstellen dürften auch ungeübte Radler schaffen: 134 m auf der B 9071 am Loch Gonfirth im Norden der Halbinsel und 114 bzw. 118 m auf der A 971 am Scord of Sound kurz hinter Weisdale und am Wormdale Hill.
Die Straße 971 schlängelt sich am Südrand des West-Mainland und durch das Gebiet von **Whiteness** und **Weisdale** an einer Reihe von Meeresarmen entlang, die auf den Shetlands *Voe* heißen. Von zwei Anhöhen, einmal vom Wormdale Hill (Hotel) und dann vom Weisdale Hill, hat man eine gute Aussicht auf diese Meeresarme und auf eine Vielzahl von kleinen Inseln und Schären.
Wer die Dörfer zu den Namen Witheness und Weisdale sucht, wird enttäuscht – die gibt es nicht. Die Häuser dieser Gemeinden stehen entlang der Straße, und ein eigentlicher Ortskern ist nicht auszumachen. Daher fällt es mir auch schwer, jetzt zu beschreiben, wo genau der Workshop von Hjaltasteyn liegt. In dieser Silberwerkstatt werden Shetlandsteine poliert und zu Schmuck verarbeitet. Du kommst an der A 971 zwischen den beiden oben erwähnten Aussichtspunkten an der Schmuckwerkstatt vorbei, die zu besichtigen ist. Das gleiche gilt für die Werkstätten von Shetland Silvercraft.
Am Ende des Weisdale Voe biegt in einer scharfen Kurve die Straße **B 9075** ab, die durch ein Waldgebiet zur Straße A 970, also nach Norden, führt. Der Begriff Waldgebiet ist vielleicht etwas übertrieben (noch?!), denn im Weisdale sind nur einige Baumplantagen. Aber es sind, so glaube ich, die einzigen nennenswerten auf den Shetlands. Ich habe nirgendwo sonst auf den Inseln andere Anpflanzungen gesehen.

Weiter im Westen des West-Mainland gibt es noch ein paar Dörfer und eine Unzahl von kleinen Seen – Lochs oder Waters heißen sie bei den Shetländern. Außerdem ragen an vielen Stellen noch Meeresarme, Voes, in das Land hinein. Was Meer und was Binnengewässer ist, läßt sich nur bei einem Blick auf die Karte feststellen oder bei einer Geschmacksprobe des Wassers.

Es ist schwer, im West-Mainland irgendwelche Stellen besonders hervorzuheben. Überall sind kleine Sehenswürdigkeiten zu finden. Wer viel Zeit hat, sollte das Straßengewirr südlich der Hauptstraße erkunden und dort einen Blick auf die Kapellenruine in **Sands** werfen, über deren Herkunft man wenig weiß. Oder er sollte **Reawick** besuchen, den Ort an der Roten Bucht (Rea Wick). In Reawick besteht die Möglichkeit, eine Schafschlachterei zu besichtigen, in der auch Schaffelle verkauft werden (Reawick Lamp Marketing Co, etwas nördlich des Ortes, Mo.–Fr. 8 bis 17 Uhr).

Fährt man von Reawick weiter nach Westen in Richtung A 971, dann gelangt man auf einem kleinen Weg zu der prähistorischen Staneydale-Siedlung. Die Reste, die dort zu sehen sind, werden auf das Jahr 1600 v.Chr. datiert und als Versammlungsplatz gedeutet. Diese Stelle erreicht man auch von der Hauptstraße aus leicht, wenn man sich ca. 1 km östlich der Straßengabelung Walls/Sandness nach Süden wendet. Auf einem kleinen Weg erreicht man dort die alte Siedlung.

Walls ist ein kleiner Ort, der sich am Ufer einer geschützten Bucht entlangzieht. Dem Ort vorgelagert ist die Insel Vaila, die den Hafen von Walls zu einem der sichersten im West-Mainland macht. In Walls gibt es ein Schwimmbad. Von Walls kann man über eine Nebenstraße die zerklüftete Westküste mit einigen schönen Aussichtspunkten erreichen.

Vom West-Mainland erreicht man zwei Inseln: Foula von Walls und Papa Stour von West Burra Firth aus. Für Fahrten zu beiden Inseln sollte man eines unbedingt beachten: Bis 1985 gab es weder auf Foula noch auf Papa Stour Einkaufsmöglichkeiten.

Foula, „The Edge of the World – once visited, never forgotten“, so steht es auf einer Broschüre über die Insel. Wer mit der Norröna von Norden her kommt, wird mit Foula die erste Begegnung mit den Shetlands haben. Das Schiff kommt sehr nah an der kleinen Insel vorbei. Wenn du Foula nicht nur von der Norröna aus sehen willst, mußt du das Boot nehmen, das im Sommer zweimal wöchentlich von Foula nach Walls und zurück fährt (Fahrzeit ca. zweieinhalb Stunden; max. sechs Passagiere; Preis ca. 0.20 £ = 0,80 DM; Buchung über Rob Holbourn, Tel. 0 39 33/32 32), oder du mußt mit Loganair fliegen (meist dreimal wöchentlich ein

Charterflug auf Anfrage; Preis pro Weg ca. 12.50 £; Buchung über Loganair, Tel. Gott 246). Auf Foula gibt es verschiedene Übernachtungsmöglichkeiten in einer Herberge, in Hütten oder in B&B-Häusern (Mrs. Holbourn, Tel. 0 39 33/ 32 33 oder Mrs. Taylor, Tel. 0 39 33/32 26). Buchungen für das Boot oder die Charterflüge sind notwendig.
Charakteristisch für Foula sind die fünf Gipfel. Von Süden nach Norden sind dies: The Noup (248 m), dann nach einem Tal und einer langen, flachen Steigung Brustins (344 m), The Sneug (418 m), The Kame (371 m) und der letzte Gipfel, der eigentlich mehr eine Kante ist, Soberlie Hill. Foula ist auf der Ostseite besiedelt, und dort leben etwa 40 Menschen. Der Westen ist unwegsam und endet in einer spektakulären Steilküste, einer der höchsten Großbritanniens. The Kame (371 m) ist die höchste Stelle an dieser Steilküste. Nicht ganz so hoch, aber sehenswert ist Gaada Stack (40 m), ein Felsengebilde mit einem Loch vor der Küste im Norden. Es ist vom Ufer aus zu sehen.

Für Vogelliebhaber ist Foula ein Paradies, wenn man die unangenehmen Begleiterscheinungen hinnimmt, wie aggressive Skuas oder Seeschwalben. 1984 schätzte man, daß über 3000 Skua-Paare auf Foula nisten. Daneben ist aber ein guter Querschnitt durch Nordeuropas Seevogelarten zu sehen, vom Papageitaucher über diverse Möwenarten, Baßtölpel, Alke, Eissturmvögel bis hin zu Enten, die im Inselinneren an kleinen Seen zu Hause sind.
Auf Foula findet man aber auch viele Wildblumen. Wer interessiert ist, sollte nicht nur ein Vogel-, sondern auch ein Pflanzen-Bestimmungsbuch mitbringen.
Nach **Papa Stour** verkehrt ein Postboot von West Burra Firth mit einer Fahrzeit von 40 Minuten (Mo., Mi., Fr. 2mal, So.; Preis 0.20 £ = 0,80 DM; Information über Mr. P. Scott, Tel. Reawick 335). Es gibt nur sehr eingeschränkte Übernachtungsmöglichkeiten auf der Insel. Anfragen dazu über die Touristeninformation in Lerwick.

Papa Stour ist von kleinen und großen Voes tief eingeschnitten, und keine Stelle der Insel ist weiter als 1000 m vom Meer entfernt. Die Insel, die aus relativ porösem Lavagestein besteht, ist von einer bizarren Küstenlinie umrahmt. Viele freistehende Felsen, Schären, Felsentore, Höhlen und „Subterranean Passages" gehören dazu. „Subterranean Passages" ist ein Begriff, den ich nicht so einfach ins Deutsche übersetzen kann. Es ist eine Höhle, die sich vom Meer in die Insel hineingefressen hat und an einer Stelle, irgendwo in einer Wiese, tut sich plötzlich ein Loch auf, und man sieht oder hört in der Tiefe das Meer. Es ist also keine

richtige Höhle, denn die Subterranean-Passage ist ja irgendwo nach oben offen.
Neben den geologischen Besonderheiten ist die Flora von Papa Stour bekannt und berühmt. Glaubt man den Broschüren des Fremdenverkehrsverbandes, dann diente der Geruch der Wildblüten den Seeleuten früher als Navigationshilfe.

Nord-Mainland (inkl. Whalsay und Muckle Roe)
Du kannst das **Nord-Mainland** von Lerwick oder vom West-Mainland aus erreichen. Von Lerwick geht es sehr schnell über die gut ausgebaute Inselhauptstraße **A 970** bis Voe. Vom West-Mainland kommend, kann man über die B 9075 durch die Wälder von Weisdale fahren, oder auf der **B 9071** am Aith Voe und am Olna Firth vorbei. Der erste größere Ort, wenn du von Norden kommst, ist **Voe.** Hier mußt du dich entscheiden, wie es weiter gehen soll, denn Voe ist ein Verkehrsknotenpunkt.
Nach Osten führt die **B 9071** über Laxo (von dort Fähre nach Whalsay) zu dem Ort Vidlin. Auf einer schmalen Straße kann man von Vidlin aus auf die Halbinsel **Lunna Ness** gelangen. Auf der Landenge zwischen dem West und dem East Lunna Voe steht die turmlose Lunna Kirk, eine der ältesten Kirchen auf den Shetlands, 1753 erbaut. Ein paar hundert Meter weiter ist das Lunna House. Von dort, wo man heute Kaffee, Tee oder Essen bekommt, wurde im II. Weltkrieg der norwegische Widerstand gegen die deutschen Besatzer unterstützt. Aktionen, die unter dem Decknamen Shetland Bus liefen. Die Busstation wurde später nach Scalloway (siehe auch dort) verlegt.
Von einem Pier am Laxo Voe besteht mehrmals täglich eine Autofährverbindung zur Insel **Whalsay** (mindestens 6mal täglich; Personen 0.20 £, PKW 1 £, Fahrräder gratis; Fahrzeit 45 Minuten; Reservierungen für PKW sind notwendig, besonders an Wochenenden, über Tel. Symbister 259).
Whalsay wird auch von Loganair auf der Route Tingwall–Whalsay–Fetlar–Unst angeflogen (5mal wöchentlich). Wer ohne Fahrzeug ist und von Whalsay noch auf die Nordinseln will, der sollte diese Reisemöglichkeit nicht außer acht lassen, denn so kommt man schnell, einfach und relativ preiswert weiter (Preise einfacher Flug 1985: Tingwall–Whalsay 7.10 £; Whalsay–Fetlar 7.10 £; Whalsay–Unst 11.50 £. Die Flugzeuge landen nur auf Anfrage Tel. Loganair: Gott 246).
Whalsay ist eine flache Insel (höchste Stelle 119 m). Mit über tausend Bewohnern ist sie gut besiedelt, verglichen mit anderen Shetland-Inseln dieser Größe. Der wichtigste Wirtschaftszweig ist die Fischerei und die

Fischverarbeitung. Das Zentrum der Insel ist die Siedlung **Symbister,** wo auch die Fähre anlegt. Im Ort sind zwei interessante Gebäude. An die große Zeit der Hanse erinnert der Bremen Böd (Böd = Schuppen), ein Lager aus dem 17. Jahrhundert. Es diente früher zur Aufbewahrung der Waren, die Hanse-Kaufleute gegen Produkte der Inselbewohner eintauschten. Bremen Böd ist das einzige erhaltene Gebäude seiner Art auf den Shetlands. Du findest es gleich beim Anleger. Das Symbister House, heute eine Schule, stammt aus dem Jahre 1830. Es war bis zum II. Weltkrieg im Privatbesitz der Familie, die es hatte erbauen lassen. Diese ehemalige Prachtvilla zeigt, daß man auch in der Abgeschiedenheit der Shetland-Inseln ganz gut gelebt hat.
Auf Whalsay – und da bin ich kein Fachmann, kann also nur Gehörtes wiedergeben – soll man sehr gut angeln können. Für die Seen auf der Insel bekommt man die Angelerlaubnis über den örtlichen Angelverein (Tel. Symbister 362). Die örtlichen Touristikleute weisen auch auf den Golfplatz der Insel hin, den ich aber auch nicht ausprobiert habe, da ich vom Golfen keine Ahnung habe. Ich weiß nur, daß er landschaftlich schön gelegen ist, auf dem Nordostzipfel der Insel.
Eine Ausflugsmöglichkeit bietet einmal wöchentlich (So.) eine Bootsverbindung zu den Out Skerries.
Zurück nach **Voe,** dem Verkehrsknotenpunkt für das Nord-Mainland. Direkt nach Norden führt die Straße **A 968,** die als Zubringer für den Ölhafen Sullom Voe sehr gut ausgebaut ist. Am Dales Voe vorbei, einem Fjord, der an beiden Ufern von steilen Hängen langgezogener Hügel begrenzt wird, erreicht man das Gebiet am Firth Voe und Toft Voe. Von Toft geht die Fähre zu den Nordinseln ab (zu den Nordinseln mehr in dem entsprechenden Kapitel weiter unten).
Am **Firth** und **Toft Voe** war bis in die 70er Jahre hinein der Hund begraben. Das Gebiet war ein langsam entvölkernder Landstrich der Shetlands, bis zum Beginn der Bauperiode des Ölhafens Sullom Voe. In kurzer Zeit entstanden Wohnungen und Barackenlager für rund 8000 Menschen. In Toft, Firth und Mossbank kam Goldgräberstimmung auf. Aber nach ein paar Jahren kehrte wieder Ruhe ein. Heute fallen nur noch die vielen neuen Einfamilienhäuser an den Nordhängen des Firth Voe sofort auf. Hier wohnen die Menschen, die in den Anlagen von Sullom Voe ständige Arbeit gefunden haben. Das ist jedoch nur noch ein Bruchteil derer, die während des Baubooms dort lebten. Fährt man weiter nach Toft, fällt oberhalb des Anlegers eine große Fläche mit hellem Gras auf. Drei große Häuserklötze – die alten Versorgungszentren – stehen noch, ebenso einige Baracken. Auf diesem Platz war Ende der 70er, bis in die

80er Jahre hinein, das größte Wohnlager. Baracke stand neben Baracke, 2400 Menschen, meist Männer, wohnten darin. Die Baracken sind mittlerweile nach Afrika verschifft worden, zu humanitären Hilfsmaßnahmen. Das Gras kommt jetzt zurück, und nur die festen Versorgungszentren stehen noch ungenutzt in der Landschaft, mit Kantinen, Speisesälen, Sport- und Schwimmhallen. Vielleicht einmal Kulisse für Wild-Shetland-Filme? Dann wird es statt „Red River" mit John Wayne irgendwann ein „Yell Sound"-Epos in den Kinos geben.
Vom Firth Voe führt eine Straße hinüber nach **Sullom Voe.** Ich habe 1984 noch eine Ordnance Survey Karte © 1976 bekommen, in der diese Straße **B 9076** als „Enge Straße mit Ausweich-Überholstellen" eingetragen ist. Auf der Karte ist dann bei dem Ort Loxobigging ein Wanderweg in nördlicher Richtung eingezeichnet, der auf die Halbinsel Calback führt. Soweit 1976. Heute ist die B 9076 eine breite, gut ausgebaute Straße. Wo der Wanderweg eingezeichnet ist, führt eine ebenso breite Straße zum Hafen Sullom Voe, dem größten Ölexporthafen in Europa. Vom Ost-Shetland-Becken kommt das Öl in zwei Pipelines nach Sullom Voe. Dort wird es verarbeitet, entgast und verladen. Die Anlage Sullom Voe, deren ganzen Gigantismus ich nicht im einzelnen beschreiben will, kann pro Tag 1,41 Millionen Barrel Öl verarbeiten, das sind über 230 Millionen Liter. Wieweit der Bauboom in Sullom Voe geführt hat, sieht man auch, wenn man auf der B 9076 weiter nach Brae fährt. Dabei kommt man über eine Landebahn. Als während der Bauperiode eine Vielzahl von Unfällen auf der Straße zwischen Sullom Voe und Sumburgh Airport passierten, baute man auf dem Gelände einer alten Weltkrieg-II-Landepiste in drei Monaten einen modernen Miniflugplatz, über den wöchentlich mehrere tausend Arbeiter ihren Heimflug antraten. Und jetzt? ...

Wie soll man zu Sullom Voe stehen? Gigantisch?! Die Natur zerstörend?! Die Katastrophe ist vorprogrammiert! Der sicherste Ölhafen der Welt! Arbeitsstelle und Rettungsanker für eine sterbende Region?!
Ich hatte die große Flamme, mit der Gas über Sullom Voe abgefackelt wird, schon Tage zuvor bei meinen Touren auf den Inseln sehen können, bevor ich das erste Mal wirklich bis an den Hafen heranfuhr. Es war nach einem Tag auf der Halbinsel Esha Ness, ganz im Westen, und ich hatte die Natur der Shetlands von ihrer besten Seite erlebt. Und dann Sullom Voe. Drei Tanker lagen an den Piers – oder Jetties, wie sie hier heißen.
Wenn ich die Informationen über Sullom Voe lese, dann scheint dort alles perfekt. Ja, man hat sogar die Tanks, in denen das Öl gelagert wer-

den kann, braungrün gestrichen, der Landschaft angepaßt. 16 dieser über 95 Millionen Liter fassenden Bottiche stehen auf dem Gelände, als Sicherheitsventile, oder besser als Überlauffässer, wenn das Wetter die Tanker daran hindert, Sullom Voe anzulaufen. Es sollen keine Gefahren durch Drucksituation entstehen.
Der Hafen, so sagte mir ein Ingenieur, sei einer der sichersten der Welt. Ein ganz besonderer Punkt: In Sullom Voe sind die Tanker unter sich, müssen die Fahrwasser nicht mit anderen Schiffen teilen. Die, die warten, liegen weit weg vor Anker, oft zwischen Fetlar und Yell im Colgrave Sound, und müssen dann erst ganz um die Nordspitze von Unst herumfahren, wenn in Sullom Voe ein Platz für sie frei ist.
Schon 200 Meilen vor der Einfahrt nach Sullom Voe müssen ankommende Tanker ihre Position und Geschwindigkeit melden. Zwölf Meilen nördlich des Hafens, auf Höhe der Mainland Nordspitze, geht ein Lotse an Bord. Die letzten Kilometer, etwa ab der kleinen Insel Lamba, wird der Ankömmling von Hafenschleppern begleitet.
Der Hafenbetrieb obliegt nicht den Ölgesellschaften, sondern dem Shetland Island Council, einer Regionalbehörde. Somit soll gesichert sein, daß in Fragen der Sicherheit im Seeverkehr die Interessen der Menschen und der Natur auf den Shetlands den kommerziellen Interessen der Ölmultis übergeordnet sind.
Ich habe selbst erlebt, wie ein Tanker sofort den Hafen verlassen mußte, als beim Beladen Öl ins Hafenbecken gelangte. Absauganlagen an den Piers haben größeren Schaden verhindert. Der Tanker durfte aber erst dann weiter beladen werden, als festgestellt war, daß die Schuld bei den Verladern, also den Hafenleuten, lag. Andernfalls hätte er leer nach Hause fahren müssen.
Man hat, das ist unbestritten, viel getan, um Umweltkatastrophen zu verhindern. Hat man alles getan?
Sullom Voe ist ein schwieriges Seegebiet, und die Havarie eines beladenen Tankers auf den Klippen in der Hafeneinfahrt würde der Natur unermeßlichen Schaden zufügen. Die Fischer von den Shetlands fürchten, der Tanker sei schon gebaut, der in Sullom Voe havarieren wird, so las ich in einem Reiseführer, mit dem ich mich auf meine erste Shetlandfahrt vorbereitete. Inzwischen sind einige Jahre vergangen, und bisher hatten die Fischer unrecht. Es ist zu hoffen, daß sie weiter unrecht haben.
Was bedeuten das Öl und Sullom Voe für das Leben auf den Shetlands? Ich habe immer wieder das Gespräch auf dieses Thema gebracht, wenn ich mit Einheimischen zusammen war. „Weißt du, früher kamen die Heringsflotten, da stank es überall aus den Räuchereien, und Tausende

von Seeleuten haben hier rumgehangen. Da gab es Prostitution und weiß nicht was alles. Da ist es heute, wo wir das Ölgeschäft so gut kontrollieren, doch viel besser. Damals haben die Fremden fast alles umsonst hier weggeholt, jetzt kassieren wir und investieren das Geld in unsere Zukunft. Was ist daran verkehrt?" Diese Antwort eines Kaufmanns, der mich beim Trampen mitgenommen hatte, brachte meine grünen Gedanken etwas ins Wanken. Das Öl hat die Gesellschaft auf den Shetlands sicher verändert. Aber war das Croft-Leben in den kleinen Höfen, wo das Land zum Leben kaum reichte und wo man täglich noch zum Fischen raus mußte, um genug Essen auf den Tisch zu kriegen, wirklich das ideale? Vor dem Ölboom waren die Shetlands ein Auswanderungsland, jetzt wächst die Bevölkerungszahl wieder.

Wenn du den Ausflug in die Shetland-Industrie nicht machen willst, kannst du auch von Voe auf der **A 970** direkt nach Westen fahren und kommst dann am Olna Firth vorbei in den Ort **Brae.** Brae gehört auch zu den Shetland-Dörfern, die während der Bauperiode ihr Gesicht deutlich verändert haben. Viele moderne Bauten prägen das Bild, aber man braucht nicht lange, um durch den Ort hindurchzufahren, weiter in den Nordwesten des Mainland hinein.
Gleich hinter Brae zweigt eine kleine Straße ab, die am Busta House (Hotel der gehobenen Klasse) vorbei auf die Insel **Muckle Roe** führt. Wer Zeit hat, kann hier einen Abstecher machen. Man erreicht die Insel über eine schmale Brücke, die den Roe Sound überspannt. An der Ostseite von Muckle Roe verläuft eine Fahrstraße, während einige Wege, die in die anderen Inselteile führen, für den Autoverkehr gesperrt sind. Will man Muckle Roe (= die große, rote Insel) erkunden, muß man also wandern, sonst heißt es nach einigen Kilometern umkehren, denn die Ostküstenstraße ist eine Sackgasse. Die Insel ist als Wildblumenparadies bekannt.
Da ich die Shetlands nie in der Hauptblütezeit besucht habe, wenn die Straßenränder ein Blumenmeer sind, war ich um so mehr überrascht, auf Muckle Roe einmal noch im späten August einen Straßengraben voller Blumen zu finden, die in Blüte standen.
Aber zurück zur Hauptstraße: Die A 970 kommt knapp 1 km hinter dem Muckle Roe-Abzweiger über die Taille des Mainland, **Marvis Grind.** Ich habe schon in der Einleitung zur Beschreibung des Mainland auf diese Attraktion hingewiesen, die für mich keine ist.
Von Marvis Grind führt die A 970 nach Norden durch ein dünnbesiedeltes Gebiet, bis sie sich nach etwa 10 km in eine West- und eine Nord-

straße teilt. Zuvor dürfte man im Westen die Anlagen des Ölverladehafens Sullom Voe kaum übersehen haben – es sei denn, es nebelt.
Die Weststraße führt in den Ort **Hillswick,** ein kleines Nest mit einem Hotel im norwegischen Baustil und einer urigen Kneipe (Da Bød) unten am „Hafen". Vor dem Ortseingang zweigt die B 9078 ab (an der Kreuzung ein Caravan-Park und Campingplatz), die auf den Nordwestzipfel Esha Ness führt.
Auf der Halbinsel Esha Ness hat die Natur ein bizarres Kunstwerk geschaffen. Schon die Küste, die man von der Straße zwischen Hillswick und dem äußersten Westen sehen kann, verleitet bestimmt zu etlichen Stops. Überall sind kleine Buchten, und im Meer stehen Felsen, rotbrauner Stein dominiert.
Und dann taucht irgendwann, fast am Ende der Straße, Dore Holm auf, ein Arc de Triomphe für die Meeresgötter. Der Felsen liegt vor Stennes im Meer. Kurz bevor die **B 9078** in der fast verlassenen Siedlung endet, zweigt noch der Fahrweg zum Leuchtturm auf dem South Head of Caldersgeo ab. Man kommt dabei an einen Friedhof und an den Ruinen einer Kapelle vorbei. Es lohnt sich, die Inschriften auf den Grabsteinen zu studieren. Aus einer geht hervor, daß der hier Begrabene unter die Erde kam, *weil sein Apotheker ein Trottel war, der die Chemikalien bei der Medizin verwechselt hat.* Die Inschrift sollte erneuert sein, ich sah sie zuletzt sehr verwittert.
Am Ende des Weges steht ein Leuchtturm. Ich bekam ihn zum ersten Mal an einem schönen Abend zu sehen. Die untergehende Sonne strahlte ihn an der Meerseite an und – wie in einem kitschigen Heimatfilm – graste eine Herde freilaufender Shetlandponys um ihn herum. Danach fällt es mir jetzt schwer, diese Stelle ganz nüchtern zu beschreiben. Aber ich habe sicher Esha Ness von der besten Seite erlebt, denn daß es auch anders sein kann, hörte ich von dem Mann, der in dem Leuchtturmwärterhaus wohnt. Er erzählte, daß Steine, die oft auf dem Dach des Gebäudes am Turm liegen, bei Sturm dorthin geweht werden. Wenn die schweren Stürme des Winterhalbjahres kommen, dann herrscht sicher nicht die Sonnenuntergangsstimmung, die ich erlebt habe, sondern eher Weltuntergangsstimmung.
Der Mann, der am Leuchtturm wohnt, hat mit dem Betrieb der Anlage übrigens nichts mehr zu tun. Den Leuchtturmwärter vergangener Tage gibt es auf den Shetlands nicht mehr, ferngesteuert wird den Schiffen von einer Zentrale geleuchtet, und nur manchmal kommt jemand zu Wartungsarbeiten nach Esha Ness raus. In der alten Wärterwohnung wohnt heute ein Mieter, auf jeden Fall aber einer, der es gern sehr individuell hat.

Vom Leuchtturm aus ist ein Spaziergang an der Steilküste entlang zu empfehlen. In nördlicher Richtung findet man nach ein paar Kilometern einige Felsen im Meer mit Höhlen und Rundbögen. Hier sind viele Seevögel zu Hause, unter anderem auch Baßtölpel und Krähenscharben.
Etwa 1 km nördlich des Leuchtturms solltest du nicht nur auf die Küste achten, sondern auch auf die Wiese dahinter. Mittendrin ist nämlich ein großes Loch mit einem Ministrand. Durch eine Subterranean Passage gelangt das Meer hier bis mitten ins Land, eine Sehenswürdigkeit besonderer Art. Wenn ich die Stelle auf meiner Karte richtig lokalisiert habe, heißt das Loch mit dem Strand „Holes of Scraada".
Schade ist, daß Esha Ness mit öffentlichen Verkehrsmitteln nicht zu erreichen ist. 1985 ging nur dreimal pro Woche (Di., Do., Sa.) ein Bus bis Hillswick. Bustouren bietet das Reisebüro Leask (siehe unter Stichwort „Fortbewegung").
An den Nordzipfel des Mainlands gelangt man direkt auf der Straße A 970 oder, von Esha Ness kommend, auch über eine kleine Nebenstraße, die am Ende des Ura Firth abzweigt. Sie führt von dort hinüber zum Ufer des langgezogenen Ronas Voe. Der Berg, den du dann am anderen Ufer siehst, ist der Ronas Hill, mit 449 m die höchste Stelle der Shetlands. Am Ende des Ronas Voe kommt die kleine Nebenstraße auf den Nordteil der A 970, der noch etwa 12 km weiter führt, bis er vor **Ibister** endet. Ibister besteht aus zwei Gehöften, einem Ferienhaus und einem Friedhof. Wenn du durch diese Siedlung hindurch willst, mußt du auf jeden Fall das Auto stehenlassen. Der Weg zur Nordspitze des Mainlands, zum Point of Fethaland, ist für Fahrzeuge gesperrt. Der Weg, der relativ weit in die nördliche Landzunge hineinführt, ist auch sehr schlecht und für normale PKW wohl nicht zu bewältigen. Von Ibister bis zur Nordspitze sind es noch etwa 4 km Luftlinie.

Die Nordinseln inkl. Out Skerries

Yell, Fetlar und **Unst** bilden die Gruppe der Nordinseln. Etwas südöstlich der drei liegt noch eine weitere kleine Dreiergruppe im Meer, die Out Skerries Housay, Bruray und Grunay. Auf die großen Drei gelangt man über die Fährt von Toft und auf die Out Skerries mit dem Boot von Lerwick. Alle Inseln werden von Loganair ab Tingwall angeflogen.
Zuerst auf die Nordinseln via Toft: Du erreichst den kleinen Anleger auf der Straße A 968, wenn du von Lerwick nordwärts über Voe fährst (siehe

auch unter „Nord-Mainland“). In der Regel führt von 7 Uhr am Morgen bis 19.30 Uhr am Abend alle 30 Minuten eine Fähre von Toft nach Ulsta auf Yell (Personen 0.20 £, PKW ab 1 £, Fahrräder frei). Reservierungen, besonders an Wochenenden und für die letzten Abfahrten am Tag, sind zu empfehlen, wenn man mit einem Fahrzeug reist (über Tel. Burravoe 259 oder 268). Täglich außer sonntags gibt es eine Verbindung mit Bussen (umsteigen erforderlich) von Lerwick über Yell bis Baltasound auf Unst (Leask u.a.; Preis für die ganze Strecke ca. 2.40 £).
Ulsta, die Stelle, wo man auf **Yell** ankommt, ist kaum mehr als der Anleger. Aber ein kleiner Laden ist da noch, und wenn man es bisher versäumt hat, einen richtigen shetländischen Landladen zu besuchen, dann kann man das hier nachholen.
Wenn man zu Fuß, mit dem Rad oder mit dem eigenen Wagen unterwegs ist, kann man gleich in Ulsta wählen, auf welchem Weg man weiter gen Norden fahren will. Für Tramper empfiehlt sich nur die gut ausgebaute Ostküstenstraße (**A 968**), eine Rennstrecke. Die Alternative ist die Westküstenstrecke (**B 9081**), eine kleine Straße mit vielen Kurven. Bei **Mid Yell** vereinen sich die beiden wieder, und bis zum nächsten Fähranleger bei Gutcher gibt es keine Wahlmöglichkeit.
Es ist schon fast typisch, wie ich das Kapitel über Yell eingeleitet habe; nämlich mit den Möglichkeiten, wie man die Insel auf dem Weg nach Gutcher überqueren kann. Yell hat die ungünstige Position einer Transitinsel auf dem Weg zwischen dem Mainland und Unst. Eigentlich zu Unrecht. Die Heide- und Moorlandschaft im Inneren der Insel und die zerklüfteten Küsten, besonders im Osten und Norden sind mehr wert als nur einen flüchtigen Blick aus dem Autofenster heraus. Man sollte sich, wenn es irgendwie möglich ist, etwas umsehen, und wenn es nur ein paar Stunden zwischen zwei Fähren sind.
Da stehen die Reste eines Brochs im Loch of Kettlester bei **Burravoe.** Da schaut die Bugfigur eines gesunkenen deutschen Schulschiffes – der Bohus – bei **Otterswick** aufs Meer raus. Da ist der Goulp Voe und das Seemannsdenkmal am Ort **Goulp,** das an einen verheerenden Sturm erinnert, der im Juli 1881 zehn Schiffe zerstörte und fast 60 Seeleute tötete. Der Voe of Goulp war damals ein wichtiger Standort der Heringsflotten, die im 19. Jahrhundert immer wieder auf die Shetlands kamen. Auf Yell kann man noch an vielen Stellen das traditionelle Torfstechen beobachten, zumindest die Art, wie der Torf erst angestochen, dann getrocknet, abgestochen und schließlich aufgestapelt wird.
Einkaufsmöglichkeiten bestehen auf Yell an mehreren Stellen. Burravoe und Mid Yell kann man im weitesten Sinne als Orte bezeichnen. In Mid

Yell findet man auch ein kleines Hotel der unteren Preisklasse mit Eßmöglichkeit und Alkoholausschank.

Fetlar, die Insel zwischen Yell und Unst, ist von Gutcher (Yell; 3mal täglich, Fr. 4mal) oder von Belmont (Unst; So.–Fr. mind. 1mal, sonst über Gutcher; Preis pro Person 0.20 £, PKW ab 1 £, Fahrräder frei; Reservierungen für PKW sind empfehlenswert über Tel. Burravoe 259 oder 268) zu erreichen. Die Überfahrzeit beträgt ab beiden Anlegern etwa 25 Minuten.

Der Anleger auf Fetlar heißt Oddsta und liegt im Nordwesten der Insel. Von dort führt ein Fahrweg zu den besiedelten Teilen am Nordufer der Bucht (Wick) von Tresta. Fetlar wurde Mitte der 60er Jahre berühmt, als Großbritanniens einziges brütendes Schnee-Eulen-Paar dort siedelte. Ein Teil der Insel, der Norden um den Stackaberg, wurde zum Vogelschutzgebiet erklärt. Zur Zeit leben aber nur weibliche Schnee-Eulen auf Fetlar, so daß an ein erneutes Brüten nicht zu denken ist. Das einzige männliche Tier ist schon seit einigen Jahren tot. Wer sich für Vögel interessiert – und es gibt ja nicht nur die Schnee-Eulen auf Fetlar – soll zum Wärter des Vogelschutzgebietes Kontakt aufnehmen (Tel. Fetlar 246), bevor er in das Gelände geht. Auf Fetlar brüten sehr viele Watvögel, darunter besonders häufig Odinshühnchen und Regenbrachvögel.

Auf Fetlar gibt es eine kleine preiswerte Pension. Camping ist auf einen kleinen Platz beschränkt und in den Dünen nahe dem schönen Strand bei Tresta und zwischen Meer und Papil Waters sogar ausdrücklich verboten. Ein Campinggelände ist seit 1985 bereitgestellt. Zuständig ist Miss A. Hughson, Leagarth, Tel. Fetlar 226.

Unst ist sicher die interessanteste der Shetland-Nordinseln. Sie ist von Gutcher regelmäßig zwischen 7 und 18 Uhr zu erreichen, an einigen Tagen auch noch später (11 bis 17 Abfahrten pro Tag; Preis pro Person 0.20 £, PKW ab 1 £, Fahrräder frei; Fahrzeit 10 Minuten; Buchungen an Wochenenden und für die ersten und letzten Abfahrten des Tages sind unbedingt empfehlenswert über Burravoe 259 oder 268). Täglich außer Sonntag gibt es eine komplizierte Busverbindung (drei Busunternehmen, zwei Fähren) von Lerwick bis nach Baltasound bzw. Heroldswick im Norden von Unst (ca. 2.40 £).

In **Uyeasound,** dem ersten Ort, den man von Süden kommend erreicht, gibt es eine private Herberge in einer alten Villa (Preis ca. 1.80 £). Uyeasound ist ein guter Standort für Wanderungen und Spaziergänge im Süden von Unst. Über eine kleine Straße erreicht man Muness Castle, auf der Südostspitze, 1598 erbaut, war es in seiner Zeit das nördlichste Schloß Großbritanniens. Es entstand in der Herrschaftszeit des Horror-

Earls Patrick Stewart, des Mannes, der das Schloß in Scalloway und den Earl's Palace in Kirkwall auf den Orkneys erbauen ließ. Muness Castle wurde aber nicht für Patrick selbst gebaut, sondern für seinen Onkel Laurence Bruce. Muness Castle kann aber Ähnlichkeiten mit den anderen Bauten aus der Patrick-Ära nicht leugnen. Was heute vom Muness Castle noch zu sehen ist, sind Ruinen des Haupthauses. Es steht relativ isoliert in der Landschaft, aber der Broschüre über das Schloß ist zu entnehmen, daß sich früher eine Siedlung um dieses Haupthaus gruppiert hat. Man kann Muness Castle zu anständigen Zeiten besichtigen, den Schlüssel gibt es in einem der Croft-Häuser in der Nähe. Das Schlüsselhaus liegt etwas abseits, und du findest am Schloß genau beschrieben, welches es ist. Zusammen mit dem Schlüssel bekommst du eine Lampe für die dunklen Räume, und du kannst eine Broschüre kaufen, in der das Schloß genau beschrieben ist (0.50 £).
Wer zu Fuß zum Schloß gekommen ist, hat die Möglichkeit, querfeldein zurück- bzw. weiterzugehen. Nördlich vom Schloß gibt es eine sehr schöne Bucht, die Sand Wick, daneben eine verfallene Kapelle und einen kleinen Friedhof. Wenn man dort auf den nahen Hügel (Vord Hill, 120 m) klettert, hat man – gutes Wetter vorausgesetzt – einen schönen Ausblick. Oberhalb der Sand-Wick-Bucht liegen viele verfallene Croft-Häuser, die die Landschaft interessant machen.
Etwa 2 km nördlich von Uyeasound zweigt von der Hauptstraße (A 968) ein Fahrweg nach Westing an der Westküste von Unst ab. Die Lunda-Wick-Bucht endet nahe der Straße in zwei schönen Sandstränden, die durch einen großen Felsvorsprung getrennt sind. Am Westende findet man wieder einen alten Friedhof mit der verfallenen St. Olaf's Kirche aus dem 12. Jahrhundert. Man hat dort noch Gräber zwischen den alten Mauern angelegt.
Wer noch mehr Lust auf eine schöne Aussicht, ein paar Vögel und ein bißchen Steilküste hat, der sollte von dem Friedhof weiter nach Westen bis an den Bluemull Sound herangehen. Ein Weg führt dort an der Küste entlang.
Wer es lieber historisch hat, der sollte sich nahe des Weges nach Westing umschauen. Ein Standing Stone und die Reste eines Brochs sind dort zu finden: Der Standing Stone steht etwa 1 km von der Hauptstraße entfernt an einem Seitenweg, und die Brochreste, es sind nur Andeutungen der Grundmauern zu sehen, findet man etwa 2 km von der Hauptstraße entfernt oberhalb der Lunda Wick Bucht.
Auf der A 968 kommt man weiter in den Norden von Unst nach **Baltasound** (einziger Ort mit Pub auf Unst) und **Heroldswick.** In beiden Or-

ten gibt es Siedlungen, in denen Armeepersonal von der Radarstation am Saxa Vord wohnt.

In Heroldswick gibt es etwas sehr wichtiges, für Briten zumindestens: das nördlichste Postamt Großbritanniens. Wenn du dort Post einwirfst, so bekommen die Lieben zu Hause dies auf dem Poststempel mitgeteilt: „Britain's Northernmost Post Office (Datum) Heroldswick, Unst, Shetland" heißt es darauf. Das Postamt ist kaum zu übersehen, denn ich glaube nicht, daß die knallrote Farbe, in der es 1984 gestrichen wurde, schnell verblassen wurde.

Von Heroldswick gelangt man auf der kleinen Nebenstraße B 9086 noch weiter in den Nordwesten. Über eine Landbrücke zwischen dem Burra Firth und dem Loch of Cliff erreicht man die Halbinsel Hermaness mit einem großen Naturschutzgebiet. Ein relativ guter Weg führt vom Ende der Straße nach Norden über den Hermaness Hill (Schutzhütte; 200 m) an die Nordspitze von Unst. Man hat von dort eine gute Sicht auf die kahlen Felseninseln, die dieser Spitze vorgelagert sind: Out Stack ganz im Norden, Muckle Flugga mit dem Leuchtturm, Tipta Skerry, Rumblings und Vesta Skerry. Direkt vor der Küste liegen einige kleinere Felsen im Wasser, die von unzähligen Vögeln und Seehunden bewohnt sind. Man kann u.a. Möwenarten, Baßtölpel, Krähenscharben beobachten. Etwas weiter südlich – ein Trampelpfad führt an der Küste entlang – kann man bis auf wenige Meter an eine Baßtölpel-Kolonie herangehen. Es ist auch für einen Nicht-Vogelfan ein Erlebnis, diese großen Vögel aus solcher Nähe beobachten zu können. Die Art, wie sie an ihren Nestern landen und wie sie sich ins Meer fallen lassen, ist faszinierend. Unangenehm können auf Hermaness Begegnungen mit der großen Raubmöwe Skua werden. Ich habe einen richtigen Angriff nie erlebt, aber viele Scheinangriffe, und das reichte völlig. Wer unruhig wird, sollte in dieser Region mit Kopfbedeckung gehen oder einen Stock mitnehmen. Das beruhigt die Nerven, wenn die Vögel kommen.

Und fast hätte ich eines vergessen: Es soll manchmal recht zugig werden im Norden von Unst. 1962 wurde am Saxa Vord, da wo die schönen Kugeln auf dem Berg stehen, der britische Windrekord gemessen. Bei 177 Miles p.h., was 284,4 km/h oder 80 m pro Sekunde entspricht, flog damals der Windmesser weg.

Auf den Saxa Vord und zur östlich davon gelegenen Bucht von Skaw (Wick of Skaw) führen kleine Straßen. Skaw war im II. Weltkrieg eine Basis der RAF (Royal Air Force). Reste davon verschandeln noch die Landschaft.

Und fast hätte ich noch die Ponys vergessen. Sie sind allgegenwärtig auf Unst und laufen meist frei. Sie werden mehr aus Tradition als zum wirtschaftlichen Nutzen gehalten. 20 bis 30 DM bringen sie noch ein – beim Schlachthof.
Abseits der Hauptrouten liegen die **Out Skerries.** Sie sind nur schwer zu erreichen. Die Verbindung hält die „Filla“ aufrecht, die zweimal pro Woche von den Out Skerries nach Lerwick tuckert und am Abend zurückfährt (Di. u. Fr.; Preis pro Person und Weg 0.20 £; Fahrräder 1 £). Einmal pro Woche (So.) gibt es noch eine Verbindung von Symbister auf der Insel Whalsay (siehe dort). Auf Anfrage gibt es im Sommer Mo. und Do. Flüge zu den Out Skerries (Anfrage an Loganair, Tel. Gott 246).

Die Out Skerries sind mehrere kleine und flache Felseninseln. Zwei davon, Bruray, die Ost-, und Housay, die Westinsel, sind von nicht einmal 100 Menschen bewohnt. Die beiden bewohnten Inseln sind durch eine Straßenbrücke verbunden. Die Inseln Bruray, Housay und Grunay liegen so zueinander, daß sie in ihrer Mitte einen sehr sicheren Hafen bilden, der Grundlage für eine stark entwickelte Fischerei„industrie“ ist. Die beiden bewohnten Inseln, die zusammen etwa 4 km lang und nicht einmal 2 km breit sind, sind von vielen kleinen Felsen und Schären umgeben.

Anhang

Übernachtungsmöglichkeiten

Hotels in Reykjavik
Hotels der Luxusklasse, in denen ein Doppel mit Bad und Frühstück ca. 100 US-$ kostet:
Hotel Esja, Suđurlandsbraut 2, Tel. 8 22 00
Hotel Loftleiđir am Stadtflughafen, Tel. 2 23 22
Hotels der gehobenen Klasse, in denen ein Doppel mit Bad, aber ohne Frühstück über 70 US-$ kostet:
Hotel Saga, Hagatorg, Tel. 2 99 00
Hotel Holt, Bergstađastræti 37, Tel. 2 57 00
Hotel Borg, Posthusstræti 11, Tel. 1 14 40
Hotel Ódinsvé, Ódinstorg, Tel. 2 52 24
Hotels der mittleren Klasse, in denen ein Doppel mit Dusche, aber ohne Frühstück über 50 US-$ kostet:
Hotel City, Ranagata 4, Tel. 1 86 50
Hotel Hof, Rauđarástigur 18, Tel. 2 88 66
Hotel Ódinsvé, s.o.
Hotels und Gasthäuser der preiswerten Klasse, in denen ein Doppel ohne Dusche und teilweise ohne Frühstück über 35 US-$ kostet:
Gardur (42 US-$), Hringbraut, Tel. 1 59 18
Hotel Ódinsvé, s.o.
Stađur, Skipholt 27, Tel.2 62 10
GH (= Guesthouse) Baronstigur 13, Tel. 2 39 18
GH Bergstađastræti 60, Tel. 2 63 17
GH Brauterholt 22, Tel. 2 09 86
GH Flókagata 1, Tel. 2 11 55
GH Flókagata 5, Tel. 1 98 28
GH Ranagata 12, Tel. 1 93 67
GH Skolavördustigur 2, 3. Stock, Tel. 2 12 99
GH Snorrabraut 52, Tel. 1 65 22
Herbergen:
Heilsarmee, Kirkjustræti 2, Tel. 1 32 03
Jugendherberge, Laufásvegur 41, Tel. 2 49 50

Übernachtungsmöglichkeiten auf den Färöer-Inseln:
Preisklassen für die unten angegebenen Hotels (Orientierungswerte):
A = Jugendherbergen 50 DKr für Mitglieder (nur bei Verbandsherbergen = IYHF), + 20 DKr für Nichtmitglieder.
B = billige Hotels ab ca. 100 DKr,
C = mittlere Hotels ab ca. 175 DKr,
D = teure Hotels ab ca. 250 DKr jeweils für eine Person mit Doppelzimmer.
Tórshavn
A = Jugendherberge Fráhald, Tjarnardeild 7, Tel. 1 34 14 IYHF
B = Sjómansheimiđ (Seemannsheim), Tórgsgøta 4, Tel. 1 35 15

D = Hotel Hafnia, Áarvegur 4, Tel. 1 12 70
Hotel Borg, Oyggjarvegur, Tel. 1 75 00

Campingplatz Yviri við Strond, 16 DKr pro Person, 10 DKr pro Zelt und Fahrzeug, Elektroanschluß 12 DKr.

Streymoy

A = Außenstelle der Jugendherberge Tórshavn in Streymnes, Buchung und Bezahlung in Tórshavn. IYHF
A/B = Gasthaus Lilly, Vestmanna, Tel. 2 40 95
B = Esso-Tankstelle an der Kreuzung Straße 10/40 in Kollafjørður, Tel. 2 10 83

Eysturoy

A/B = Gjáargarður, Gjógv, Tel. 2 31 71/5 IYHF
A/B = Fjallsgarður, Oyndafjørður, Tel. 4 45 22 IYHF
B = Sjómannsheimið (Seemannsheim), Runavik, Tel. 4 74 20
C = Hotel Eiði, Eiði, Tel. 2 34 56

Nordinseln

A = Jugendherberge Íbuð, Klaksvik Garðavegur, Tel. 5 54 03, IYHF
A = Todnes, Norðdepil, Tel. 5 20 21
A/B = Soli Deo Gloria, Klaksvik, Stengarvegur, Tel. 5 65 28
B = Sjómannsheimið (Seemannsheim), Klaksvik, Klaksviksvegur, Tel. 5 53 33
B = Hotel Bella, Norðdepil, Tel. 5 20 40
C = Hotel Nord, Viðareiði, Tel. 5 10 61

Westinseln

D = Flughafen Hotel Vagar, Sørvágur, Tel. 3 29 55

Südinseln

B = Hotel Ísansgarður, Sandur, Tel. 6 10 04
Hotel Tvøroyri, Tvøroyri, Tel. 7 13 94
Gistingarhúsið við Á, Øravik, Tel. 7 11 57
Hotel Bakkin, Vágur, Tel. 7 31 96

Übernachtungsmöglichkeiten auf den Orkney-Inseln

Preisklassen für die unten angegebenen Herbergen und Hotels (Orientierungswerte):

A = Jugendherbergen, je nach Alter um die 2 £ (IYHF = Verbandsherbergen)
B = billige Unterkünfte ab ca. 7 £,
C = mittlere Unterkünfte ab ca. 11 £,
D = teure Unterkünfte ab ca. 16 £, jeweils für eine Person in einem Doppelzimmer.

Mainland, Stadt Kirkwall (Vorwahl 08 56)

A = Youth Hostel, Old Scapa Road, Tel. 22 43 IYHF
B = Bellavista Guest House, Carness Road, Tel. 23 06
Orkrest Guest House, Annfield Crescent, Tel. 48 35
West End Hotel, Tel. 23 68
C = Albert Hotel, Tel. 20 21
Ayre Hotel, Tel. 21 97
Foveran, St. Ola, Tel. 23 89
Queens Hotel, Tel. 22 00
Royal Hotel, Tel. 34 77
D = Kirkwall Hotel, Tel. 22 32
Lynnfield Hotel, Tel. 25 05

Mainland, Stadt Stromness (Vorwahl 8 56)

A = Youth Hostel, Town Hall, IYHF
Brown Hostel, 47 Victoria St., Tel. 85 06 61

B = Oakleigh Hotel, Tel. 85 04 47
C = Braes Hotel, Hellihole Road, Tel. 85 04 95
Ferry Inn, Tel. 85 02 80
Royal Hotel, Tel. 85 03 42
Stromness Hotel, Tel. 85 02 98

Mainland, West- (Vorwahl 08 56)

A = Evie Hostel, Mrs. Taylor, Evie, Tel. 7 52 08
B = Barony Hotel, Birsay, Tel. 7 23 27
Links House, Birsay, Tel. 7 22 21
Smithfield Hotel, Dounby, Tel. 7 72 15
Keldroseed, Sandwick, Tel. 8 46 28
Waulkmill Lodge, Orphir, Tel. 24 27
C = Standing Stones Hotel, Stennes, Tel. 85 04 49
D = Merkister Hotel, Harray, Tel. 7 72 15

Südinseln (Vorwahl 08 56)

A = North Hoy Youth Hostel, Hoy, Tel. c/o Education Dept., Orkney Island Council, 35 35, IYHF
Rackwick Youth Hostel, Hoy, Tel. siehe North Hoy Y.H.
Hikers Hostel, Hersten-South Ronaldsay, Tel. 8 32 08
Tormiston Academy, South Ronaldsay, Tel. 8 33 15
B = Burnmouth, Hoy, Tel. 7 92 97
C = St. Lawrence Motel, Burray, 7 32 98

Nordinseln (Vorwahl unterschiedlich)

A = Youth Hostel, Papa Westray, Tel. 0 85/ 7 42 67/2 38 IYHF
B = Furrowend Guest House, Eday, Tel. 0 85/ 7 22 21
Hannover House, Rousay, Tel. 08 56/ 8 23 46
Taversoe Hotel, Rousay, Tel. 08 56/ 8 23 25
Guest House Belsair, Sanday, Tel. 0 85 / 7 52 06
C = Papey Community Cooperativ – Beltane House, Papa Westray, Tel. 0 85/ 7 42 67/2 38
Trumland House, Rousay, Tel. 08 56/ 8 22 63

Übernachtungsmöglichkeiten auf den Shetland-Inseln:

Preisklassen für die unten angegebenen Herbergen und Hotels (Orientierungswerte):
A = Jugendherbergen, je nach Alter um die 2 £ (IYHF = Verbandsherberge)
B = billige Unterkünfte ab ca. 8 £,
C = mittlere Unterkünfte ab ca. 12 £,
D = teure Unterkünfte ab ca. 18 £, jeweils für eine Person in einem Doppelzimmer.

Mainland, Stadt Lerwick (Vorwahl 05 95)

A = Islesburgh Youth Hosel, King Harald Street, Tel. 21 14
B = Carradale Guest House, 36 King Harald Street, Tel. 28 90
Craiglea Private Hotel, St. Olaf Street, Tel. 28 26
Glen Orchy Guest House, 20 Knab Road, Tel. 20 31
Greenrig Guest House, Greenrig, Tel. 36 50
Kumalang Guest House, 89 St. Olaf Street, Tel. 57 31
Solheim Guest House, 34 King Harald Street, Tel. 36 13
C = Grand Hotel, Commercial Street, Tel. 20 18 + 23 74
D = Kvaldsro House Hotel, Tel. 21 95
Lerwick Thistle Hotel, South Road, Tel. 21 66
Queens Hotel, Commercial Street, Tel. 28 26 + 42 06
Shetland Hotel, Holmsgarth Road, Tel. 55 15

Insel Bressay (im Reiseteil hinter Lerwick/Vorwahl 05 95 82)
B = Shalder Brae Guest House, Bressay, Tel. 2 63
C = Maryfield House, Bressay, Tel. 2 07
Mainland, Stadt Scalloway (Vorwahl 05 95 88)
C = Scalloway Hotel, Main Street, Tel. 4 44 + 4 45
Insel Burra (im Reiseteil hinter Scalloway, Vorwahl 05 95 85)
B = Da Haaf Guest House, Meal Hamnavoe, Tel. 2 41
Süd-Mainland (Vorwahl Sumburgh 09 50)
B = Mainland Guest House, Dunrossness, Tel. 6 05 17
Silverlea Guest House, Quendale, Tel. 6 05 55
C = Sumburgh Hotel, Sumburgh, Tel. 6 02 01
Insel Fair Isle (im Reiseteil hinter Sumburgh, Vorwahl 0 35 12)
= Fair Isle Bird Observatory, Fair Isle, Tel. 2 58
West-Mainland (Vorwahl unterschiedlich)
B = Bixter House, Bixter, Tel. 05 95 81/ 2 00
C = Westing Hotel, Wormadale, Whiteness, Tel. 05 95 84/ 2 42
D = Burrastow House, Burrastow, Walls, Tel. 05 95 71/ 3 07
Insel Foula (im Reiseteil am Ende von West-Mainland, Vorwahl 0 39 33)
A = Ristie Hostel, c/o Mrs. Holbourn, Foula, Tel. 32 33
Nord-Mainland (Vorwahl unterschiedlich)
B = Lunna House, Vidlin, Tel. 0 80 67/ 2 37
Grossa Breck Guest House, Eshaness, Tel. 08 06 23/ 3 75
Valleyfield Guest House, Brae, Tel. 08 06 22/ 3 65
C = St. Magnus Bay Hotel, Hillswick, Tel. 08 06 23/ 2 09
D = Brae Hotel, Brae, Tel. 08 06 22/ 4 56
Busta House, Busta, Tel. 08 06 22/ 5 06
Insel Whalsay (im Reiseteil im Nord-Mainland Kapitel, Vorwahl 0 80 66)
= Lingaveg Guest House, Marrister, Symbister, Tel. 4 89
Nord-Inseln, Fetlar (Vorwahl 09 57 83)
= St. Rognvalds Guest House, Fetlar, Tel. 2 40
Nord-Inseln, Unst (Vorwahl unterschiedlich)
A = Hostel Crosbister, Uyeasound, c/o Fraser, Tel. 09 57 85/ 2 37
B = Clingera Guest House, Baltasound, Tel. 09 57 81/ 5 79
Hagdale Loge, Baltasound, Tel. 09 57 81/ 5 84
C = Baltasound Hotel, Baltasound, Tel. 09 57 81/ 3 34
Nord-Inseln, Yell (Vorwahl unterschiedlich)
B = Pinewood Guest House, Upper Toft, Aywick, Tel. 09 57/ 20 77
C = North Isles Motel, Sellafirth, Gutcher, Tel. 09 57 84/ 2 93

Autoverleih

Reykjavík
Bílaleigan Áfangi, Skeifan 5, Tel. 91/ 8 54 50
Bílaleiga Akureyrar-Interrent, Skeifan 9, Tel. 91/ 8 69 15 + 91/ 3 16 15
Bílaleigan Á.G., Tangarhöfði 8-12, Tel. 91/ 8 55 04
Bílaleigan ÁS, Reykjanesbraut 12, Tel. 91/ 2 90 90
Bílaleigan B & J, Skeifan 17, Tel. 91/ 8 13 90
Bílaleigan Braut, Skeifan 11, Tel. 91/ 3 37 61
Bílaleigan Geysir, Borgartún 24, Tel. 91/ 1 10 15 + 91/ 2 24 34

Bílaleiga Húsavíkur, Hamarshöfði 8, Tel. 91/ 3 92 44
Bílaleiga Loftleiða/Hertz, Reykjavík Airport, Tel. 91/ 2 11 90 + 91/ 2 11 88
Bílaleiga N.B., Dugguvogur 23, Tel. 91/ 8 27 70
Bílaleigu Rosu, Grýtubakki 30, Tel. 91/ 7 10 65
Bílaleigan VIK, Ansa International (AI), Grensásvegur 11, Tel. 91/ 3 76 88
Kópavogur
Bílaleigan ALP, Hlaðbrekka 2, Tel. 91/ 4 28 37
Bílaleigan H.F., Smiðjuvegur 44, Tel. 91/ 7 54 00
Bílaleiga S.H., Nýbýlavegur 32, Tel. 91/ 4 54 77
Hafnarfjörður
Bílaleigan Bretti, Trönuhrauni 1, Tel. 91/ 5 20 08 + 91/ 4 31 55
Bílaleigan Greiði, Miðvangur 100, Tel. 91/ 5 24 24
Keflavík
Bílaleiga Suðurnesja, Krossholt 3, Tel. 92/ 29 34
Akranes
Bílaleigan Brautin, Dalbraut 15, Tel. 93/ 21 57
Isafjörður
Bílaleigan Ernir, Isafjörður Airport, Tel. 94/ 36 98
Bolungarvík
Bílaleiga Bolungarvíkur, Völusteinsstræti 22, Tel. 94/ 71 95
Súðavík
Bílaleigan VÍK, Nesvegur 5 &, Tel. 94/ 69 72
Ansa International (AI), Isafjörður Airport
Sauðárkrókur
Bílaleiga Sauðárkróks, Skagfirðingabraut 29, Tel. 95/ 51 68
Akureyri
Bílaleiga Akureyrar-Interrent, Tryggvabraut 14, Tel. 96/ 2 17 15
Bílaleiga Húsavíkur, Heiðaland 3, Tel. 96/ 2 47 38
Húsavík
Bílaleiga Húsavíkur, Garðarsbraut 66, Tel. 96/ 4 18 88
Egilsstaðir
Bílaleigan Freyfaxi, Tjarnarbraut 17, Tel. 97/ 81 21
Höfn-In-Hornafjörður
Bílaleiga Hornafjarðar, Hafnarbraut 38, Tel. 97/ 81 21
Selfoss
Bílaleigan Bás, Gagnheiði 11, Tel. 99/ 18 88

Literatur zur Vorbereitung und zur Reisebegleitung

Eine Auswahl deutschsprachiger Bücher – BB = Bildband, SB = Sachbuch, TB = Taschenbuch

Deutsch-Isländisches Jahrbuch, diverse Ausgaben (Verbandsorgan honoriger alter Island-Freunde: Gesellschaft der Freunde Islands e.V., Raboisen 5–13, 2000 Hamburg 1/Deutsch-Isländische Gesellschaft e.V., Apostelnstr. 7, 5000 Köln 1)

Bagley, Desmond, Blindlings, TB (siehe dazu Kapitel „Literatur")

Bárdarson, Hjálmar R., Eis und Feuer, BB/SB (im Selbstverlag eines Isländers auf deutsch)

Bonhage/Franke, Island, BB mit guter Texteinführung

Hayes, Joseph, Insel auf dem Vulkan (Fiktion um Fakten, ein Reißer rund um den letzten Heimaey Vulkanausbruch)

Jantzen, Friedrich, Island in Farbe, TB/SB (Islands Natur wird anschaulich und knapp erklärt, sehr sachlich)

Laxness, Halldór, Das wiedergefundene Paradies, TB
Laxness, Halldór, Atomstation, TB
Laxness, Halldór, Auf der Hauswiese, TB
Laxness, Halldór, Das Fischkonzert
Laxness, Halldór, Die Litanei von den Gottesgaben, TB
Laxness, Halldór, Zeit zu schreiben
Laxness, Halldór, Die Islandglocke, TB
(zu Halldór Laxness siehe Kapitel über Literatur, Island)
Linden/Weyer, Island, (teurer) BB
Merian Island (Deutschlands Reisemagazin-Klassiker über Island ist schon arg in die Jahre gekommen, aber noch lesenswert)
Schutzbach, Werner, Feuerinsel am Polarkreis, SB (Das umfangreichste Sachbuch in deutscher Sprache über Island. Sehr umfangreich, aber locker zu lesen. Qualität hat auch ihren Preis!)
Schwarzbach, Martin, Geologenfahrten in Island, TB/SB (putzig geschriebenes Buch eines Wissenschaftlers, der sich bemüht, die Massen anzusprechen)
Tiller/Trobitzsch/Engel, Abenteuer-Almanach: Island/Grönland/Färöer (amüsantes Reisebegleitbuch mit teilweise haarsträubenden Sachfehlern und „Abenteuer über Alles"-Mentalität)
Verne, Jules, Reise zum Mittelpunkt der Erde, TB (siehe dazu im Reiseteil Island, Snæfellsjökull)
Märchen, Sagen und *Literatur* gibt es auch in einigen Sammelbänden, die jeder Buchhändler unter dem Stichwort „Island" in seinen Katalogen finden müßte.
Ein Teil der hier aufgeführten Literatur habe ich auch beim Schreiben dieses Reiseführers benutzt.

Radfahrer-Interview

Frage: *Arne, du bist fünf Wochen mit dem Fahrrad auf Island gewesen. Dein Rad unterscheidet sich äußerlich schon sehr von einem gewöhnlichen Zweirad. Wo liegen die Unterschiede?*

Arne: *Es ist ein Rad, das man unter dem Namen Mountain Bike kennt. Es unterscheidet sich in fast allen Details von einem normalen Rad dadurch, daß es auf Off-Road-Driving – also Geländefahren – ausgelegt ist. Es hat 26-Zoll-Reifen mit extrem breiten Felgen und entsprechend breiten Geländereifen. Der Rahmen ist verstärkt und hat zusätzliche Gabelstabilisatoren. Alle Lager, Tret-, Brems- usw. sind wasser- und schlammgedichtet. Es hat verstärkte Bremsen – ganz spezielle Hebelbremsen –, einen extra breiten Geländelenker, und das Wichtigste ist wohl die Schaltung mit 18 Gängen, wobei die Übersetzung im ersten Gang 1:1 ist.*

Frage: *Worin unterscheidet sich dein Rad von einem BMX-Rad, wie es bei Kindern und Jugendlichen zur Zeit in Mode ist?*

Arne: *Erstmal durch die Rahmengröße. Das Mountain-Bike ist ein Rad für alle Körpergrößen, wogegen die BMX-Räder eher Spielzeug für Kinder sind. Und es hat eben die 18-Gang-Schaltung im Gegensatz zu BMX-Rädern, die überhaupt keine Schaltung haben. Sieht man sich die Reifenprofile an, so ist es eine große Version des BMX-Rades, nur eben ein echtes Touren-Gelände-Rad mit großem Wirkungskreis.*

Frage: *Was kostet dein Rad in der Serienausführung? (1984)*

Arne: *Mein Rad kostet serienmäßig etwa 2300 Mark und liegt damit in der oberen Preisklasse. Dafür ist es dann noch ohne Schutzbleche, Beleuchtung und Gepäckträger, also eine reine Geländeausführung. Kommen diese Dinge für eine straßenverkehrstaugliche Tourenversion hinzu, so wie ich das Rad benutze, dann wird es um etwa 300 Mark teurer.*

Frage: *Wie hast du dich auf die Tour vorbereitet?*

Arne: *Ich habe kein eigentliches Programm gehabt. Ich bin körperlich relativ fit, weil ich viel Sport treibe, auch Leistungssport. Außerdem bin ich nicht motorisiert und fahre auch zu Hause alle Wege mit dem Rad. Ich habe aber zusätzlich einige längere Radtagestouren gemacht – so 150 bis 160 km pro Tour –, um das Gefühl für lange Fahrten zu bekommen.*

Frage: *Hat es auf deiner Reise noch Probleme gegeben?*

Arne: *Ich habe einen Satz Decken durchgefahren und hatte keinen Ersatz mitgenommen, weil ich damit nicht gerechnet hatte. Es waren Spezialreifen, die einem Motorradreifen ähnlicher sind als einem Fahrradreifen, und die gab es auf Island nicht, und sie mußten mir aus Deutschland geschickt werden. Das hat etwas Zeit gekostet. Sonst hatte ich keinerlei Probleme.*

Frage: *Was würdest du einem Radfahrbegeisterten empfehlen, der sich Island als Reiseziel ausgesucht hat?*

Arne: *Ich würde es nach den Erfahrungen dieser Fahrt nicht wagen, mit einem normalen Rad nach Island zu fahren. Nicht nur, weil ich Dutzende von Pannen erwarten müßte, eventuell sogar Materialbrüche, sondern weil das Fahrradfahren keinen Spaß mehr macht, wenn man mehr mit sich und der Straße zu tun hat, als man Zeit für die Umgebung aufbringen kann. Das ist doch das Schöne am Radfahren: Fahren und gleichzeitig schauen. Mit einem normalen Rad würde das Fahren auf Island zum reinen Selbstzweck, man kämpft sich durch die Landschaft, ohne sie zu sehen. Auch mit einem Mountain Bike ist man noch in seiner Aufmerksamkeit eingeschränkt, das ist auf Island eben nicht wie bei einer Radtour durch Holland. Die Straßen sind nicht über Trassen geführt, sondern folgen homogen der Landschaft. Man hat also ständig Steigungen und Gefällestrecken. Da kommt man manchmal aus dem Schalten nicht mehr raus, wenn man optimal fahren will. Und dann gibt es noch die brückenlosen Flußüberquerungen.*

Frage: *Extreme Steigungen, Gefällestrecken, schlechte Straßen und brückenlose Flußdurchquerungen, wie schafft man das mit dem Rad?*

Arne: *Ich habe alle Steigungen, auch die 16 % am Almannaskard, fahrend zurückgelegt – mit vielen Pausen natürlich und wohl nur, weil ich die 1:1-Übersetzung hatte. Das Rad incl. vollen Taschen wiegt immerhin etwa 40 kg. Mit einem normalen Rad müßte man wohl oft den Schiebegang einlegen. Ist man dann oben, sind die Abfahrten auch keine Freude, denn auf den Schlagloch- und Wellblechpisten und durch die vielen herumliegenden Steine kann es doch leicht zu einem Sturz kommen. Schnelle Abfahrten, bei denen man sich einfach rollen läßt, sind unmöglich.*

Frage: *Und wie sieht es mit den Flüssen aus?*

Arne: *Das ist ein Kapitel für sich. Ich habe Klarwasserflüsse bis zu 30 cm Tiefe und mit festem Flußbett durchfahren. Tiefere Flüsse mußte ich durchschieben, wobei bisweilen die Taschen naß geworden sind. Übel sind die trüben Gletscherflüsse, deren Tiefe und Bodenbeschaffenheit man nicht einschätzen kann. Ich hatte eine Furt, bei der der Fluß so reißend war, daß ich schon ohne Gepäck und Rad Mühe hatte. Ich mußte alle Teile einzeln rübertragen und bin fünfmal durchgegangen, bis ich alles auf der anderen Seite hatte. Das war hart, weil der Boden sehr grobe Steine hatte und ich nichts davon sehen konnte, nur fühlen. In diesen Gletscherflüssen, die ja viel Sand führen, ist es absolut notwendig, daß alles am Rad abgedichtet ist, sonst ist das wie Sandpapier für die Lager. Das gilt natürlich auch für den Staub auf den Straßen. Man muß auf jeden Fall täglich alles reinigen und ölen.*

Ich danke Dir für dieses Gespräch.

Vögel, die ihr am Meer trefft

deutscher Name	englischer Name	isländischer Name	färöischer Name
Baßtölpel	Gannet	Súla	Súla
Dickschnabellumme	Brünnich's Guillemot	Stuttnefja	
Trottellumme	Common Guillemot	Langvia	Lomvigi
Gryllteiste	Black Guillemot	Teista	Teistin
Tordalk	Razorbill	Ālka	Álka
Krähenscharbe	Shag	Toppskarfur	Skarvur
Papageitaucher	Puffin	Lundi	Lundi
Sturmschwalbe	Storm Petrel	Stormsvala	Drunnvíti
Schwarzschnabel-Sturmtaucher	Manx Shearwater	Skrofa	Skrápur
Eissturmvogel	Fulmar	Fýll	Havhestur
Lachmöwe	Black-headed Gull	Hettumáfur	Fransaterna
Dreizehenmöwe	Kittiwake	Rita	Ritan
Heringsmöwe	Lesser Black-backed Gull	Silamáfur	Likka
Silbermöwe	Herring Gull	Silfurmáfur	Fiskimási
Mantelmöwe	Great Bluck-backed Gull	Svartbakur	Svartbakur
Eismöwe	Glaucous Gull	Hvitmáfur	
Sturmmöwe	Common Gull	Stormmáfur	Skatumási
Schmarotzer-Raubmöwe	Arctic Skua	Kjói	Kjógvi
Skua (Große Raubmöwe)	Great Skua	Skūmur	Skúgvur
Küstenseeschwalbe	Arctic Tern	Kria	Terna
Eiderente	Eider	Æður	Æða
Austernfischer	Oystercatcher	Tjaldur	Tjaldur

Vögel, die ihr im Inneren der Insel trefft:

deutscher Name	englischer Name	isländischer Name	färöischer Name
Eistaucher	Great Northern Diver	Himbrimi	
Sterntaucher	Red-throated Diver	Lómur	Lómur
Goldregenpfeifer	Golden Ployer	Heiðlóa	Lógv
Sandregenpfeifer	Ringed Ployer	Sandlóa	Svarthálsa
Regenbrachvogel	Whimbrel	Spói	Spógvi
Odinshühnchen	Red-necked Phalarope	Oðinshani	
Thorshühnchen	Grey Phalarope	þorshani	
Merlin	Merlin	Smyril	Smyril
Gerfalke	Gyrfalcon	Falki	
Schnee-Eule	Snowy Owl	Snæugla	

Viele Leute haben geholfen, daß dieses Buch so geworden ist, wie es ist. Manche haben mich ganz direkt bei meinen Reisen unterstützt, andere haben Material geschickt, andere haben indirekt geholfen. Ihnen allen Dank. Ganz besonders: Adda Stefansdottir, Gunnar Sveinsson, Hulda Jónsdóttir, Sæmundur Gudvinsson und Magnus Gudmundsson in Reykjavik, Birgit Remmel, Astrid Kerber, Jákup Veyhe und den Leuten von der Smyril-Line in Tórshavn, Josh Gourlay und seiner Truppe vom Orkney Tourist Board, Maurice S. Mullay und his l.l.c. (lovely lady crew) from Shetland Tourist Organisation, Allen bei J.A. Reinecke in Hamburg, die sehr viel für meine Arbeit getan haben, Reinhold Dey, der mir viele Tips gegeben hat und der mir bei manchen Schwierigkeiten den Rücken gestärkt hat, Sophia Brüning, der dieses Buch viel von unserer gemeinsamen Zeit gestohlen hat und die trotzdem noch das Manuskript Korrektur gelesen hat, meiner Mutter, die immer wieder meine Reisekasse nachhaltig gestützt hat und ohne deren Hilfe ich kaum soweit herumgekommen wäre. Hab ich jetzt jemanden vergessen? Bestimmt, auf jeden Fall auch ihm und ihr besten Dank. Und Dir Leser auch, denn ein Buch muß auch gekauft werden!

Register

Ortsregister

Sachregister

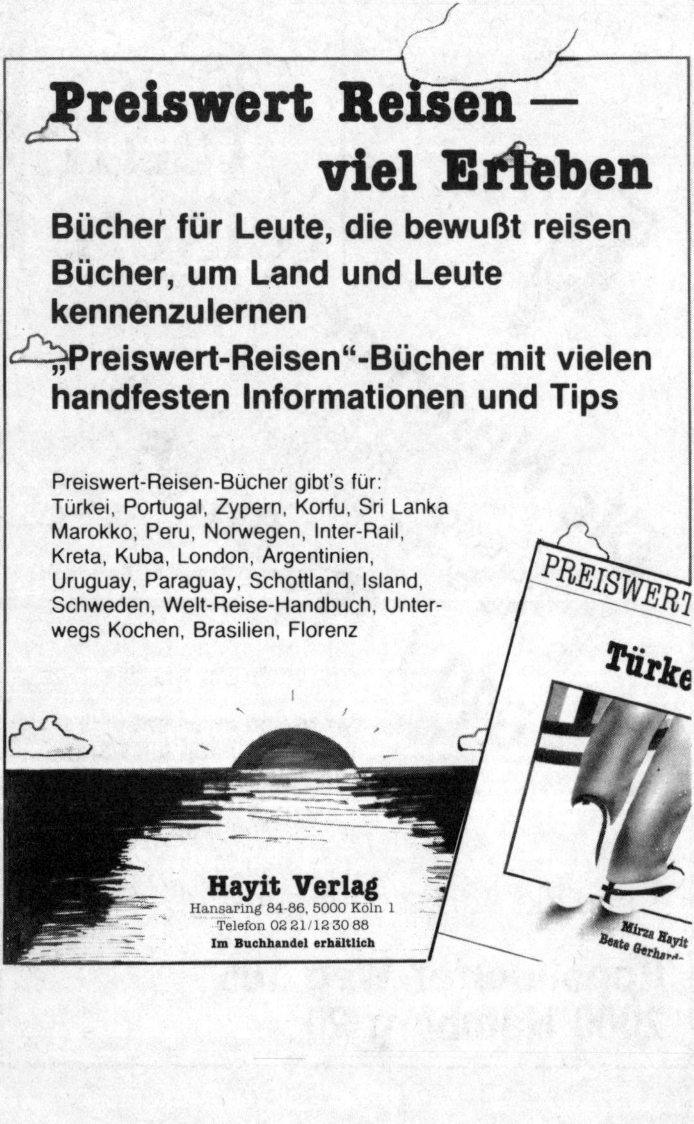

Preiswert Reisen —
viel Erleben
Bücher für Leute, die bewußt reisen
Bücher, um Land und Leute kennenzulernen
„Preiswert-Reisen“-Bücher mit vielen handfesten Informationen und Tips
Preiswert-Reisen-Bücher gibt's für:
Türkei, Portugal, Zypern, Korfu, Sri Lanka
Marokko, Peru, Norwegen, Inter-Rail,
Kreta, Kuba, London, Argentinien,
Uruguay, Paraguay, Schottland, Island,
Schweden, Welt-Reise-Handbuch, Unterwegs Kochen, Brasilien, Florenz
Hayit Verlag
Hansaring 84-86, 5000 Köln 1
Telefon 02 21/12 30 88
Im Buchhandel erhältlich
PREISWERT
Mirza Hayit